KB134960

조형진 활자인쇄술 연구 총서

1

「直指」 復原 研究

A Study on Restoration of *Jikji*

高麗時代 蜜蠟鑄造法 金屬活字印刷術

Metal Typography of Wax Casting Method in Korye Dynasty

白雲和尚抄錄佛祖直指心體要節卷下

鵝湖大義和尚坐禪銘　曾

參禪學道幾般樣要在當人能擇上莫只忘形與死入此箇難醫病最深直須坐究探淵源此道古今天下傳正坐端然如泰山巍巍不要守空閑直須提起吹毛利要剖西來第一義瞠上別起眉反復看渠渠是誰還如捉賊須見賊不怕賊埋深處藏有智剎那頃無智經年不見影深嗟兀坐常如死千年萬歲只此如若

조형진 활자인쇄술 연구 총서

1

「白雲和尚抄錄佛祖直指心體要節」 復原 研究

A Study on Restoration of *Baegun Hwasang Chorok Buljo Jikji Shimche Yojeol*

高麗時代 蜜蠟鑄造法 金屬活字印刷術

Metal Typography of Wax Casting Method in Korye Dynasty

曺 炯 鎭

Cho, Hyung-Jin

白雲和尚抄錄佛祖直指心體要節 卷下

鵝湖大義和尚坐禪銘　　曹

參禪學道幾般樣　要在當人能擇上　莫只忘形

與死心　此个難醫病最深

直須坐究探淵源　此道古今天下傳　正坐端然如

泰山　巍巍不要守空閑

直須提起吹毛利　要剖西來第一義　瞠上

剔起眉反復看　渠渠是誰

還如捉賊須見賊　不怕賊埋深處藏　有知

刹那頃無智　經年不見影

深嗟兀坐常如死　千年萬歲只此如　君

〈초 록〉

1. 「直指」 金屬活字의 復原

1.1 「直指」 復原을 위한 「直指」 精密 分析

(1) 직지활자의 제작 방법은 **밀랍주조법**이었다.
(2) 활자 동체의 측면은 **불규칙한 형태였**고, 높이(두께)는 **5㎜** 정도였다.
(3) 직지활자의 조판 방법은 인납을 이용한 **부착식**이었다.

1.2 蜜蠟鑄造法의 活字 鑄造 過程

밀랍주조법의 금속활자의 주조 과정은 다음과 같다.
(1) **자본**과 황랍 **어미자**의 준비.
(2) 주형 **충전 재료**의 준비.
(3) 주형 **기능성 재료**의 준비.
(4) **주형 재료**의 조제.
(5) **주형**의 **제작.**
(6) 황랍 **어미자**의 **용출**과 **주형**의 **소성.**
(7) 금속 **용액**의 **주입.**
(8) **활자**의 **추출**과 **마감 손질.**

1.3 蜜蠟鑄造法의 직지활자 鑄造

(1) 어미자의 재료는 **황랍**을 사용하였다.
(2) 어미자군의 수량은 **60개** 정도, 주형의 규격은 가로 170㎜ × 세로 250㎜ × 높이(두께) 30~35㎜ 정도였다.
100개의 대량 주조도 가능하였다. 주형의 규격은 가로 250㎜ × 세로 250㎜ × 높이(두께) 50㎜ 정도였다.

(3) 주형의 재료와 비율은 **황토 89%, 종이 섬유 1% + 활성탄(숯가루) 10%**가 효과적이었다.
특히 종이 섬유는 주형의 균열을 방지하는 기능이 절대적일 만큼 탁월하였으며, 주조의 성공률과 문자 필획의 완성도에까지 영향을 미쳤다.

(4) 금속의 합금 성분은 **청동**이 효과적이었다. 이를 **800~1,000℃**로 가열하여, **재래식 방법**으로 주입하였다.

(5) 금속 용액을 주입하는 주탕도의 굵기 **5㎜ × 9㎜(= 45㎟)** × 길이 **210㎜**는 효과적이었다. 대량 주조의 경우에는 직경 **8.5㎜(= 56.72㎟)**가 유용하였다.
특히 주탕도의 길이는 금속 용액의 주입 압력을 높여서 주조 성공률에 절대적인 영향을 미쳤다.

(6) 주형의 소성 온도와 가열 속도는 **600~700℃**까지 가열하되, **8시간**에 걸쳐서 서서히 가열 온도를 올리는 것이 효과적이었다.

(7) 주조의 성공률은 평균 **98.18%**, 최고의 성공률은 100%, 최저의 성공률은 95.0%, 편차는 5.0%였다.
평균 수축률은 **3.11%**였다. 이는 「直指」와 같은 크기의 활자를 주조하기 위하여 자본을 104%로 확대한 점이 대단히 현명한 판단이었음을 재차 증명하고 있다.

(8) 「直指」에서 분석된 직지활자 **자적의 특징**이 복원한 활자에서 모두 확인되었다.
문자 필획의 완성도는 자적의 특징에 의한 완성도와 직관법에 의한 시각적 완성도에서 어미자의 자양과 매우 유사할 만큼 높았다.

2. 「直指」 組版 方法의 復原

(1) 인납의 가공 방법은 반드시 **으깨야** 유연성과 점착성 생성되었다. 이

과정이 인납 조제의 핵심이다.

(2) 인납 재료의 성분은 불건성유나 반건성유 **25%**, 밀랍류 **75%**가 가장 효과적이었다.

(3) 인납의 수명은 4년 정도의 짧은 실험 기간으로는 판단할 수 없었다.

(4) 조판 과정은 인납을 인판에 **적정량** 까는 것이 중요하였다. 그럼으로써 활자를 고정하고 불순물이 피할 공간을 확보하여야 했다.

(5) 교정은 인쇄물의 서품을 좌우하는 핵심 요소 중 하나였다.

3. 「直指」 印出 方法의 復原

(1) 금속활자판 인쇄용 묵즙은 **유성 연매** 5~10%와 **용매**인 농도 5%의 아교액 90~95%로 조제한 묵즙에, **기능성 첨가제**를 1:1로 혼합한 묵즙이 유용하였다.

(2) 기능성 첨가제는 절대적으로 중요하였다. 곡류의 풀 10%·아교액 10%가 유용하였으며, **찹쌀풀**이 가장 효과적이었다.

(3) 묵즙의 도포 기술은 인판에 **균일하게 적당량** 도포하는 숙련된 기술이 인쇄물의 서품을 좌우하는 핵심 요소 중 하나였다.

(4) 책지는 수공업으로 제작한 얇고 부드러운 책지가 인출에 효과적이었다.

4. 復原版 書葉의 分析

(1) 복원판 서엽의 전반적 묵색 분위기 및 개별 문자의 특징은 「直指」와 **매우 유사**하였다.

(2) 「直指」와의 유사 조건은 **유연 묵즙, 기능성 첨가제, 수공업 한지**의 경우가 가장 유사하였다.

이로써 고려시대 조상이 이용하였던 「直指」 인쇄용 금속활자의 주조・조판・인출의 방법은 이 범주 내에 있을 것으로 판단되었다.

5. 본 연구의 貢獻 및 期待 效果

(1) 蜜蠟鑄造法의 **주조 과정**과 **원리**를 추적하여 직지활자를 성공적으로 주조하였다. 특히 전통적인 밀랍주조법 **주형 재료의 구성 성분과 비율**을 처음으로 제시하였다.

(2) **인납의 가공 방법**, 조판의 원리, 교정 등의 조판 방법을 처음으로 제시하였다.

(3) 금속활자용 묵즙의 연매, 용매, 기능성 재료 등의 구성 성분과 비율, 묵즙 도포 기술, 책지 등 **인출 방법**과 **조건**을 처음으로 제시하였다.

(4) 복원판 「直指」의 **서엽**을 처음으로 **인출**하였다.

(5) **부착식 조판 방법**에 관한 기술 요소를 처음으로 파악하여 유사 연구에 응용할 수 있도록 하였다.

(6) 「直指」 **복원용 묵즙**은 모든 금속활자본 인출에 사용할 수 있다는 **범용성**에서, 지금까지 피상적으로만 알려져 왔던 金屬活字版 유연묵의 문제를 명확하게 처음으로 해결하였다.

(7) 모든 복원 작업은 각 과정상의 원리를 소상히 밝혀서 제3자도 **검증**할 수 있도록 하였다. 이로써 「直指」의 진정한 복원은 물론, 고려시대 사찰판 금속활자본까지도 복원이 가능하도록 하였다.

要語: 「直指」, 復原, 금속활자, 밀랍주조법, 어미자 재료, 주형 재료, 합금 성분, 주조 수축률, 부착식 조판법, 인납의 가공 방법, 印出 方法, 금속활자판 용 묵즙, 유성 연매 재료, 기능성 첨가제, 復原版 書葉.

〈 ABSTRACT 〉

1. Restoration of *Jikji* Metal Type

1.1 Detailed Analysis of *Jikji* for Restoration of *Jikji*

(1) The production method of Jikji Type was **Wax Casting Method.**

(2) The type body's side face was **irregularly patterned**, and approximately **5mm** high(thick).

(3) The typesetting method of the Jikji type was **attaching style** that applied printing wax.

1.2 The Type Casting Procedure of Wax Casting Method

The metal type casting procedure of wax casting method is as follows.

(1) preparation of **manuscript** and beeswax **matrix.**

(2) preparation of mould **filling materials.**

(3) preparation of mould **functional materials.**

(4) compounding **mould materials.**

(5) **creating mould.**

(6) **melting** beeswax **matrix** and **heating** the **mould.**

(7) **pouring** metal **liquid.**

(8) **separating types** and **finishing touches.**

1.3 Jikji Type Casting of Wax Casting Method

(1) **Beeswax** was used as the matrix material.

(2) The number of matrices was approximately **60 matrices**, and the

dimensions of mould were 170㎜ wide × 250㎜ long × 30~35㎜ high(thick).

Mass production of **100 types** was possible and the dimensions of mould were approximately 250㎜ wide × 250㎜ long × 50㎜ high (thick).

(3) The mixture of **89% yellow earth**, **1% paper fiber**, and **10% activated carbon** was effective as the material and proportion of the mould. In particular, paper fiber played a crucial role in preventing cracks in the mould, improving the success rate of casting, and maintaining the quality of character strokes.

(4) **Bronze** was effective as an alloy of the metal component. The metal was heated up to **800~1,000℃**, and the **conventional method** was used for pouring.

(5) As the main path for pouring metal liquid, thickness of **5㎜** × **9㎜** (= **45㎟**) × **length of 210㎜** were effective. The diameter of **8.5㎜** = **56.72㎟** was effective in mass production.

In particular, the length of the main path was crucial in improving the casting success rate by increasing the pouring pressure of metal liquid.

(6) A gradual raise of the heating temperature up to **600~700℃** over **8 hours** was effective as the heating temperature and speed of the mould.

(7) The average casting success rate was **98.18%**, the highest success rate was 100%, the lowest success rate was 95%, and the maximum difference was 5.0%.

The contraction rate was **3.11%** on average, which means its original size was contracted to 96.89%. This result proves again that in order to cast types with equal size to the Jikji type, enlarging the manuscript to 104% was a very wise decision.

(8) All the distinctive **characteristics of type traces** in *Jikji* were confirmed in the restored types.

The quality of character strokes was so high that it was **very similar** to the stroke shape of matrix not only in terms of the measurable type traces, but also in heuristic examination of the visual aspects.

2. Restoration of *Jikji* Typesetting Method

(1) The processing method of printing wax required the **meshing** in order to create flexibility and stickiness. This was the key factor in printing wax process.

(2) Mixture of **25%** non-drying oil or semidrying oil and **75%** beeswax type was most effective as the composition of the printing wax material.

(3) The span of printing wax was hard to determine by a short experimental period of around 4 years.

(4) It was important to spread a **suitable amount** of printing wax on the printing plate in the typesetting procedure. In this way the types were fixed and a separate space for impurities was secured.

(5) The correction was one of the key factors in determining the quality of printed material.

3. Restoration of *Jikji* Brushing Method

(1) The chinese ink for metal type printing was effective with chinese ink made of **5~10% oil soot carbon** and **90~95%** of glue with 5% density as the **solvent material**, and the **functional additives** mixed

into it in a ratio of 1 to 1.

(2) Functional additives were absolutely important. As the functional additives, 10% grain paste or 10% glue was effective. A **glutinous rice paste** was most effective.

(3) In the application technique of chinese ink, skillful spreading of a **suitable amount** of chinese ink **evenly** on printing plate was one of the key factors in determining the quality of printed material.

(4) A hand-made thin soft paper for book printing was effective for brushing.

4. Analysis of Restored Book Page

(1) The overall atmosphere of chinese ink color and the features of individual characters in the restored page were **very similar** to those of *Jikji*.

(2) The use of **oil chinese ink**, **functional additives** and **hand-made paper** was the most similar condition to *Jikji*.

In conclusion, the techniques of casting, typesetting and brushing for metal type that were used for printing *Jikji* in Koryo dynasty were estimated to be within this range.

5. Contribution and Expected Effects of This Research

(1) This research successfully cast the Jikji type by tracing the **process** and **principle** of the wax casting method. In particular, this research unveiled the **components** and their **proportion of the mould material**

in traditional wax casting method for the first time.

(2) This research was the first to discover typesetting method including the **processing method for printing wax**, typesetting principles and the correction.

(3) This research was the first attempt to identify the overall **brushing method** and **conditions**. This includes the components and the proportion of chinese ink for metal type such as soot carbon, glue as the solvent material and functional material, the chinese ink application technique, and the paper for book printing.

(4) This research was the first to **brush** the restored **page** of *Jikji*.

(5) This research first identified the technical elements in the **attached typesetting method** so that they could be applied in the future research.

(6) The **chinese ink** developed for **restoring** *Jikji* could be used for brushing all the metal types, guaranteeing excellent **general applicability**. This research offered the first clear-cut solution to the problems of superficially known oil chinese ink for metal type.

(7) All the restoration work provided a thorough description of the principles underlying each process so as to be **verifiable** by others. This enabled the authentic restoration of *Jikji* and further allowed the restoration of all the metal types of temple edition during the Koryo Dynasty.

Key words: *Jikji*, Restoration, Metal Type, Wax Casting Method, Matrix Material, Mould Material, Component of Alloy, Casting Contraction Rate, Attached Typesetting Method, Processing Method for Printing Wax, Brushing Method, Chinese Ink for Metal Type, Oil Soot Carbon, Functional Additives, Restoration Page.

〈提 要〉

1. ≪直指≫ 金屬活字之復原

1.1 爲復原 ≪直指≫ 之 ≪直指≫ 精密分析

(1) 直指活字之製法爲撥蠟法.

(2) 活字胴體之側面爲不規則形狀, 高度(厚度)爲5㎜左右.

(3) 直指活字之排版法爲利用印蠟之粘着式.

1.2 撥蠟法之活字鑄造過程

撥蠟法之金屬活字鑄造過程如下:

(1) 底本與黃蠟字模之準備.

(2) 鑄型充塡材料之準備.

(3) 鑄型功能材料之準備.

(4) 鑄型材料之調製.

(5) 鑄型之製作.

(6) 黃蠟字模之熔出與鑄型之燒成.

(7) 金屬鎔液之注入.

(8) 活字之抽出與修整.

1.3 以撥蠟法鑄造直指活字

(1) 字模材料使用黃蠟.

(2) 字模數量多爲60個左右, 鑄型尺寸爲橫170㎜ × 直250㎜ × 高(厚)30～35㎜左右.

100個活字之大量鑄造亦有可能. 鑄型尺寸爲橫250㎜ × 直250㎜ ×

高(厚)50㎜左右.

(3) 鑄型材料與比率如下: **黃土89%, 紙纖維1% + 活性炭(炭粉)10%**, 此比率可確保鑄型材料之可用性.
紙纖維在防止鑄型龜裂方面, 具卓越之效用, 影響到鑄造成功率與文字筆劃完成度.

(4) 金屬合金成分以**青銅**效果最佳. 鑄字時將它加熱到**800～1,000℃**, 以**傳統方法**注入.

(5) 注入合金鎔液之主湯道採**粗5㎜×9㎜(=45㎟)×長210㎜**卽有好效果. 大量鑄造時, 直徑擴大至**8.5㎜(=56.72㎟)**可獲更佳效果. 尤其主湯道之長度加長可提高金屬鎔液注入壓力, 絶對影響到鑄字成功率.

(6) 鑄型之燒成溫度需加熱到**600～700℃**, 其間要經過**8小時**, 加熱速度以緩慢增溫的效果較好.

(7) 鑄造成功率平均爲**98.18%**, 最高100%, 最低95.0%, 偏差5.0%.
平均收縮率爲**3.11%**. 由此可證, 爲了鑄造出與 ≪直指≫ 同一尺寸之活字, 事先將底本擴大爲104%, 是正確的判斷.

(8) 自 ≪直指≫ 所分析出直指活字之**字跡特點**, 皆可由復原鑄字中確認之. 其文字筆劃完成度高, 不但是字跡特點, 而且直觀視覺, 皆與字模字樣非常類似

2. ≪直指≫ 排版方法之復原

(1) 印蠟加工過程首須**搗碎**成膏狀, 才可產生柔軟性與粘着性. 此過程乃印蠟調製之核心.

(2) 印蠟材料之成分, 以不乾性油或半乾性油**25%**加上蜂蠟類**75%**, 使用効果最好.

(3) 印蠟之使用期限, 因實驗期間僅有4年, 尚不足以判斷.

(4) 排版之前, 將**適量**印蠟鋪勻在印版內的程序至關緊要. 因爲要以此固

定活字, 竝保留雜物廻避空間.

(5) 排字校正之確實與否, 是左右印刷書品之核心要素之一.

3. ≪直指≫ 印製方法之復原

(1) 金屬活字版印刷所用墨汁, 需先調配由**油性煙媒5～10%**與**溶媒**濃度5%之阿膠液**90～95%**混合之墨汁, 再以**1:1**之比率加入**功能添加物**調成印墨.

(2) 功能添加物是印墨成敗關鍵, 由實驗所得, 知穀類之糊10%或阿膠液10%爲有用, 又以**糯米糊**最爲有效.

(3) 塗墨時, 講究印墨是否**均勻**與**適量**的塗布在印版上, 途墨之技術熟練度爲左右印刷書品之核心要素之一.

(4) 書冊用紙以手工製作之薄軟紙的刷印效果較好.

4. 復原版書葉之分析

(1) 復原版書葉之墨色及個別文字特點, 與 ≪直指≫ 原書**相當類似**.

(2) 由實驗所得, 印製時採用**油煙墨汁・功能添加物・手工紙**等, 可獲得與 ≪直指≫ 最爲類似的復原版.

以此, 可判斷高麗時代先人印刷 ≪直指≫ 所用之金屬活字, 其鑄造・排版・刷印之法應在此範圍之內.

5. 本研究之貢獻及預期效果

(1) 推論撥蠟法之**鑄造過程**與**原理**, 成功地鑄造出直指活字. 尤其是首次提出傳統撥蠟法**鑄型材料**之**成分**與**比率**.

(2) 首次提出**印蠟加工法**, 排版原理, 校正等排版法.

(3) 首次提出金屬活字所用墨汁之煙媒, 溶媒, 功能材料等之成分與比率, 墨汁塗布技術, 冊紙等與**刷印**相關的**技法及條件**.

(4) 首次**刷印出**復原版 ≪直指≫ **書葉**.

(5) 首次把握**粘着式排版法**之技術要素, 可供類似研究參考.

(6) ≪直指≫ **復原版**所用**印墨**, 具有所有金屬活字本印墨之**通用性**, 本研究首次明確解決金屬活字版油煙墨汁問題.

(7) 公開所有復原工程上之詳細原理, 可供第三者檢證. 依此實驗所得復原≪直指≫ 的相關技術, 或亦能應用於復原高麗時代寺刹版金屬活字本.

關鍵詞: ≪直指≫, 復原, 金屬活字, 撥蠟法, 字模材料, 鑄型材料, 合金成分, 鑄造收縮率, 粘着式排版法, 印臘加工法, 刷印法, 金屬活字版所用墨汁, 油性煙媒材料, 功能添加物, 復原版書葉.

목차

表 · 그림 목차

Ⅱ. 「直指」의 字跡에 나타난 直指活字 研究

Ⅲ. 直指活字의 蜜蠟鑄造法 鑄造 過程 研究

Ⅳ. 直指活字의 蜜蠟鑄造法 鑄型 材料 實驗 研究

V. 直指活字의 蜜蠟鑄造法 實驗 研究

Ⅵ. 蜜蠟鑄造法의 大量鑄造 實驗 硏究

Ⅶ. 蜜蠟鑄造法의 改良 및 安定性 實驗 研究

Ⅶ-1. 金屬活字 蜜蠟鑄造法의 改良 實驗 研究

Ⅶ-2. 金屬活字 蜜蠟鑄造法의 安定性 實驗 研究

Ⅷ. 直指活字의 組版 및 印出 實驗 研究

寫眞 목차

Ⅱ. 「直指」의 字跡에 나타난 直指活字 研究

Ⅳ. 直指活字의 蜜蠟鑄造法 鑄型 材料 實驗 研究

V. 直指活字의 蜜蠟鑄造法 實驗 研究

Ⅵ. 蜜蠟鑄造法의 大量鑄造 實驗 研究

Ⅶ. 蜜蠟鑄造法의 改良 및 安定性 實驗 研究

Ⅶ-1. 金屬活字 蜜蠟鑄造法의 改良 實驗 研究

Ⅶ-2. 金屬活字 蜜蠟鑄造法의 安定性 實驗 研究

Ⅷ. 直指活字의 組版 및 印出 實驗 硏究

復原 書葉 목차

Ⅸ-2. 復原 書葉 : 復原版「直指」卷下 第1葉·第2葉

I

序言

序 言

1. 印刷術의 淵源

인쇄술은 하나의 모체에서 다량의 서적이나 정보를 신속하게 생산하는 기술이다. 서적은 의식을 전파하고 경험을 교환하며 지식을 흡수하는 가장 주요한 매개체이다. 따라서 인쇄술이 동일한 정보를 신속하게 대량으로 유통시킴으로써 인류의 정보 민주화를 촉진한 공헌은 지대하다. 이러한 연유로 인쇄술을 문명의 어머니라고 칭하기도 한다. 영국의 철학자 Francis Bacon(1561-1626)은 인류 문명 발전에 가장 큰 영향을 미친 과학발명으로 지남침·화약·제지술·인쇄술 등의 네 가지를 들었다.[1] 1998년 Time 사가 발행하는 「Life」지는 지난 1000년 동안 인류의 역사를 변화시킨 가장 위대한 기술혁명 100가지와 인물 100인을 선정하였다. 그중 첫 번째 기술혁명이 바로 독일의 구텐베르크(Johannes Gutenberg)가 금속활자를 이용하여 성경을 인쇄한 사실이다.[2] 그 이유는 정보의 대량 생산과 유통을 통하여 유럽을 봉건사회에서 문예부흥이 가속화되어 자본사회로 변화시키고, 드디어는 시민혁명과 산업혁명을 거쳐 자본주의로 발전하는 빌미를 제공하였기 때문이다. 이처럼 인쇄술이 인류에 미치는 영향은 헤아리기 어려울 정도이다.

인쇄술은 목판인쇄술[3]과 활자인쇄술로 구분된다.[4] 모두 중국인에

---

1) 영국의 사학자 Arnold Toynbee(1889-1975)는 이 네 가지의 과학발명이 공교롭게도 모두 중국인에 의하여 이루어진 것임을 증명하였다.

2) Robert Friedman, *The Life Millennium: The 100 Most Important Events and People of the Past 1,000 Years*, New York: LIFE BOOKS Time Inc, 1998. 166.

의하여 발명되었다. 목판인쇄술의 발명은 중국의 수많은 발명이 그러하듯이 자연에 순응하며 생활하는 가운데 경험이 누적되면서 서서히 이루어진 까닭에 발명의 주체・시기・장소・방법 등을 알지 못한다. 오직 발명 시기는 발명의 전제가 되는 요건들을 추적하여 짐작할 수 있을 뿐이다. ① 묵즙의 사용・② 제지술의 보급・③ 인장・④ 탁인・⑤ 불인의 유행・⑥ 부적의 사용・⑦ 사회적 수요 등 7가지 전제 조건과 ⑧ 현존 초기 인쇄물 등을 종합하면 서기 700년경으로 추정된다.

활자인쇄술은 목판인쇄의 불편한 점, 즉 조각한 문자를 다른 곳에 재사용할 수 없는 '死字 인쇄'라는 점을 개량하기 위하여 발명되었다. 이는 중국 宋代 慶曆年間(1041-1048)에 畢升에 의하여 膠泥活字로 발명되었다.[5] 현존 인쇄물로는 「佛說觀無量壽佛經」의 낙장 파편 1점이 짐작될 뿐이다.[6] 목활자는 西夏[7]에서 1194-1205년간에 「德行集」을 인출한 西夏文 목활자가 러시아의 黑水城에서 출토되었고,[8] 중국에서는 元代의 王禎에 의하여 1298년에 「旌德縣志」를 인쇄하였다.[9] 그 후 등장한 것이 금속활자이다.

---

3) "목판인쇄술"은 잘못된 명칭이다. 목판에 문자나 그림을 조각하여 인출하므로 '雕板인쇄술'이 정확한 명칭이다. 또는 문자 등을 조각한 목판을 '冊板'이라 하므로 '冊板인쇄술'도 가능하다.

4) 인쇄의 개념에 대하여 동양과 서양은 약간의 인식차이를 보인다. 동양은 목판인쇄와 활자인쇄를 모두 인쇄로 간주하지만, 서양은 활자인쇄만을 인쇄로 간주한다.

5) 沈括 저, 校證者 미상, 「夢溪筆談校證」 卷18, 技藝, 板印書籍條.

6) 畢升의 교니활자 인쇄물로 중국 溫州博物館에 소장되어 있는 「佛說觀無量壽佛經」의 낙장 파편을 제시한 사례가 있다. 金柏東, "早期活字印刷術的實物見證-溫州市白象塔出土北宋佛經殘頁介紹", 「文物」 1987年 第5期(1987. 5), 15-18 및 圖版 1. 그러나 이에 대하여 긍정과 부정의 양론이 있다. 曺炯鎭, "中國 活字印刷技術의 發明背景과 萌芽期의 發展", 「書誌學硏究」 제13집(1997. 6), 56-59, 71.

7) 지금은 중국에 속해 있지만, 당시는 독립적인 西夏國이었다.

8) 史金波・雅森吾守爾, 「中國活字印刷術的發明和早期傳播」 (北京: 社會科學文獻出版社, 2000), 42-43.

9) 王禎, 「農書」 卷22, 造活字印書法, 寫韻刻字法.

금속활자는 한국의 고려시대 말기에 고려인에 의하여 발명되었다.[10] 지금까지 문헌 기록이나 현존 실물을 통하여 알려진 고려시대의 금속활자는 중앙정부에 의한 官鑄 활자와 사찰에 의한 寺鑄 활자의 2종류가 있다. 관주 활자본으로는 1232년 강화 천도 이전에, 당시의 수도였던 개경(개성)에서 인출한 「新印詳定禮文」[11]과 「南明泉和尙頌證道歌」(이하 「證道歌」로 약칭)[12] 등이 있다. 그러나 안타깝게도 이들 활자본은 현존하지 않고, 활자 인쇄 사실만을 간략하게 기록한 문헌과 활자본 「證道歌」를 자본으로 하여 복각한 목판본 4종이 전하고 있을 뿐이다.[13] 그러다가 10년쯤 전에 「證道歌」를 인쇄한 것으로 보이는 금속활자 실물이 발견되어 전 세계 관련 학자들의 주목을 받고 있다.[14] 이 실물은 진위 여부를 판명해 줄 직접 증거가 없어서 논란이 되고 있지만,

---

10) 금속활자와 금속활자인쇄술의 '발명'에 관하여, 국내의 일부 학자는 활자의 제작 목적이 서적 인쇄이므로 활자와 인쇄술을 동일시하여 금속활자와 금속활자인쇄술을 모두 발명이라고 한다. 그러나 발명의 현대적 개념에 입각하여 금속활자와 금속활자인쇄술의 기술적 원리와 이념을 살피고자 한다. 금속활자는 주조라는 획기적인 방법으로 제작하였으므로 발명임에는 이론의 여지가 없다. 금속활자인쇄술은 활자 제작 - 조판 - 인출 - 해판 후 재사용이라는 기술적 과정은 교니활자나 목활자 인쇄술과 비교할 때 새로운 이념은 없으므로 발명이 아니다. 다만 조판 방법·묵즙 등 부분에서 나타나는 기술적 발전은 개량이라고 판단한다.

11) 李奎報, 「東國李相國後集」 卷11, 「新印詳定禮文」跋尾, 代晉陽公行.

12) 국립중앙도서관 일산문고 소장 高麗鑄字本重雕版, 「南明泉和尙頌證道歌」 권말수록 中書令晉陽公崔怡謹誌.

13) 1. 삼성출판박물관 소장본. 1984년에 1239년 중조본으로 인정되어 보물 758호로 지정. 후쇄본으로 보인다.
   2. 공인박물관 소장본. 과거 안동 박동섭 소장본·안동본이라 칭하기도 하였고, 지금은 부산 원진 스님 소장본·대성암 소장본이라고도 칭한다. 2012년에 보물 758-2호로 지정되었다.
   3. 대구 개인(김병구) 소장본. 책 말미에 1472년의 金守溫 인경발문이 붙어 있어서, 그 무렵에 인출한 것으로 판단할 수 있다. 2015년 3월 현재 이 발문을 떼어내고 문화재 지정 신청되어 있는 상태이다.
   4. 대구 파계사 종진 스님 소장본이 있는 것으로 들었다.
   이상 4종은 동일한 복각본 책판에서 각기 시기를 달리하여 인출한 판본으로 보인다.

14) 1. 남권희, 「직지보다 앞선 세계 최고의 금속활자 證道歌字」 (서울: 다보성고미술, 2010).
   2. 남권희, 「세계 최초로 주조된 금속활자 증도가자와 고려시대 금속활자」 (서울: 다보성고미술, 2011).

진품이 섞여 있음은 사실로 보인다. 진품임이 확인되면 금속활자의 발명작이 될 것이다.

사찰 주조 활자는 「白雲和尙抄錄佛祖直指心體要節」(이하 「直指」로 약칭)[15]과 「慈悲道場懺法集解」[16] 등을 인쇄한 직지활자[17]가 있다. 이는 "宣光七(1377)年丁巳七月 日 淸州牧外興德寺鑄字印施"라는 간기가 실린 「直指」의 卷下 1책이 프랑스 국립도서관에 소장되어 있어서 그 실체를 증명하고 있다. 「直指」의 가치는 현존 세계 最古의 금속활자본으로서, 한국의 고려인이 금속활자를 발명하였다는 사실을 서양인에게 확실히 인식시켜준 실증적 자료라는 점에서 헤아릴 수 없을 정도이다.[18]

2. 「直指」 復原 理由와 過程

「直指」가 현존하고 있다는 사실은 역사적으로 그것을 인쇄하기 위하여 직지활자가 존재했었으며, 그 활자로 조판하여 간행하였음을 설명하고 있다. 그러나 「直指」의 간행 사실에 대하여, 오직 직지활자의 문자면으로부터 묵즙으로 반영된 자적만이 「直指」에 남아 있을 뿐, 그것을 간행하였을 활자·인판·공구 등의 실물과 문헌기록이 전무하다. 그 결과 직지활자를 어떻게 주조하였으며(직지활자의 제작 방법), 그 형태는 어떠하였으며(직지활자 동체의 형태와 높이), 어떻게 조판하

15) 프랑스 국립도서관 소장, 「直指」, COREEN 109.

16) 南權熙, "興德寺字로 찍은 「慈悲道場懺法集解」의 覆刻本에 관한 考察", 「문헌정보학보」 제4집(1990. 1), 179-234.

17) 이 활자의 명칭으로 홍덕사자·고려사주활자 등이 있으나, 정설은 정립되지 않은 상태다. 조속히 통일하여야 할 것이지만, 본 연구에서는 「直指」를 인쇄한 활자라는 의미로 "직지활자"를 사용한다.

18) 이 간기의 기록으로 인하여 지금은 서양의 학자도 금속활자를 구텐베르크가 발명한 것이라고 주장하지 않는다.

였으며(인판의 형태와 조판 방법), 어떻게 인출하였는가(묵즙의 성분과 비율) 등의 인쇄기술에 관한 대부분의 과정과 방법을 알지 못하고 있다.

「直指」가 갖는 역사적인 의미가 큰 만큼 복원의 필요성도 크고, 후손된 우리에게는 이를 밝혀야 할 책무도 크다. 이 책무가 곧 「直指」를 복원하는 일이다. 또한 이는 단절된 전통과학기술을 복원한다는 의미에서도 대단히 큰 의의가 있다.

직지활자와 「直指」의 복원 과정은 우선 유일한 근거인 「直指」의 자적 분석을 통하여 활자의 제작 방법과 조판 방법을 유추하여야 한다. 유추된 활자 제작 방법은 문헌적인 근거를 바탕으로 구체적인 제작 과정을 밝힌 다음, 그 방법으로 활자를 제작하여야 한다. 그 활자를 사용하여, 유추된 조판 방법으로 조판 인출하여야 하고, 그 결과가 현존 「直指」와 유사한 분위기로 검증될 때 비로소 복원이 완성되었다고 할 수 있다.

3. 復原의 苦衷

復原(復元・Reconstruction)이란 과거의 원료・제조 방법・도구 등에 기초하여 모두 과거와 같은 방법으로 재현하는 것을 말한다. 復刻(reproduction)이란 현재의 원료로 과거의 도구 또는 復元한 도구를 사용하여 과거의 방법으로 만드는 것을 말한다. 複製(Replica)란 현재의 원료・도구・방법을 사용하여 과거의 것과 같은 것을 만드는 것을 말한다.[19] 즉 복원은 그 재료・방법・과정・도구 등이 역사적으로 유사

19) 세키 마사즈미, "문화재 보존・수복에 있어서 고치현 종이산업기술센터의 역할", 한국공예·

한 영역에서 사용했을 법한 근거가 미세할지라도 제시되어야 하며, 결과 역시 과거의 방법을 따라야 한다. 복제는 그 방법과 과정이 어떠하든 간에 결과가 과거의 것과 유사하기만 하면 된다.

극소형 공예품인 금속활자의 밀랍주조법을 왜 연구하는가? 밀랍주조법은 기본적으로 소량의 중대형 청동기 주조에 사용하는 방법이다. 직지활자를 주조하였을 것으로 추정되는 밀랍주조법은 어미자 생산성의 한계 등으로 인하여 금속활자 주조에 적합한 방법이 아니므로 도태될 수밖에 없었다("附錄 1. 金屬活字 蜜蠟鑄造法의 淘汰 理由" 참조). 따라서 금속활자의 밀랍주조법 연구는 오로지 「直指」를 어떻게 생산하였는가의 과정을 밝히는 **복원** 연구만이 의미를 가진다. 즉 오늘날 새로운 활자를 **복제**하는 밀랍주조법은 개발 연구가 되어 의미가 없다. 왜냐하면 밀랍주조법보다 더 효율적인 주조 방법이 있고, 청동기 복제를 위하여 현대적으로 개발된 밀랍주조법도 많아서 연구 가치가 거의 없기 때문이다.

과학 기술의 발명은 인류의 누적된 경험에 기초하여 완만하게 이루어지기도 하고, 순간적인 착상에 의하여도 가능하다. 이에 비하여 역사적으로 존재했었으나 지금은 단절된 과학 기술의 복원은 순간적인 착상이나 단편적인 연구로는 불가능하다. 왜냐하면 지금은 알지 못하지만, 과거에는 어떻게든 분명한 진실이 있었으며, 그 진실은 오직 하나뿐이기 때문이다. 이는 당시의 사회와 역사적 배경·전제 조건·문헌

디자인문화진흥원, 한지 세계화 전략을 위한 국제세미나, 「천년 한지, 세계와 만나다」, 2014. 12. 19, 174-183. 발표 원고: 復元(Reconstruction)とは昔の原料, 製法, 道具に基づき, すべて同じ手法で再現すること. 復刻(Reproduction)とは現在の原料で, 昔の道具または復元した道具を使用し, 昔ながらの製法で作ること. 複製(Replica)は現在の原料, 道具, 手法を用いて同様のものを作ること.レプリカ.

검색·실물 분석 등으로 숙고를 거듭해야 하고, 끝으로 수많은 실험과 시행착오를 반복하면서 용의주도한 추적만이 비로소 역사적 진실에 다가갈 수 있다. 한 번의 실험으로 증명되면 더 바랄 바 없지만, 완전하지 못한 실험을 거듭하면서 가능성이 낮은 점은 버리고 성공률을 높일 수 있는 조건으로 개선하면서 추적하여야 하는 것이 복원의 어려움이다. 따라서 완전하게 성공하지 못한 실험에서도 취할 부분은 많이 있으며, 심지어는 실패한 실험에서도 암시받는 바가 적지 않다. 이 점을 간과해서는 안 될 것이다.

특히 「直指」와 같이 근거 자료가 거의 없는 복원을 위해서는 적어도 세 단계의 능력이 필요하다. ① 연구력이 필요하다. 연구자에 의하여 「直指」에 나타난 자적의 특징을 분석하고, 그 특징에서 활자의 제작 방법·조판 방법·인출 방법 등을 유추하고, 그 구체적인 과정과 원리를 문헌과 실험으로 추적하여 밝혀야 한다. 이를 위한 학문적 배경으로는 밀랍 재료·충전 재료·기능성 재료 등의 재료 공학과 요업 공학, 조각 기술, 금속 주조 공학, 인납 조제, 묵즙 조제 등의 응용이 요구된다. 이처럼 복원하기까지의 과정에서는 연구력이 필요하다. 이렇게 하여 구체적인 과정과 원리가 밝혀지면, ② 기술력이 필요하다. 연구에 의하여 밝혀진 기술 과정을 숙달함으로써 활자를 원활하게 주조하고, 조판하고, 인출하여 고려시대의 장인만큼 성공률도 높일 수 있도록 하여야 한다. 실패의 요인도 분석하여 개선하여야 한다. 이처럼 기술 숙련까지는 전문 기능인, 즉 인간문화재 같은 장인의 기술력이 필요하다. 이는 저자가 장인이 아닌 점에서도 더욱 절실하다. ③ 노동력이 필요하다. 인쇄의 전 과정에서 전문 장인을 대신하여 단순 작업을 수행하는 조수의 협력이 필요하다. 특히 주조된 활자를 완성하기 위하여 마지막 단계에서 물리적으로 너덜이를 다듬는 수정이 필요하다. 오늘날에는 여러 전동 공구를 사용하여 노동력도 덜면서 신속하고 편리하게 처리하고 있지만, 과거에는 이 공정이 인간의 노동력에 의하여 이루어졌기 때문에 주조 후의 마감 손질 과정에서는 많은 노동력이 필요하였다. 저자의 실험 경험에 의하면 전체 주조 과정에서 이 물리적 과정이 차지하는 시간과 노동력이 약 50% 정도였다. 조판과 인출을 위하여도 전문 기능인을 보좌하는 조수가 필요하다. 이처럼 「直指」의 완전한 복원을 위해서는 연구자·기능인·조수 등의 협력이 필요하다.

이렇게 하여 복원이 이루어지면, 그 원리와 방법을 자세히 공개하여 제3자로부터 검증이 가능하여야 한다. 장인의 숙련된 경험을 필요로 하여 구체적인 수치로 표현할 수 없는 부분이 있기는 하지만, 연구자에 의한 연구, 특히 복원 연구의 경우는 육감으로 해서는 연구로 간주할 수 없으며, 객관화될 수 있어야 한다.

모든 과정을 완벽하게 수행하였다 할지라도, 「直指」 복원의 성공 여부는 활자 주조에 사용된 각종 재료와 도구, 구체적인 주조 과정의 타당성, 주조 결과 나타난 성공률의 효율성, 고려시대 당시의 사회 환경에서의 가능성, 고려 활자 밀랍주조법에 관한 전통적인 통설에의 부합, 조판과 인출 과정의 타당성, 그리고 최종 결과물의 유사성 등을 고려하여 종합적으로 판단하여야 한다. 만약 결과물만이 관건이라면 복원보다 복제가 훨씬 더 효과적이다.

4. 先行 研究

지금까지 「直指」를 복원하기 위하여 일부 관계와 학계에서 부분적으로 연구가 시도된 적이 있었다. 「直指」의 자적으로부터 직지활자의 특징과 주조·조판 방법을 분석한 연구가 있었다.[20] 주조 과정을 복원하기 위한 첫 단계로 주형의 재료를 추적한 실험 연구가 있었다.[21] 이 밖에도 「直指」와 밀랍주조법에 관한 연구가 있었다.[22] 이상의 연구를 종합하면 철저한 기초 조사와 분석 없이 결과물만을 중시한 결과 「直指」 복원을 위하여 필요한 원리를 제시하지 못하였거나, 결과물을 복제한 수준이다("附錄 2. 기타 直指活字 鑄造 實驗 硏究의 評價" 참조).

5. 硏究 觀念과 內容

본 연구는 이러한 연구 가치의 관념을 바탕으로 직지활자의 제작·조판·인출 등의 전체 과정을 고려시대에 사용했을 법한 역사적 근거가 있는 실험으로 증명함으로써 완전한 개념과 원리를 제시하여 「直指」를 재생산할 수 있도록 하였다. 이를 위하여 모든 실험은 「直指」의 자적에서 분석한 직지활자의 형태와 특징, 주조 방법과 조판 방법, 문헌 연구의 결과, 항간에 구전되어 오던 근거가 확실하지 않은 장인의 경험

20) 1. 남권희 등, "프랑스국립도서관 소장 「직지」 원본 조사 연구", 「書誌學硏究」 제35집(2006. 12), 59-81.
2. 이승철, "「직지」에 사용된 활자와 조판에 대한 분석 요구", 「書誌學硏究」 제38집(2007. 12), 377-411.

21) 1. 이승철, "금속활자 주조를 위한 蜜蠟鑄造法의 鑄物土 실험연구", 「書誌學硏究」 제34집(2006. 9), 129-155.
2. 이승철, "밀랍을 이용한 금속활자의 대량주조법과 주형토의 물리적 특성에 대한 실험연구", 「書誌學硏究」 제37집(2007. 9), 201-219.

22) 1. 라경준 등, "「직지」 금속활자 복원에 관한 실험적 연구", 「한국과학사학회지」 제28권 제1호(2006. 6), 139-160.
2. 朴文烈, "蜜蠟鑄造法의 復元에 관한 實驗的 硏究", 「書誌學硏究」 제33집(2006. 6), 79-105.
3. 청주고인쇄박물관, "2011 고려시대 금속활자 복원사업 「直指」 金屬活字 복원 결과보고서", (청주: 청주고인쇄박물관, 2012).
4. 청주고인쇄박물관, "2011-2015 고려 금속활자 복원사업 결과보고서", (청주: 청주고인쇄박물관, 2016).

적 증언 등에 부합하는 방법으로 수행하였다. 뿐만 아니라 현대적 발상으로 개량된 재료나 방법을 완전히 배제하고, 전통적인 재료와 방법만으로 실험함으로써 연구 결과가 설득력을 갖추도록 하였다. 다만 구하기 어려운 일부 전통 재료는 오늘날의 재료 중 저자의 실험에 의하여 그 기능이 동일하다고 확인된 것으로 대용하였다. 이로써 고려 금속활자 주조용 밀랍주조법의 완성에 한층 근접하였고, 제3자에 의한 검증도 복원도 가능하도록 하였다.

그 구체적인 내용은 문헌 연구와 실험 연구로 대별된다. 문헌 연구는 ① "Ⅱ. 「直指」의 字跡에 나타난 直指活字 硏究"에서 직지활자의 특징·활자의 제작 방법(밀랍주조법)·활자의 형태·조판 방법(부착식 조판) 등을 추론하였다. ② "Ⅲ. 直指活字의 蜜蠟鑄造法 鑄造 過程 硏究"에서는 금속활자 밀랍주조법의 원리와 구체적인 과정·어미자의 재료·주형의 충전 재료와 기능성 재료 등을 추적하였다. 실험 연구는 주조·조판·인출의 세 영역으로 구분된다.[23] ③ 다양한 주조 실험을 통하여 금속활자 밀랍주조법의 주형 재료가 갖추어야 할 필요조건(제Ⅳ장), 주조의 전체 과정과 원리(제Ⅴ장), 대량 주조의 가능성(제Ⅵ장), 성공률을 높일 수 있는 개량된 주조 과정 및 균일한 성공률과 활자의 완성도를 담보할 수 있는 안정성 제고 방법(제Ⅶ장) 등을 차례로 확인하였다. 제Ⅴ장부터 제Ⅶ장은 고대 청동기의 곡면을 금속활자에 적합한 평면으로 응용하여 주조하였다. 즉 복원에 초점을 맞춘 만큼 고대 기술에 뿌리를 둔 것이다. 이로써 금속활자를 효율적으로 주조할 수 있는 밀랍주조법을 완성하였다. ④ 「直指」 卷下의 제1엽과 제2엽을 인출하

23) 이것이 활자인쇄의 4요소 중, 3가지이다. 네 번째 요소는 해판 및 재사용이다.

기 위한 조판 실험을 통하여 인납의 성분과 비율, 인납의 조제 방법, 조판 방법, ⑤ 인출 실험을 통하여 묵즙의 성분과 비율, 인출 방법, 인출 결과물인 복원 서엽의 특징 등을 분석하였다(제Ⅷ장). ⑥ 본 연구의 결론과 함께 「直指」 복원의 증거물인 복원 서엽을 조건별로 제시하였다(제Ⅸ장). 참고 문헌에 이어 부록으로 "金屬活字 蜜蠟鑄造法의 淘汰 理由"와 기타 直指活字 鑄造 實驗 研究에 대한 졸견과 "「直指」, 그 고단한 旅程과 歸鄕"을 덧붙였다.

"Ⅳ. 直指活字의 蜜蠟鑄造法 鑄型 材料 實驗 研究"부터 "Ⅶ-1. 金屬活字 蜜蠟鑄造法의 改良 實驗 研究"까지는 목차상 동일한 순서의 실험이 반복된다. 그러나 실험 내용은 실패 요인을 버리고, 필요한 요소를 추가하면서 고려시대의 진실로 구체화되어 간다. 이 과정에서 중복 출현하는 내용은 첫 설명으로 가름하였다. 문자 설명으로 표현할 수 없는 부분은 이해를 돕기 위하여 사진을 과정마다 다수 제시하였다. 다만 검정색 재료가 많은 까닭에 일부 사진이 쉽게 구분되지 않는 점이 아쉽다. 활자와 문자의 크기는 동일 또는 동종 활자의 여부를 판단하는 중요한 기준이다. 본 연구에 수록한 활자 또는 문자는 크기나 배율을 표시하지 않은 경우, 실물 크기로 하였다. 그러나 스캔 과정에서 다소의 오차는 불가피해 보인다. 본문의 문장 서술 방식이 비슷한 내용이 반복되는 만연체 느낌이 들지 모르겠다. 기술 과정은 문자 설명만으로는 이해되지 않는 부분이 많다. 독자에게 충분히 이해할 수 있도록 사진도 많이 첨부하였지만, 문자 설명 역시 최대한 이해할 수 있기를 바라는 마음의 소치이다.

본 연구 전체는 물론, 각 장마다 영문 제목 및 국문·영문 초록을 함께 수록하였다. 본 연구 전체에 대하여는 중문 초록을 추가하였다. 색인은 본 연구와 직접 관련된 용어만으로 최소화하였다.

6. 期待 效果와 學界의 評價 等待

이로써 고려시대 조상이 사용하였던 「直指」 인쇄용 금속활자의 주조・조판・인출의 방법은 이 범주 내에 있을 것으로 판단한다. 부족한 능력이나마 단절된 전통 과학의 한 부분을 복원한다는 사명감과 양심으로 매진하였다.

본 연구는 「直指」 복원의 1차 목표로 卷下의 제1엽과 제2엽을 대상으로 하였다. 연구 결과 제시된 방법이 공인되면 卷下의 제3엽 이하와 卷上은 물론, 직지활자로 인출했던 다른 판본도 복원할 수 있을 것이다.

본 연구는 시종 엄격하고 철저하게 「直指」 복원에 초점을 맞추어 실험을 진행하였다. 그 결과 부수 소득으로 복원의 개념을 확실하게 정의할 수 있게 되었다. 이는 여타의 복원 연구 결과를 평가하기 위한 기준 설정의 이정표가 될 수 있을 것이다. 공공기관이 발주하는 복원 사업의 경우, 왕왕 눈먼 돈이라 하여 결과물의 평가를 소홀히 하기도 하는데, 본 연구를 원용하여 평가 척도를 추출하면 장차는 국고 낭비를 예방하는 효과도 기대할 수 있을 것이다.

저자는 원리를 추적하는 연구자일 뿐 인쇄 전문 장인이 아니므로, 전문 장인이라면 더 이상적인 결과를 얻을 수 있을 것이다. 아쉽지만 저자의 능력으로 할 수 있는 「直指」의 복원 연구를 마무리하고자 한다. 학계의 냉정한 평가를 기대한다.

2019. 3. 1. 용인 '傳統과 尖端 硏究所' 실험실에서
曺炯鎭 씀.

「直指」의 字跡에 나타난 直指活字 研究

「直指」의 字跡에 나타난 直指活字 研究*

Investigating the Jikji Type Based on Appearance of Type Traces in *Jikji*

◁ 목 차 ▷

〈초 록〉

「直指」의 자적을 분석하여 직지활자의 특징과 제작방법・활자의 형태・조판 방법 등을 추적하였다.

1) 직지활자의 특징으로는 단필・기포・너덜이・필획 어긋남・서체 불균형・크기 불균일・결필・약필・약자・번필 등을 들 수 있다.
2) 직지활자는 자본을 이용하여, 밀랍 등의 연한 재질에 어미자를 조각하여, 밀랍주조법으로 주조한, 금속활자였다.
3) 직지활자의 형태는 동체의 문자면에 문자를 가득 차도록 조각하였으며, 측면은 방정하지 않은 불규칙한 형태였다.
4) 직지활자는 높이가 5㎜ 정도로, 인납을 이용한 부착식 방법으로 조판하였다.
5) 인판은 광곽・계선이 고착되어 있고, 판심제・권차・장차를 조립한 두 장의 금속제 인판을 번갈아 사용하였다.
6) 직지활자는 인출하고자 했던 최초의 서적에 나타난 문자를 위하여 주조한 목적성 활자였다. 그러나 「直指」가 그 첫 인쇄대상은 아니었다.
7) 직지활자는 통일된 과정으로 일시에 주조한 것이 아니었다. 계획 초기에는 숙련공에 의하여 대부분의 활자가 주조된 후, 부족분은 비숙련공에 의하여 수시

* 1. 曺炯鎭, "「直指」의 字跡에 나타난 直指活字의 特徵 硏究", 「書誌學硏究」 제38집(2007. 12), 163-192.
2. 曺炯鎭, "直指活字의 鑄造・組版 方法 硏究", 「書誌學硏究」 제39집(2008. 6), 69-86.

로 보충되었다.

8) 직지활자는 주조 기술·조판 기술·인출 기술 등의 인쇄 기술 수준이 그다지 능률적이지 못하였다.

要語 : 직지활자, 직지활자의 특징, 금속활자, 밀랍주조법, 부착식 조판

<ABSTRACT>

This study attempted to analyze type traces in *Jikji* and infer its type characteristics, production method, type form, and type setting method.

1) Jikji type is characterized by broken strokes, blowholes, superfluous matters, irregular strokes, unbalanced character style, uneven character size, omitted strokes, abridged strokes, simplified characters, and redundant strokes.
2) Jikji type was a metal type cast by wax casting method, with matrix carved into soft material (e.g., wax) based on manuscript.
3) The form of Jikji type was based on characters carved onto character face of body without margin, and the body's side face was not squared, but irregularly patterned.
4) Jikji type was approximately 5mm high, type-setted using attaching method that applied printing wax.
5) The printing plate had fixed margin and vertical lines. Two metal plates that assembled title in the middle of plate, chapter and page number in the middle of printing plate were alternately used for printing.
6) Jikji type was a purposive type that was cast in order to print characters appearing in the first book. However, *Jikji* was not the first book for this type printing.
7) Jikji type was not cast at once in an uniformly procedure. Most of the types were cast by experts at the early stage of planning, whereas the remaining types were occasionally supplemented by inexperienced nonexperts.
8) Jikji type was not very efficient in the overall printing technique including casting technique, typesetting technique, and brushing technique.

Key words : Jikji Type, Characteristics of Jikji Type, Metal Type, Wax Casting Method, Attached Typesetting

1. 小 緖

직지활자와 「直指」를 복원하기 위한 첫 과정으로 「直指」의 자적을 분석하였다. 이를 통하여 직지활자의 특징과 함께 제작 방법·활자의 형태·조판 방법 등 인쇄 기술적 요소를 추출함으로써 「直指」 복원의 기초 자료를 확보하였다.

분석에 사용한 판본은 여러 복사본 중에서 해상도가 가장 뛰어난 청주고인쇄박물관 소장의 채색 사진판이다. 사진판을 원본과 비슷한 크기로 현상하였다. 「直指」 실물을 직접 분석하지 못한 것은 연구 착수 당시 소장자인 프랑스 국립도서관으로부터 열람허가를 받지 못하였기 때문이다. 「直指」의 복사본에는 흑백판·채색 보급판 3종(원판은 동일)·디지털 직지판 등이 있으나, 해상도가 낮아서 원전의 인쇄 상태를 분석하기에는 어려운 정도이다. 청주고인쇄박물관이 소장하고 있는 채색 사진판은, 물론 완전하지는 못하지만, 주묵의 구두점도 쉽게 구별할 수 있고, 원전의 인쇄상태를 간파할 수 있을 만큼 해상도도 높아서 분석을 위한 판본으로 삼았다.

2. 「直指」의 刊行에 동원된 文字와 活字

2.1 文字의 數量과 種類

현존 「直指」는 卷下 제2엽부터 제39엽까지 모두 38엽이 남아 있다. 여기에 내용을 서술하기 위하여 활자로 인출된 문자(漢字)의 수량은 大字 13,690개, 小字 329개, 합계 14,019개이다. 본문의 대자를 소자로 대체한 경우는 소자에 합산하였다. 필삽 문자 5개("3.1.2 筆揷 文字" 참조)는 제외하였다.

이를 같은 문자끼리 묶어보면, 동원된 문자의 종류는 대자 1,526개, 소자 201개, 합계 1,727개이다. 대·소자에 무관하게 문자만 추출하면 총 1,559개이다. 이는 기본적으로 약필 문자·결필 문자·약자 그리고 필법은 다르지만 의미가 같은 문자 등은 새로운 문자로 간주하지 않았다. 會曾·己已巳·答荅 등 혼용한 경우에는 본문 내용과 무관하게 인출된 상태의 문자로 인정하였다. 즉 활자 용기에 보관할 때 동일한 칸에 보관될 활자는 동일한 문자로 간주하여 산출한 수치다.

2.2 活字의 數量

활자의 수량은 문자마다 여러 개씩 준비되어 있으면서 각각이 반복 사용되었을 것이므로 문자의 합계보다는 적고 문자의 종류보다는 많다. 「直指」 인출에 동원된 활자의 총 수량은 동일한 문자의 자적을 분석하여 반복 사용된 상황을 확인하면 파악할 수 있다. 예를 들면 "3.2 分析 對象 文字의 特徵"에서 제시한 여러 경우의 문자에서 동일한 활자가 반복 사용된 문자를 모아서 나열한 방법과 같다.

그러나 원본 열람이 불가능하고, 사진판으로는 해상도가 높다고는 하나 활자의 반복사용 여부를 확인하기에는 불완전할 수밖에 없다. 현재의 제한된 여건하에서는 정확한 활자의 수량을 산출하기란 거의 불가능함이 안타까울 뿐이다. 다만 여기에 제시한 방법으로 억지로 추정해보면 대략 대·소자 합계 5,562개 정도로 추산된다.[1)]

---

1) 오국진, 「「直指」活字 復元 報告書」(淸州: 淸州古印刷博物館, 1996), 39.

3. 分析 除外 및 分析 對象 文字의 特徵

3.1 分析 除外 文字

1972년 프랑스에서 「直指」가 공개된 이후, 국내에 흑백 복사본이 보급되면서 「直指」에 대한 연구가 시작되었으나, 채색 복사본이 보급되기 전까지는 「直指」에 가필한 사실을 알지 못하였다. 그 결과 흑백 복사본을 근거로 한 연구와 또 이를 근거로 복원한 많은 사업들이 본의 아니게 왜곡되는 결과를 초래하였다. 그러다가 「直指」의 채색 복사본이 보급되고, 사진판이 입수되면서 비로소 가필 사실이 발견되기 시작하여 그 왜곡 사실을 바로잡을 수 있게 되었다.

직지활자의 본래 모습을 알 수 없도록 후인에 의하여 변형된 문자는 모두 연구 대상에서 제외하였다. 다만 제외 대상 문자에 해당될 수 있으나 문자의 일부분이라도 본래의 모습을 유지하고 있는 경우는, 연구의 단서를 하나라도 더 확보하기 위하여 해당 부분만을 참고한 경우는 있다. 이러한 기준하에서 제외한 문자는 대자 853개, 소자 36개 총 889개로 6.34%이다. 이를 성격별로 구분하면 다음과 같다. 두 가지 이상의 성격을 동시에 가지고 있는 문자도 적지 않다. 다른 성격을 동시에 가지고 있을 경우, 괄호로 표시하였다.

3.1.1 加筆 文字

직지활자를 이용하여 「直指」를 간행한 후, 희미하게 인출된 부분에 후인이 열람의 편의를 위하여 붓으로 덧칠한 문자이다. 이는 흑백 복사본으로는 구별이 불가능하다. 채색 복사본이라 할지라도 해상도가 낮은 경우는 역시 구분하기 어렵다. 해상도가 높은 경우도 구분은 할 수 있으되 가필 여부를 판정하기에 모호한 경우가 많아서 역시 실물 열람의 필요성을 강하게 느낀다.

이 같은 제약으로 인하여 가필 문자를 색출하는 작업은 쉽지 않았다. 실물을 직접 분석하지 못하는 대신, 최대한 진실에 가깝게 접근하기 위하여 다음과 같은 방법으로 가필 문자를 색출하였다.

가필 문자 색출 방법: (1) 채색 사진판을 확대경을 이용하여 직관법으로 관찰하였다. 가필 흔적이 분명한 경우는 이 방법으로도 충분하였다. (2) 재검을 위하여 예민한 복사기로 채색 사진판을 흑백으로 복사하면 가필 부분은 특히 진하고 활자로 인출된 자적은 특히 연하게 복사되어 비교적 쉽게 구분할 수 있다. 이는 인쇄용 묵즙과 서사용 묵즙의 차이로 인하여 나타날 수 있는 현상이다. 인쇄용 묵즙은 입자가 굵은 저급 그을음을 사용하여 아교를 대등한 비율로 섞어서 액체로 다량 조제한다. 그 결과 묵색이 대체로 연하다. 이에 반하여 서사용 묵즙은 입자가 고운 고급 그을음을 사용하여 아교를 대등한 비율로 섞고 기타 향신료 등 첨가제를 추가로 섞은 다음 고체로 소량 제조한다. 그 결과 묵색이 대체로 진하다. 이 같은 묵색의 진하고 연한 차이로 인하여 흑백으로 복사하면, 예민한 복사기는 가필 여부가 뚜렷이 나타나 구분이 가능하다. 그러나 주의할 점이 있는데, 인쇄용 묵즙이라 할지라도 인출할 때 인판에 묵즙을 너무 많이 도포하여 묵즙 쏠림 현상이 나타난 경우는 흑백 복사에서 서사용 묵즙처럼 진하게 나타난다. 따라서 판단 착오를 범하지 않기 위하여 흑백 복사본에서 구분한 후 사진판에서 재확인하는 세심한 과정이 필요하다.

이 같은 과정을 통하여 색출한 가필 문자는 총 120개이다.

<표 1> 가필 문자

문자	張次, 上下葉,[2] 行-字左右	문자	張次, 上下葉, 行-字左右	문자	張次, 上下葉, 行-字左右	문자	張次, 上下葉, 行-字左右	문자	張次, 上下葉, 行-字左右
是	2上1-2	後	12上7-4	報	27下3-1	所	33下3-2	如	34上2-1
勇	2上1-8	云	14上7-1	心	27下7-1	成	33下3-9	妙	34上2-3
爲	2上2-8	不	16上2-1	似	27下7-5	此	33下3-11	趁	34上3-1
閣	2上3-4	不	18下10-17	毒	29下10-8	句	33下3-13	身	34上3-5
偃	2上4-6	窮	22上1-1	翛	31上5-7	樂	33下7-1	虛	34上3-6
論	2上4-9	當	22上1-2	觀	32上4-7	不	33下7-18	不	34上3-8
而	2上5-1	十	22上2-1	律	33上4-17	性	33下8-13	將	34上3-10
今	2上5-2	豈	22上2-5	境	33上9-3	沉	33下8-15	空	34上3-11
鏡	2上5-7	後	22上3-13	照	33上9-4	誕	33下8-19	更	34上3-12
自	2上6-1	却	22上3-14	師	33上10-2	縱	33下9-1	欲	34上3-13
髮	2上6-6	迴	22上3-15	無	33上10-5	橫	33下9-2	至	34上4-1
事	2上6-16	寺	22上4-1	名	33上11-5	自	33下9-3	堪	34上7-1
東	2上7-1	富	24下9-1	無	33上11-7	在	33下9-4	化	34上7-2
說	2上11-11(손상)	入	24下10-3	嗔	33上11-9	莫	33下9-5	我	34上8-7
是	2下2-1	參	25上1-1	道	33上11-15	然	33下9-14	亦	34上8-8
石	2下9-7	參	25上1-6	成	33上11-17	迷	33下11-1	化	34上8-10
言	2下11-17	來	25上1-15	與	33下1-1	時	33下11-2	能	34上8-16
虛	4下7-19	死	25上1-16	等	33下1-4	以	33下11-3	救	34上8-17
到	6上1-9	十	25上1-18	然	33下1-6	色	33下11-6	比	37下4-1
眼	6下10-6	授	25上9-12	聖	33下1-7	竟	34上1-3	化	39下1-10
次	6下10-8	樑	25下1-12	句	33下1-17	還	34上1-4	璨	39下3-18
州	8下4-13	石	25下1-15	句	33下1-18	人	34上1-7		
棒	10上7-1	漚	26上3-1	獨	33下2-1(붓실수로 잡먹이 칠해짐)	南	34上1-9		
褁	11下9-9(裏로 교정)	星	27下2-10			智	34上1-12		
無	11下10-9	散	27下2-11	玄	33下2-9	旡	34上1-15		

3.1.2 筆插 文字

인출할 때 활자가 부족하거나 실수로 누락된 문자를 인출 후 빈 공간에 붓으로 써 넣은 문자를 말한다. 2下葉8-11의 動(朱筆), 2下葉11-18의 下, 2下葉11-19右의 大, 2下葉11-19左의 悟, 16下葉7-6右의 派 등 5개가 있다.

2) 호접장본・포배장본・선장본의 경우, 인출한 한 장의 서엽을 반으로 접어서 장정하므로 오늘날 관념으로는 2쪽으로 보이지만 장차는 하나뿐이다. 따라서 이 2쪽으로 보이는 현상을 구분하여 표시할 필요가 있다. 그런데 그 구분 방법이 국가 또는 개인에 따라 각각이다. 대체로 좌우・상하・전후・AB・オウ 등을 사용하지만, 통일된 방법은 아직 없다. 저자는 인출한 서엽의 좌우가 인판과는 반대이기 때문에 혼돈을 피하고자 내용의 순서로 구분하는 "上"과 "下"를 사용한다.

3.1.3 校正 文字

간행할 때 활자가 부족하거나 없어서 유사한 문자로 인출하였거나 부주의로 원고의 내용과 다르게 인출된 문자를 종이 섬유를 긁거나 가필로 교정한 문자를 말한다. 2下葉8-7의 如는 茹의 艸를 긁어내고 가필로 교정하였고, 3上葉5-13의 日은 目의 하단 부분을 긁어서 교정하였고, 11下葉9-9의 裏는 裹에 가필하여 교정하였다.

이 밖에 활자가 부족했던 까닭인지 필법이 유사한 문자로 대체한 현상이 곳곳에 보인다. 3下葉1-16의 曾은 會를 대체하였다. 그러나 이 활자가 23上葉8-18에서는 曾으로 바르게 쓰였다. 15上葉11-5의 巳는 己(기)를 대체하였다. 17上葉9-2의 巳는 已(이)를 대체하였다. 이처럼 오자의 경우라 할지라도 활자로 인출된 정상적인 문자는 분석대상에 포함하였다.

3.1.4 損傷 文字

간행 후 ① 오랜 열람으로 문자 부분의 종이 섬유가 보푸라기처럼 해어진 문자, ② 좀먹은 문자, ③ 책지의 일부가 뜯겨진 문자, ④ 이물질로 오염된 문자, ⑤ 잡먹이나 주묵으로 찍은 구두점에 가려진 문자, ⑥ 내용상 단락이 구분지어지는 곳에 붓 뚜껑으로 찍은 묵즙이 침투되어 잘 보이지 않는 문자 등을 말한다. 총 67개가 있다.

<표 2> 손상 문자

문자	張次, 上下葉, 行-字左右	문자	張次, 上下葉, 行-字左右	문자	張次, 上下葉, 行-字左右	문자	張次, 上下葉, 行-字左右	문자	張次, 上下葉, 行-字左右
草	2上4-5③	云	13下4-4②	瞬	20下7-16③	身	27下2-9⑤	迷	33下11-1⑥
說	2上11-11③ (가필)	得	13下6-12①	子	21上11-9③	彼	28下5-1④	度	34上9-18③
撥	6下6-11①	苦	13下9-15①	悟	21上11-11②	我	28下5-2④	心	34下3-19③
其	8上1-2①	坐	14下1-12②	金	21下9-13②	嗟	29下1-17③	非	34下6-8⑤
卽	8上8-15④	意	14下6-10②	正	21下9-15②	毒	29下10-8④	劫	36下3-18③
日	8上8-18②	只	14下6-11②	世	21下10-19②	斷	32上1-3⑤	作	36下11-18③
何	8上8-19②	三	16上1-2③	發	22上10-5②	合	32上2-8②	隨	37上7-18③
緣	8下1-10③	竟	17下10-12①	前	23下1-1③	除	32上3-6②	念	37下3-3③
阻	9下2-13①	李	18上1-11③	早	25上8-11⑤	斷	32上4-19 ①②	龍	38上11-3③
濯	10下2-3③	眞	19下5-16①	樑	25下1-12①	剛	32下2-12①	不	38下8-1⑤
因	12上5-12②	頌	20上10-19 ①③	玲	25下10-10①	俗	32下5-4⑤	璨	39下3-18③
日	13上6-10②	云	20上11-1⑤	若	25下10-12①	師	33上2-2⑥		
子	13上6-11②	病	20下1-17③	靜	25下11-13 ①④	便	33上4-18②		
巨	13上11-11①	緣	20下2-9①	眞	26下3-17②	過	33上7-2⑥		

3.1.5 二重印出 文字

서엽을 인출하기 위하여 인판에 묵즙을 칠하고 책지를 얹을 때, 부주의로 인하여 단번에 얹지 못하고 약간 흔들리면서 얹거나 수정하는 바람에 책지에 묵즙이 정상적인 문자 곁에 그림자처럼 이중으로 묻어서 본래의 문자를 정확히 볼 수 없게 된 문자를 말한다. 이는 독서에는 별 영향이 없으나, 본 연구를 위한 분석에는 정확도를 떨어뜨릴 수 있으므로 제외하였다. 총 118개가 있다.

<표 3> 이중인출 문자

문자	張次, 上下葉, 行-字左右	문자	張次, 上下葉, 行-字左右	문자	張次, 上下葉, 行-字左右	문자	張次, 上下葉, 行-字左右	문자	張次, 上下葉, 行-字左右
不	2上2-1	無	14上1-10	者	14上2-1	竿	14上2-10	悟	14上2-19左
床	14上1-1	人	14上1-11	一	14上2-2	得	14上2-11	高	14上3-1
引	14上1-2	也	14上1-12	竿	14上2-3	恁	14上2-12	亭	14上3-2
師	14上1-3	請	14上1-13	得	14上2-4	麼	14上2-13	簡	14上3-3
入	14上1-4	說	14上1-15	恁	14上2-5	短	14上2-14	禪	14上3-4
竹	14上1-5	微	14上1-16	麼	14上2-6	於	14上2-16	師	14上3-5
林	14上1-6	指	14上1-17	長	14上2-7	言	14上2-17	隔	14上3-7
師	14上1-7	竹	14上1-18	那	14上2-8	下	14上2-18	江	14上3-8
云	14上1-9	云	14上1-19	一	14上2-9	大	14上2-19右	見	14上3-9

문자	張次, 上下葉, 行-字左右	문자	張次, 上下葉, 行-字左右	문자	張次, 上下葉, 行-字左右	문자	張次, 上下葉, 行-字左右	문자	張次, 上下葉, 行-字左右
德	14上3-10	師	14上4-9	闍	14上6-5	皎	22上1-18	論	36上2-2
山	14上3-11	忽	14上4-10	梨	14上6-6	如	22上1-19	云	36上2-3
遙	14上3-12	開	14上4-11	念	14上6-7	却	22上3-14	所	36上2-4
合	14上3-13	悟	14上4-12	底	14上6-8	廻	22上3-15	言	36上2-5
掌	14上3-14	乃	14上4-13	甚	14上6-10	福	22上3-16	覺	36上2-6
呼	14上3-15	模	14上4-14	麼	14上6-11	州	22上3-17	空	36上3-1
云	14上3-16	趨	14上4-15	不	14上7-2	大	22上3-18	界	36上3-2
不	14上3-17	而	14上4-16	問	14上7-3	中	22上3-19	卽	36上3-3
山	14上4-1	去	14上4-17	維	14上7-4	心	36上1-1	洞	36上4-3
以	14上4-2	廻	14上5-1	念	14上7-7	念	36上1-2	伏	36上5-1
手	14上4-3	顧	14上5-2	窮	22上1-1	則	36上1-3	聞	36上5-2
中	14上4-4	雲	14上6-1	契	22上1-14	一	36上1-5	天	36上6-1
子	14上4-6	巖	14上6-2	證	22上1-15	切	36上1-6	地	36上6-2
招	14上4-7	問	14上6-3	之	22上1-16	界	36上1-8		
之	14上4-8	僧	14上6-4	妙	22上1-17	又	36上2-1		

3.1.6 木活字 補字

금속활자를 이용하여 서적을 간행하다가 만약 활자가 부족하거나 없는 경우가 발생하면, 금속으로는 활자를 즉시 제작하기 어려우므로 목활자를 신속히 제작하여 보충하는 경우가 허다하다. 「直指」에도 금속활자가 부족해서인지 목활자로 보이는 보자가 곳곳에 있다.

이 목활자 보자는 대체로 서체가 방정하고 크기도 금속활자보다 약간 크다. 필획도 굵으며 묵색도 목리가 보이지 않을 만큼 진하여 금속활자와 구별할 수 있다. 일부는 도각 흔적이 역력한 경우도 있다. 또한 상하 문자의 필획이 교차하는 현상 없이 약간의 거리를 유지하고 있다. 이는 목활자의 활자 동체 측면이 방정하다는 것을 의미한다.

이 같은 보자는 21개의 활자에서 인출된 문자 32개가 있다. 동일한 활자가 반복 사용된 경우는 첫 출현한 곳에 병기하였다. 이에서 동일 활자의 반복 사용을 알 수 있다.

<표 4> 목활자 보자(반복 사용된 경우는 첫 출현한 곳에 병기. 이하 같다)

문자	張次, 上下葉, 行一字左右	문자	張次, 上下葉, 行一字左右	문자	張次, 上下葉, 行一字左右	문자	張次, 上下葉, 行一字左右	문자	張次, 上下葉, 行一字左右
山	2下10-16,		26上10-19	汀	6上5-3		16下1-10	律	33下3-1
	5上7-2,	任	3下8-18,	什	6上6-1,	玄	11下6-1,	滔	33下6-4
	7上3-13		15下4-12,		9下4-1		22下2-1	羨	33下6-8
丙	3上4-3		28下3-1	未	7上7-1	侍	12下7-16		(도각 흔적)
見	3上9-7	逍	3下9-2	你	9下10-16,	枝	15下7-3	采	33下9-16
尙	3下3-16	僧	5下10-4,		12下7-8,	求	30上11-19		
任	3下8-15,		11下4-1		14下4-8,	求	32上4-5		

3.1.7 撮影이 불완전한 文字

「直指」의 실물은 정상이나, 제본 상태가 문자의 내용에 가깝게 묶여 있어서 서적을 충분히 펼쳐서 촬영할 수 없는 관계로 서뇌 측의 한 행이 왜곡 촬영되어 연구에 참고할 수 없는 문자를 말한다. 이 점에서도 원본 열람의 필요성을 느낀다.

이는 해당 문자의 서체를 정확하게 파악할 수 없고, 경우에 따라서는 인출문제 연구도 영향을 받는 부분이 있다. 다만 착묵 상태 등에서 엿볼 수 있는 조판 인출 문제 등은 부분적으로 참고하였다. 왜곡 현상이 나타난 문자는 대자 514개 소자 31개 총 545개이다.

<표 5> 촬영이 불완전한 문자

張次, 上下葉, 行	대・소문자수(개)	張次, 上下葉, 行	대・소문자수(개)	張次, 上下葉, 行	대・소문자수(개)
8上1	14+1=15	25上1, 下11	33+2=35	33上1	2+0=2
10上1	12+0=12	26上1, 下11	34+1=35	34上1, 下11	32+0=32
19下11	17+0=17	27上1, 下11	35+1=36	35上1, 下11	35+1=36
20上1, 下11	14+11=25	28上1, 下11	32+0=32	36上1, 下11	19+13=32
21上1, 下11	35+0=35	29上1, 下11	15+0=15	38上1, 下11	34+0=34
22上1, 下11	33+1=34	30上1, 下11	18+0=18	39上1	3+0=3
23上1	18+0=18	31上1, 下11	30+0=30		
24上1, 下11	35+0=35	32上1	14+0=14		

3.2 分析 對象 文字의 特徵 = 直指活字의 特徵 分析

직지활자로부터 인출되어 본래 모습을 유지하고 있다고 판단되는 문자를 분석 대상으로 하였다. 직지활자의 모습을 추적하기 위하여 직지활자로부터 인출된 자적에서 그의 주조 방법, 조판 방법 등을 유추할 수 있는 현상을 분석하였다. 분석 제외 대상 문자라 할지라도 문자의 일부 정상적인 부분에서 단필·기포·잡묵 등 직지활자의 특징을 엿볼 수 있는 경우는 분석 대상에 포함하였다. 이를 근거로 하여 유추한 직지활자의 특징에는 별 영향이 없을 것으로 판단된다. 분석 대상 문자는 대자 12,837개 소자 293개 총 13,130개로 93.66%이다.

직지활자의 주조 방법·조판 방법 등을 유추하기 위하여는 주조·조판 상태가 완전한 활자의 자적보다는 기술이 완벽하지 못하여 다소 불완전한 자적에서 더 유용한 단서를 확보할 수 있었다. 즉 고려시대 직지활자로 「直指」를 간행하던 당시, 주조와 조판 등의 공정이 정상적이고 완전하게 이루어져서 착묵 상태·균정도 등의 인출 상태가 완전한 문자는, 당시의 인출기술이 우수하고 그 결과 판본의 품질도 뛰어났음을 설명하고는 있지만, 연구에 필요한 기술 문제를 추적할 수 있는 단서는 크게 제공하지 못하였다. 이는 마치 활자를 거꾸로 식자하여 인출한 것이 당시에는 본의 아닌 실수였지만, 오늘날에는 활자본임을 감별하는 중요한 단서가 되는 것과 같은 이치다.

이러한 기준하에서 분석 대상 문자에 나타난 특징을 성격별로 구분하면 다음과 같다. 두 가지 이상의 성격을 동시에 가지고 있는 문자도 적지 않다. 다른 성격을 동시에 가지고 있을 경우, 괄호로 표시하였다. 이는 곧 직지활자의 특징을 의미하기도 한다.

3.2.1 斷筆 文字

필획이 끊어진 문자로 직지활자의 대표적인 특징이다. 이는 문자의 필획이 활자 주조 과정상에 나타나는 기포 등의 기술적인 문제, 또는 인출 과정상의 부주의로 인하여 중간 또는 끝부분이 끊어져서 단절된 문자를 말한다. 주로 대자에서 많이 보이고, 소자는 필획이 가늘고 조밀한데도 드물게 보인다.

이는 목판본이나 목활자본에서 쉽게 볼 수 있는 나무가 튼 현상이 반영된 목리, 또는 필획이 교차하는 지점의 칼날이 지나간 도각 흔적과는 확연히 구별되는 현상이다. 「直指」에는 묵색이 연하고 부드러운 곳이 많이 있지만 목리가 보이는 곳은 없다(<사진 1>·<사진 2> 참조).

<사진 1> 단필 현상과 목리, 도각 현상(200%)

직지활자의 단필 현상(6下葉2-13, 6下葉7-15, 11上葉3-16)	목활자본의 목리 현상(「東文選」, 1615年訓鍊都監字本, 卷之一, 1下葉9-6, 5上葉5-8, 5下葉1-3)	목판본의 도각 현상(「論語集註大全」, 1820年內閣藏本, 序說, 2下葉5-3, 3下葉9-6～7)
 見 方 菴	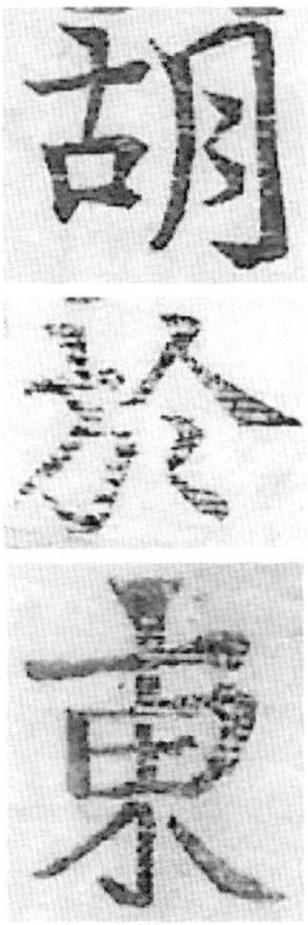 胡 於 東	 章 如 陳

<사진 2> 목리와 도각 현상의 과정

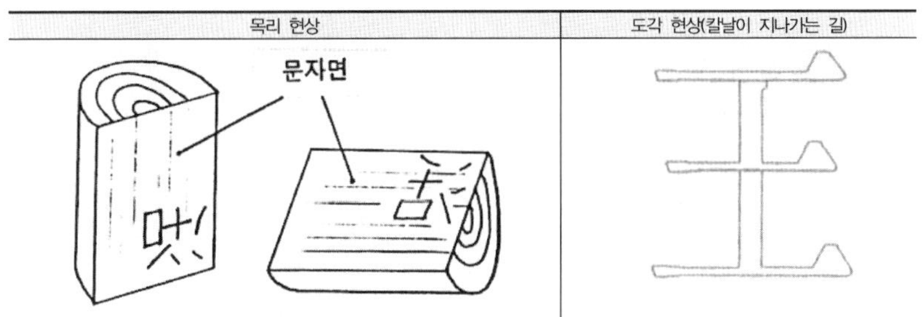

단필의 원인은 여러 가지가 있다. 어미자를 조각할 때 실수로 단필된 것을 그대로 주조한 결과 나타날 수 있다. 어미자는 정상적으로 조각하였지만, 주조 과정에서 주형이 깨지거나 불순물에 의하여 나타날 수도 있다. 활자의 주조는 정상적으로 이루어졌는데 너덜이 손질이나 사용 과정에서 필획이 손상되어 나타날 수도 있다. 좋은 예로 云의 4下葉4-10 이하 6회의 반복 사용에서는 정상인데, 15下葉10-10 이하 3회의 반복 사용에서는 단필현상이 있다("3.2.3 너덜이 文字" 참조). 「直指」의 자적을 세심히 관찰하면 주조 과정에서 발생하는 기포 현상이 우연히도 필획에서 발생하여 단필된 경우가 보인다. 활자는 정상인데 인출할 때 착묵이 완전하지 못하여 공교롭게 단필 현상처럼 깨져서 나타나는 경우도 있다. 먹색이 진한 곳에서는 적게 나타나고 연한 곳에서 많이 나타나는 점으로 미루어 먹색이 연한 결과 단필로 보이는 것도 있을 것으로 짐작된다. 필획의 끝부분이 짧은 경우가 있는데, 서체나 필획의 흐름으로 보아 잘린 것이 확실하다고 인정되는 것은 단필로 간주하였다.

그러나 필획의 끝이 끊어진 듯 짧아지긴 하였으나 3下葉9-13과 18下葉7-10의 無, 6上葉6-11의 多, 10下葉10-6의 他, 18上葉2-3의 抗처

럼 단필 여부를 판정하기가 어려운 경우는 제외하였다. 필획이 손상된 문자는 단필로 간주하지 않았다. 상하 문자면의 높이 차로 인하여 인출이 잘 안 되어 끊어져 보이는 듯한 것도 제외하였다.

단필 문자는 대자 1,352개, 소자 20개, 합계 1,372개로 분석 대상 문자의 10.42%[3]에 이를 만큼 빈번히 나타나는 현상이다.

이는 목판본이나 목활자본 및 조선시대에 목재를 어미자의 재료로 사용하여 주물사법으로 주조한 금속활자본에서는 볼 수 없는 현상이다. 따라서 직지활자는 어미자의 소재로 목재를 사용하지 않았으며, 주조 방법도 조선시대의 주물사 주조법과는 다른 방법을 이용하였을 것으로 추론된다.

<표 6> 단필 문자

문자	張次, 上下葉, 行-字左右	문자	張次, 上下葉, 行-字左右	문자	張次, 上下葉, 行-字左右	문자	張次, 上下葉, 行-字左右	문자	張次, 上下葉, 行-字左右
閑	2上3-5, 3下11-1		26上5-9, 30上6-10,		13下1-1, 26上6-14,		24下10-5, 29上9-4,	慈	3下1-5, 37上6-8
未	2上3-14, 11上5-18,		32下6-1, 35上2-11		29上1-8, 32下5-5,		34下8-8	勵	3下1-7
	17上2-16, 34下1-6,		(기포)		37下9-14	自	3上3-2, 14下4-16,	聲	3下1-8, 5下6-6 (결필)
	38下3-5	不	2下5-3	義	2下8-10, 32下3-13		29下9-16, 37下11-16	會	3下1-12
物	2上5-10	相	2下5-10, 7下8-11	如	2下9-14	路	3上6-2	龍	3下3-1
聽	2上5-14, 16上5-1,	尙	2下6-16, 8上10-18	云	2下9-17, 6下7-9,	師	3上9-6, 4下11-10,	潭	3下3-2, 13上3-10
	17下4-16, 19上8-4,	得	2下7-2, 5下6-13,		10上7-18, 11上10-1,		5下3-12, 9下3-2,	擎	3下5-9
	29上11-19, 32下8-3		12下3-6, 14下9-12,		12下9-10, 13上8-16,		10下8-1, 12上3-11,	爲	3下5-13
	(기포, 결필)		32上1-12, 34下9-5		15上1-8, 16下11-1,		13下8-19, 14上2-15,	便	3下6-11, 6下1-15
有	2上8-13	方	2下7-3, 6下7-15,		18上2-10, 23上10-5		17下1-3, 19下9-5,	潭	3下7-5
衆	2上9-13, 17上7-17,		17下7-1, 25下5-4	萬	2下10-8, 6下5-11,		20下9-10, 22上6-9	見	3下7-17, 5下4-1,
	28上10-5, 30下6-7,	道	2下7-5, 6上11-13,		7上5-16		(결필)		8下4-14, 11上4-16,
	32下7-18		10下3-3, 29下9-1	頭	2下11-3	會	3上10-3, 5下7-1,		14下4-5, 19上7-10,
問	2上11-7	旋	2下7-6	因	3上1-6, 17下1-4		9上10-6, 11下2-8,		25上4-8, 28上5-2,
是	2下3-14, 5下8-16,	不	2下8-2, 4下8-14,	眼	3上2-4, 6下8-4,		23上8-3, 27下1-4		35上5-16
	15上1-17, 18上6-17,		8上7-13, 27上8-2,		8下7-2, 31上7-17,	日	3上10-16, 8下9-11,	盡	3下9-9, 5下2-16,
	24下5-8, 32上3-18		30上2-7, 32下1-13,		33下1-5		9下5-6, 10上11-8,		14下9-6, 21下7-16
又	2下4-10, 10上5-16,		34下4-3, 36下7-2	是	3上2-18, 8下5-7,		14下4-13, 17下8-5,	欲	3下9-17左(小)
	13上6-1	不	2下8-8, 4上9-5,		10上8-8, 14下11-8,		22上5-6	保	3下9-18左(小)
法	2下4-13, 15下10-6,		7上5-14, 10下4-7,		15下3-18, 21下1-17,	扭	3上11-9, 12上1-17	更	3下10-7左(小)

3) 직지활자의 특징을 정확하게 추출하기 위하여는 활자의 총 수량에서 차지하는 단필 활자의 비율을 산출해야 한다. 그러나 현실적으로 활자의 총 수량을 산출하기 어려우므로 부득이 문자수의 비율을 산출하였다.

문자	張次, 上下葉, 行-字左右	문자	張次, 上下葉, 行-字左右	문자	張次, 上下葉, 行-字左右	문자	張次, 上下葉, 行-字左右	문자	張次, 上下葉, 行-字左右
者	4上1-12, 7下7-13,	與	5上6-2, 37下6-2		25上4-15, 34下2-4	去	7上2-5	閑	8上4-3
	24下2-16	河	5上7-3	兒	6上1-8	山	7上2-12, 18上1-17,	鬼	8上4-4(결필)
者	4上1-16	驚	5上8-10	語	6上1-13		20下8-10	是	8上6-9, 10上8-18,
立	4上2-7	唯	5上10-5	解	6上2-5	問	7上4-7		15上1-11, 17下8-14,
去	4上2-8	下	5上10-10	語	6上2-6, 19上7-16	汝	7上5-7		19下7-9, 26下7-8,
者	4上2-12, 10上8-6	石	5上10-11	第	6上4-5	道	7上5-8, 30下5-17,		34下8-11(약필)
問	4上4-10, 16上5-17	此	5上10-13, 9上9-11,	度	6上4-7, 22下4-2,		32下7-16, 38下4-2	廣	8上6-15
師	4上4-12, 10上5-15,		15上5-9, 25下2-16,		34上6-13		(말획가필)	廣	8上7-3
	15上5-4		35上8-17	衆	6上4-10, 8下5-9	審	7上7-2	南	8上7-4
云	4上4-13, 15上2-19,	石	5上10-14	洲	6上5-4	萬	7上7-10	珠	8上8-3
	19下5-14	在	5上11-5	盡	6上5-9, 36上5-18	相	7上7-11, 36上1-10	色	8上8-6
有	4上5-3	來	5上11-16, 7下7-12,	山	6上5-16(너덜이)	主	7上8-4	月	8上8-10
無	4上5-9		13上4-1, 27上9-4,	向	6上6-3	悟	7上8-7	此	8上10-2, 10上2-5,
小	4上5-17		31上6-10	處	6上6-4, 18上11-9	于	7上8-13		14下3-5
是	4上6-7, 13下8-7,	眼	5下2-2	山	6上6-12	眼	7上8-15	無	8上10-6, 12上8-4,
	15下7-6, 17下9-5,	因	5下2-3, 16下5-3,	惡	6上6-16, 28上5-6,	法	7上8-16		18下9-17, 20下2-10,
	22下5-15(기포, 너덜이)		22上5-7, 25上5-14,		31上5-12, 34下6-10	問	7上10-11		22下8-18, 25下8-8,
師	4上6-9, 5上1-2,		27下8-18, 38下5-8	至	6上7-2, 16下1-4,	成	7上11-9		29上9-9, 31上7-13,
	7下4-1, 9下3-11,	請	5下2-8		19上5-9, 24下4-6	矣	7上11-12		33下8-7
	10下10-3, 11上5-6,	衆	5下2-15, 15下1-8,	此	6上9-13, 25上2-17,	在	7上11-17	和	8上10-17
	12上1-4, 13下1-11,		17上7-9, 23下6-6,		28上5-14	歷	7下1-4, 14上7-5,	時	8下1-18
	15下6-6, 17上1-15,		29上7-16, 31下5-14	處	6上10-8, 24下9-6,		18上5-7, 19上2-6	索	8下2-2
	22上3-4, 23上8-11	却	5下3-7		28上10-14, 35下7-7	日	7下1-6	大	8下3-10, 23下4-2
	(너덜이)	云	5下3-13, 7上7-14,	翠	6上10-12	拜	7下1-15	僧	8下3-19
臺	4上7-2		10上1-1, 12上11-14,	句	6上11-4	道	7下2-4(단필, 일시현상,	出	8下4-5
寂	4上7-11, 15上4-4,		13上10-9, 14上10-1,	徒	6上11-6, 31上2-5		30上10-10은 정상)	龍	8下5-2
	20上5-12, 29下7-18,		15下8-2, 16下8-17,	門	6上11-15	點	7下2-17	謂	8下6-4
	32上1-6(기포, 약필)		22下8-2, 35下9-2	與	6下1-8, 9下5-7,	哮	7下3-9	問	8下6-18
靜	4上8-11	因	5下5-3		24上5-18, 27上7-17	頌	7下4-2, 38上11-8	與	8下7-19
都	4上9-12	目	5下5-17	門	6下2-12, 37下9-19	息	7下4-11, 11上2-11	爲	8下8-2, 16下4-16,
無	4上9-14	法	5下6-1	見	6下2-13, 9下10-17,	要	7下4-16, 18下7-1,		33下11-11
思	4上9-17	因	5下6-3, 8下1-9,		11下4-12. 12下11-19		37下10-6	言	8下9-2
因	4上10-3		10上2-15, 14上9-2	省	6下3-3, 20上10-16	息	7下5-9	色	8下9-7
聞	4上11-3	色	5下6-7	日	6下5-4	須	7下6-3	是	8下11-4, 26上9-2(약필)
誰	4下2-19(小)	二	5下6-8, 33上4-13	獨	6下5-15	易	7下6-19右(小)	師	8下11-14
師	4下3-10, 9上11-2,	如	5下8-6, 10下4-10,	露	6下5-16	能	7下7-7	楗	9上3-10
	12下7-12, 15上8-2		14下8-13, 16下2-17,	相	6下7-6	鳥	7下7-9	上	9上4-1
	(단필)		21下9-3, 24上2-7,	獨	6下7-10, 36下9-16	喚	7下7-16	付	9上4-6
土	4下8-17		30上11-11, 31上2-13,	相	6下8-2	騰	7下7-17	屬	9上4-7(결필)
座	4下10-12		35下4-13	是	6下8-14, 13下9-14,	身	7下7-18	諸	9上4-10, 11上2-14,
脚	4下11-5	何	5下8-7		15下6-12, 16下5-12,	慕	7下8-1, 37上6-12		14下3-8, 17下8-2
不	4下11-12, 7上4-2,	是	5下8-8, 30下6-14		19下6-16, 20下5-10,	和	7下9-5, 11下9-3	時	9上4-14, 24下2-3,
	10上8-1, 13下9-2,	台	5下9-5, 8下3-2		22下7-7, 24下9-15	母	7下9-18		38下7-18
	26下6-1, 29上3-18,	侍	5下9-9	日	6下8-18	俗	7下10-8	得	9上5-1
	31下5-16	悟	5下9-14, 10上10-18	生	6下9-6, 28下8-3,	事	7下10-13	明	9上5-15
知	4下11-17	立	5下10-14, 11下6-8,		31下8-3, 35下3-2,	餘	8上1-3	界	9上6-7
大	5上1-5, 9上2-15,		23上2-3		38上10-9	德	8上1-11, 10上6-1,	無	9上7-14, 12下7-7,
	11上9-1, 15上8-6,	師	5下11-6, 8上2-12,	談	6下10-7		20上1-6		19下10-1, 23上8-19,
	17上6-16, 26下3-1,		9下5-8, 11下4-4,	古	6下10-13	飲	8上1-16		27下3-16, 29下9-19,
	30上3-18		12下11-16	獨	6下11-2	堪	8上2-10		38上9-13
肇	5上5-11	起	5下11-13, 34下3-5	法	7上1-2, 16上3-10,	盡	8上2-17, 19下2-16,	更	9上8-1, 12下3-17,
我	5上5-16, 10上4-6,	未	5下11-14		31下9-13, 33上6-19		35下9-7, 37下2-2		14上4-18, 23下11-18,
	34上6-2	見	6上1-4, 17下7-2,	撥	7上1-8	德	8上3-14		32下6-20

문자	張次, 上下葉, 行-字左右
夲	9上9-4, 18上11-18, 22下1-5, 35下10-4 (말획 가필), 38上8-4
取	9上10-7
好	9上10-8
難	9上10-12
報	9上11-6, 36下2-12
明	9上11-18
眼	9下1-3
重	9下1-14, 36上8-15
峯	9下2-2
著	9下4-8, 25上5-4, 31上6-18
到	9下5-10
謂	9下8-15, 35下7-1
處	9下10-18, 12上9-15, 24下9-14, 33上10-11, 37下2-10
與	9下11-15
官	10上1-10
色	10上1-14
頭	10上2-3
又	10上2-14, 14上1-8
迢	10上3-6
我	10上3-8
今	10上3-11, 35下1-8, 37上11-3
得	10上3-17
是	10上4-10
如	10上5-3, 37下8-3
澈	10上5-13
在	10上5-14, 25下10-16
學	10上6-9, 14下6-18, 37下9-9
人	10上6-10
師	10上8-11, 11上6-8, 12上11-7, 14上1-14, 18上7-1, 20上5-6, 23上4-11(결필)
他	10上8-13
卽	10上8-17, 17上9-1, 28下3-13, 35上10-9, 38上7-9
巳	10上9-18
流	10上10-2
來	10上10-5
我	10上10-7, 13下6-5
師	10上10-13(필획 어긋난, 결필)
禮	10上11-2
鼇	10上11-11
成	10上11-12, 37下9-4
欽	10下1-5(小)

문자	張次, 上下葉, 行-字左右
自	10下1-9
至	10下1-15, 14上11-3, 20上2-16
足	10下2-4
雪	10下3-10
何	10下4-3
福	10下4-9, 14下3-2, 17上2-2
峯	10下5-2, 12上1-10
是	10下6-16, 20下2-17, 29下8-12(약필)
西	10下7-1
竪	10下7-5
起	10下7-6, 13上1-2, 31下5-5, 34下3-2
子	10下7-8
歸	10下7-16, 18上11-11, 35下6-10
師	10下7-19, 29上6-5
也	10下8-3, 12下9-17
奇	10下8-9
剃	10下8-18
脚	10下11-13
日	11上1-1, 16上1-11
理	11上1-7
此	11上1-10
鬪	11上2-2(小)(속자)
至	11上2-6
今	11上2-8, 14下6-8, 34下10-10
上	11上3-5, 17下2-6, 21下5-7
菴	11上3-16, 14下1-9
道	12下7-10, 15上7-12, 17下9-4, 25上4-5 (결필)
道	15上2-3, 20下9-1, 29上5-12
鏡	15上4-8, 38上6-11
虛	15上4-12
如	15上5-8, 17下10-13, 23上8-12, 34上10-4
生	15上5-14, 30下6-12, 36下7-17
應	15上6-15, 19下6-5
僧	15上10-4
衆	15上10-18
宿	17上6-5(결필)
來	17上6-6
悟	17上6-8
章	17上6-17
召	17上7-10
與	17上8-8

문자	張次, 上下葉, 行-字左右
巳	17上9-2
卽	17上9-5, 20上4-14, 27下7-2, 30下11-9, 34下8-14
骨	17下1-12
肉	17下1-16
被	17下4-18(결필)
盡	17下6-12
非	17下7-11
負	17下9-11
是	17下9-17
兩	17下11-2
因	18上1-3
下	18上3-2, 22下9-6
相	18上4-3
云	18上5-4, 23上4-6
神	18上8-1
如	18上8-3(필획 어긋난)
師	18上8-5, 23上5-6
當	18上10-8
說	18上10-9(약필)
尊	18上10-11, 30下6-16
悟	18上11-4, 21上8-1, 22下9-8, 23下7-8, 25上7-1, 28下10-6, 33下10-4, 35下1-10, 39上4-1
偈	18上11-6
路	18上11-12
何	18下1-4
必	18下1-5
同	18下2-6, 35上6-3
遊	18下2-7
賢	18下3-18
賢	18下4-7
感	18下4-15
釋	18下4-17, 33上8-6, 39下3-17
供	18下5-2
要	18下6-15
株	18下7-15
所	18下8-10
此	18下9-9
寒	18下11-15(가필)
佛	19上1-18, 22上6-16, 25上9-10, 35上7-14, 39上6-7
應	19上3-6, 21上8-14, 23下10-11
安	19上3-7, 27上9-13, 36上9-17
倒	19上3-9
臺	19上3-11

문자	張次, 上下葉, 行-字左右
器	19上3-15
所	19上4-19
巳	19上5-4
入	19上5-18
頓	19上6-12
宴	19上6-19
坐	19上7-1
定	19上7-5
定	19上7-8
僧	19上7-12
罵	19上8-12
復	19上8-13, 35下1-17
論	19上9-8, 26上10-4, 28下11-10
擊	19上10-7
維	19上11-14
蓮	19下1-4
鬱	19下3-2
鬱	19下3-3
日	19下3-15
黃	19下4-13
法	19下5-8
故	19下5-12, 34下6-3
佛	19下5-15, 24上6-4, 27下5-16, 29下9-12 (손상), 35上2-10
物	19下6-6
若	19下7-1
翠	19下7-6(小)
避	19下11-8
隣	19下11-12
其	20上1-2, 35上10-4, 38上3-17
不	20上1-10, 26上8-5, 30上8-7, 33上1-5, 39上1-8
畏	20上1-12
裏	20上2-7, 28下11-12, 37上9-1, 38上8-13
許	20上2-8
便	20上2-9, 38下1-5
敎	20上2-14, 24上4-13
現	20上3-2
用	20上3-8
撞	20上3-12
廓	20上4-1
禪	20上4-16(小)
靈	20上6-3
繫	20上7-12(小)
朝	20上8-8
靈	20上11-12, 22上5-11, 31上8-10, 38下10-4 (결필)

문자	張次, 上下葉, 行-字左右
根	20下1-5, 35上9-2, 39上2-19
涅	20下2-13
明	20下3-6
嚴	20下5-2
機	20下7-15
吾	20下9-12, 22下4-4, 37下10-17
鷓	20下10-2
具	20下10-17(小)
遇	21上1-16
尾	21上2-4
巴	21上2-5
猢	21上2-6
道	21上2-19
過	21上5-2
話	21上5-9
要	21上7-1
丹	21上7-2
郞	21上7-3
提	21上8-4
郞	21上9-12
祖	21上10-9
日	21上10-10
聻	21上11-10
謂	21下1-12, 36上2-9
聲	21下1-18(결필)
逯	21下1-19, 25上11-11, 37下7-18
祖	21下2-11
能	21下3-1, 29上2-7
遍	21下3-9
老	21下5-9, 23下10-14
心	21下5-11
毫	21下7-19
過	21下8-1
遇	21下8-6
無	21下8-16, 31下10-16, 32上6-11, 38上10-8
間	21下9-1
裸	21下9-18
雖	21下10-12
間	21下11-6
遣	22上5-2
執	22上5-3, 30上4-15
命	22上5-10
靈	22上6-14, 23上3-9
耀	22上11-6
因	22下2-7, 24上11-7
有	22下2-8
佛	22下3-11, 25下5-6, 28上5-7, 30下6-5
喝	22下6-7

문자	張次, 上下葉, 行-字左右	문자	張次, 上下葉, 行-字左右	문자	張次, 上下葉, 行-字左右	문자	張次, 上下葉, 行-字左右	문자	張次, 上下葉, 行-字左右
不	22下6-19, 33上3-19	覺	25上4-10, 38上6-2,	無	27上9-9	提	29上9-6(약필)	無	31上6-3
來	22下8-11		39上1-7	取	27上9-15	階	29上9-11	非	31上6-4
章	22下10-4, 31下1-12	僧	25上5-19	安	27上10-15	梯	29上9-12	鹿	31上6-8
爲	22下10-11	此	25上6-10	覺	27上10-17(小)(약자)	歎	29上9-14	畫	31上8-4
衣	22下10-16	寶	25上8-5	病	27下1-15	夫	29上9-16	薩	31上8-7(결필, 약필)
衣	23上1-14	普	25上10-13	色	27下2-8, 31上11-3	能	29上10-3	散	31上8-8
恁	23上2-19	見	25上11-1	須	27下4-1	常	29下1-9, 32下9-14	誕	31上8-9
而	23上5-4	他	25上11-2	有	27下4-6	乘	29下1-18	作	31上8-13, 33上2-14
萬	23上7-3	志	25上11-5	號	27下4-11	邪	29下2-15	病	31上9-18
昔	23上8-8, 28上2-7	汝	25下4-2, 37下11-17	無	27下5-5	科	29下5-9	須	31上10-3
盡	23下1-16	等	25下4-3	無	27下6-9, 30上5-3,	提	29下6-4	等	31上10-11
根	23下2-16	道	25下4-11		34下5-3	煩	29下7-13	快	31上10-16
塵	23下3-11, 36下4-2	檀	25下4-17	佛	27下7-3, 30上8-3,	道	29下8-6	法	31下1-1
機	23下4-12	者	25下7-16, 34上11-14		32下1-1, 34下11-4,	何	29下8-13	黃	31下1-6
拘	23下7-2	後	25下8-1		36上5-4	浮	29下10-13	吾	31下1-13, 37下6-1
識	23下10-12, 35下9-12	水	25下9-5	知	28上1-4	始	29下11-6	觀	31下1-18
涅	23下11-10, 26下9-19,	性	25下9-10	返	28上1-8	早	29下11-8	圓	31下2-8(약필)
	31上7-1	瑩	25下10-4(小)	有	28上1-12	愚	30上2-19, 31上1-18,	何	31下2-12
是	24上3-8, 34下10-17	寶	25下10-13, 37下8-5	過	28上2-10		32下10-14(인출시	得	31下2-14
男	24上3-12, 34下7-19	動	25下11-12	賤	28上3-7		단필 현상)	能	31下3-3
兒	24上3-13	余	26上2-6(小)	發	28上3-13	禁	30上3-4	財	31下4-4(약필)
街	24上4-3	薀	26上2-9	魔	28上6-13	中	30上4-13	獄	31下4-11, 34上8-1
于	24上4-6	達	26上2-16, 31上2-18,	斟	28上9-9	有	30上4-16	擧	31下5-6(결필)
坊	24上4-8		39下4-17(결필)	虛	28上10-10	㝵	30上5-4, 32上9-9,	自	31下6-2
化	24上4-14	騰	26上4-3	執	28下1-8		34下7-7	欲	31下6-7
五	24上5-12	道	26上5-3	由	28下2-12(기포)	性	30上6-11	毒	31下6-11
住	24上6-2	法	26上5-8	脫	28下3-16(약필)	無	30上6-13, 34下5-16	灾	31下6-16, 32下4-13
造	24上6-3	夲	26上6-2	面	28下5-6	愚	30上9-12(小),	佛	31下7-4, 34上8-15,
菴	24上6-9	四	26上6-8	佛	28下5-9, 31下5-12,		31下11-13(小)		35上7-4, 38上8-16
長	24上7-9	莫	26上7-5		33上11-14, 35上4-10	求	30上9-17	間	31下9-2
三	24上8-14	用	26上7-12	虛	28下8-4, 31上10-15,	槃	30上11-7	想	31下10-9
十	24上9-3	儁	26上8-4		34下7-3, 36上2-19	攀	30上11-14	觀	31下11-10(약필)
敎	24上9-5	淨	26上9-5	生	28下8-10	翛	30下3-5, 38下10-7	律	32上1-1
化	24上9-6	花	26上9-6	麻	28下10-8(기포)	攝	30下4-2	識	32上1-5
處	24上9-12, 29下8-16	寅	26上10-5	誦	28下11-9	念	30下4-3	運	32上2-4
處	24上11-5	騰	26上11-2(약필)	斷	29上2-5, 32上5-3	得	30下5-5	用	32上2-5
立	24下1-17	騰	26上11-6	時	29上3-1	喧	30下5-11	散	32上2-9
罯	24下2-9	総	26上11-14	語	29上3-4	無	30下5-14	實	32上4-8
是	24下3-16	讃	26下2-10(약필)	問	29上3-14	妄	30下6-19(小)	體	32上4-15
不	24下3-17, 27下7-12	前	26下3-10, 11上7-13,	佛	29上4-1, 34上9-19	執	30下7-6	剛	32上7-5
講	24下4-12		24上4-1, 21上11-6	希	29上4-17	弃	30下10-9, 32上11-15	嗔	32上8-2
養	24下5-4	死	26下7-10	德	29上5-4	麨	30下10-10	佛	32上8-4
佛	24下5-5	常	26下7-16	希	29上5-5	卽	30下10-14, 32下1-5,	浪	32上8-18
我	24下5-6	悟	26下8-7	裏	29上6-1		38上1-17	達	32上9-6(결필)
此	24下5-15	後	26下8-14, 28上7-8	渡	29上6-2	隨	30下11-3	惶	32上9-15
喫	24下6-16	量	26下9-3	船	29上6-4(약필)	無	30下11-17	像	32下1-2
說	24下7-17, 31下1-15,	知	27上1-2, 30上7-7	度	29上6-18	騁	31上2-4	章	32下2-3(小)
	32下6-3(약필)	裏	27上3-2	軌	29上7-2	不	31上2-11, 33上3-7,	蚖	32下2-16
病	24下8-6	因	27上3-7, 34上5-11,	及	29上7-6		36上6-11	取	32下3-12
頭	24下11-6		37上3-12, 38下11-9	度	29上7-8	鑊	31上3-4	神	32下4-9
見	24下11-8	覺	27上6-1	識	29上7-15, 31下2-7	湯	31上3-5	生	32下7-3
經	25上3-9, 29上3-15	異	27上7-8	羈	29上8-1	鑪	31上3-6	論	32下8-7
老	25上4-3, 37下10-12	衆	27上7-18	生	29上8-11	身	31上5-3	議	32下8-8, 39上1-10

문자	張次, 上下葉, 行-字左右	문자	張次, 上下葉, 行-字左右	문자	張次, 上下葉, 行-字左右	문자	張次, 上下葉, 行-字左右	문자	張次, 上下葉, 行-字左右
北	32下8-13	告	34上10-2	欲	36上11-8	哺	37下8-15	處	38下7-13
尋	32下9-13	業	34上10-10	家	36下2-19	倦	37下8-17(기포)	超	38下8-3
自	32下9-17	汝	34上10-12	惟	36下4-8	逾	37下9-12	無	38下8-9
草	32下11-3	相	34上10-19	日	36下5-16	時	37下9-13	若	38下9-2
能	33上2-10	邊	34下5-17	佛	36下5-17	書	37下10-4	先	38下9-7
洪	33上3-5	淨	34下7-12	蓋	36下6-19(번필)	寒	37下10-16	摧	38下9-8
宗	33上4-3	佛	34下11-17	巡	36下9-8	我	38上2-3	相	38下9-10
理	33上4-5	出	35上2-13	書	36下10-7	臥	38上2-11	形	38下9-12
繁	33上4-10	道	35上2-16	大	36下10-13	連	38上3-3	豁	38下10-2
往	33上5-1	善	35上3-8	鄰	37上1-7	解	38上3-8	性	38下10-6
律	33上5-8	言	35上4-11	世	37上1-10	愆	38上4-3	古	38下10-16
丘	33上5-14	威	35上4-18	直	37上2-5	切	38上4-6	名	39上1-1
羅	33上5-16	踊	35上5-2	正	37上3-10	悉	38上4-9	智	39上1-3
便	33上6-6	者	35上5-15	果	37上3-11	悉	38上4-13	智	39上1-4
淨	33上6-16(약필)	造	35上8-1	星	37上5-11	妄	38上6-5	師	39上2-4(결필)
煩	33上10-7	善	35上9-1	於	37上5-15	猶	38上6-8	常	39上2-5
亦	33上11-12	熟	35上9-4	萬	37上6-4	明	38上6-10	諸	39上2-7
翛	33下3-4	故	35上9-5	作	37上7-7	摩	38上7-1	學	39上2-10
我	33下6-1	佛	35上9-18	轉	37上8-4	客	38上7-5(기포)	去	39上2-17
慧	33下7-13, 37下2-17	苦	35上10-17	勤	37上8-12	塵	38上7-6	晝	39上3-2
進	33下8-9	佛	35上11-10, 38上7-17	中	37上9-13	來	38上8-1	時	39上3-3
遮	33下9-6	言	35上11-11	孝	37上10-5	圓	38上8-5(약필)	五	39上3-11
色	33下11-19	投	35下2-4	叅	37上10-16	心	38上8-12	遠	39上3-13(약필)
作	34上1-10	有	35下5-1	而	37上10-18	寬	38上9-1	過	39上3-15
實	34上3-9	體	35下5-13	聊	37上11-17	血	38上9-6	若	39上3-18
祥	34上5-8	覺	35下5-17左(小) (약자)	書	37上11-18	勞	38下1-13	不	39上3-19
殺	34上6-4	經	35下6-2	懷	37下1-1	有	38下1-15	你	39上4-6
業	34上6-5	盡	35下8-9	儒	37下1-11	雙	38下2-5	卷	39上6-15
決	34上6-6	實	35下9-10	香	37下2-18	兄	38下2-9	光	39上8-4
如	34上6-10	境	36上1-7	風	37下2-19	悟	38下3-6	七	39上8-9
薩	34上6-15(결필, 약필)	生	36上1-14右(小)	生	37下3-5	勝	38下3-10	興	39上8-18(결필, 약필)
見	34上6-16	體	36上2-11	慧	37下3-6	眼	38下5-5	字	39上9-5
啼	34上7-9	書	36上4-11	書	37下5-5	敎	38下6-5(기포)	門	39下2-9
言	34上8-6, 37上2-7	諸	36上5-3	佛	37下7-3	免	38下6-12	施	39下6-9
佛	34上9-6, 35下2-5	母	36上6-9	惜	37下8-6	鬧	38下6-15(속자)	尼	39下6-14
怖	34上9-11	血	36上9-13	糞	37下8-7	古	38下7-1	妙	39下6-17
願	34上9-15, 37下1-12	故	36上10-3	穢	37下8-8	薀	38下7-10	德	39下6-18

3.2.2 氣泡 文字

활자의 주조 과정에서 발생하는 금속용액의 가스(기포) 또는 주형 재료의 문제로 인하여, 문자면의 필획이 평평하게 주조되지 못하고 미세한 홈처럼 옴폭 패인 결과, 인출 후 필획상에 하얀 반점이 나타난 문자를 말한다. 또는 필획의 일부가 미세하게 상처처럼 뜯겨진 문자를 말한다.

경우에 따라서는 어미자를 조각할 때 실수로 필획에 상처가 난 것을 그대로 주조한 결과 활자는 정상적으로 주조되었으나 인출된 필획에 기포 흔적처럼 보일 수 있다. 인출 시 착묵이 완전하지 못하여 일시적인 현상으로 나타나는 경우도 있다. 이는 엄격히 말하면 기포 문자는 아니지만 어느 경우에 해당하는가를 구분하기 어려워 기포 문자로 간주하였다. 총 106개에 이른다.

이러한 기포 현상은 주조 활자에서 나타날 수 있는 특징인데, 주물사 주조법으로 주조한 조선의 활자본에서는 발견되지 않으므로, 직지 활자는 주물사 주조법이 아닌 다른 방법으로 주조했을 것으로 짐작할 수 있다.

<사진 3> 기포 현상

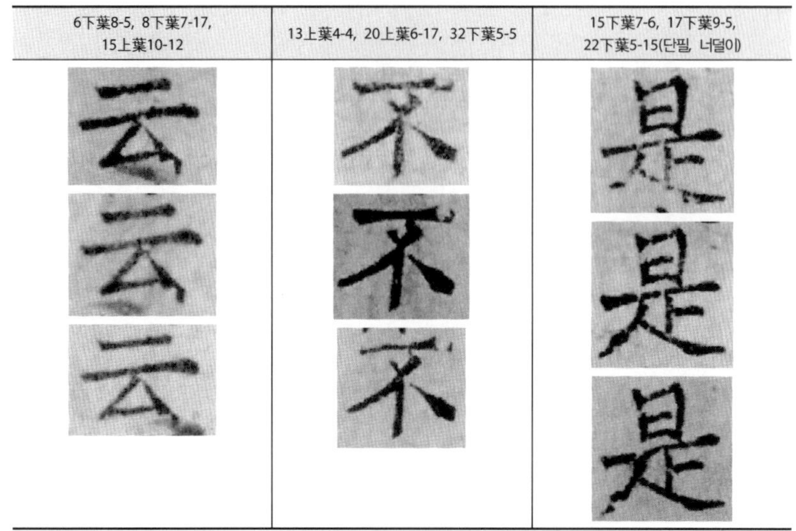

6下葉8-5, 8下葉7-17, 15上葉10-12	13上葉4-4, 20上葉6-17, 32下葉5-5	15下葉7-6, 17下葉9-5, 22下葉5-15(단필, 너덜이)

<표 7> 기포 문자

문자	張次, 上下葉, 行-字左右	문자	張次, 上下葉, 行-字左右	문자	張次, 上下葉, 行-字左右	문자	張次, 上下葉, 行-字左右	문자	張次, 上下葉, 行-字左右
聽	2上5-14, 16上5-1,		32上1-6 (단필, 약필)	中	23下5-2	二	32上7-8	有	37上8-3
	17下4-16, 19上8-4,	心	5上10-16	云	23下6-7(필획 변형)	非	32上7-16	倦	37下8-17(단필)
	29上11-19, 32下8-3	云	6下8-5, 8下7-17,	三	24上8-14	生	32上8-19	木	38上2-16
	(단필, 결필)		15上10-12	只	26上1-6	聲	32上9-10(결필)	我	38上3-7
法	2上11-9, 6下10-5,	爲	8下8-8(일시 현상,	方	26上6-16	中	33上6-1	峯	38上5-4
	35下2-13, 39上2-12		33下4-2는 정상)	由	28下2-12(단필)	居	33上6-2	本	38上6-1
	(서체 균형, 결필)	如	10下4-2, 16上3-11	麻	28下10-8(단필)	何	33上10-10	被	38上6-12
法	2下4-13, 15下10-6,	何	10下4-3	和	29下5-5	生	33上11-19	客	38上7-5(단필)
	26上5-9, 30上6-10,	此	10下11-6, 25上11-8,	尋	30上2-6, 33下5-6	法	33下2-18	心	38上8-8
	32下6-1, 35上2-11		35上10-7	有	30上4-10	法	33下7-6	此	38上9-16
	(단필)	不	13上4-4, 20上6-17,	言	30上6-14	雷	34上4-6	友	38下2-2
也	2下6-11		30上1-5, 32下5-5,	不	30上10-11	心	34下6-4	敎	38下6-5(단필)
中	3上6-1, 21下3-12		36下2-11	無	30下5-2, 33下3-18,	取	34下6-6	勸	39上2-6
是	4上6-7, 13下8-7,	法	15上1-10, 31上5-13		35下3-1	宣	34下11-5	鈍	39上3-6
	15下7-6, 17下9-5,	性	15上2-7	身	31上5-14	消	35下7-13	丁	39上8-7
	22下5-15(단필, 너덜이)	時	15上5-1	六	31上6-7	苦	36下1-11	鑄	39上9-4
寂	4上7-11, 15上4-4,	得	21上9-1, 30下1-10	何	32上4-2	之	36下3-19		
	20上5-12, 29下7-18,	此	21下1-14(필획 변형)	著	32上7-7	換	37上5-14		

3.2.3 너덜이 文字

활자의 문자면에 문자의 필획 외에 불필요한 너덜이가 있어서 인출 시 문자 주위에 잡묵으로 반영된 문자를 말한다. 활자 동체의 측면이나 배면에 생긴 너덜이는 활자 손질 과정에서 줄로 슬어내지만, 문자면에 생긴 너덜이는 손질하기가 매우 불편하다. 너덜이가 심하면 폐기하지만, 심하지 않은 활자는 손질하여 사용한 결과 나타나는 현상이다. 총 109개에 이른다.

너덜이 현상은 주조 활자에서 나타날 수 있는 특징인데, 주물사 주조법으로 주조한 조선의 활자본에서는 발견되지 않으므로, 직지활자는 주물사 주조법이 아닌 다른 방법으로 주조했을 것으로 짐작할 수 있다.

활자는 정상인데 인출 시 잡묵이 묻어서 너덜이처럼 보이는 경우가 있다. 이는 반복 사용된 다른 문자와 대조하면 구별할 수 있다. 3上葉2-18의 是에는 너덜이처럼 잡묵이 묻어 있으나, 8下葉5-7을 포함한 8회의 반복 사용에서는 정상이다. 4下葉3-10・9上葉11-2・12下葉7-12의 師는 정상인데, 15上葉8-2에는 너덜이처럼 잡묵이 묻어 있다.

<사진 4> 너덜이 현상

9下葉10-2, 11上葉7-2, 15下葉10-10 (15엽부터는 사용 중 손상에 의한 단필) 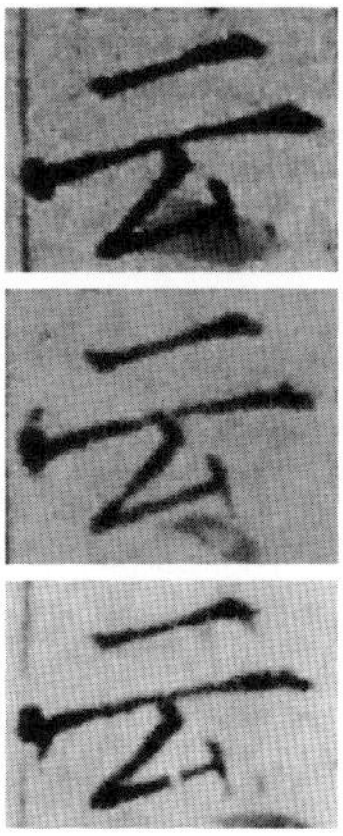	9下葉3-11, 10下葉10-3, 11上葉5-6 	4下葉10-13, 6下葉4-17, 10下葉4-3 

<표 8> 너덜이 문자

문자	張次, 上下葉, 行-字左右	문자	張次, 上下葉, 行-字左右	문자	張次, 上下葉, 行-字左右	문자	張次, 上下葉, 行-字左右	문자	張次, 上下葉, 行-字左右
何	2上11-19, 4下10-13,	云	4下4-10, 6上10-16,	物	15上6-16	無	27下8-13	說	34上10-7
	6下4-17, 10下4-3,		9下10-2, 11上7-2,	云	15上8-3, 20下8-11	修	29下3-8	無	34下6-5
	13上1-14, 18上8-13,		12下10-1, 13上4-11,	受	22上4-2	運	30上2-3	攝	35上3-4
	20上10-9, 22下7-5,		15下10-10, 16上3-16,	與	22上8-11, 27上7-12	起	30上6-17	先	35上6-10
	26下6-3, 29上2-19		35下11-5(15엽부터	歷	22上8-12	須	30上9-14	佛	35上7-14, 39上6-7
是	2下8-5, 9上5-7		는 사용 중 손상에	眼	23上3-6	竟	30上11-13	不	35下1-16
解	3下9-15, 28下3-15,		의한 단필)	積	24上5-9	禪	31上9-5	離	37上5-4(결필, 약필)
	32下3-9(필획 어긋난)	山	6上5-16(단필)	賤	24下8-18	諸	31上10-8	遊	37上5-10
是	4上6-7, 13下8-7,	只	7下5-1	叅	25上6-4	敎	31下3-7	爲	37下3-9
	15下7-6, 17下9-5,	當	8下1-17	立	26上2-13	夲	31下10-10	珠	37下8-4
	22下5-15(단필, 기포)	悟	8下2-17, 11下5-2	無	26上5-4	佛	32上4-11	頌	38上5-8
師	4上6-9, 5上1-2,	年	12上6-5	無	26上6-3	獄	32上8-6, 34上9-14	尙	38上11-7
	7下4-1, 9下3-11,	上	14下3-9	談	26上10-3	眞	32上11-17	眉	38下2-6
	10下10-3, 11上5-6,	心	15上3-11	論	26上10-4	獄	32下4-8, 33上10-14,	貧	38下4-1
	12上1-4, 13下1-11,	不	15上3-15	若	26下3-13		34上6-9(번필)	德	38下10-17
	15下6-6, 17上1-15,	曹	15上4-1	死	26下7-14	眞	33上4-2		
	22上3-4, 23上8-11	如	15上5-18	獄	26下8-3	無	33下8-7		
	(단필)	眞	15上6-8	幾	27下6-11	進	33下8-9		

3.2.4 筆劃이 어긋난 文字

어미자 조각술의 미숙이나 부주의로 인하여 필획이 교차하는 부분에서 하나의 필획이 부드럽게 이어지지 못하고 두 개의 필획처럼 어긋나게 표현된 문자를 말한다. 또는 주형 재료나 기술상의 문제로 인하여 어미자의 정상적인 필획이 변형된 문자를 말한다. 총 35개에 이른다.

이 현상은 어미자를 단단한 재질에 조각할 경우에는 거의 나타나지 않는다. 재질이 연하면 단단한 것보다 조각하기가 쉬울 것으로 짐작하기 쉽지만, 실제로는 어려워서 이 같은 현상이 나타날 수 있다. 이 점에서 직지활자의 어미자는 재질이 연한 것을 사용했을 것으로 짐작할 수 있다.

<사진 5> 필획이 어긋난 현상

12上葉9-16, 15上葉5-2, 19下葉10-15 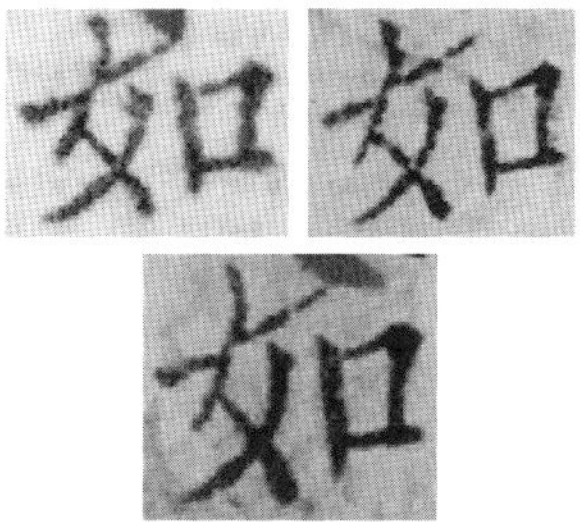	15上葉1-15, 18下葉4-6, 28下葉6-15 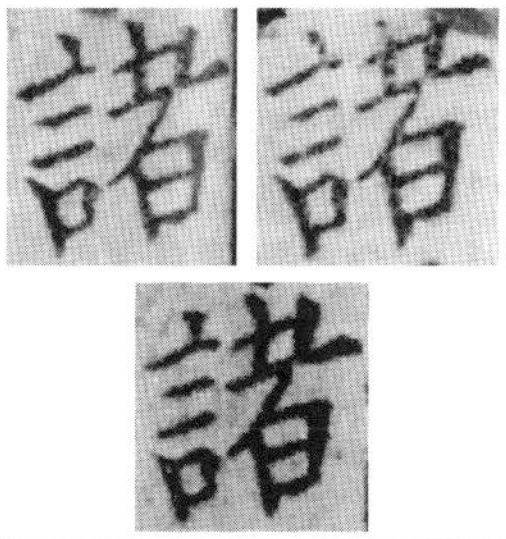	30上葉6-11, 34下葉9-12 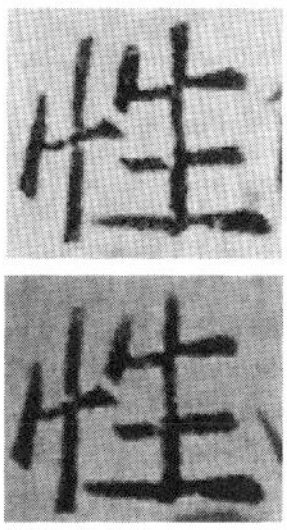

<표 9> 필획이 어긋난 문자

문자	張次, 上下葉, 行-字左右	문자	張次, 上下葉, 行-字左右	문자	張次, 上下葉, 行-字左右	문자	張次, 上下葉, 行-字左右	문자	張次, 上下葉, 行-字左右
巖	2下11-2, 6上10-18	如	10下6-14		28下6-15, 38上7-16	悟	24上2-18	性	30上6-11, 34下9-12
解	3下9-15, 28下3-15, 32下3-9(너덜이)	師	11下7-13	法	15上6-9, 32下6-4	我	24上6-16	騁	31上2-4(번필)
		如	12上9-16, 15上5-2, 19下10-15, 29下1-13, 32上11-18	如	18上8-3(단필)	木	24上7-18	遙	32上6-8
遁	7下1-13			有	20上10-15	得	24上9-8	去	34上11-12
者	10上8-6			才	21上2-10	大	26下4-11		
師	10上10-13(단필, 결필)	諸	15上1-15, 18下4-6,			大	29下8-19		

3.2.5 書體 均衡 잃은 文字

「直指」 문자는 규범화된 해서체를 따르고 있다. 그러나 일부 문자에서는 서체의 균형을 유지하지 못하고 있다. 또한 문자를 구성하는 여러 필획의 굵기가 고르지 못한 문자도 있다. 뿐만 아니라 동일한 문자가 필획이 고르기도 하고 고르지 못한 경우도 있고 서체와 필법이 완연히 다른 문자도 많다. 이러한 현상은 정도의 차이를 보이면서 「直指」 전반에 걸쳐서 적지 않게 나타나고 있다. 그중에서 두드러진 사례는 <표 10>과 같다.

이는 어미자를 조각할 때 자본을 사용하지 않았거나, 자본을 사용했어도 그에 충실하게 조각하기가 어려운 어미자 소재를 사용했거나 조각 기술이 미숙하면 나타날 수 있다. 대체로 어미자 조각을 위하여 자본을 준비하는 것은 필수 과정이므로, 이 같은 원인은 후자일 가능성이 크다. 미리 준비하지 못한 활자를 급조한 결과 나타난 현상으로 볼 수도 있으나, 이는 목활자가 보자로 사용된 점을 고려하면 가능성은 낮다.

이는 직지활자가 한 사람의 손에 의하여 통일된 과정으로 일시에 제작된 것이 아님을 짐작하게 한다.

<표 10> 서체 균형 잃은 문자(일부)

문자	張次, 上下葉, 行-字左右	문자	張次, 上下葉, 行-字左右	문자	張次, 上下葉, 行-字左右	문자	張次, 上下葉, 行-字左右	문자	張次, 上下葉, 行-字左右
法	2上11-9, 6下10-5,	楊	3下2-4	奇	5上6-9	法	8上5-2	性	23上5-11
	35下2-13, 39上2-12	指	3下5-2	視	5上8-3	貞	8上5-14	街	24上4-19
	(기포, 결필)	後	4上1-5	送	5上9-6	決	9上3-13	惱	24下3-14
趙	2下3-10	云	4上2-6	琛	5上11-8	宗	11下3-9	知	24下9-12
亦	2下6-7	寂	4上8-1(약필)	大	5下6-16	法	12下1-3	歛	27上10-7
甚	3上2-7	頌	4上8-7	法	6上2-12	試	12下7-9(小)	遒	28上3-1
火	3上3-12	有	4下3-2	地	6上6-5	悟	18上11-4	返	28上9-5
童	3上7-19	座	4下3-16(번필)	親	6下4-10	鼓	19上10-8	淪	28下8-9
於	3上8-6	座	4下5-3, 5上9-16	久	7上2-7	非	19下3-7	菩	30下11-11, 34上6-14
云	3上9-19		(크기 다른, 번필)	吼	7下3-10	廓	20上4-1		(결필)
今	3上11-14	座	4下10-12	共	7下4-15(크기 다른)	誠	21上3-6		

3.2.6 크기가 다른 文字

활자의 크기는 인판에 함께 조판하여 사용할 수 있느냐 없느냐를 결정할 수 있을 만큼 중요하다. 그런데 직지활자는 대자에서 상당한 편차를 보이고 있다. 심지어 대자인데도 크기가 대소자의 중간 정도인 것도 적지 않다. 行字數는 같으나 가로 열이 가지런하지 못한 곳(예: 7上葉2·3行, 8下葉9·10行 등)이 많은 점도 활자의 크기가 고르지 못함을 방증하고 있다. 이는 필획의 다과와 무관하게 나타나고 있다.

一·二 등 필획이 간단한 문자의 크기를 대폭 줄인 경우(12下葉11-14·18下葉2-12·18下葉3-17·18下葉7-6·18下葉7-14·18下葉11-1의 一, 18下葉7-8의 二) 외에도, 크기가 두드러지게 달리 나타나는 사례는 <표 11>과 같다. 총 37개에 이른다.

이는 "3.2.5 書體 均衡 잃은 文字"에서도 알 수 있듯이, 직지활자는 하나의 통일된 과정으로 일시에 제작한 것이 아님을 짐작하게 한다. 즉 활판인쇄를 계획하던 초기에는 숙련공에 의하여 대부분 활자의 자본·어미자 조각·제작이 이루어진 이후, 부족분은 비숙련공에 의하여 수시로 보충되었을 것으로 보인다.

<표 11> 크기가 다른 문자(일부)("+"는 평균보다 크고 "-"는 작음)

문자	張次, 上下葉, 行-字左右	문자	張次, 上下葉, 行-字左右	문자	張次, 上下葉, 行-字左右	문자	張次, 上下葉, 行-字左右	문자	張次, 上下葉, 行-字左右
僧	2上11-6(-)	見	3上1-11(+)	立	4上2-7(+)		(서체 균형, 번필)	切	9上6-3(+)
僧	2下3-8(-)	見	3上1-17(-)	者	4上2-9(-)	彼	4下7-13(-)	屬	9上9-16(+)
其	2下4-6(-)	汝	3上10-8(+)	撥	4上4-19(+)	不	6下7-3(-)	管	9下5-14(-)
僧	2下4-7(+)	大	3下2-10(-)	臺	4上7-2(+)	問	6下10-11(-)	江	10下1-13(+)
和	2下6-15(-)	某	3下3-8(-)	妄	4上9-10(+)	欠	7上11-14(-)	也	10下8-3(-)
巖	2下11-2(+)	蒙	3下3-14(+)(번필)	想	4上9-11(+)	共	7下4-15(-)(서체균형)		
喝	2下11-9(-)	汝	3下4-5(-)	聲	4上11-7(+)	十	8下5-12(-)		
法	3上1-7(+)	便	3下7-16(+)	座	4下5-3, 5上9-16(+)	日	8下9-11(-)		

3.2.7 缺筆 文字

의도적으로 필획의 일부를 생략한 활자에서 인출된 문자 또는 활자 상에 필획은 갖추고 있으나 인출 과정에서의 실수로 인하여 일부 필획이 표현되지 못한 문자를 말한다. 활자 자체가 결필된 상태라면 이는 비정상적인 활자로 엄밀히 말하면 폐기되어야 한다. 인출 과정에서 착묵이 완전하지 못하여 나타나는 깨진 문자가 공교롭게 한 획이 완전히 인출되지 못하여 결필 문자처럼 나타나는 경우도 있을 수 있다. 총 276개에 이른다.

<표 12> 결필 문자

문자	張次, 上下葉, 行-字左右	문자	張次, 上下葉, 行-字左右	문자	張次, 上下葉, 行-字左右	문자	張次, 上下葉, 行-字左右	문자	張次, 上下葉, 行-字左右
聽	2上1-17(小)	師	3下11-3, 4上5-6,		32下11-11	麽	10上4-15	薦	14下3-1
聽	2上5-14, 16上5-1,		15上2-15	覲	7上8-12	師	10上8-11, 11上6-8,	鬼	14下4-3
	17下4-16, 19上8-4,	百	4上4-7	違	7下8-12, 36下6-15		12上11-7, 14上1-14,	塊	14下7-10
	29上11-19, 32下8-3	師	4上7-17	無	7下9-3		18上7-1, 20上5-6,	聲	15下1-3
	(단필, 기포)	師	4上10-14	錢	7下10-4		23上4-11(단필)	瓊	15下7-2
皆	2上8-12, 23下4-14	溪	4上11-5	置	7下10-9	後	10上8-14	博	15下11-3
佛	2上9-1	師	4下3-10, 9上11-2,	錢	7下11-12	後	10上9-7	博	16上1-14
皆	2上10-16, 28上8-12		12下7-12, 15上8-2	鬼	8上4-4(단필)	師	10上10-13(단필, 필획	攬	16下3-4
法	2上11-9, 6下10-5,		(단필)	錢	8上4-16, 32下10-3		어긋난)	審	16下4-6
	35下2-13, 39上2-12	頭	4下6-8, 7上10-10,	無	8上5-8, 19上4-13,	辨	10下4-4	傳	16下6-19右(小)
	(기포, 서체 균형)		10上5-4, 22下7-9		21上2-3, 26上5-10,	眞	11上3-10	麽	16下11-17, 18下4-5,
畢	2下1-9, 18上10-2	嶺	4下6-19		28上9-2, 30下3-15,	審	11上6-1, 16下11-13		23上2-15
佛	2下3-1, 15上6-7	達	4下8-12, 12上8-2,		31上5-17, 32上4-10,	鑿	11上11-17	悟	17上1-19右(小)
嵐	2下7-7		26上2-16, 31上2-18		34下4-10, 38下2-3	勤	12上5-4, 21上4-3,	宿	17上6-5(단필)
寒	2下10-1	事	4下11-6, 15上5-19,	勤	8上10-16		37上8-12	燒	17上7-18
滅	2下11-14, 19上5-5,		18下1-3, 22下11-14,	歷	8下5-8	道	12下7-10, 15上7-12,	僧	17上8-7
	25下7-18		23下1-11	留	9上3-16		17下9-4, 25上4-5	鳩	17上10-6
屬	3上4-5, 9上7-6	眼	5上11-3	靈	9上4-4		(단필)	鵓	17上10-17
師	3上4-17	塊	5上11-19, 12下6-4,	屬	9上4-7(단필)	狐	12下8-11	鳩	17上10-18
師	3上7-15, 15上1-7		24上8-1	佛	9上10-15	無	12下10-5	被	17下4-18(단필)
師	3上9-6, 4下11-10,	識	5下4-5	遽	9下4-12, 12下6-9	闕	12下11-8	應	18上5-1
	5下3-12, 9下3-2,	眼	5下5-2, 6下5-3	裏	9下6-16(裏의 오자)	初	13上3-7	願	18下5-6, 24下6-8,
	10下8-1, 12上3-11,	興	5下11-9	將	9下8-14, 24下2-13,	將	13上10-3, 17下6-13		25上7-14(번필)
	13下8-19, 14上2-15,	擧	6上2-14		31上8-2	燒	13下1-6	陽	18下7-4, 34上2-11
	17下1-3, 19下9-5,	擧	6上3-7	孤	9下9-2, 28上7-10	師	13下2-6(단필)	釋	18下9-16
	20下9-10, 22上6-9	嶺	6上4-9	播	9下9-10, 10上9-10	初	14上3-6	衲	18下11-12
	(단필)	薦	6上7-1, 17上2-1	猶	9下9-14, 12上10-15	審	14上3-18	謁	18下11-18, 22下2-12
聲	3下1-8, 5下6-6(단필)	駭	7上6-11(小)	剗	9下11-17	膺	14上11-7	嚴	19上4-3
會	3下1-16	審	7上7-2, 13下4-12,	初	10上1-4, 16下8-4	應	14上11-11	經	19上6-1, 29上3-15

문자	張次, 上下葉, 行-字左右	문자	張次, 上下葉, 行-字左右	문자	張次, 上下葉, 行-字左右	문자	張次, 上下葉, 行-字左右	문자	張次, 上下葉, 行-字左右
旨	19上6-15	墻	21下8-11	薩	31上8-7(단필, 약필)	懈	33下8-10	收	37上6-10
鬼	19上8-10	宿	22上1-7	縛	31上9-11, 33上1-4	焰	34上2-12	懷	37上7-1(약필)
荅	19下3-14(약필)	靈	22上5-14(小)	擧	31下5-6(단필)	渴	34上2-17	竭	37上9-6
翠	19下7-12右(小)	被	30上3-2	樂	31下7-7	薩	34上6-15(단필, 약필)	懷	37下6-18(약필)
狗	20上2-19	達	30上4-19, 34上1-14	攝	31下11-7, 37上6-14	無	34下5-3	勤	37下9-1
爲	20上5-13, 24上7-13,	薩	30上5-6, 34上5-10	魔	32上4-13	應	34下8-6	薄	37下10-14
	31下3-15	證	30下6-2	無	32上4-18	體	35下5-13	祥	38上2-10
靈	20上11-12, 22上5-11,	幽	30下6-3	達	32上9-6(단필)	無	36上1-4	融	38上8-6
	31上8-10, 38下10-4	達	30下7-11	聲	32上9-10(기포)	屬	36上8-3	歇	38下1-11
	(단필)	菩	30下11-11, 34上6-14	鬪	32下2-10(小)(약필)	截	36下1-1	稱	38下3-19
根	20下1-5		(서체 균형)	傷	32下3-7	翻	36下9-2	師	39上2-4(단필)
鷓	20下10-2	異	31上1-3	縛	33上2-6	留	36下9-19	興	39上8-18(단필, 약필)
旨	21上6-10	焰	31上1-9, 35上9-17	縛	33上2-11(小)	謹	36下10-4		
聲	21下1-18(단필)	湯	31上3-5	轉	33上5-11	曉	37上2-9		
宿	21下5-10	薄	31上7-12	皆	33下2-15	離	37上5-4(너덜이, 약필)		

3.2.8 略筆 文字

문자의 필획이 많아서 복잡한 경우, 서사가가 습관적이거나 의도적으로 필획을 축약한 문자를 말한다. 사전에 수록되지 않은 경우가 대부분이다. 총 176개에 이른다.

<표 13> 약필 문자

문자	張次, 上下葉, 行-字左右	문자	張次, 上下葉, 行-字左右	문자	張次, 上下葉, 行-字左右	문자	張次, 上下葉, 行-字左右	문자	張次, 上下葉, 行-字左右
是	2上9-9	寂	4上7-11, 15上4-4,	陽	7下9-2	是	8下11-4, 26上9-2		36上5-16
是	2上11-12, 8下10-15,		20上5-12, 29下7-18,	肉	7下10-2, 7下11-9,		(단필)	疑	12上7-11
	15上10-7		32上1-6(단필, 기포)		8上2-7, 8上4-12	樣	9上9-18	憑	12下4-7
說	2上11-14, 13下11-16	寂	4上8-1(서체 균형)	是	8上6-9, 10上8-18,	渠	10上4-1, 13下6-15	提	13上10-7
淨	2下1-12, 15下8-14	寂	4上8-2		15上1-11, 17下8-14,	渠	10上4-11	盡	13上11-17
說	2下2-6	還	4上11-2		19下7-9, 26下7-8,	脫	10上7-13	疑	13下4-17
說	2下2-9, 22上10-11	善	5下4-3, 16上11-18,		34下8-11(단필)	是	10下6-16, 20下2-17,	渠	13下6-14, 15下5-3
擧	2下3-7, 12上7-12		31上4-3	圓	8上10-14		29下8-12(단필)	渠	13下7-6
是	2下11-11	皃	6上1-8	圓	8下1-1	提	11上4-12	能	14下8-3, 19下7-14
躁	3上5-15	難	6上2-13	圓	8下2-16, 21上4-1	壞	11上5-17	說	14下10-8(단필)
善	3上6-10, 12上8-7,	解	6下5-7, 21上4-17	緣	8下5-17	壞	11上6-5	說	15上3-16
	14上11-17, 31下3-17	懵	7上1-13	淨	8下6-5, 15下6-17,	壞	11上6-10	說	15上7-8
是	3上6-16, 5下5-8,	決	7上2-18		30上5-12	壞	11上7-17, 19上11-18	說	18上10-9(단필)
	15上2-10	還	7上11-2, 10上6-11	緣	8下8-3, 22下1-12,	壞	11上8-4	觀	18下4-10
說	4上1-2	善	7下3-7, 16下4-13,		25上8-6	駭	11下3-5(小)	壞	18下11-11
寂	4上7-10, 8上9-14,		31上5-10	緣	8下8-9	說	11下5-4	閱	19上4-1
	26下5-6	還	7下6-14, 11上3-2	緣	8下9-1	興	11下8-1, 24下4-8,	旨	19上6-15

문자	張次, 上下葉, 行-字左右	문자	張次, 上下葉, 行-字左右	문자	張次, 上下葉, 行-字左右	문자	張次, 上下葉, 行-字左右	문자	張次, 上下葉, 行-字左右
荅	19下3-14(결필)	騰	26上4-3	强	28下10-17	優	33上5-3	懷	37上7-1(결필)
銳	19下9-15	騰	26上11-2(단필)	船	29上6-4(단필)	優	33上5-5	懷	37下6-18(결필)
雖	21下10-12	讚	26下2-10(단필)	提	29上9-6(단필)	淨	33上6-16(단필)	圓	38上8-5(단필)
脫	22上11-8	曉	26下8-6	麪	30下10-18	薩	34上6-15(단필, 결필)	鬧	38下6-10
離	22下1-10, 25上9-18	能	26下9-14, 39上1-5	薩	31上8-7(단필, 결필)	觀	34下8-9	鬧	38下6-15
曉	23上8-2	翻	27上5-4(결필)	圓	31下2-8(단필)	觀	34下8-12	觀	38下11-17
淨	23下3-3(小)	觀	27上10-18, 29下1-5	豺	31下4-4(단필)	解	35上6-11	遠	39上3-13(단필)
說	24下7-17, 31下1-15,	關	27上11-1	脫	31下11-4	遠	35下2-14	興	39上8-18(단필, 결필)
	32下6-3(단필)	驢	27下7-9(小)(결필)	觀	31下11-10, 32上4-7	緣	35下5-5, 37下6-7		
曉	25上3-13	觀	28下2-4		(단필)	殞	35下6-19		
離	25上4-14	脫	28下3-16(단필)	能	32上6-16	懷	36下8-5		
難	25下11-15	罥	28下4-4	鬪	32下2-10(小)(결필)	離	37上5-4(너덜이, 결필)		

3.2.9 略字

정상적인 문자의 필획을 대폭적으로 축약하여 별개의 문자에 가깝게 줄인 문자를 말한다. 상당수의 속자가 이에 해당한다. 대부분 사전에서 검색이 가능하다. 총 57개에 이른다.

<표 14> 약자

문자	張次, 上下葉, 行-字左右	문자	張次, 上下葉, 行-字左右	문자	張次, 上下葉, 行-字左右	문자	張次, 上下葉, 行-字左右	문자	張次, 上下葉, 行-字左右
嘗	3下4-10	你	9下11-9	槃	17上4-11, 20下2-14,	槃	23下11-11, 31上7-2,	无	28上4-3
无	3下10-8左(小)	你	9下11-16		26下10-1, 30上6-3,		33上11-1	覺	29上8-9, 35下7-17
盡	3下10-9右(小)	鹽	10上1-6		31上1-5, 35上4-15	覺	25上4-17	妳	29上11-8
唋	6下7-13	鹽	10上1-9, 29下3-12	嘗	17上6-14	斷	26下4-15	惱	29下7-14
唋	6下8-10	你	10上7-19	尒	19上10-2	惱	26下5-2, 28上11-6,	體	35下5-17右(小)
辭	7上8-9, 36上4-9	邊	10下2-6	嘗	19上11-4		32上3-8, 33上10-8	覺	35下5-17左(小) (단필)
斷	8上4-17, 23下10-5	辭	13下1-10(단필)	聲	20下10-16右(小)	覺	27上5-6, 29上10-13,	体	35下5-19左(小)
穩	9下8-5	无	16下6-19左(小)	与	20下11-1右(小)		35下7-6	實	35下10-9
你	9下8-16, 12上10-13	无	16下7-2右(小)	无	21下11-8	覺	27上10-17(小) (단필)	親	37上3-1

3.2.10 繁筆 文字

습관이나 실수에 의하여 정상적인 문자에 불필요한 필획이 추가된 문자를 말한다. 이에는 본래의 문자와 전혀 관계없는 필획이 추가된 경우와, 본래 문자의 정상적인 필획 중 일부가 연장된 경우로 구분된다. 본래의 문자와 전혀 관계없는 필획이 추가된 경우는 엄밀히 말하면 오자로서 폐기되어야 한다. 본래 문자의 정상적인 필획 중 일부가 연장된 경우는 서체의 미감이나 예술적인 감각을 위한 의도적인 경우도 있다. 문자가 많거나 자주 출현하는 것은 일부만 나열하였다.

<표 15> 번필 문자(일부)

문자	張次, 上下葉, 行-字左右	문자	張次, 上下葉, 行-字左右	문자	張次, 上下葉, 行-字左右	문자	張次, 上下葉, 行-字左右	문자	張次, 上下葉, 行-字左右
禪	2上3-18	禪	5上6-15....	報	9上11-14....	禪	19下3-12....	墨	29上4-10
禪	2上6-13	是	5上7-9, 11下5-12,	道	11下4-16, 17下10-10	櫃	20上3-16	貪	30上5-19, 33上11-8
禪	2上8-3		14上10-5	是	13下7-5, 15下5-1	托	20上8-1(小),	兒	30上7-11
遷	2下3-16, 4上1-7, 29	座	5下3-9	契	13下7-14, 17上5-7,		36上5-8(小)	爲	30下1-16
	上10-16	是	5下8-8, 9下11-5,		20上4-3	演	21上4-10	分	30下7-2
動	2下5-4		14下11-15	是	14上6-9, 16上2-2	就	22上1-8	騁	31上2-4(필획 어긋난)
競	2下7-16	兒	6上1-18, 29上11-10	晩	14上10-15, 26下8-16	紙	22下10-10	鑊	31上3-4
前	2下11-6	憚	7上3-1	晩	14上11-2	紙	22下11-11....	絲	31上9-9
報	3上1-1, 9上10-18	跋	7上3-2	得	14下3-15	細	24上2-10	丈	32上6-1
禪	3上9-5	義	7上9-1	擲	15下3-6	兒	24上3-13	獄	32下4-8, 33上10-14,
蒙	3下3-14(크기 다른)	叉	8上9-8	禪	15下6-5	究	25上6-5, 34上1-2		34上6-9(너덜이)
擬	3下7-18	鑑	8上11-2, 23上7-9	得	16上5-13	漚	25下9-8	丈	33上5-18
禪	3下11-2	鑑	8上11-11	響	16下1-2	漚	26上1-8,	染	33下1-16
量	4上9-18, 15下10-12	但	8下6-7	是	16下5-10...	漚	26上2-3	滔	33下6-3
座	4下3-16(서체 균형)	氷	9上1-9	禪	16下6-14左(小)	響	26下5-18	染	34下7-11
座	4下5-3, 5上9-16(서	更	9上5-2, 13上9-4	禪	16下7-1右(小)	爲	26下6-11, 33下1-12	含	36上7-15
	체 균형, 크기 다른)	絲	9上7-15	禪	16下7-2左(小)	岸	27上11-11	策	37上5-7
禪	4下10-5, 13上3-5	報	9上10-13	道	17下11-1	俱	28上5-11	畫	39上3-2
邋	4下10-18	報	9上11-6	願	18下5-6(결필)	棘	28下9-14		
匙	5上3-3	報	9上11-11	響	18下7-20	荒	28下9-15		

3.2.11 기타 文字

「直指」에는 이 밖에도 특이한 문자가 다수 보인다. 필획이 변형된 문자로는 23下葉6-7의 云, 27下葉8-8의 身, 6下葉9-5・21下葉1-14・32上葉3-9・36下葉7-7의 此, 33上葉8-2의 忽, 37上葉8-8의 煩 등이 있다. 동일한 여러 문자의 서체가 각기 다른 경우가 적지 않다. 서체나 필법이 표준에서 벗어나 독특하게 표현된 문자로는 9下葉9-11・10上葉9-11・22下葉7-13의 揚, 13上葉1-12・15下葉7-10의 檀 등이 있다. 하나의 문자를 구성하는 필획이 균일하지 않고 굵거나 가는 현상이 혼재하고 있는 경우도 많다.

4. 印刷 技術 分析

서적을 인쇄하기 위한 활자 인쇄 기술은 크게 3가지 영역으로 구분할 수 있다. 첫째 활자의 제작, 둘째 인판의 제작 = 조판, 셋째 인출이다.[4] 그중에서 조판 과정이 가장 숙련된 기술을 필요로 하지만, 우수한 서품의 서적을 인쇄하기 위해서는 이 세 가지 기술이 모두 뛰어나야 한다. 이 순서를 따라서 분석하고자 한다.

4.1 全般的인 분위기 = 金屬 材質

「直指」의 자적에 전반적으로 나타난 특징은 묵색과 필획의 윤곽을 들 수 있다.

4.1.1 墨色

묵색은 진하지 않고 부드러운 편이다. 착묵 상태를 자세히 관찰하면 미세한 묵점이 모여서 필획을 형성하고 있음을 알 수 있다. 이는 서엽을 인출하기 위하여 조판된 활자의 문자면, 즉 인출면에 도포한 묵즙이

4) 여기에 넷째 해판 및 재사용을 더하면 활자 인쇄의 충분조건이 된다.

문자면을 완전히 뒤덮지 않고 미세한 알갱이로 분포되어 있어서 나타나는 현상으로 볼 수 있다. 이러한 현상은 목판본이나 목활자본에서는 나타나지 않고 금속활자본에서만 볼 수 있다. 목판본이나 목활자본에서는 수성의 송연묵이 인출면에 완전히 도포되어 묵색이 진하게 나타난다. 그러나 금속활자에는 송연묵이 잘 도포되지 않아서 문자가 깨져서 인출되기 때문에 유연묵을 사용한다. 유연묵이라 할지라도 금속활자의 문자면에 완전히 도포되지 않고 미세한 알갱이 형태로 칠해져 있다가 책지에 그대로 반영되어 인출된 것임을 알 수 있다. **이에서 직지활자는 금속활자임을 알 수 있다.**

<사진 6> 활자의 재질별 자적(200%)

직지활자(금속활자)의 자적 3下葉5-18, 3下葉7-16, 5下葉8-9	직지활자(목활자 보자)의 자적 3下葉8-15, 3下葉8-18, 11下葉6-1	갑인자(금속활자)의 자적(「東坡先生詩」, 1434-1450年間印, 卷之六, 3下葉4-2~3, 雪은 목활자 보자)	목활자의 자적(「四名子詩集」, 1850年筆書體木活字本, 불분권, 19上葉5-16~18)

직지활자(금속활자)의 자적 3下葉5-18, 3下葉7-16, 5下葉8-9	직지활자(목활자 보자)의 자적 3下葉8-15, 3下葉8-18, 11下葉6-1	갑인자(금속활자)의 자적(「東坡先生詩」, 1434-1450年間印, 卷之六, 3下葉4-2～3, 雪은 목활자 보자)	목활자의 자적(「四名子詩集」, 1850年筆書體木活字本, 불분권, 19上葉5-16～18)
食 便 曹	任 任 [illegible]	瘦 盡 雪	既 老 焉

4.1.2 筆劃의 윤곽

문자 필획의 윤곽은 날카롭지 않고 둥그스름하여 부드러운 느낌을 주고 있다. 이는 도각의 흔적이 보이는 목판본이나 목활자본이 아닌 주조한 금속활자본임을 의미한다. 왜냐하면 어미자를 날카롭게 조각하였다 할지라도 주조과정에서 중화되어 부드럽게 변하기 때문이다. 또한 앞에서 열거한 기포 문자나 너덜이 문자는 주조 활자에서 나타날 수 있는 특징이다.

이처럼 「直指」의 자적에 나타난 전반적 분위기는 직지활자가 주조된 금속활자임을 설명하고 있어서 간기의 "鑄字印施"를 증명하고 있다.

<사진 7> 직지활자 필획의 윤곽

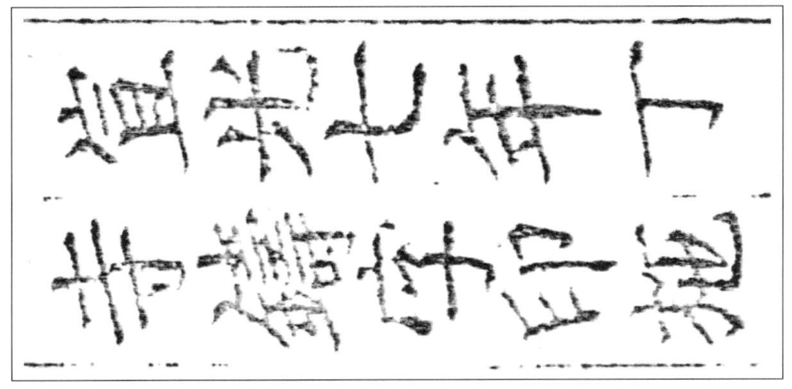

4.2 活字의 製作 方法 = 蜜蠟鑄造法

4.2.1 字跡의 일치 여부

직지활자가 금속활자라면 어떠한 방법으로 제작되었는가? 이 문제는 동일한 엽에 인출된 동일한 문자의 자적을 비교함으로써 추적할 수 있다. 동일한 엽에 인출된 동일한 문자는 분명 하나의 활자를 반복 사용한 것은 아니다. 다른 엽에 인출된 동일한 문자는 하나의 활자를 반복 사용한 것일 가능성이 있다. 따라서 동일한 문자이되 다른 활자임을 확인할 수 있는 경우를 추출하여 비교하여야 한다.

직지활자는 한 인판에 조판되어 한 엽에 인출된 동일한 문자는, 수동식 인쇄에서 나타나는 불완전성을 감안하여도, 문자의 서체·크기·필법 등이 모두 다르다. 「直指」의 모든 엽에서 자적이 일치하는 문자를 발견할 수 없다. 조선의 주물사주조법으로 주조한 금속활자본에서 자적이 일치하는 문자를 쉽게 발견할 수 있는 것과는 다르다.

이는 하나의 어미자를 반복 사용한 조선의 금속활자가 주물사주조법으로 제작된 것과 달리, 직지활자는 다른 방법으로 주조되었음을 설명하고 있다.

<사진 8> 字跡의 일치 여부(200%)

직지활자의 자적		조선 갑인자의 자적 (「東坡先生詩」, 1434-1450年間印)	
5上葉2-1, 3-15, 5-1, 5下葉1-6, 2-1 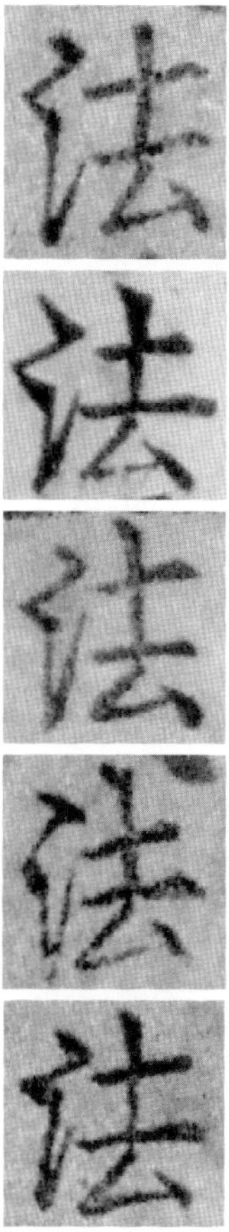	17上葉1-15, 5-4, 6-1, 17下葉1-3, 3-6 	卷之六, 3下葉2-3～4, 8-3～4 	卷之六, 20下葉4-4, 5-16, 9-6, 10-15 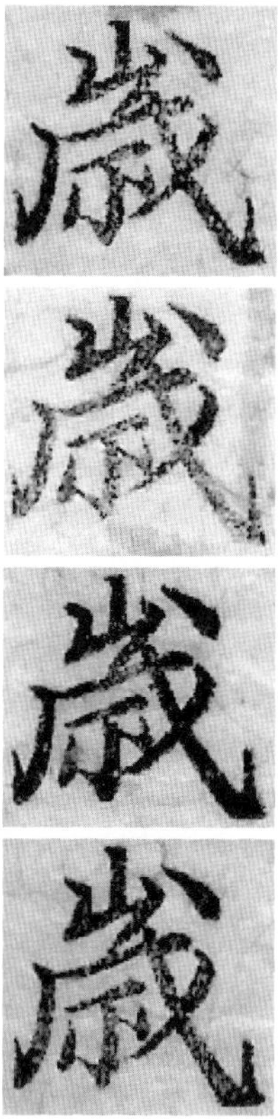

4.2.2 文字의 中央이 연하게 印出된 현상과 어미자의 상처

「直指」에서 착묵 상태가 정상적임에도 불구하고 문자면의 중앙 부분은 연하고 가장자리는 진하게 인출된 문자를 적지 않게 발견할 수 있다. 필획에 따라서 농담이 상당한 차이를 보이는 문자도 있다. 19上葉6-12의 頓에서 屯의 필획 교차부분이 끊어진 것, 25上葉6-4의 叅의 하변, 31下葉4-11의 獄의 犭변 하단 등의 묵색은 어미자의 상처로 인한 듯하다.

이는 재질이 물러서 문자면이 쉽게 변형될 수 있는 재료로 어미자를 제작하였음을 짐작하게 한다. 그 결과 활자의 문자면이 필획에 따라서 고르지 못하고, 또 묵즙 도포도 고르지 못하여 나타난 현상으로 볼 수 있다. 왜냐하면 어미자의 재질로 목재 등 단단한 재료를 사용할 경우 주조된 활자의 문자면이 평평하여 자적도 묵색이 고르게 나타나기 때문이다. 따라서 이는 어미자의 재질로 목재가 아닌 다른 것을 사용하였음을 알 수 있다.

특이한 경우로 15上葉3-12의 唯처럼 조각의 실수로 필획을 모두 살리지 못한 문자도 있다. 이 역시 재질이 연할 경우에 쉽게 나타날 수 있는 현상이다. 27上葉10-13과 35上葉3-4의 攝의 부분 墨等 현상은 활자에 나타난 것으로, 어미자에서 조각을 다하지 못하였거나 주조과정에서 깨진 결과일 수 있다.

혹자는 금속용액 주입 후 식는 과정에서 활자의 중앙 부분이 가장자리보다 늦게 식으므로 중앙부분이 옴폭 빨려들어 갈 수 있다고 한다.[5] 그러나 이는 극소형의 금속주물이어서 중앙부분이 옴폭 빨려들어 가는 정도가 인출 시 묵색에 차이가 날 만큼 크지 않으며, 차이가 크다 해도

5) 오국진(1996), 39-40.

활자 완성단계에서 문자면을 평평하게 손질하여 해소한다. 혹자의 주장대로라면 조선의 모든 금속활자에서 이 같은 현상이 나타나야 한다. 따라서 이 문제는 주조상의 문제라기보다는 어미자 제작상의 문제라고 할 수 있다.

<사진 9> **문자의 중앙이 연하게 인출된 현상과 어미자의 상처**(200%)

6上葉5-6	18上葉6-19	31下葉4-11 (犭변 하단은 어미자의 상처)

<표 16> **문자면의 중앙이 연하게 인출된 문자**

문자	張次, 上下葉, 行-字左右	문자	張次, 上下葉, 行-字左右	문자	張次, 上下葉, 行-字左右	문자	張次, 上下葉, 行-字左右	문자	張次, 上下葉, 行-字左右
道	2上1-18	來	17上6-6		끊어진 것은 어미자의	動	27上6-10	若	31下6-6
歷	6上5-6	覺	17上10-2		상처)	徒	27下6-5	筏	33上3-12
劫	6上7-12(문자면 不平)	被	17下4-18	斷	20下1-11	聲	29上2-1		
經	14上7-6	經	18上6-19	無	21下10-8	獄	31下4-11(제3획 하단		
住	14上8-8	頓	19上6-12(屯의 필획	參	25上6-4(하변의 먹색		의 먹색은 어미자의		
頓	16下10-13		교차부분의 필획이		은 어미자의 상처)		상처)		

지금까지 알려진 고대의 금속활자 제작 방법은 4가지가 있다. 밀랍주조법·주물사주조법·단면점토판주조법, 그리고 중국에서 明·淸代에 이용된 조각법[6] 등이다. 밀랍주조법은 주조 과정이 불편하고 효율도 높지 않은 점을 고려하면 분명 초기의 방법이다. 주물사주조법은 조

---

6) 중국의 明代 無錫 지방의 華씨 일가의 朱錫 활자와 淸代 중앙정부의 「古今圖書集成」 銅活字가 그 예이다.

선시대를 통하여 이용되었으며 지금도 유기제작에 이용되고 있을 만큼 효율이 높은 주조 방법이다. 단면점토판주조법은 조선시대 후기에 민간에서 저렴한 자본으로 주조하기 위하여 이용된 방법이다.

고려시대의 사찰에서 이용한 주조 방법은 밀랍주조법이었을 것으로 보는 것이 지금까지 학계의 통설이다. 저자의 「直指」에 나타난 자적을 면밀히 분석한 결과도 역시 밀랍주조법에 의하여 주조되었을 가능성이 큰 것으로 판단되었다.

이 같은 금속활자의 여러 주조 방법을 고려하면, 직지활자는 밀랍어미자를 사용한 밀랍주조법으로 주조되었을 가능성이 가장 크다. 이는 사찰에서 불구류를 주조할 때 이용하던 이미 보유한 기술인 밀랍주조법을 응용하였을 가능성도 큰 점에서 타당한 추론이라 할 수 있다.

4.3 活字의 形態와 組版 方法 = 不正形 活字, 부착식 組版

이는 완성된 낱낱의 활자를 사용하여 서엽을 인출할 수 있도록 인판을 조립하는 과정이다. 이와 관련된 요소는 활자의 형태와 조판 방법이 있다.

4.3.1 活字 胴體의 形態

활자의 동체는 문자면 · 네 측면 · 배면으로 구성된다. 문자면은 문자의 형태와 무관하게 네모반듯한가, 아니면 문자의 윤곽을 따라서 불규칙한가가 가장 중요하다(<사진 10> 참조). 네 측면은 문자면을 구성하기 위한 연장으로 볼 수 있다. 근대 활자에서는 견고하게 조판하기 위하여 측면에 홈을 파는 경우가 있다. 배면은 뾰족한가, 평평한가, 터널처럼 오목한가, 반구형처럼 오목한가 등이다.

<사진 10> 부정형 활자의 예

청주 고인쇄박물관 소장 목활자(京家恃上千華尹下宙)

직지활자는 조판할 때 문자 간의 간격이 약간 벌어진 경우도 있기는 하지만(6下葉4-1～3의 僧子方), 대부분의 활자를 밀착하여 식자하였다. 심지어 12下葉9-8～9의 仰山처럼 상하 문자의 필획이 붙어 있는 교접 현상도, 21下葉1-10～11의 復自(<사진 12> 참조)처럼 중첩되어 있는 교차 현상도 보인다. 동시에 문자가 반듯하게 앉아 있지 않아서 시계방향과 시계반대방향으로 각각 삐뚤어진 현상이 적지 않다. 또한 동일한 활자가 쓰이는 곳에 따라서 삐뚤어진 정도가 달리 나타나고 있다(5上葉1-5와 15上葉8-6의 大). 만약 활자가 사방이 방정하다면 밀착된 상태에서 삐뚤어진 현상이 나타날 수 없다. **이 점에서 직지활자는 활자 동체의 문자면에 문자를 가득 차도록 조각하였으며, 동체의 측면은 방정하지 않고 문자의 윤곽에 따른 불규칙한 형태였음을 알 수 있다.**

예외적으로 2下葉3-10의 趙는 활자의 동체가 不正形일 수도 있겠으나, 동체는 방형이되 조각을 삐뚤어지게 했을 가능성이 커 보이는 경우다. 이처럼 문자가 문자면에 반듯하게 조각되지 않은 결과, 식자는 반듯하게 했으되 인출 결과는 삐뚤어진 경우가 있을 수 있다.

직지활자의 배면은 자적을 통하여 유추할 수 있는 단서가 없다. 다만 다른 현상에서 부착식으로 조판하였을 것으로 추론되므로("4.3.2 活字의 높이와 組版 方法" 참조), 이를 근거로 간접적으로 유추하는 수밖에 없다.

<사진 11> **식자된 상태가 교접되고 삐뚤어진 현상**(200%)

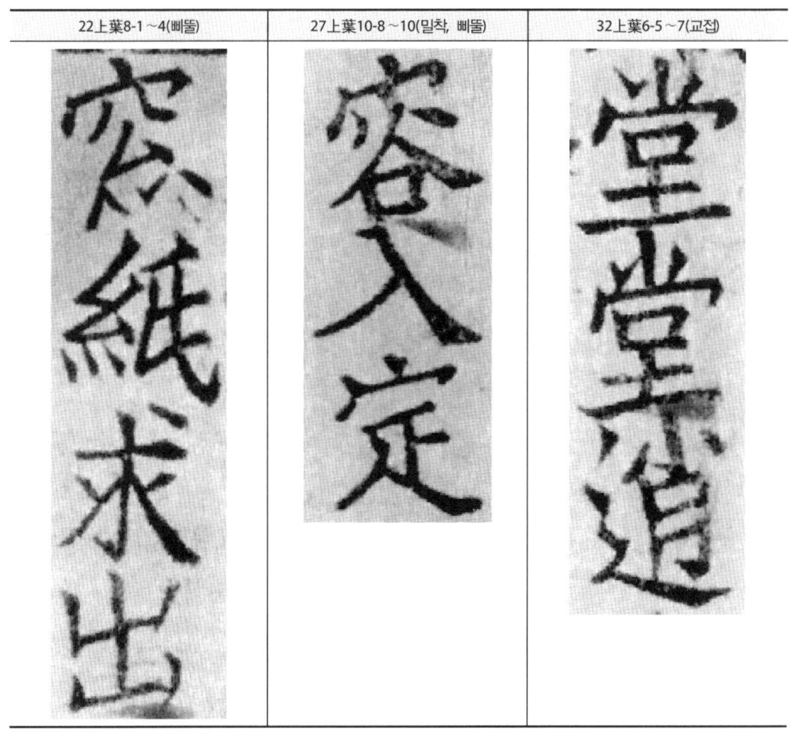

22上葉8-1～4(삐뚤)
27上葉10-8～10(밀착, 삐뚤)
32上葉6-5～7(교접)

<표 17> 식자된 상태가 교접 또는 교차되고 삐뚤어진 문자(일부)

문자	張次, 上下葉, 行-字左右	문자	張次, 上下葉, 行-字左右	문자	張次, 上下葉, 行-字左右	문자	張次, 上下葉, 行-字左右
和尙	2下3-3～4(교접)	日有	8下10-9～10(교접・삐뚤)		반대방향으로 각각 삐뚤)	生妄	32上10-4～6(교접)
云直	2下9-17～18(교접)	復自	21下1-10～11(교차)	毒迢	31下6-11～12(교접・삐뚤)	執	
學人	3上7-11～12(교접)	窓紙	22上8-1～4(시계반대방	離灾	31下6-15～17(교차)	業者	34上10-10～14(삐뚤)
大悟	5下4-11～12(교접)	求出	향, 시계방향, 시계방향,	殃		汝從	
口余	6下8-10(시계방향으로		반대방향으로 각각 삐뚤)	堂堂	32上6-5～7(교접)	何	
	삐뚤, 좌로 치우침)	容入	27上10-8～10(교접・	逍		人或	39上3-8～9(교접・시계
之又	8下10-6～7(밀착・삐뚤)	定	시계반대방향, 시계방향,	達色	32上9-6～7(교접)		방향으로 삐뚤)

4.3.2 活字의 높이와 組版 方法 = 부착식 組版

각개 활자의 높이는 수동식 조판 인쇄에서 문자면의 높낮이로 나타나서, 문자면의 집합인 인출면의 균일도에 영향을 주므로 대단히 중요하다. 높낮이의 편차가 크면 같이 사용하기에 매우 불편하여 작업능률을 떨어뜨릴 뿐만 아니라 동종 활자의 여부를 판단하는 기준이 된다. 이처럼 활자의 크기보다도 더 명확한 기준이 됨과 아울러 조판과도 밀접하게 관련되어 있다. 대체로 조임식 조립법을 이용하는 활자는 높이가 높고, 부착식 조립법의 활자는 낮다.

「直指」의 자적은 활자가 바르게 식자되어 있으면서도 문자면의 높이차에 의하여 묵색의 농담이 크게 차이나는 경우가 무수하다. 이웃하고 있음에도 진한 문자와 동시에 거의 보이지 않을 만큼 연한 문자도 있다(4上葉4-6～9의 立百丈丈, 6上葉10-4～6의 問僧甚, 11上葉3-14～15의 雪峯, 14上葉9-8～9의 師云, 14下葉3-10～11의 座他, 18下葉1行11行, 20下葉1行7行, 21下葉1行2行, 27上葉3行下葉2行, 29下葉5行6行).

뿐만 아니라 활자 자체가 기울어지게 식자되어 묵색이 고르지 않게 인출된 경우를 적지 않게 발견할 수 있다. 기울어진 방향도 상・하・좌・우・좌하・우상 등 다양하게 나타나고 있다. 2下葉9-4～6의 尙曾

問의 묵색은 尙과 問의 활자가 낮게 식자된 曾의 방향으로 각각 기울어져 있음을 확실히 알 수 있다(<사진 12> 참조).

<표 18> 기울어지게 식자된 문자(일부)(낮은 부분을 표시)

문자	張次, 上下葉, 行-字左右	문자	張次, 上下葉, 行-字左右	문자	張次, 上下葉, 行-字左右	문자	張次, 上下葉, 行-字左右	문자	張次, 上下葉, 行-字左右
度	2上3-9하변	尙	2下9-4하변	云	4上5-8우상변	日	6上4-14상변	中	23上5-3우상변
禪	2上3-18상변	問	2下9-6상변	何	4上7-16우상변	參	8下5-9하변	出	36上5-5우변
海淸	2上5-4～5좌변	霜	2下9-8우하변	云	4上11-10상변	竪起	10下7-5～6상변	月	37下7-11좌하변
如	2上5-6우변	起	2下9-9좌변	指頭	4下7-4～5상변	峯	12上1-9하변		
作賊	2上9-6～7좌변	滅	2下9-10좌하변	眼	5下2-2우상변	知	12上1-11하변		
爲	2上10-19하변	潭	3下3-2우상귀	法	6上1-1좌하변	无	16下7-2右우하변		
義	2下3-17좌변	爐	4上5-1좌변	因	6上1-3우하변	敎	16下7-3右좌변		

<사진 12> 문자면의 높이차에 의한 농담 현상과 기울어지게 식자된 현상(200%)

높이차에 의한 농담 현상		기울어지게 식자된 현상	
4上葉4-6～9	21下葉1-8～11	2上葉5-5～6, 2下葉9-8～9	2下葉9-4～6, 5下葉2-2

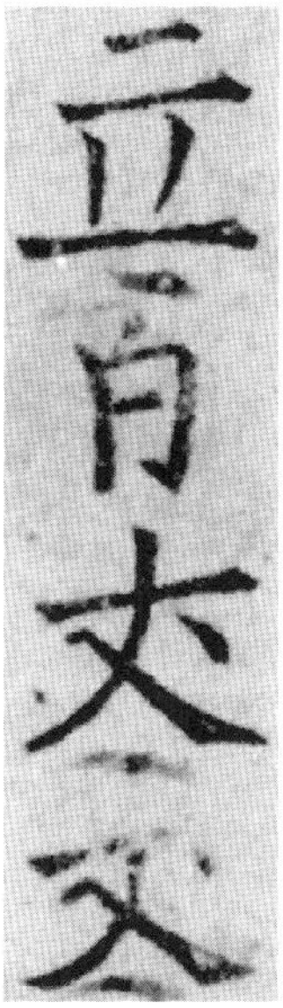

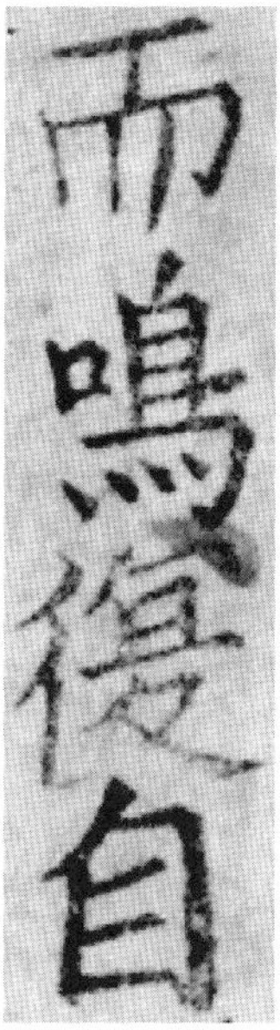

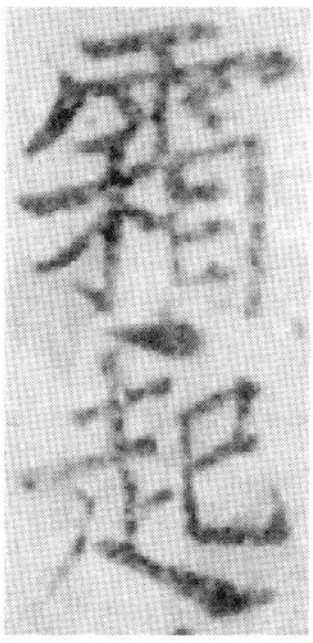

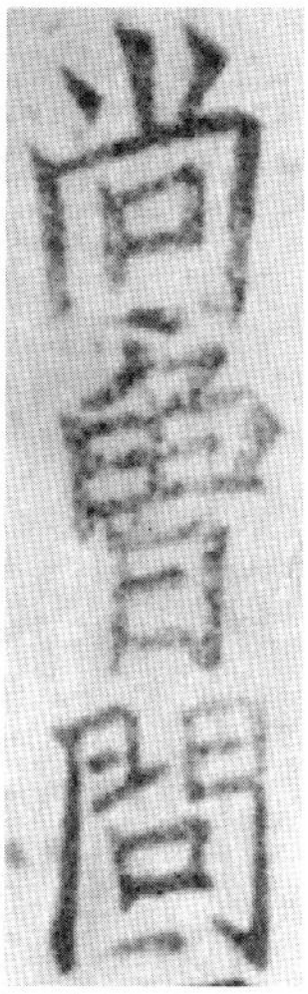

왜냐하면 밀착 조판했을 때, 활자의 높이가 높으면 기울어지는 각도가 낮아서 필획의 일부만 인출되는 비율이 낮기 때문이다. 또 조임식 활자는 독립적으로 직립할 수 있을 만큼 최소한의 높이를 유지하면서 배면이 평평해야 하는데, 이 경우 이웃 활자 간 높이 차이로 인하여 문자의 가장자리가 인출되지 않는 경우는 있으나, 직지활자처럼 다양한 방향으로 기울어져서 인출되지 않는 부분이 나타나기는 어렵기 때문이다.

저자의 다양한 실험 결과에 의하면, 대체로 높이가 10㎜ 내외, 대략 8㎜ 이상인 경우는 조임식 방법이 가능하다. 5㎜ 내외(3∼7㎜)일 경우는 조임식 방법이 어려워서 인납을 사용한 부착식 방법을 이용한다. **이에 근거하면 「直指」에 나타난 현상은 직지활자의 높이가 5㎜ 내외이며, 부착식 방법으로 조판하였음을 짐작하게 한다.**

활자의 높이를 추정할 수 있는 다른 방법으로, 문자면은 알고 있으므로, 활자 제작에 소요된 금속의 양과 활자의 수량을 계산하면 대체로의 추정이 가능하기는 하다. 그러나 문자면이 방정하지 않고, 배면의 형태를 알 수 없으며, 「直指」 인출에 전혀 사용되지 않은 활자도 있을 수 있고, 「直指」 인출에 동원된 활자의 수량도 산출하기가 불가능하므로 조판 문제에서 그 높이를 추정하였다.

이 밖에 활자를 180도 거꾸로 식자한 경우도 있다(12下葉11-15・24上葉3-19・29上葉10-14의 日, 7上葉9-9의 一, 20葉・22葉・24葉・26葉・28葉의 판심 張次의 二). 좌측으로 치우치게 식자한 경우도 있다(6下葉8-10의 唋는 시계 방향으로도 삐뚤, 34上葉9-13의 地).

대자가 부족해서인지 소자로 대체한 곳이 122개에 이른다. 이는 제13엽을 제외한 모든 엽에서 나타나고 있다. 이 수치는 대자를 사용하여야 할 곳에 소자로 쌍행으로 조판한 곳과 중자처럼 크기가 약간 작은 문자(14下葉5-14의 伊, 27下葉7-9의 驢 등)를 제외한 것이다. 또한 활자가 부족했던 까닭인지 曾과 會, 巳와 己·已 등처럼 필법이 유사한 문자로 대체한 현상이 곳곳에 있음은 앞의 "3.1.3 校正 文字"에서 서술한 바와 같다. 이러한 문자는 드물게 사용되는 벽자도 아니고, 동일 엽에 많이 사용되는 문자도 아니다. 이 같은 활자 부족 현상에서 직지활자는 일반적인 서적을 인출하기 위한 보편성의 활자가 아니라, 인출하고자 했던 최초의 서적을 위하여 제작한 목적성 활자라고 할 수 있다.

4.3.3 印版

「直指」를 인출한 인판은 네 변이 고착된 광곽이 번갈아 반복되고 있으며, 계선 간의 간극도 변함없이 유지되고 있다. 계선이 조립식으로 된 인판은 간극이 일정하지 않고 약간의 변화를 보인다. 이로 미루어 「直指」는 광곽과 계선이 고착된 두 장의 금속제 인판을 번갈아 사용하였다. 판심제·권차·장차는 식자하였다.

4.4 印出 技術 水準

이는 완성된 인판에 묵즙을 도포하고 책지를 얹어서 밀대로 서엽을 인출하는 과정으로 목활자본이나 목판본의 경우와 대동소이하다. 인출면에 도포하는 묵즙의 양을 얼마나 적합하게 조절하느냐, 도포된 묵즙의 양에 따라서 얼마나 적합하게 밀대로 밀어내느냐의 기술이다. 숙련도에 따라서 묵색이 균일하게 인출되거나, 묵즙이 지나쳐서 번짐 또는 쏠림 현상이 나타나거나, 반대로 부족하여 자적이 깨지기도 하고, 심지어는 이중인출 현상까지 나타나기도 한다.

4.4.1 墨色의 均一度

이는 인판으로부터 책지에 반영된 묵색의 고른 정도를 말한다. 묵색의 균일도는 활자본을 감별하는 중요한 단서다. 왜냐하면 목판본의 경우, 조각할 판면을 대패로 고르게 손질한 후 조각하므로 인출면의 높이가 균일하여 묵색의 농담이 균일하다. 이에 비하여 활자본은 낱낱의 활자를 인판에 식자하여 인출면을 구성하므로 숙련된 장인이라 할지라도 높이에 다소의 차이가 없을 수 없다. 그 결과 인출된 서엽의 묵색에도 자연히 농담이 나타나게 된다. 이 농담이 균일해야 판면도 깨끗하고 서품도 올라간다.

「直指」의 묵색은 비교적 균일한 엽도 있지만, 전반적으로는 균일하지 못한 편이다. 한 엽에 인출된 문자에 따라서 농담이 각각 나타나고 있다. 이는 활자를 식자할 때 인출면을 고르게 조판하지 못한 결과다.

경우에 따라서는 한 문자에서도 필획에 따라서 농담의 차이가 있으며, 하나의 필획 중간에도 묵색이 진한 덩어리 같은 반점이 있는 문자가 있다. 이는 그을음의 입자가 굵어서 나타나는 현상으로 묵즙을 곱게 조제하지 않은 결과일 수 있다(4下葉10-19의 行, 5下葉1-2의 在, 6上葉5-5의 恁, 15上葉11-16의 聲).

4.4.2 번진 文字 · 쏠린 文字 · 깨진 文字

번진 문자는 인판에 묵즙을 다소 과하게 도포한 결과, 묵즙이 문자 필획의 주변으로 침투한 문자를 말한다(28上葉중간부분 · 28下葉전반).

쏠린 문자는 필획과 필획 사이의 공간에 묵즙이 채워져서 문자의 전체 또는 일부가 먹 덩어리처럼 까맣게 인출된 문자를 말한다(6上葉5-10의 艱, 27上葉1-10의 影, 27上葉4-8의 須, 27上葉10-12의 禪, 27下葉6-11의 幾, 28上葉5-9의 魔). 이러한 현상은 묵즙의 양에 의한 경우가 대부분이지만, 인출할 때 밀대로 지나치게 힘껏 민 결과로 나타나기도 한다.

깨진 문자는 인판에 도포한 묵즙의 양이 다소 부족하거나 묵즙의 성분이 금속에 적합하지 않아서 활자의 문자면에 고루 도포되지 못한 결과 문자의 일부 필획만 인출되고 일부 필획은 인출되지 못한 문자를 말한다(17上葉6-5의 宿).

5. 小 結

「直指」의 자적 분석을 통하여 추론할 수 있는 직지활자의 특징·제작 방법·활자의 형태·조판 방법 등을 정리하면 다음과 같다.

1) 직지활자의 특징: 단필·기포·너덜이·필획 어긋남·서체 불균형·크기 불균일·결필·약필·약자·번필 등의 문자를 들 수 있다.
2) 직지활자의 제작 방법: 직지활자는 자본을 이용하여 밀랍 등의 연한 재질에 어미자를 조각하여 **밀랍주조법**으로 주조한 금속활자였다. 조선시대에 이용된 주물사 주조법으로 제작된 것이 아니었다.
3) 직지활자의 형태: 동체의 문자면에 문자를 가득 차도록 조각하였으며, 측면은 방정하지 않은 불규칙한 형태였다. 배면은 추정이 불가능하였다. 높이는 **5㎜ 정도**로 낮았다.

4) 직지활자의 조판 방법: 인판은 광곽・계선이 고착되어 있고, 판심제・권차・장차를 조립한 두 장의 금속제 인판을 번갈아 사용하였다. 인납을 사용한 **부착식 방법**으로 조판하였다.

5) 직지활자의 제작 목적: 직지활자는 일반적인 서적을 인쇄하기 위하여 대량으로 주조한 보편성 활자가 아니었다. 인출하고자 했던 최초의 서적에 나타난 문자를 위하여 주조한 **목적성 활자**였다. 그러나 「直指」가 그 첫 인쇄 대상은 아니었다.

6) 직지활자의 보충 과정: 직지활자는 통일된 과정으로 일시에 주조한 것이 아니었다. 계획 초기에는 숙련공에 의하여 대부분의 활자가 주조된 후, 부족분은 비숙련공에 의하여 수시로 보충되었다.

7) 직지활자의 인쇄 기술 수준: 단필・결필・필획 불균일 등 필획이 세련되지 못한 점, 활자의 크기가 고르지 않고 行伍가 가지런하지 못하고 行字數의 출입이 큰 점, 묵색의 농담차가 큰 점 등으로 미루어, 직지활자는 주조 기술・조판 기술・인출 기술 등의 인쇄 기술 수준이 그다지 능률적이지 못하였다.

直指活字의 蜜蠟鑄造法 鑄造 過程 研究

直指活字의 蜜蠟鑄造法 鑄造 過程 研究*

A Study on Casting Procedure in the Wax Casting Method of the Jikji Type

◁ 목 차 ▷

〈초 록〉

밀랍주조법의 금속활자 주조 과정을 복원하기 위하여 문헌연구법으로 추적하였다. 지금까지 개념조차 없던 국내의 관련 학계에 밀랍주조법을 처음으로 밝혔다. 이 과정을 금속활자의 주조에 응용하면 가능할 것으로 판단되었다.

1) 밀랍주조법의 원리와 주조 과정을 8단계로 구분하여 구체적으로 밝혔다.
2) 어미 모형의 주재료는 황랍이며, 보조 재료는 송진・동물성 유지・식물유 등이다. 혼합 비율은 주물의 크기・형태・기온 등에 따라 다르다.
3) 주형의 충전 재료는 황토와 점토다. 기능성 재료는 종이 섬유・쌀겨・羽毛・馬糞・蔴類・牛毛・볏짚・식물 분말・소금・석회・모래류・볏짚재・탄소 분말(숯가루)・흑연・석탄재 분말・그을음 등 다양하다.
4) 금속 성분은 황동 합금이 주류를 이루고 있고, 기타는 주석・납・철 등이 포함되어 있다.
5) 밀랍주조법의 금속활자 주조 과정은 ① 字本과 어미자의 準備, ② 鑄型의 充塡 材料 準備, ③ 鑄型의 機能性 材料 準備, ④ 鑄型 材料의 調製, ⑤ 鑄型의 製作, ⑥ 蜜蠟의 熔出과 鑄型의 燒成, ⑦ 金屬 鎔液의 注入, ⑧ 活字의 抽出과 마감 손질이다.

要語 : 밀랍주조법, 어미 모형의 재료, 주형 재료, 합금 성분, 주조 과정

---

* 曺炯鎭, "金屬活字 蜜蠟鑄造法 復原을 위한 文獻的 研究", 「書誌學研究」 제33집(2006. 6), 41-77.

<ABSTRACT>

This study employed literature-based research approach in order to restore the metal type casting procedure in wax casting method. This study first unveiled wax casting method, which had never been conceived in the related academic circles of Korea. This method was suggested to be applicable for metal type casting.

1) This study unveiled the detailed procedure and the principle of wax casting method in 8 specific steps.
2) The main material for matrix was beeswax, and the supporting materials included pine resin, animal fat, and vegetable oil. The mixture ratio differed depending on factors such as size and shape of the casting and temperature.
3) The filling materials for a mould were yellow earth and clay. Various materials were used as functional materials such as paper fiber, rice bran, feathers, horse dung, hemp, hairs of ox, rice straw, plant powder, salt, lime, sand, rice straw ashes, charcoal powder, graphite, coal ash power and soot.
4) The metal components were mainly characterized by brass alloy, and elements of tin, lead, and iron were also added.
5) The metal type casting procedure in wax casting method consists of 8 steps: ① preparation of manuscript and matrix, ② preparation of mould filling materials, ③ preparation of mould functional materials, ④ compounding mould materials, ⑤ creating mould, ⑥ melting matrix wax and heating the mould, ⑦ pouring metal liquid and ⑧ separating types and finishing touches.

Key words : Wax Casting Method, Matrix Material, Mould Material, Component of Alloy, Casting Procedure

1. 小 緖

「直指」에 나타난 字跡을 면밀히 분석한 결과, 「直指」를 인출한 고려의 寺鑄 활자는 밀랍주조법에 의하여 주조되었을 것으로 판단되었다. 그렇다면 蜜蠟鑄造法은 도대체 어떠한 과정으로 금속활자를 주조하는가? 어미자의 형태, 주형의 재료, 주형의 제작 방법, 주조의 구체적인 과정과 주의 사항, 기타 기술적인 요소 등의 문제가 대두된다. 그럼에도 불구하고 국내의 학계는 고대 금속활자의 밀랍주조법에 관한 한, 구체적인 제작 방법과 과정은 고사하고 대체로의 개념조차도 아직 없는 실정이다.

지금까지 밀랍주조법에 관하여 주형 재료는 "坩堝(도가니)를 만드는 烏土에 粘土를 섞은 재료"[1)]일 것이라는 문헌이나 학술적 근거가 없는 증언이 유일하다. 사실 이는 어려서부터 사찰에서 佛具류의 주조를 보면서 성장하여 훗날 문화재위원회 전문위원이 된 黃天午 님의 금속 주조에 관한 비전문가적 안목에 의하여 만들어진 것이거나 장인들이 습관적으로 사용하여 오던 용어인 "오토"가 문화재위원이던 조명기 박사 등을 통하여 구전되던 것이다. 즉 금속 주조에 관한 한 비전문적인 식견에 의한 학술적 근거가 없는 기술에 불과하다. 이는 "오토"라는 표제어가 어느 사전에도 정의되어 있지 않으며, 점토 전문가를 통하여도 실체를 확인할 수 없는 사실에서도 알 수 있다. 이 육감적인 증언은 직지 활자의 주형 재료를 복원하기 위하여 대단히 중요하지만, 오토라는 물질의 실체는 추적이 불가능한 것으로 판단된다.

청주시 등이 당시 금속활자장 오국진에게 의뢰하여 「直指」 관련 활

---

1) 千惠鳳, 「羅麗印刷術의 硏究」(서울: 경인문화사, 1980), 182.

자와 인본을 밀랍주조법으로 다수 복원하였으나,[2] 이는 모두 고려시대에 이용했음직한 방법으로 복원한 것이 아니었다. 구체적인 예로 주형의 재료는 전통 재료가 아닌 현대에 과학적 방법으로 처방된 "치과 주조용 석고계 매몰재"를 사용하였다. 금속용액의 주입 방법은 치과 기공소에서 치과 재료를 주조할 때 이용하는 원심법이나 귀금속을 주조할 때 이용하는 진공법 등 기계 장치를 동원한 지극히 편법 중의 편법을 이용하였다. 더욱이 2000년 12월 15일 금속공예 전문가[3]를 소개받기 전까지는 이 방법마저도 주조가 불가능했던 것으로, 학계와 관련자들을 속여 왔던 것이다. 이처럼 학계를 속인 결과는 직접 실험해보지 않은 다른 연구자에 의하여 고려시대의 주조 방법인 것처럼 그대로 인용되고 있다.[4] 이러한 거짓은 저자의 1988년 이후 13년에 걸친 추적으로 밝혀졌다. 이는 복원이 아님은 물론 속임수 또는 복제에 불과한 것이었다.

따라서 「直指」 복원을 위한 밀랍주조법의 전반적 과정에 관한 연구가 우선적으로 필요하다. 이 점에 착안하여 고려시대 금속활자의 제작 방법을 복원하기 위한 밀랍주조법의 전반적이고 세부적인 과정을 밝히기 위하여, 밀랍주조법 관련 문헌 기록을 추적하였다. 근거한 문헌은 밀랍주조법에 관한 자료가 거의 없는 국내의 현실에서 부득이 (明)宋應星의 「天工開物」 등 중국의 문헌 기록과 오늘날 크고 작은 청동기를

2) 박문열, 「금속활자장」 (서울: 화산문화, 2001), 200-205.

3) 박해도 님, 대흥사 대표.

4) 1. 千惠鳳, 「韓國 書誌學」 (서울: 民音社, 1997), 247-248.
   2. 청주대학교 학술연구소, "금속활자 주조 및 인쇄기술사 복원 연구 결과보고서", (淸州: 淸州古印刷博物館, 2006), 18-20.
   3. 朴文烈, "蜜蠟鑄造法의 復元에 관한 實驗的 硏究", 「書誌學硏究」 33집(2006. 6), 82-84.
   4. 청주고인쇄박물관, "2011 고려시대 금속활자 복원 사업 「直指」金屬活字 복원 결과보고서", (청주: 청주고인쇄박물관, 2012), 11-12.
   5. 옥영정, "고려 금속활자 연구의 흐름과 새로운 변화", 「書誌學硏究」 39(2012. 6), 149-184 등 다수.

복원한 중국의 밀랍주조법 실험 보고서 및 이론 연구 등을 참고하였다. 이는 근대 이전의 봉건시대에는 동양 문화권의 여러 국가가 거의 동일한 생활 방식으로 삶을 영위했다는 점에서 큰 무리는 없을 것이다.

밀랍주조의 기본 원리와 전반적인 과정이 밝혀지면, 이를 바탕으로 비교적 손쉽게 문헌 연구로 보완할 수도 있다. 더 나아가 문헌 연구를 기초로 하여 각 과정마다 적의 수정하여 적용하는 다양한 실험으로 금속활자의 주조 가능성을 검증할 수 있다. 이렇게 함으로써 적어도 진실에 가까운 고려시대 사주 활자 밀랍주조법의 구체적인 과정이 밝혀질 것이다. 그리고 궁극적으로는 고려활자와 고려활자본도 복원될 수 있을 것으로 기대한다.

2. 蜜蠟鑄造法의 起源과 發展

2.1 蜜蠟鑄造法의 起源

밀랍주조법은 금속 鑄造史상 중대한 발명으로 현대의 주조업에까지 영향을 미치고 있다. 역사적으로는 이란・메소포타미아,[5] 이집트・인도 등 지역에서 청동기 시대인 기원전 3000년 중・후기 또는 그보다 더 이른 시기에 소형 장식물 주조에 이용되었다. 중국에서는 밀랍주조법이 이용되기 시작한 때로 殷代,[6] 商・周시대,[7] 기원전 2000년 말기

5) Leslie Aitchison, *A History of Metals.* Vol. I. 1960. 161.

6) 張子高, 「中國化學史稿: 古代之部」 (北京: 科學出版社, 1964), 21.

7) 1. Bruce L. Simpson, *Development of the Metal Castings Industry.* Chicago: American Foundrymen's Association, 1948, 27.
   2. Herbert Maryon・H. J. Plenderleith, *Fine Metal-Work.* C. Singer・E. J. Holmyard・A. B.

이전[8] 등의 설이 있다. 기원 전후 또는 魏·晋시기라는 설도 있다. 그러나 청동 유물의 각종 조형 방법·가공 기술·주조 과정에서 발생하는 흔적의 특징 등에 근거하여 종합적으로 판단하면, 이상의 것은 밀랍주조법을 이용한 것이 아니라 陶範法 또는 分鑄法을 이용한 것임을 알 수 있다.[9] 도범법과 밀랍주조법을 혼돈하기 쉬운 이유는 점토로 어미모형을 만들 때 나타나는 지문 흔적 등의 특징이 밀랍으로 만들 때 나타나는 특징과 너무 흡사하기 때문이다. 혹자는 중국의 양봉업이 5~6세기에 시작하였으므로 밀랍법도 南北朝시대에 비로소 이용되었을 것이라고 주장한 바 있으나,[10] 周代의 청동기 명문에 이미 "蜂"자가 있고, 「荀子」議兵篇과 屈原의 「招魂」 등에도 "蜂" 또는 "蜜" 등의 문자가 있는 점에 의하여 부인된 바 있다.[11]

그렇다면 밀랍주조법이 실제로 금속 주조에 이용되기 시작한 시기는 언제부터인가? 商·周시대에 밀랍주조법이 이용되지 않았다는 것을 완전히 배제할 수는 없지만,[12] 河南省 淅川 楚墓와 湖北省 隨縣 曾侯乙墓에서 출토된 청동기에 근거하면 밀랍주조법은 春秋時代 중·후기나 戰國時代 초기에 이용하고 있음을 알 수 있다.[13] 楚墓에서 출토된 청

Hall, *A History of Technology*. Vol. I. Oxford: Oxford University Press, 1954, 628.
3. (元)王黼, 「宣和博古圖」.

8) 1. Leslie Aitchison(1960), 161.
2. 「熔模精密鑄造」(北京: 中國機械工業出版社, 1973).

9) 郭寶鈞, 「商周銅器群綜合研究」(北京: 文物出版社, 1981), 124.

10) 吉田光邦, "熔模", 「科學史研究」 第32號(1954), 5.

11) 鄒樹文, "虫白蠟利用的起源", 「農史研究集刊」 第1冊.

12) 華覺明, "失蠟法在中國的起源和發展", 華覺明 等著, 「中國冶鑄史論集」(北京: 文物出版社, 1986), 230.

13) 1. 傳統精密鑄造工藝鑑定會議, 「關于隨縣曾侯乙墓靑銅尊·盤鑄造工藝的鑑定意見」(武漢: 1979. 6), 26.
2. 馬承源, 「中國靑銅器」(臺北: 南天書局, 1991), 518.

동기의 명문에 의하면 楚墓의 주인은 令尹 子庚으로 기원전 552년에 사망하였으므로,[14] 밀랍주조법으로 청동기를 주조한 시기도 BC 6세기 초, 春秋시대 중·후기로 보인다. 뿐만 아니라 청동기의 규모가 크고 문양이 복잡하며 밀랍 모형의 구성이 복잡한 점으로 미루어 원시적인 밀랍주조법의 기술 수준은 벗어난 것으로 보인다. 이로 미루어 중국에서 밀랍주조법이 이용된 시기는 늦어도 기원전 7세기의 春秋시대 중기 또는 그보다 조금 이른 시기로 보인다. 그리고 商·周시대는 밀랍주조법을 이용했을 가능성은 있으나, 지금까지는 밀랍주조법의 기술과 물질 등 기본 조건을 갖춘 정도로 볼 수 있다.

2.2 蜜蠟鑄造法의 發展

2.2.1 楚 時期

현재까지 알려진 초기의 밀랍 주조 기물은 모두 楚시대 문화의 범주에 속하는 것들이다. 戰國시대 후기의 일부 기물은 밀랍주조법에 의하여 주조되었을 가능성이 있다.[15]

2.2.2 漢·唐 時期

戰國시대 이후 瓷器와 漆器의 발달로 청동기는 쇠퇴기에 접어든다. 그러나 西漢 前期는 청동기가 부장품으로 상당한 비중을 차지하고 있다. 따라서 문헌 기록이 부족한 상황에서 출토 실물로도 당시의 상황을

14) 河南省丹江庫區文物發掘隊, "河南省淅川縣下寺春秋楚墓",「文物」1980年 第10期(1980. 10), 19.
15) 華覺明(1986), 232.

판단할 수 있을 것이다. 백제의 금동향로와 매우 유사한 것으로 河北省 漢墓에서 출토된 錯金博山爐·對獸形銅飾 등과, 雲南省에서 출토된 漢代의 青銅紡織貯貝器와 기타 器物 등에서 밀랍으로 어미 모형을 만든 특징이 분명하게 나타나고 있다.[16]

東漢시기에는 甘肅省 武威의 漢墓에서 출토된 青銅儀仗車馬 역시 밀랍주조법으로 주조한 특징을 보이고 있다. 漢代의 여러 복잡한 조형을 띤 璽印과 印章도 주조된 문자의 특징을 관찰하면 역시 밀랍주조법으로 주조한 것이다.[17] 이로 미루어 漢代에 이미 밀랍주조법이 이용되었음을 알 수 있다.

(唐)房玄齡 등의 「晋書」 山濤傳에는 "蜜印"의 기록이 있고,[18] 陶侃傳에는 "蜜章"의 기록이 있다.[19] 이 밀인이나 밀장은 밀랍으로 만든 인장을 말하는데, 「晉宋書故」에 의하면 원래 璽印을 주조하기 위한 것이지만 死者의 부장품으로도 사용하였음을 알 수 있다.[20]

魏·晉·南·北朝 시기에는 불교의 발달과 함께 불상 등 종교 기물의 대량 수요로 인하여 조소 예술과 밀랍 예술의 발달을 촉진하였다. 전기에는 元嘉 14(435)년의 韓謙造像과 太平眞君 4(443)년의 立像에서 보듯이 청동기물의 형체와 옷 문양이 비교적 간단하고 장식도 없지만, 후기에는 神平 3(530)년의 楊伏生造像과 같이 불상의 변화가 복잡하고 생동감이 있으며 각종 장식이 첨가되어 있다. 이 같은 양식은 모

16) 1. 馬承源(1991), 518.
    2. 華覺明(1986), 233.

17) 華覺明(1986), 234.

18) (唐)房玄齡 등, 「晋書」 卷43, 列傳第13, 山濤傳.

19) (唐)房玄齡 등, 「晋書」 卷66, 列傳第36, 陶侃傳.

20) 華覺明(1986), 234-5.

두 밀랍주조법을 이용하였음은 의심의 여지가 없다.[21]

隋代에는 開皇 4(584)년의 董欽造像에서 보듯이 불상의 형상이나 장식의 기법이 魏·晉시대 이후 밀랍주조 기술의 발전상을 보여주고 있다.[22]

(唐)鄭虔의 「會粹」에 나타난 기록을 보면 唐代 초기에 開元通寶를 주조할 때 歐陽詢이 어미 모형을 밀랍으로 만들어서 진상하자, 文德皇后가 손톱자국을 내어서 그 때문에 통보에도 그 흔적이 남아 있다.[23] 이처럼 唐代의 동전 어미 모형은 밀랍으로 만들어서, 주석으로 주조하여 사용하였고, 양을 주조할 때에도 밀랍으로 어미 모형을 만들었음이 기록에 보인다.[24] 동전을 주조하기 위하여 어미 모형을 밀랍으로 만든 이유는 수정하기에 편리하다는 장점 때문이다. 이 밖에도 지방의 각 도에서 밀랍을 貢納한 사실을 문헌에서도 쉽게 찾을 수 있다.[25] 이러한 사실로 미루어 밀랍과 밀랍주조법이 보편적으로 이용되었음을 알 수 있다.

2.2.3 宋·元 時期

宋代에는 (宋)畢昇이 활자인쇄술을 실험할 때 밀랍을 사용하기도 하였고,[26] 밀랍주조법의 전통적인 주조 과정을 구체적으로 기술한 문헌 기록도 남아 있는 점으로 미루어 밀랍주조법이 주물 제작의 한 방법으

21) 華覺明(1986), 235.

22) 華覺明(1986), 235.

23) (宋)王溥, 「唐會要」 卷89, 泉貨.

24) 華覺明(1986), 235-236.

25) (唐)玄宗, 「大唐六典」 卷3, 河東道·山南道·隴右道 등.

26) (宋)沈括, 「夢溪筆談」 卷18, 技藝, 板印書籍.

로 정착했음을 알 수 있다. (宋)趙希鵠의 「洞天淸祿集」:

> 古者鑄器必先用蠟爲模, 如此器樣, 又加款識刻畫. 然後以小桶加大而略寬, 入模于桶中. 其桶底之縫, 微令有絲線漏處, 以澄泥和水如薄糜, 日一澆之, 俟乾再澆, 必令用足遮護. 訖, 解桶縛, 去桶板, 急用細黃土, 多用鹽幷紙筋, 固濟于原澄泥之處. 更加黃土三寸, 留竅, 中以銅汁深入, 然一鑄未必成, 此所以爲貴也.[27]

이 기록을 통하여 다음과 같은 사실을 알 수 있다.

(1) 밀랍 주조의 전반적인 과정이다.

(2) 밀랍 어미 모형은 撥蠟法을 이용하여 제작하였고, 剝蠟法을 이용한 것은 아니다.

(3) 주형은 3층의 점토로 이루어졌다. 금속과 접촉하는 표층은 주물의 표면 광택을 위하여 죽 형태의 고운 점토를, 중간층은 종이섬유와 주형재료의 강도를 높이기 위한 소금을 첨가한 점토를, 외층은 황토를 사용하였다. 따라서 紙漿泥는 늦어도 남송시대에 이미 사용되었음을 알 수 있고, 외층의 황토에는 첨가제에 대한 언급이 누락되었음을 짐작할 수 있다.

(4) 표층 점토를 입힐 때 어미 모형 외부에 틀을 씌워서 점토 반죽을 주입하였다. 이렇게 하려면 점토의 수분 함량이 많아야 한다. 따라서 건조 속도가 느리며 기포나 공동이 많이 생기는 반면에 이를 제거하기는 어려워서 주물에 결함이 쉽게 발생하였음을 짐작할 수 있다.

(5) 주조 성공률은 만족할 만큼 기대에 미치지는 못하였다.

---

27) (宋)趙希鵠, 「洞天淸祿集」.

(6) 그러나 밀랍주조법의 전통적인 주조 과정을 구체적으로 기술하고 있는 점으로 미루어, 늦어도 宋代에는 밀랍주조법이 주물 제작의 한 방법으로 정착하였다.

이 밖에 (宋)朱輔의 「溪蠻叢笑」에는 밀랍에 판각하여 인출 배포했다는 기록[28]이 있는 점으로 보아 박랍법이 유행했음을 알 수 있다.

(元)蘇天爵의 「元文類」 元代畫塑記[29]에도 泰定 3(1326)년에 延聖寺에서 황랍을 사용하여 불상을 주조하였고, 大德 9(1305)년에는 中心閣의 불상도 주조하였으며, 延祐 4(1317)년에도 황동으로 불상을 주조한 사실이 사용한 재료와 함께 기록되어 있다.

밀랍 주조를 담당하는 기구로 唐代에는 少府監 소속의 天寶局鑄가 있었고, 宋代에도 少府監과 文思院 등이 있었다. 元代에는 밀랍 주조 업무를 전문적으로 담당하는 기구가 있었다. (明)宋濂의 「元史」 卷85:

> 出蠟局提擧司, 秩從五品, 提擧一員, 同提擧一員, 付提擧一員, 吏目一員, 掌出蠟鑄造之工. 至元12(1275)年始置局, 延祐3(1316)年陞提擧司, 設令官.[30]

여기에서 밀랍 주조 업무를 담당하는 기구의 설치시기・직원의 수와 직급 등을 알 수 있다. (明)呂震 등의 「宣德彛器圖譜」에 수록된 적지 않은 기물 중에 "照元朝內府鑄"의 명문이 있다.[31] 이에서 元代의 出蠟局提擧司에서도 주조했음을 알 수 있다.

---

28) (宋)朱輔, 「溪蠻叢笑」.

29) (元)蘇天爵, 「元文類」 經世大典, 工典, 畫塑門.

30) (明)宋濂, 「元史」 卷85, 百官志第35, 百官一.

31) (明)呂震 등, 「宣德彛器圖譜」.

이상 문헌 기록의 내용이 주조 과정을 구체적으로 설명하고 있고, 주조 방법도 분화되고 있으며, 정부 조직 내에 주조 업무를 담당하는 기구가 설치된 점으로 미루어 밀랍주조법의 기술 수준이 안정기에 접어들었음을 알 수 있다.

2.2.4 明 · 淸 時期

(明)宣德 3(1428)년에 宣德爐라고 통칭되는 청동기를 대량으로 주조하였다. (明)呂震의 「宣德鼎彝譜」에 의하면 일차 주조에 117종 3,000여 점을 주조하였다. 사용한 재료는 금속으로 동 · 아연 · 주석 · 수은 · 금 · 은 등을, 밀랍에는 황랍과 백랍을 사용하였다. 백랍은 완성된 청동기의 광택용이지만, 황랍은 어미 모형을 제작하기 위한 것이다. 기타 착색용 · 연료용 · 연마용 · 용광로 구축용 등의 재료도 사용하였음을 알 수 있다. 주조에 사용된 금속과 밀랍의 중량 비율은 대체로 6:1이다. 이는 「天工開物」의 冶鑄에 나타난 10 : 1("3.1 어미 模型의 材料" 참조)보다 높아서 대부분이 밀랍주조법으로 주조한 것임을 알 수 있다. 그중 하나 또는 적은 수량의 기물을 주조할 때는 발랍법을 이용하였지만, 대량으로 주조한 대부분은 박랍법을 이용하였다. 전체 주조 기물의 수량 · 소요 기간 · 동원된 장인 수를 종합하면 장인 1인이 1개월에 평균 11건을 주조하였다. 이로 미루어 명대 황실의 밀랍주조법 주조 공방의 생산 규모 · 재료 사용 사례 · 기술 수준 · 생산 능률 등을 대체로나마 알 수 있다.[32)]

민간에서도 밀랍주조법을 이용하여 기물을 주조하였다. 萬曆 말기에

32) (明)呂震 등, 「宣德鼎彝譜」.

南京의 甘文堂·蘇州의 周文甫·施씨·蔡씨 등을 들 수 있다. 문헌 기록도 있으니 「沈氏宣爐小志」에 "鑄爐之家, 溺于時尙, 乳·鰍等款旣撥蠟簡便, 兼之易售", "吾鄕頗尙其事", "時鑄甚伙" 등의 기록이 있어[33] 밀랍주조법으로 기물을 주조하여 판매까지 할 정도로 유행한 사실을 알 수 있다.

淸代 궁정 내 內務府 造辦處의 冶鑄 공방은 밀랍주조법이 복잡한 예술적 주물을 주조하는 주요 수단이었다. 「廣儲司磁器庫銅作則例」에는 주조 기물의 종류와 명칭, 주조를 위한 업무 분담과 각각의 업무량 등의 기록이 있어서 각각의 업무가 차지하는 비율을 알 수 있다. 대체로 어미 모형 제작이 39.2%, 주형제작과 금속 용액 주입이 7.4%, 주조 후 가공이 35.6%, 고풍 착색이 17.8% 등이다. 이에 비하여 가공 공구가 발달하기 시작한 漢·唐 이전인 선진시대의 밀랍 주물은 가공 공구의 미비로 인하여 완전한 주물이 주조되도록 더욱 노력한 결과 주조 후 가공 작업의 비율은 낮다. 또한 「萬壽山淸漪園鑄造銅殿處用工料則例」의 기록에 의하면 銅殿(현 頤和園 銅亭, 본명은 寶雲閣)을 구성하는 여러 기물 중에 밀랍주조법으로 주조한 것이 적지 않고, 현재 남벽의 안쪽에는 주조 감독관과 주조공의 이름이 새겨져 있다. 造辦處 문서에 의하면 乾隆 4(1739)년에 3건의 기물을 주조하였다.[34] 현재 北京의 故宮과 頤和園의 도처에 있는 청동기는 밀랍주조법의 대표작이라 할 수 있다. 이 같은 전통적인 밀랍주조법은 황궁에서와 함께 北京의 민간에서도 기물 주조에 이용되었다. 이로 미루어 淸代에도 밀랍주조법이 대단히 유행하였음을 알 수 있다.

---

33) 華覺明(1986), 238.

34) 華覺明(1986), 239-240.

이러한 주조 공방은 오늘날에도 北京의 安定門 밖의 外觀과 雍和宮 일대에 밀집해 있다. 뿐만 아니라 山西・內蒙古・山東・江蘇・四川・靑海・西藏・雲南・廣東 등지에서도 주조 공방을 찾을 수 있어서 그 전승을 쉽게 파악할 수 있다.[35)]

2.3 蜜蠟鑄造法 鑄物의 工藝 形式

2.3.1 造形 樣式

商・周시대에도 分範合鑄法이나 分鑄法을 이용하여 복잡한 기물을 주조하였다. 그러나 그 복잡한 정도가 점차 심해짐에 따라서 어미 모형을 적출해내기 위해서는 녹여내는 방법을 이용하지 않으면 안 되게 되었다. 즉 어미 모형의 可熔性을 주요 특징으로 하는 밀랍주조법은 어미 모형을 녹이지 않는 陶範法에서 발달한 것이다. 이는 분리되지 않는 주형으로 주조가 가능하기 때문이다. 따라서 어미 모형을 적출하는 도범법으로는 불가능하고, 어미 모형을 녹여야 적출할 수 있을 정도로 복잡한 조형을 띠고 있는 것이 밀랍주조법 주물의 일반적인 특징이다.

따라서 문헌에 나타난 밀랍주조법의 주조 대상에는 활자와 같은 극소형 주물은 거의 없다. 팔지 정도 크기의 소형 주물이 있기는 하지만, 대부분이 청동기 또는 범종이나 불상 등으로 모두가 중・대형이면서 또한 내부가 비어 있는 주물들이다.

예를 들면 錯金博山爐의 뚜껑은 여러 층의 고저 기복이 있는 산세를 표현하고 있다거나 깊이가 깊고 폭이 좁거나 하여 器形이 복잡하다.

---

35) 華覺明(1986), 241.

또한 길이나 폭이 불규칙하여 주형틀로부터 어미 모형을 추출해내기가 어려우며, 산신·동물·사냥꾼 등의 장식과 배치가 일반 밀랍 예술의 분위기를 띠고 있다. 漢代의 紡織貯貝器는 그 뚜껑에 직물을 짜는 모습을 형상한 여러 자세의 인물상이 생동감 있고 복잡하게 조형되어 있어서 주물이라기보다는 예술 작품에 가깝다. 이처럼 밀랍주조법의 주물은 일반 주조 방법으로는 주조할 수 없는 조형이 복잡한 예술성이 강조된 예술 작품이 대부분이다. 그러나 생산량은 상대적으로 소량에 불과할 만큼 제약이 컸다.

2.3.2 文字 形式

밀랍주조법으로 주조한 역대의 청동기에도 적지 않은 명문이 주조되어 있다. 이들 명문은 비록 인출을 위한 것은 아니지만, 그중에는 음각한 문자도 있고 양각한 문자도 있다. 음각한 경우는 대체로 문자의 윤곽을 표현하였다. 양각한 경우는 청동기의 크기에 따라 문자 필획의 깊이가 달리 나타나고 있으며, 각도도 분명하다. 문자 측면의 경사 각도는 대부분이 거의 수직에 가깝다.[36]

2.4 蜜蠟鑄造法의 用語

지금까지 문헌에 나타나거나 주조 공방에서 습관적으로 사용하는 어미 모형을 녹여서 주조하는 전통적인 밀랍주조법의 명칭은 여러 가지가 있다.[37]

---

36) 華覺明(1986), 234.

37) 華覺明·王安才, "撥蠟法的調査和復原試製", 華覺明 등저, 「中國冶鑄史論集」(北京: 文物出

2.4.1 어미 模型의 材料에 의한 名稱

失蠟法·走蠟法·出蠟法·熔模法 등은 밀랍으로 만든 어미 모형을 녹여서 제거함으로써 금속 용액을 주입할 공간을 만들어서 주조하므로 붙여진 명칭이다. 밀랍을 주재료로 하여 어미 모형을 제작하므로 밀랍 주조법을 의미한다. 즉 어미 모형을 제작하는 재료에 의하여 붙여진 이름이다.

2.4.2 어미 模型의 製作 方法에 의한 名稱

밀랍주조법은 어미 모형을 제작하는 원리에 따라 두 가지로 구분된다. 첫째, 貼蠟法은 기본 원리가 어미 모형을 먼저 만들고 그 안에 뼈대를 심는 방식이다. 즉 주조하고자 하는 실물 표본을 사용하여 점토로 어미 모형의 주형틀을 만들되 분리가 가능하도록 두 조각 이상으로 복제한다. 이 각각의 주형틀 안에 밀랍을 붙이거나 칠하는 방법으로 어미 모형을 채우고 뼈대를 심은 다음, 분리된 주형틀을 합하는 방식으로 어미 모형을 만든다. 점토 주형틀을 벗겨낸 후 어미 모형을 손질하여 완성하는 방법이다.

둘째는 기본 원리가 뼈대를 먼저 만든 다음 그 위에 어미 모형을 제작하는 방식이다. 이는 밀랍 모형의 외형을 제작하는 방법이 주조하고자 하는 주물의 형태에 따라서 달라짐으로 인하여 다시 두 가지로 구분된다. 하나는 剝蠟法으로 우선 목판에 주조하고자 하는 형상을 음각한 다음, 이 목판 틀을 사용하여 밀랍으로 어미 모형을 찍어낸다. 이를

版社, 1986), 217.

뼈대 위에 붙이고 다시 접합 부분을 손질하여 어미 모형을 완성하는 방식이다. 이는 鍾鼎 등을 주조할 때 그 기하 형상이 규칙적이고 문양이 비교적 평면으로 전개하기 쉬운 경우에 많이 이용한다. 또 주조하고자 하는 기물이 대량일 때 이용한다. 다른 하나는 撥蠟法 또는 捏蠟法으로 우선 뼈대를 만든 다음 그 위에 밀랍을 직접 붙이면서 원하는 형상을 대체로 만들고, 다시 각 부분의 자세한 형상이나 문양을 만드는 방식이다. 이는 불상이나 동물 등 조형이 복잡한 주물의 주조에 많이 이용한다. 또 주조하고자 하는 기물이 하나나 소량일 때 이용한다. 撥蠟法이 기원도 가장 이르고 밀랍주조법의 전통적인 특징을 가장 잘 반영하고 있는 방법이다. 따라서 貼蠟法·剝蠟法·撥蠟法·捏蠟法 등은 밀랍으로 어미 모형을 제작하는 방법에서 붙여진 이름이다.

<표 1> 밀랍주조법의 명칭과 제작 원리

<table>
<tr><th>구분 기준</th><th>명칭</th><th>제작 원리</th><th colspan="2">특징</th></tr>
<tr><td>어미 모형 재료</td><td>失蠟法, 走蠟法
出蠟法, 熔模法</td><td>어미 모형을 녹여서 제거</td><td colspan="2"></td></tr>
<tr><td rowspan="3">어미 모형 제작 방법</td><td>貼蠟法</td><td>주조 실물 표본-음양 분리형 주조틀 제작-음양 어미 모형 제작-뼈대 심기-음양 어미 모형 합치기-주조틀 제거-어미 모형 수정-어미 모형 완성</td><td colspan="2">선 어미 모형, 후 뼈대</td></tr>
<tr><td>剝蠟法</td><td>음각 목판틀 제작-밀랍 모형 찍어내기-뼈대에 밀랍 모형 붙이기-밀랍 모형 수정-밀랍 모형 완성</td><td rowspan="2">선 뼈대,
후 어미 모형</td><td>종정 등 도형이 규칙적 평면형 조형물, 대량 생산용</td></tr>
<tr><td>撥蠟法, 捏蠟法</td><td>뼈대 제작-밀랍 모형 붙이기-밀랍 모형 수정-밀랍 모형 완성</td><td>불상 등 복잡한 조형물, 소량 생산용, 전형적 밀랍주조법</td></tr>
</table>

3. 蜜蠟鑄造用 材料

3.1 어미 模型의 材料

어미 모형을 만들기 위하여 어떠한 재료를 사용하였는가는 시대와 지역 그리고 기후에 따라서 다양하게 나타나고 있다.

3.1.1 文獻 記錄에 나타난 材料

「元文類」의 元代畵塑記[38]에 밀랍주조법에 관련된 다음의 기록이 있다. 泰定 3(1326)년 延聖寺에서 불상을 주조할 때 황랍 1,100근으로 어미 모형을 만들었다. 大德 9(1305)년 中心閣의 불상 주조에는 황랍 418근 외에도 小油・麻・각종 철사 등을 사용하였다. 延祐 4(1317)년 황동으로 불상을 주조할 때에는 황랍과 함께 酥油・小油・麻子油 등을 사용하였다. 황랍은 어미 모형을 만드는 데에 사용한 것이며, 小油 등 각종 油類는 어미 모형에 첨가제로 사용한 것임을 알 수 있다. 아울러 양적인 기준도 명확히 있었음을 알 수 있다.

「天工開物」의 "油蠟分兩, 油居什八, 蠟居什二."[39]라는 기록을 보면 소의 유지와 황랍을 8:2의 비율로 섞어서 사용하기도 하였음을 알 수 있다. 그러나 이는 일부 지역에서 사용한 것으로, 밀랍에 보조 재료를 혼합하는 비율이 지역에 따라서 달랐음을 의미한다. 왜냐하면 宣德爐의 경우처럼 사실상 여름에도 주조 작업을 한 경우가 많이 있는데, 이 비율로 조제된 밀랍은 융점이 낮아서 여름에는 작업을 할 수 없기 때

38) (元)蘇天爵, 「元文類」 經世大典, 工典, 畵塑門.

39) (明)宋應星, 「天工開物」 第8卷, 冶鑄, 鍾.

문이다.

(淸)朱象賢의 「印典」 卷8:

> 撥蠟之蠟有兩種, 一用鑄素活者, 以松香熔化, 濾盡, 入菜油, 以和爲度, 春與秋同, 夏則半, 冬則倍. 一用以起花者, 將黃蠟亦加菜油, 以軟爲度, 其法與製松香略同.[40)]

이에 의하면 발랍용 밀랍은 두 가지가 있는데, 송진에 菜油를 혼합한 것과 황랍에 菜油를 혼합한 것이 있다. 또한 계절에 따라 성분별 혼합 비율이 달랐다.

「西洋水法鑄造激箭銅管等項活計按例應用物料匠夫則例」[41)]의 기록에 의하면 황랍·송진·河油는 밀랍 재료에 혼합한 것인데, 비율은 황랍과 송진이 6:4다. 밀랍과 銅의 비율은 1:10으로 「天工開物」의 기록과 일치하고 있다.

3.1.2 鑄造 工房에서 使用하는 材料

이상과 같은 문헌 기록 외에 오늘날 전통적인 밀랍주조법으로 기물을 주조하고 있는 공방에서 사용하고 있는 재료를 살펴보면 다음과 같다.

青海와 西藏에서는 밀랍에 酥油를 혼합하여 사용한다. 廣東에서는 기후에 따라 혼합하는 재료가 달라진다. 어미 모형은 牛脂 1근·송진 반근·밀랍 반근으로 제작하되 여름철 기온이 높으면 밀랍 4량을 더 혼합한다. 江蘇省 蘇州에서는 밀랍 재료를 황랍·송진·菜油로 조제한다.[42)]

---

40) (淸)朱象賢, 「印典」 卷8, 論蠟, 撥蠟條.

41) 華覺明(1986), 240.

42) 華覺明(1986), 241-242.

또한 四川·雲南 지역에서는 捏蠟과 水蠟을 사용하는데, 捏蠟은 밀랍과 牛脂의 비율을 6 : 4로 혼합하여 발랍법으로 주조하고, 수랍은 밀랍에 송진 10%와 약간의 식물유를 혼합하여 박랍법으로 주조한다.[43)]

3.1.3 實驗 硏究에 나타난 材料

이 밖에 실험적인 연구에서도 어미 모형의 재료에 대하여 언급하고 있다. 張子高[44)]는 정교한 문양이나 복잡한 조형을 띠고 있는 기물은 도토로는 주조가 불가능하며, 이러한 기물의 주조가 가능한 방법은 熔模法이라고 하고 있다. 용모법은 어미자를 녹여내는 방법으로 주조하는 기술을 말한다. 밀랍주조법이라 하지 않고 용모법이라 하는 이유는 어미 모형을 꼭 밀랍 성분으로만 한 것이 아니고, 아마도 소나 양의 기름을 병용할 수 있기 때문일 것이다.

華覺明[45)]은 평온에서는 고체였다가 가열하면 녹는 물질과 가연성 물질이면 가능하다고 하였다. 즉 밀랍·동물의 유지·나무·대나무 등이다. 그러나 실제로는 밀랍을 주재료로 사용하고 동·식물의 유지는 보조 재료로 사용하였으며, 나무나 대나무 등은 이론상으로 사용이 가능한 정도다.

3.1.4 現代 科學으로 調製된 材料

오늘날에는 수은·무기염·공업용 요소 등을 혼합하여 고압으로 단

---

43) 曹獻民, "雲南靑銅器鑄造技術", 「雲南靑銅器論叢」(北京: 文物出版社, 1981), 205.

44) 張子高(1964), 21.

45) 華覺明(1986), 231.

단하게 성형한 화학 밀랍을 사용한다. 흔히 왁스라고 부른다.

3.1.5 어미 模型 材料의 性質

이상에서 보듯이 어미 모형의 재료는 밀랍·송진·동물성 유지·식물유 등이다. 밀랍주조법에 사용하는 어미 모형은 조형이 완성된 후에 녹아서 없어지므로 고대의 밀랍 어미 모형이 발굴되는 경우는 거의 없다. 또한 가용성 물질이면 모두 어미 모형으로 사용할 수 있다. 그럼에도 불구하고 어미 모형용으로 밀랍을 가장 많이 사용하였을 것으로 보는 이유는 밀랍이 가지고 있는 장점 때문이다. 즉 강도가 비교적 크고 녹는점이 높으며 가소성이 좋기 때문이다. 밀랍은 동물성 밀랍(蜂蠟)과 광물성 밀랍(石蠟) 등이 있는데, 모두 파라핀(paraffin)계의 유기화합물로 융점이 65～80℃다. 이물질이 많이 함유되어 있으면 정제하여야 한다. 송진은 열경화성 수지로 융점은 80～100℃다. 가열했다가 냉각시키면 바삭거리고 단단해져서 밀랍의 강도를 높이고 변형되는 것을 방지한다. 그러나 밀랍의 가소성을 낮추므로 콩·들깨 등의 식물유를 윤활재로 혼합한다.

조제는 밀랍과 송진을 가열하여 액체로 되었을 때 식물유를 혼합하여 고르게 저어서 냉각시키면 가소성이 좋은 밀랍 재료가 된다. 밀랍 재료의 배합 비율은 주물의 크기·형태·기온 등에 따라 차이가 있는데, 대체로 밀랍과 송진의 비율이 5 : 5 내지 7 : 3의 범위에서 조절하고 식물유는 적당량을 혼합한다.[46] 계절에 따라 성분별 혼합 비율이 달라지기도 한다.

---

46) 華覺明·王安才(1986), 219-220.

이상을 종합하여 어미 모형의 재료를 정리하면 다음과 같다.

(1) 蜜蠟

밀랍에는 황랍(동물성 밀랍)・백랍・虫白蠟・石蠟(광물성 밀랍) 등이 있는데, 기본적으로는 황랍을 사용한다. 꿀벌의 집에서 꿀을 채취하고 남은 찌꺼기를 정제하여 얻을 수 있다. 밀랍의 장점은 수정하기에 편리하다는 점이다.

(2) 牛脂

황랍은 벌에 의하여 생산되고, 기후의 영향을 크게 받으므로 공급량이 충분하지 못할 경우가 있다. 이의 부족을 보충하기 위하여 우지를 정제하여 보조 재료로 혼합하여 사용할 수 있다.

(3) 松脂

황랍은 성질이 부드러워서 강도가 충분히 높지 않은 편이다. 강도가 높지 않으면 조각하기에 불편하므로 강도를 높일 필요가 있다. 이를 위하여 송지를 혼합한다. 송지를 혼합하면 강도는 높아지지만 가소성은 떨어지는 단점이 있다.

(4) 植物油

황랍의 강도를 높이기 위하여 송지를 혼합하면 강도는 높아지지만 가소성은 상대적으로 떨어진다. 즉 부러지기 쉽다. 이러한 단점을 개선하고 유연성을 높이기 위하여 식물유를 혼합한다. 식물유로는 주로 콩기름·들기름·피마자유 등을 사용한다.

3.2 鑄型의 材料

「印典」에 "若生泥爲範, 銅灌不入, 且要起窠(深空也)."[47]라는 기록이 있듯이, 순수 점토로 주형을 만들거나 점토 내에 유기화합물이 많이 섞여 있으면 점토 입자 사이의 공극이 충분히 형성되어 있지 못하므로 금속 용액이 주입되지 못하고 튀는 현상이 나타난다.

따라서 이러한 점토의 통기성 등의 기능을 보완하기 위하여 기능성 재료를 필수적으로 혼합하여야 한다. 역사적으로 밀랍주조법에서 사용했던 주형의 재료는 오늘날 상상을 불허할 만큼 다양하게 나타나고 있다.

3.2.1 文獻 記錄에 나타난 材料

「洞天淸祿集」[48]에 주형의 재료로 고운 황토와 함께 소금과 종이 섬유를 혼합하여 사용하였다는 기록이 있다. 이들 재료는 점토의 통기성 향상을 위하여 점토에 혼합한 것임을 알 수 있다. 소금은 주형 재료의 강도를 높이기 위하여 혼합한다.

「元文類」의 元代畵塑記[49]에 보면, 延祐 4(1317)년 황동으로 불상을 주조할 때에 江淮線紙·夾紙 등을 사용하였다. 이 紙類는 점토에 혼합한 것임을 알 수 있다.

47) (淸)朱象賢, 「印典」 卷8, 論泥, 印範條.

48) (宋)趙希鵠, 「洞天淸祿集」.

49) (元)蘇天爵, 「元文類」 經世大典, 工典, 畵塑門.

「天工開物」에는 石灰三和土[50]를 사용하였는데, 이는 고운 점토와 탄소 분말, 즉 숯가루로 조제한 것이다. 또한 灰 一分에 河沙와 黃土를 二分, 즉 석회·가는 모래·황토를 1:1:1로 넣고, 糯米粳과 羊桃藤汁으로 고르게 반죽하는 방법으로 조제[51]하기도 하였다. 석회는 물과 결합하여 수산화칼슘으로 화학작용을 일으키므로 화학성이 안정된 견고한 조형재료가 되어 모래와 점토를 결합할 수 있고, 주물 표면에 모래가 점착하는 것을 방지하며, 금속용액이 주형재료에 침투하는 것을 방지할 수 있다.

(淸)朱象賢의「印典」卷8:

> 印範, 用潔淨細泥, 和以稻草, 燒透, 俟冷, 搗如粉……熟泥中黏糠粃·羽毛·米粞等物, 其處必吸.[52]

이에 의하면 주형 재료는 고운 점토에 볏짚을 완전히 태운 재를 곱게 갈아서 점토 반죽에 혼합하는 방법으로 조제하여 사용하였으며, 糠粃(쌀겨)·羽毛·米粞(싸라기) 등도 혼합하였다. 이처럼 熟泥를 조제할 때 기능성 재료를 다량 혼합하면, 고온 안정성은 높아지고 수축률은 낮아지며 통기성은 좋아진다.

「西洋水法鑄造激筩銅管等項活計按例應用物料匠夫則例」의 기록에 의하면 거친 황토·紙漿·馬糞·綫蔴(白蔴) 등이 점토에 첨가하는 기능성 주형 재료다.

---

50) (明)宋應星,「天工開物」第8卷, 冶鑄, 鍾.

51) (明)宋應星,「天工開物」第11卷, 燔石, 石灰.

52) (淸)朱象賢,「印典」卷8, 論泥, 印範條.

3.2.2 鑄造 工房에서 使用하는 材料

오늘날 전통적인 밀랍주조법으로 기물을 주조하고 있는 공방에서 사용하고 있는 재료를 살펴보면 다음과 같다.

青海와 西藏에서는 주형 재료에 牛毛를 혼합하여 사용한다. 廣東에서 주형 재료용 점토에 혼합하는 재료는 주물 표면과 접하는 점토와 접하지 않는 점토에 혼합하는 재료가 다르지만, 대체로 河砂・볏짚・焦砂(硅砂) 등을 혼합하여 사용한다.[53)]

오늘날에는 硅酸乙脂・燐酸암모늄・燐酸나트륨 등을 혼합하여 사용한다.

3.2.3 理論 硏究에 나타난 材料

이론적인 연구에서도 주형의 재료에 대하여 언급하고 있다. 華覺明[54)]은 주형의 재료는 강도와 내화도가 비교적 높은 炭素粉末泥를 사용한다고 하였다. 李京華[55)]는 주형 재료는 특별히 조제한 고운 점토 재료를 사용하는데, 이는 전통적인 점토 여과 방법으로 얻은 고운 점토에 곱게 분쇄한 비교적 많은 양의 식물 분말을 혼합하여 조제한 것이다. 식물 분말의 입자는 0.2㎜ 이하여야 한다.

이상을 종합하면 밀랍주조법의 주형 재료에 사용한 것으로는 충전 재료인 황토와 점토 외에 기능성 재료로는 점토의 통기성 등의 기능을

53) 華覺明(1986), 241-242.

54) 華覺明(1986), 239.

55) 李京華, "淅川春秋楚墓銅禁失蠟鑄造法的工藝探討", 「文物保護與考古科學」 第6卷 第1期(1994. 6), 44.

보완하기 위한 종이 섬유·쌀겨·羽毛·馬糞·蔴類·牛毛·볏짚·식물 분말·석회·거친 황토, 河砂, 硅砂 등 모래류·볏짚재·탄소 분말(숯가루) 등과 점토의 강도를 높이기 위한 소금이 있으며, 이들을 찹쌀·싸라기 등으로 쑨 죽이나 수액으로 반죽한다.

3.3 合金 成分

이는 문헌 기록이든 실물 분석이든 모두 밀랍주조법으로 주조한 주물의 합금 성분을 분석하여 나타난 결과를 종합하여야 한다. 왜냐하면 밀랍주조법에서 사용한 주형의 재료가 다른 주조 방법에서 사용한 주형의 재료와 달라서 금속 용액에 반응하는 특징이 달리 나타날 수 있기 때문이다.

「宣德鼎彛譜」에 의하면 宣德爐의 주조에 사용한 금속 재료는 동 69.5%, 아연 29.1%, 주석 1.4%를 함유하고 있다. 이는 황동으로 합금의 융점은 970℃, 주입온도는 1,100℃다.[56]

王璡은 자신이 소장하고 있는 宣德爐 두 점의 금속 성분을 분석한 결과, 하나는 동 48%, 아연 36.4%, 주석 2.7%, 납 3.7%, 철 2.3%로 나타났고, 다른 하나는 철의 함량이 12.1%에 달했다.[57]

이 같은 합금은 가열하여 용액화할 때 나타나는 소손률이 동 1～1.5%, 아연 2～5%, 주석 1.5% 정도다. 또한 용액화·주입·가공 과정에서 나타나는 손실율은 약 20%에 이른다.[58] 따라서 주조를 위하여 혼합한 금속의 비율과 주조 후의 각각의 금속 성분 비율이 일치하지

56) 華覺明(1986), 238.

57) 張子高(1964), 110.

58) 華覺明(1986), 238 및 각주 32.

않는다.

이를 종합하면 대체로 동 70%, 아연 30% 비율의 황동이 주류를 이루고 있고, 기타 합금 성분으로 주석·납·철 등이 포함되어 있음을 알 수 있다.

4. 蜜蠟鑄造의 過程

4.1 文獻 記錄에 나타난 鑄造 過程

밀랍주조법을 이용하여 기물을 주조하기 시작한 것은 春秋時代부터지만, 이에 관한 기록이 문헌에 보이는 것은 宋代 이후다. 밀랍주조법의 주조 과정에 대하여 기술하고 있는 문헌의 기록을 보면 다음과 같다.

(1) (宋)趙希鵠의 「洞天淸祿集」:

> 古者鑄器必先用蠟爲模, 如此器樣, 又加款識刻畫. 然後以小桶加大而略寬, 入模于桶中. 其桶底之縫, 微令有絲線漏處, 以澄泥和水如薄糜, 日一澆之, 俟乾再澆, 必令用足遮護. 訖, 解桶縛, 去桶板, 急用細黃土, 多用鹽幷紙筋, 固濟于原澄泥之處. 更加黃土三寸, 留竅, 中以銅汁深入, 然一鑄未必成, 此所以爲 貴也.[59]

이를 통하여 알 수 있는 주조에 관한 사실은 앞의 "2.2.3 宋·元 時期"에서 언급한 바와 같다. 이를 통하여 구체적인 주조 과정을 추론하면 다음과 같다.

---

59) (宋)趙希鵠, 「洞天淸祿集」.

1) 밀랍으로 어미 모형을 원하는 형상으로 만든다.

2) 문자와 그림을 조각한다.

3) 어미 모형보다 조금 큰 틀을 씌워서 주형 재료를 부어 넣는다.

4) 건조되면 소금과 종이 섬유를 혼합한 점토를 다시 부어 넣되 모형을 보호할 수 있도록 한다.

5) 건조되면 틀을 해체한 다음 고운 황토를 세치 정도 두껍게 감싼다.

6) 밀랍을 녹여 공간을 만든다.

7) 조성한 주입구에 구리 용액을 깊숙이 부어 넣는다.

다음에 나타나는 기록은 그 과정을 가장 자세하게 기술한 「天工開物」이다.

(2) (明)宋應星의 「天工開物」:

> 凡造萬鈞鍾與鑄鼎法同, 掘坑深丈幾尺, 燥筑其中如房舍, 埏泥作模骨. 其模骨用石灰三和土筑, 不使有絲毫隙拆. 乾燥之後, 以牛油黃蠟附其上數寸. 油蠟分兩, 油居什八, 蠟居什二. 其上高蔽抵晴雨(夏月不可爲, 油不凍結). 油蠟墁定, 然後雕鏤書文・物象, 絲發成就. 然後舂篩絶細土與炭末爲泥, 塗墁以漸 而加厚至數寸. 使其內外透體乾堅, 外施火力炙化其中油蠟, 從口上孔隙鎔流淨盡. 則其中空處, 卽鍾鼎托體之區也. 凡油蠟一斤虛位, 塡銅十斤. 塑油時盡油十斤, 則備銅百斤以俟之. 中旣空淨, 則議鎔銅. 凡火銅至萬鈞, 非手足所能驅使. 四面筑爐, 四面泥作槽道, 其道上口承接爐中, 下口斜低以就鍾鼎入銅孔, 槽旁一齊紅炭熾圍. 洪爐鎔化時, 決開槽梗(先泥土爲梗塞住), 一齊如水橫流, 從槽道中覓注而下, 鍾鼎成矣. 凡萬鈞鐵鍾與爐・釜, 其法皆同, 而塑法則由人省嗇也.[60]

이를 살펴보면 대형 주물을 주조하기 위한 밀랍 주조의 전반적인 과정은 물론 구체적인 사항을 알 수 있다. 밀랍 주조의 구체적인 과정은

60) (明)宋應星, 「天工開物」 第8卷, 冶鑄, 鍾.

다음과 같다.

1) 대형 주물이므로 구덩이를 깊게 파서 주조 공간을 만든다.
2) 그 공간에 석회·점토·가는 모래 등으로 조제한 石灰三和土로 뼈대를 만든다.
3) 건조되면 그 위에 밀랍을 입힌다.
4) 얻고자 하는 형상을 조각한다.
5) 고운 점토와 탄소 분말을 혼합한 점토를 여러 겹으로 견고하게 입힌다.
6) 가열하여 밀랍을 다 녹여낸다.
7) 금속 용액을 주입하면 주물이 완성된다.

이에 나타난 주조 과정은 전술한 문헌 기록과 대동소이하다. 그러나 그 밖에도 밀랍 모형의 재료와 구성 비율, 밀랍 모형의 두께, 주형의 충전 재료와 기능성 재료, 주형의 두께, 밀랍과 금속의 비율, 금속 용액 주입 방법뿐만 아니라 기후 문제 등 대형 주물을 위한 요소들이 더욱 구체적으로 기술되어 있다.

(3) (明)文彭의「印史」:

> 撥蠟, 以蠟爲印, 刻文製紐于上, 以焦泥塗之, 外加熟泥, 留一孔, 令乾, 去其蠟, 以銅鎔化入之.[61]

(4) (淸)朱象賢의「印典」:

> 撥蠟, 以黃蠟和松香作印, 刻文製紐, 塗以焦泥, 俟乾, 再加生泥, 火煨, 令蠟盡, 泥熟, 鎔銅傾入之. ……凡鑄印, 先將松香作骨, 外以黃蠟撥紐

61) (明)文彭,「印史」撥蠟條.

> 刻字, 無不精妙.[62]
> 印範, ……濾生泥漿調之, 塗于蠟上, 或曬乾, 或陰乾, 但不可近火. 若生泥爲範, 銅灌不入, 且要起窠(深空也). ……大凡蠟上塗以熟泥, 熟泥之外再加生泥, 鑄過作熟泥用也.[63]

(5) (淸)葉爾寬의 「摹印傳燈」:

> 以蠟爲印, 刻篆文幷製紐, 紐下置一杆, 以鎚細泥和膏, 塗蠟印外, 候乾, 再極塗, 以至厚爲度. 去杆, 則紐外有一孔, 向火上炙之, 蠟必由孔熔出, 然(後)化銅入之. 此印之精不精全在先刻之蠟.[64]

이상의 기록에서도 밀랍주조법에 관련된 사항을 파악할 수 있다.

1) 밀랍 주조의 과정이다. 우선 밀랍으로 어미 모형을 만들고, 이에 焦泥와 熟泥를 각각 입히고, 구멍을 낸 다음 건조되면 가열하여 밀랍을 제거하고 금속 용액을 주입한다.
2) 밀랍 재료는 황랍과 송진을 사용한다.
3) 주형 재료의 조제와 기능은 대단히 엄격하여 금속 용액과 접하는 부분은 금속 용액을 받을 수 있는 점토로 하고, 그 위에 다시 점토를 입혀서 주형을 견고하게 한다. 따라서 「印史」의 焦泥는 「印典」의 熟泥이고, 「印史」의 熟泥는 「印典」의 生泥와 같다.

4.2 實驗 硏究에 나타난 鑄造 過程

실험 연구에서도 밀랍주조법의 주조 과정에 대하여 언급하고 있다. 華覺明과 王安才가 "撥蠟法的調査和復原試製"[65]에서 발표한 내용을

62) (淸)朱象賢, 「印典」 卷8, 論蠟, 撥蠟條.
63) (淸)朱象賢, 「印典」 卷8, 論泥, 印範條.
64) (淸)葉爾寬, 「摹印傳燈」.

정리하면 다음과 같다.

4.2.1 뼈대 세우기

청동기를 주조하기 위해서는 우선 주형의 재료를 지탱해 줄 뼈대를 철근이나 목재로 주물의 형태에 맞도록 구축한다. 이 뼈대에 주형 재료가 잘 붙을 수 있도록 가는 철사와 노끈 등으로 여러 겹 감는다. 그러나 소형 주물은 뼈대를 필요로 하지 않는다. 그 이유는 소형이므로 점토만으로도 가열 과정에서 충분한 강도를 가지고 있어서 변형되거나 균열될 가능성이 없기 때문이다. 그러나 단면이 작거나 가늘고 긴 곳 또는 급격한 변화가 있는 목·어깨 부분은 부분적으로 뼈대를 만들어 줄 필요가 있다.

4.2.2 鑄型의 內部 材料 붙이기

주형의 내부 재료는 점토를 사용한다. 세 겹으로 구분하여 점토를 붙여서 성형하는데, 점토의 기능이 각각 다르다. 1차로는 紙漿泥를 사용한다. 이는 점도와 강도가 높아서 뼈대에 점착이 잘 되고, 2·3층의 점토를 충분히 지탱할 수 있기 때문이다. 2차 점토로는 주조하고자 하는 주물의 기본 형상을 조성한다. 3차 점토로는 자세한 부분을 수정하고 보완한다.

1차 점토로 지장니 외에 馬糞泥를 사용할 수 있다. 마분을 잘 말려서 잘게 부순 다음 40~50목의 체로 여과하여 점토와 반죽한다. 전통

65) 華覺明·王安才(1986), 217-225.

적으로 자연에서 채취하여 사용하는 점토는 모래 함유량이나 점도가 일정하지 않으므로 혼합 비율 등은 경험으로 판단한다. 2·3차 점토에도 마분을 혼합하는데 1차보다는 많이 혼합한다. 1차 점토의 반죽 농도는 점토 반죽이 손에 묻지 않을 정도로 하는데 건조 후 균열되지 않아야 한다. 완전 건조 후 2·3차 점토를 입힌다.

마분 등 유기물을 혼합하는 이유는 점성과 수축률을 낮춰서 건조 소성과정에서 균열되지 않고, 소성 후에는 점토 내에 공극을 형성하여 통기성을 좋게 하기 위함이다. 또한 3% 정도 혼합하면 매우 우수한 강도를 보인다. 간혹 주물이 얇을 경우 응고 시 수축응력이 커서 주물이 균열될 수 있으므로 이를 방지하기 위하여 20% 정도의 숯가루를 혼합하기도 한다.

점토는 실온 또는 실온보다 약간 높은 온도에서 자연 건조하고, 건조되면 표면 손질과 함께 약간의 물을 뿌린 후 밀랍을 입힌다.

4.2.3 蜜蠟 어미 母型의 製作

우선 주조하고자 하는 주물의 두께로 밀랍 판을 조각으로 만들어서 주형의 내부 재료 위에 붙인다. 두께는 대체로 2~3㎜ 정도다. 밀랍 재료는 융점이 60℃ 정도로 낮아서 손의 체온으로도 약간의 압력을 가하면 변형되면서 붙는다. 밀랍 조각의 접합 부분은 손으로 눌러서 수정하면서 성형한다. 밀랍을 모두 붙였으면 주조하고자 하는 목적물의 조형에 따라서 조각한다. 세밀한 부분은 누르개 등의 간단한 공구로 조형한다. 이때의 조각된 상태가 바로 주물의 형태가 되므로 세심한 주의가 필요하다. 이 과정이 조소자의 예술 감각에 따라 주물의 형상이 어떻게 주조되느냐를 결정하는 관건이다. 금속 용액의 주입구와 배기구도 밀랍으로 만들어 붙인다. 이와 같이 주물의 조형에 맞도록 밀랍을 붙인다. 밀랍을 녹여서 액체 상태의 것을 덧칠하는 방식으로 붙이기도 한다.

주물이 대형일 경우는 밀랍 자체의 힘만으로 주형틀이 되는 외부 점토를 고정시키지 못하므로 지지대를 필요한 곳에 세운다. 대부분 표면의 돌출 부분에 적당량 세운다. 지지대의 길이는 주물 두께의 2~3배 정도로 만들어서 사용한다. 소형 주물에는 지지대가 필요 없다.

4.2.4 鑄型의 外部 材料 입히기

밀랍을 다 붙였으면 주형의 외부 재료를 입힌다. 주형의 외부 재료는 내부 재료와 같이 점토를 사용한다. 다만 외부 재료는 내부 재료보다 입자가 더 미세하여야 주물의 표면을 매끄럽게 주조해낼 수 있다. 주형의 외부 재료용 점토도 역시 내부 재료와 마찬가지로 순수한 점토만으로는 금속 용액 주입 시 발생하는 가스를 흡수할 수 없어서 주조가 불가능하다. 이를 극복하기 위하여 기능성 재료를 혼합하는데, 그중 대표적인 것이 숯가루나 흑연이다. 종이 섬유와 함께 섞어도 무방하다.

숯가루나 흑연은 아주 몽글게 빻아야 한다. 왜냐하면 점토의 입자와 함께 기능성 재료의 입자도 크기에 따라서 주물의 표면에 그대로 영향을 미치기 때문이다. 뿐만 아니라 금속 용액 주입 시 발생하는 가스를 고루 흡수할 수 있어서 주조 성공률을 높일 수 있다. 숯가루는 불에 한 번 구워져 나온 물질이어서 고온 안정성이 높다. 즉 고온으로 주형을 가열하면 소성되면서 수축하게 되는데 숯가루는 이 수축률을 낮추어 주물이 변형되는 것을 방지하는 역할을 한다.

소형 주물은 단일 재료를 사용하지만, 중대형 주물은 점토 재료의 성분을 달리하여 층을 나누어 입힌다. 그중 주물 표면과 접하는 점토가 가장 중요한데, 우수한 통기성과 불균열성 외에 부착성능이 있어야 한다. 대체로 마분니와 지장니를 사용한다. 마분니는 전술한 바와 같다. 지장니는 점토 34%·석탄재 분말 또는 그을음 10%·종이 섬유 1%·물 55% 정도의 비율로 반죽하여 조제한다.

점토는 성분 분석 결과 SiO_2가 52.74%, Al_2O_3가 16.05%, Fe_2O_3가 6.29%며, 소성 손실률은 11.08%, 내화도는 약 1,200~1,300℃의 보통 점토다.

석탄재 분말은 주요 성분이 SiO_2와 Al_2O_3며, 응고화학 성능으로 보면 水硬化 혼합물에 속한다. 이는 고온 작용을 경과하면 열팽창률이 크게 떨어져서 우수한 고온 안정성을 갖게 되어 주형의 변형과 균열을 방지하는 기능을 발휘하며 강도와 통기성도 우수하다.

종이 섬유는 덩어리가 없도록 곱게 풀어서 지장 형태로 만들어서 점토에 혼합한다. 이의 기능은 점토 내부에 혼합되어 있으면서 점토 입자의 연결재로 소성 시 수축과 균열을 억제하고, 소성 후 수많은 공극을 형성하여 금속 용액 주입 시 발생하는 가스를 흡입할 수 있는 우수한 통기성을 갖는다. 지장니의 건조 인장강도는 22㎏/㎠이며, 절단강도는 10㎏/㎠이다. 주형 내층의 두께는 15~20㎜다.

소형 주물에는 炭粉泥를 사용하였는데, 그 구성은 점토 26%·모래 48%·탄분 7%·물 19%며, 모래와 탄분은 40~50목의 체로 여과한다. 주형의 두께는 4~5㎜다. 탄분니의 건조 인장강도는 2.7㎏/㎠이며, 절단강도는 5㎏/㎠다.

주형의 외층 재료는 점토와 마분 또는 분쇄된 마 등을 혼합하여 조제한다. 점토의 함유율은 내층보다 약간 높다. 외층은 내층보다 두텁게 씌워서 소성 후에도 강도가 커야 주형이 균열되는 것을 방지할 수 있다.

주형 재료를 조제하여 입히는 방법은 조형이 자세한 부분이나 공극 부분에 초벌로 조제된 점토 액체를 충실히 채워 넣어서 기포나 공동이 없도록 세심히 칠한 다음 주형틀을 우리처럼 설치하고 우리 안의 빈 공간에 점토 액체를 부어 넣는다. 점토 액체가 수분이 적어서 고체에 가까울 경우에는 틀을 설치하지 않고 직접 초벌 위에 붙여서 입히기도 한다. 이때 금속 용액 주입구를 설치해야 함은 물론이다.

4.2.5 鑄型의 乾燥

주형을 형성하고 있는 점토는 수분을 담뿍 머금고 있으므로, 이 상태로는 금속 용액을 주입하여도 주입되지 않는다. 따라서 주형이 완성되면 반드시 완전히 건조시켜야 하는데, 건조는 통풍이 잘 되는 음지나 실내의 평온에서 한다. 양지에서 직접 햇볕을 받으면 주형이 빨리 건조되기는 하나 균열될 가능성이 있으므로 피해야 한다. 빨리 건조시키고자 할 경우에는 평온보다 약간 온도를 높여주면 된다. 건조 소요 시간은 주물의 크기에 따라 대체로 7~20일가량이다.

4.2.6 蜜蠟의 熔出과 鑄型의 燒成

주형이 완전히 건조되면, 가열로에서 주형을 주입구가 아래로 향하도록 안치한 다음 가열하여 밀랍이 녹아 나오도록 한다. 대형 주조물일 경우 아래에서 위로 점차 가열하여 아랫부분의 밀랍이 먼저 녹아 나오도록 하고, 윗부분은 그다음에 순차로 녹여낸다. 아래에서부터 가열하는 이 원칙은 대단히 중요하다. 왜냐하면 주형을 윗부분부터 가열하면 아랫부분의 밀랍이 녹아 나오기 전이어서 윗부분의 밀랍이 녹아 나올 수 없다. 뿐만 아니라 윗부분의 밀랍이 주형 안에서 끓어서 주형 재료인 점토 내부로 다량 흡수되어 이를 제거하는 작업을 요구하거나 금속용액 주입 시 가스 배출을 방해하여 주조가 실패할 수도 있기 때문이다. 충분히 가열하여 밀랍을 다 녹여냈을 경우, 밀랍의 회수율은 약 50~60% 정도다.

밀랍이 대체로 용출되어 나오면 계속하여 주형을 소성한다. 이는 밀랍이 용출되는 과정에서 주형 재료에 흡수된 것을 완전히 연소시키기 위함과 함께 금속 용액을 주입할 수 있도록 주형 자체를 소성하는 과정이다. 가열하는 속도는 밀랍을 충분히 연소시킬 수 있으면서 주형 재료가 균열되지 않도록 완만하여야 한다. 주형을 굽는 데 소요되는 시간은 8~12시간 정도이며, 최고 온도는 약 800℃ 정도다. 혹은 700℃까지 가열하기도 한다.[66] 이렇게 소성된 주형은 강도·내화성·고온 안정성·통기성 등이 크게 향상되고, 또한 점토 내의 유기물질이 탄화되어 상당량의 탄소 입자를 보유하게 됨으로 말미암아 금속 주입 시 환기용 기체보호층이 형성되어 주조 성공률을 높일 수 있다.

4.2.7 金屬 鎔液의 注入

금속 용액이 주형에 잘 주입되기 위해서는 주형이 뜨거울 때 주입하여야 한다. 주형의 내부 온도는 약 200℃ 이상이다. 주형이 대형일 경

66) 李京華(1994), 44.

우는 일정한 예열 온도를 유지하기 위하여 주형 소성·주형 뒤집기·금속 용액 주입 등이 유기적으로 조화를 이루어야 한다. 따라서 이 공정에 동원되는 인원수가 가장 많다.

전통적인 예술 주물은 구리·아연 합금의 황동을 많이 사용한다. 아연은 융점이 낮고 유동성이 크며 반인장강도가 높다. 또한 용화할 때 아연의 증기 압력이 높아져서 기체 제거에 유리하여 주조 성능과 가공 성능이 좋다. 따라서 구리·주석 합금인 청동은 개별적인 경우와 고대 청동기를 복제할 때 사용한다. 황동은 숙동과 생동으로 구분된다. 생동은 이물질이 많고 성질이 바삭바삭하여 가공할 때 쉽게 파열한다. 그러나 가격이 저렴하고 주조 성능은 좋다.

주입은 용광로에서 금속 용액이 충분히 끓으면 불순물을 제거하고 1,050~1,150℃에 이르러 표면이 거울처럼 빛나면 주입할 수 있다. 전체 녹이는 과정은 약 2시간 정도 필요하다. 이때 주의할 점은 금속 용액이 지나치게 뜨거워서 주형에 주입된 후에도 계속 끓어서는 안 된다. 주입되면 곧 굳을 수 있는 정도가 가장 적당하다. 주입 요령은 흐름이 끊어지지 않아야 하며 속도를 적당히 느리게 하여야 주물이 방향성으로 응고하기에 유리하다.

4.2.8 冷却과 마감 손질

금속 용액의 주입이 끝나면 냉각되기를 기다린다. 접근할 수 있을 정도로 냉각되면 주형재료를 깨고 주물을 꺼낸다. 소형 주물은 주입 후 잠깐이면 꺼낼 수 있으나, 중대형 주물은 6~8시간 정도 냉각시켜야 한다. 주형의 재료는 다량의 유기물질을 함유하고 있고 고온으로 구워

냈기 때문에 약간의 충격을 가하면 쉽게 깨어진다. 이때 주물의 표면은 대부분 비교적 빛나고 깨끗하며 모래가 붙어 있는 현상은 드물다.

주물을 꺼내어 표면을 깨끗이 털고 불필요한 지지대와 너덜이 등도 제거하여 목적물의 조형에 따라 표면을 가공한다. 전체적으로 거친 부분을 깎아낸 다음 정교한 부분을 손질하고, 끝으로 연마제로 갈아주고 착색이나 도금 등의 과정을 거쳐서 완성한다. 이 과정은 대단히 섬세하고 시간을 요하는 작업이다. 전통적인 밀랍주조법으로 막 주조해낸 주물은 비교적 빛나고 깨끗하긴 하지만, 완성품과는 상당한 거리가 있어서 기본적인 형상과 문양만 갖추어진 상태다. 주물의 예술적 형상은 표면 가공의 정교하고 상당한 손질에 의하여 얻어진다. 이 마감 과정의 정도에 따라서 완성물의 수준도 결정되므로 이 과정에서 소요되는 시간이 가장 길다. 이 손질이 끝나면 밀랍주조법의 전 과정이 완성된다.

공방 내부의 업무 분담은 목공·점토장·밀랍장·조각장·화부·금속장·수정장·착색도금장 등의 8개의 분업으로 이루어지는데, 한 사람이 여러 개의 작업을 수행하는 것이 일반적이다.

이상의 전반적인 주조 과정을 살펴보면, 어미 모형의 제작 과정에서는 뛰어난 예술적 감각이 필요하고, 주형 제작과 금속 용액의 주입 과정에서는 우수한 기술력이 중요하고, 금속 용액의 주입 다음에는 많은 노동력이 필요하다. 이는 淸代의 「廣儲司磁器庫銅作則例」에 나타난 각각의 업무 비율에서도 알 수 있다.

5. 活字 鑄造에의 應用

역대의 문헌기록과 함께 청동기물을 복원하기 위한 실험과 이론 연구를 통하여 밀랍주조법의 전모를 살펴보았다. 그러나 이는 대체로 중·대형 기물을 주조하기 위한 것이며, 소형이라 할지라도 극소형의 활자와는 그 구체적인 과정에 있어서 차이가 날 수밖에 없다. 따라서 금속활자를 주조하기 위해서는 앞에서 추적한 주조 과정을 참고하되 적의 수정하여 적용하여야 한다. 또한 오늘날 귀금속 세공 과정에서 이용하고 있는 왁스법 등을 참고하여 금속활자를 주조하기 위한 과정을 정리하면 다음과 같다.

5.1 字本과 어미자의 準備

5.1.1 字本의 選定

청동기물도 주조하기 위해서는 밑그림이 있어야 하듯이 활자 주조 역시 밑그림인 자본을 우선 결정한다.

5.1.2 어미자의 彫刻 要領

청동기의 밀랍 모형에 해당하는 어미자를 제작하기 위해서, 주조하고자 하는 활자의 크기(문자면의 가로 × 세로 × 동체의 높이)와 형태·문자의 필획을 구성하는 산의 각도와 깊이 등을 미리 정한다.

5.1.3 어미자의 材料

청동기의 밀랍 주조 과정에서 나타났듯이 사용 가능한 재료를 준비한다. 이에는 황랍·우지·송지·식물유·파라핀·왁스·백랍·목재 등이 있다. 파라핀·왁스·백랍 등은 오늘날 구하기 어려운 황랍을 대체할 수 있는가를 측정하기 위함이요, 목재는 주조 가능성을 실험함과 아울러 훗날 지나친 편법으로 악용되는 것을 미연에 방지하기 위함이다.

5.1.4 어미자의 彫刻

청동기의 어미 모형을 손질하여 조형을 완성하듯이, 어미자를 제작한다. 그 과정은 어미자판 제작·자본 붙이기·어미자 조각 순으로 한다.

5.2 鑄型의 充塡 材料 準備

우리의 생활 주변에서 손쉽게 구할 수 있으면서 점성을 갖춘 황토나 진흙 또는 찰흙을 준비한다. 아울러 오늘날 재료 공학이나 요업 공예 부문에서 사용하는 백토·청토·내화토·산청토·옹기토 등도 준비한다.

그러나 순수한 점토만으로는 입자가 지나치게 미세하여 주조면이 깨끗이 나올 수 있다는 장점이 있는 반면에, 금속 용액을 주입할 때 발생하는 가스를 흡수할 수 없어서 주조가 불가능하다. 이를 보완하기 위하여 여러 기능성 재료를 혼합한다.

5.3 鑄型의 機能性 材料 準備

주형을 구성하는 충전 재료의 부족한 기능을 보완할 수 있는 기능성 재료로 ① 점토의 결속력을 강화하여 균열을 방지하는 기능의 종이 섬유・쌀겨・羽毛・馬糞・麻類・牛毛・볏짚・식물 분말・소금 등과 ② 금속 용액에서 발생하는 가스를 흡수하여 용액을 수용할 수 있도록 하는 기능의 석회・거친 황토, 河砂, 硅砂 등 모래류・볏짚재・탄소 분말(숯가루)・흑연・석탄재 분말・그을음 등을 준비한다.

5.4 鑄型 材料의 調製

주형의 충전 재료와 기능성 재료를 각각 혼합하여 여러 계열의 주형 재료를 조제한다. 활자의 경우는 청동기와 달리 성분을 달리하는 여러 층으로 주형을 조성하지 않으므로 단일 재료로 하되 여러 조건을 실험하기 위한 재료를 준비한다.

5.5 鑄型의 製作

5.5.1 어미자群의 成形

활자 주조용 주형을 제작하기 위하여 우선 이미 완성된 어미자로 군집을 형성하여 주형 재료를 입힐 수 있도록 한다.

5.5.2 鑄型틀의 손질

어미자군에 주형 재료를 충전할 수 있도록 주형틀을 준비한다.

5.5.3 鑄型 材料의 充填

어미자군에 주형틀을 씌우고 주형 재료를 충전한다.

5.5.4 鑄型 材料의 乾燥

주형 재료의 충전이 끝나면 수분·기포 등을 제거하여 완전히 건조시킨다.

5.6 蜜蠟의 熔出과 鑄型의 燒成

주형이 완전히 건조되면 이를 가열로에 거꾸로 넣고 가열하여 밀랍 성분을 녹여낸다. 그리고 계속 가열하여 점토에 흡수된 밀랍 성분도 완전히 배출시키면서 금속 용액을 주입할 수 있도록 주형을 완전히 소성한다.

5.7 金屬 鎔液의 注入

우선 원광을 준비하여 성분별 함량을 맞추어서 합금을 준비한다. 대체로 청동과 황동을 준비한다. 주형이 충분히 가열되어 소성되었을 때에 맞추어 준비해둔 합금을 충분히 녹여서 주형에 주입한다.

5.8 活字의 抽出과 마감 손질

식기를 기다렸다가 주형을 깨뜨려서 활자를 추출한다. 이때 주물의 표면은 깨끗한 경우도 있지만 대부분은 표면에 점토가 묻어 있고 불필요한 금속 너덜이도 붙어 있게 마련이다. 따라서 이들을 깨끗이 손질하여 활자를 완성한다.

6. 小 結

금속활자의 밀랍주조법의 주조 과정을 추적하기 위하여, 春秋時代 이후 오늘날에 이르기까지 이용되어 온 중·대형 청동기의 밀랍주조법에 관련된 문헌 기록과 오늘날의 복원 실험 보고서 및 이론 연구 등을 분석하였다. 이를 통하여 얻어진 결론을 요약하면 다음과 같다.

(1) 밀랍주조법의 기본 원리와 주조 과정

① 뼈대 세우기, ② 주형 내부 재료 붙이기, ③ 밀랍 어미 모형 제작, ④ 주형 외부 재료 입히기, ⑤ 건조, ⑥ 밀랍 용출과 주형 소성, ⑦ 금속 용액 주입, ⑧ 냉각과 마감 손질 등의 순으로 이루어진다.

(2) 어미 모형의 재료와 비율

주재료는 황랍이며, 보조 재료로는 송진·동물성 유지·식물유 등을 사용하였다. 이론적으로는 나무 등 가연성 물질도 가능하다.

혼합 비율은 주물의 크기·형태·기온 등에 따라 차이가 있다. 대체로 황랍과 우지의 비율은 5:5 내지 7:3 정도이다.

(3) 주형의 충전 재료와 기능성 재료

충전 재료는 황토와 점토를 사용하였다.

기능성 재료는 종이 섬유·쌀겨·羽毛·馬糞·蔴類·牛毛·볏짚·식물 분말·소금·석회·거친 황토, 河砂, 硅砂 등 모래류·볏짚재·탄소 분말(숯가루)·흑연·석탄재 분말·그을음 등을 다양하게 사용하였다. 이들을 찹쌀·싸라기 등으로 쑨 죽이나 수액으로 반죽하였다. 그러나 각 재료의 혼합 비율은 대체로밖에 알 수 없다.

(4) 금속의 합금 성분

대체로 동 70%, 아연 30% 정도의 비율로 합금한 황동이 주류를 이루고 있고, 기타 금속 성분으로 주석·납·철 등이 포함되어 있다.

(5) 주물의 공예 형식과 생산량

주물의 공예 형식은 일반 주조 방법으로는 주조할 수 없는 조형이 복잡하고 예술성이 풍부한 작품이 대부분이다. 그러나 생산량은 소량에 불과할 만큼 제약이 컸다.

(6) 밀랍주조법의 금속활자 주조 과정

활자와 같이 극소형이거나 도범법으로 가능한 기물을 주조하는 경우는 예외적이라고 할 수 있다. 그러나 극소형 활자의 주조에 적의 수정하여 원용하면 금속활자의 주조도 가능할 것으로 판단된다. 즉 ① 字本과 어미자의 準備, ② 鑄型의 充塡 材料 準備, ③ 鑄型의 機能性 材料 準備, ④ 鑄型 材料의 調製, ⑤ 鑄型의 製作, ⑥ 蜜蠟의 熔出과 鑄型의 燒成, ⑦ 金屬 鎔液의 注入, ⑧ 活字의 抽出과 마감 손질.

(7) 공헌 및 기대 효과

지금까지 개념조차 전혀 없던 금속활자 밀랍주조법의 기본 원리와 주조 과정을 국내의 관련 학계에 처음으로 밝혔다. 부족한 부분은 이를 바탕으로 비교적 손쉽게 문헌 연구로 보완할 수도 있다. 더 나아가 이 문헌 연구를 바탕으로 다양한 실험으로 검증함으로써 금속활자의 밀랍주조법을 완성할 수 있고, 궁극적으로는 「直指」의 진정한 복원까지도 가능할 것이다. 이러한 기본 개념의 기초 정보를 제공한 점도 간과해서는 안 될 공헌이다.

直指活字의 蜜蠟鑄造法 鑄型 材料 實驗 研究

直指活字의 蜜蠟鑄造法 鑄型 材料 實驗 研究*

An Experimental Investigation of Mould Material in the Wax Casting Method of the Jikji Type

◁ 목 차 ▷

〈초 록〉

금속활자 밀랍주조법의 주형 재료를 도출하기 위하여 실험으로 추적하였다.

(1) 어미자의 재료: 황랍, 송지를 첨가한 황랍, 파라핀이 유용하였다.

(2) 주형의 재료: 충전 재료는 점성을 가진 흙이면 가능하였다. 기능성 재료는 활성탄・흑연・유성탄소가 유용하였으며, 이의 첨가 비율은 10~22.22%였다. 특히 종이 섬유는 주형의 균열을 방지하여 주조의 성공률에 영향을 미칠 만큼 절대적이었다. 이의 첨가 비율은 2.22%였다.

(3) 합금 성분 및 주입 양과 방법: 구리 55~70%의 합금이 가능하였다. 금속의 주입 양은 200g 정도의 소량으로, 재래식 방법으로 주입하여도 가능하였다.

(4) 문자 필획의 다과: 주조의 성공 여부와 구체적인 상관관계는 없었다.

(5) 주조의 성공률과 수축률: 주조의 성공률은 평균 1.31%였고, 수축률은 평균

---

* 1. 曺炯鎭, "金屬活字 蜜蠟鑄造法 鑄型材料: 炭粉의 復原實驗 研究", 「書誌學研究」 제30집(2005. 6), 183-221.
2. 曺炯鎭, "金屬活字 蜜蠟鑄造法 鑄型材料: 黑鉛의 復原實驗 研究", 「書誌學研究」 제31집(2005. 9), 33-56.
3. 曺炯鎭, "金屬活字 蜜蠟鑄造法 鑄型材料: 炭粉+紙纖維의 復原實驗 研究", 「書誌學研究」 제32집(2005. 12), 107-130.
4. 曺炯鎭, "金屬活字 蜜蠟鑄造法 鑄型材料: 油性炭素의 復原實驗 研究", 「한국과학사학회지」 제29권 제2호(2007. 12), 351-373.

95.03%였다.

要語 : 밀랍주조법, 주형 재료, 점토, 활성탄, 흑연, 유성 탄소, 종이 섬유

〈ABSTRACT〉

This study employed an experimental approach in order to unveil mould material used in metal type wax casting method.

(1) Matrix material: Beeswax, pine resin-added beeswax and paraffin were effective.

(2) Mould material: Any sticky clay was acceptable as the filling material. Activated carbon, graphite and oil carbon were useful as the functional material. The proportion of the functional material ranged from 10 to 22.22%.

In particular, paper fiber played a critical role in the success rate of casting by preventing cracks in the mould. Its proportion was 2.22%.

(3) Component of alloy, pouring quantity and method: It was possible to cast type with alloys containing 55 to 70% copper. The pouring quantity of metal amounted to 200g small and could be done by conventional methods.

(4) Number of character strokes: It had no specific correlation with the success of casting.

(5) Success and contraction rate of casting: The success rate of casting was 1.31% on average, and its contraction rate was 95.03% on average.

Key words : Wax Casting Method, Mould Material, Clay, Activated Carbon, Graphite, Oil Carbon, Paper Fiber

1. 小 緖

문헌 연구를 통하여 금속활자를 주조하기 위한 밀랍주조법의 과정을 도출하였다. 주조를 위한 첫 과정은 주형 재료를 찾는 일이다. 이는 금속활자 주조를 위한 밀랍주조법의 최초의 실험으로서, 주형 재료를 구성하는 충전 재료와 기능성 재료가 갖추어야 할 필요 충분 조건이 무엇인가를 추적하였다. 아울러 지금까지 전 금속활자장 오국진에 의하여 편법으로 사용된 석고계 매몰재를 대신하고, '烏土'라는 경험적 증언에도 부합하면서, 고려인이 사용했을 법한 그 무엇을 제시할 수 있어야 석고계 매몰재에 대한 비판도 설득력이 있고, 밀랍주조법도 복원할 수 있을 것이다.

이 점에 착안하여 고려시대 사찰 주조 금속활자의 밀랍주조법에 사용된 주형 재료를 찾기 위하여, 문헌 연구를 통하여 확인한 여러 재료 중에서 가장 가능성이 높으면서 烏土로 간주할 수 있는 주형 재료를 우선적으로 조제하여 실험 방법으로 추적하였다. 주형의 재료를 찾기 위한 실험 연구이므로 금속 용액이 주입되는 현상까지를 확인하면 이번 실험의 목적은 달성하게 된다. 즉 금속 용액을 수용할 수 있는 주형 재료의 구성 성분을 밝히는 것이 당면 목표이다.

하지만 향후의 주조에 대비하기 위한 참고 사항을 파악하기 위하여 예비 실험 삼아서 주조된 활자로 인출하는 과정까지를 모두 수행하여 보았다. 즉 금속 용액 주입 이후의 부분은 향후에 이어질 후속 연구를 위한 준비 과정이라고 할 수 있다.

이번 실험이 완성되면 적어도 진실에 가까운 고려 사주 활자 밀랍주조법의 기본 과정이 밝혀지고, 궁극적으로는 직지활자와 「直指」 복원의 기초 자료가 될 수 있을 것으로 기대한다.

2. 字本과 어미자의 準備

2.1 字本의 選定

주형의 재료가 주조에 적합한가만을 측정하기 위해서는 아무 형태의 어미 모형이라도 무방하다. 그러나 굳이 많은 비용과 노력을 필요로 하는 활자 형태로 실험한 이유는 본 연구의 궁극적인 목표가 고려시대 사주 활자와 「直指」를 복원하기 위한 것이므로 활자 형태의 어미자로 실험하였다.

금속활자 주조의 첫 단계는 자본을 준비하는 일이다. 자본은 활자의 문자면이 되므로 문자의 크기와 서체를 고려하여 결정한다. 이번 실험에서는 복원의 대상이면서 근거가 되는 「直指」에서 추출하였다. 그 이유는 실험 결과를 「直指」의 자적과 비교하기 위함이다. 또한 실험 결과를 비교하기 위하여 필획이 많은 문자와 적은 문자, 그리고 대자와 소자를 각각 <표 1>과 같이 추출하였다. 추출한 자본을 가지런히 정돈하여 붙이되, 분리할 때 손실될 부분을 미리 고려하여 0.5～1mm 정도 간격을 두었다. 이를 복사의 방법으로 다량 준비하여 나란히 정리하였다(<사진 1> 참조).

<표 1> 추출 자본

자본의 크기와 서체	「直指」에서 자본을 추출하였으므로 문자면의 크기와 서체는 「直指」를 따른다.
자본의 필획 수와 추출 지점	대자① 10획 이내의 見(34下葉3-14) 대자② 11~15획의 動(34下葉6-14) 대자③ 16획 이상의 轉(34下葉6-15) 소자① 10획 이내의 化(34下葉5-10) 소자② 11획 이상의 善(34下葉7-18)

<사진 1> 자본

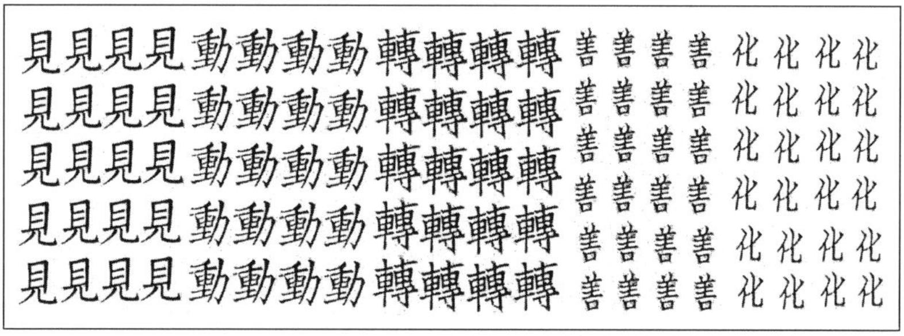

見見見見動動動動轉轉轉轉 善善善善 化化化化
見見見見動動動動轉轉轉轉 善善善善 化化化化
見見見見動動動動轉轉轉轉 善善善善 化化化化
見見見見動動動動轉轉轉轉 善善善善 化化化化
見見見見動動動動轉轉轉轉 善善善善 化化化化
見見見見動動動動轉轉轉轉 善善善善 化化化化

2.2 어미자의 彫刻

2.2.1 어미자의 높이

어미자의 높이는 주조 후에 곧 수축률이 반영된 활자의 높이로 나타난다. 따라서 얻고자 하는 활자의 높이를 고려하여 어미자를 만들 때 반영할 수 있도록 미리 결정하여야 한다.

"Ⅱ. 4.3.2 活字의 높이와 組版 方法" 분석에서 직지활자는 높이가 그다지 높지 않은 5㎜ 정도이며, 부착식 방법으로 조판하였을 것으로 추론되었다. 따라서 이번 실험에서는 어미자 조각 등 여러 과정에서 나타나는 불편을 덜기 위하여 어미자의 높이를 부착식 활자의 최대치에 가까운 4㎜로 하였다.

2.2.2 어미자의 彫刻 要領

어미자 조각 요령의 핵심은 陽刻反體字로 문자의 필획을 만들기 위한 산의 각도와 깊이다. 주물사주조법은 어미자를 추출하여 재사용하므로 추출하기 용이하도록 산의 각도가 75~85°를 유지하여야 한다.[1)] 그러나 밀랍주조법은 어미자를 주형 안에서 녹이거나 완전 연소하여 추출한다. 따라서 산의 각도는 수직이거나 수직을 초과하여도 무방하다. 대체로 조각하기 편리한 범위 내에서 85~90° 정도를 유지하였다.

산의 깊이는 가능한 한 깊을수록 인출하기에도 편리하고 활자의 수명을 연장할 수 있다. 이번 실험에서는 활자 동체의 높이를 고려하여 1~1.5㎜ 정도로 하였다.

기타의 조각 요령으로는 문자가 문자면에 가득 차도록 조각하였다(<표 2> 참조).

<표 2> 어미자의 높이와 조각 요령

어미자의 높이	4㎜로 한다.
어미자의 조각 요령	산의 각도는 85~90° 정도를 유지한다. 산의 깊이는 1~1.5㎜ 정도로 한다. 문자가 문자면에 가득 차도록 조각한다.

1) 曺炯鎭, "韓國 初期 金屬活字의 鑄造·組版·印出 技術에 대한 實驗的 硏究", (박사학위논문, 중앙대학교 대학원, 1994), 6.

2.3 어미자의 材料

고려시대에 사용했을 법한 재료 중에서 선택하였다(<사진 2> 참조).

2.3.1 黃蠟(Bees Wax)[2)]

가장 기본적인 재료다. 밀랍에는 황랍・백랍・청랍・석랍이 있는데 황랍이 가장 보편적으로 사용된다. 황랍은 꿀벌들이 집을 짓는 재료로 스스로 분비해내는 물질이다. 전통 방식의 벌꿀 채취 과정에서 부산물로 얻어진다. 벌꿀을 채취하고 남은 벌집 전체를 물에 넣고 끓이면 잔여 꿀은 물에 녹고, 밀랍 성분은 물에 뜨며, 불순물은 가라앉는다. 물에 뜬 밀랍 성분을 건져서 식히면 황랍이다. 즉 벌집에서 가열압착법 = 열탕법이나 용제추출법 등의 방법으로 채취하는 동물성 고체 밀랍이다. 태양열을 이용하는 광열법이나 증기를 이용하는 증기법으로 채취하기도 한다. 황랍은 직접 열을 가하지 않고 뜨거운 물속에서 녹여 색깔과 품질을 유지한다. 물에 용해되지는 않지만 탄소 사염화물・클로로포름・따뜻한 에테르 등의 물질에서는 용해될 수 있다.[3)] 약간의 점착성이 있

---

2) 황랍의 주성분은 멜리실 알코올의 팔미트산 에스테르와 세로트산이고, 이 밖에 여러 가지 지방산 알코올 및 약간의 고급 탄화수소 등이 함유되어 있다. 굴절률 1.456～1.459, 비누화 값 86～93, 요오드 값 8～14이다. (<http://tip.daum.net/question/65316202/65316203?q=%EB%AF%B8%EC%88%A0%EC%9A%A9+%EB%B0%80%EB%9E%8D> (2015. 1. 6)).
황랍의 용도는 공업용(인쇄용 활자 주조・석판인쇄용 잉크・염료・기계부품 녹 방지용 피복・만년필・밀랍 인형 조각이나 모형・조명 또는 의식용 밀랍초・밀랍 유화기법 등의 미술공예용・목판화나 벽화 등 미술용 색연필과 크레파스・모필・칠기・목제 공예용・음반・납지・구두약・전기절연제・가구 광택제・밀랍 鑄物・마룻바닥의 도료・선박 어망 등의 방수제・목재의 틈 매몰용 등), 약용(연고 또는 경고 등의 기초제・환약 조제・항생제 또는 페니실린 첨가물・립스틱 자연크림 등 천연 화장품 원료 등), (<http://blog.daum.net/vanje1/1964> (2015. 1. 6)) 제과용(빵이나 비스켓류 등의 형태를 유지하기 위한 식품이형제・반죽이 눌러 붙지 않도록 하는 용기 코팅 등) 등 다양하게 사용되고 있다. (1. 벌이랑꿀이랑, <http://blog.naver.com/PostView.nhn?blogId=beenhoney&logNo=220197646551> (2015. 1. 6). 2. <http://blog.naver.com/beenhoney/220197646551> (2015. 1. 6)).

는 비결정성 물질로 화분이나 프로폴리스가 많이 들어 있으며 대체로 황갈색을 띠고 약한 발삼 향의 특수한 냄새가 난다. 이 밖에 향유고래의 머리 부분 동공에 채워 있는 기름이나 누에고치로부터 얻기도 하고 식물성 밀랍도 있다. 녹는점은 62~63℃, 비중은 0.961~0.973.

어미자 제작에 사용되는 모든 재료는 회수하지 못하고 녹거나 타서 소진되므로 충분한 양이 필요하였다. 이번 실험에서는 충북 연풍면 소재 양봉원에서 채취한 황랍을 사용하였다.

2.3.2 牛脂

황랍의 양이 부족할 경우 보조 재료로 우지를 혼합하여 사용한다. 우지는 소의 기름을 정제한 것이다. 이번 실험에서는 황랍 60%에 우지를 40%의 비율로 혼합하였다. 양이나 돼지의 지방은 강도가 약하여 보조 재료로 사용할 수 없다.

2.3.3 松脂

송진이다. 황랍의 강도와 점도를 높이기 위하여 혼합하여 사용한다. 송지의 단점인 가소성을 높이기 위하여 식물유를 약간 혼합한다. 이번 실험에서는 황랍 65%・송지 30%・콩기름 5%의 비율로 혼합하였다.

---

3) <http://blog.naver.com/esu1227s/23237399> (2015. 1. 6).

2.3.4 植物油

황랍의 유연성을 높이기 위하여 식물유를 혼합하여 사용한다. 식물유는 콩기름이나 들기름을 주로 사용하는데, 이번 실험에서는 100% 콩기름을 사용하였다. 혼합 비율은 황랍 80%와 콩기름 20%로 하였다.

2.3.5 파라핀(Paraffin)

황랍과의 실험결과를 비교하기 위하여 현대 석유 화학의 부산물인 공업용 파라핀을 어미자의 재료에 포함하였다. 실험 결과가 황랍 또는 보조 재료가 혼합된 황랍과 유사하게 나타난다면 향후의 밀랍주조에서는 황랍 대신 손쉽게 구하여 사용할 수 있기 때문이다.

2.3.6 왁스(Injection Wax)

사출 왁스 또는 금속 세공용 파라핀이라고도 한다. 이는 공업용 파라핀에 여러 첨가물을 과학적으로 혼합하여 용도에 맞게 인공적으로 조제한 것이다. 성질이 비교적 단단하여 섬세한 문양을 조각하기에 유리하다. 활자의 문자 필획도 매우 섬세하므로 단단한 재료가 필요하다. 그러나 이번 실험에서는 제외하였다.

2.3.7 木材

고려시대 당시 목재를 밀랍주조법 어미자의 재료로 사용하였을 가능성은 희박하다. 그러나 이론상 완전 연소가 가능한 가연성 물질이면 어미자의 재료로 가능하기는 하다. 목재는 주형을 소성하기 위하여

600℃ 정도까지 가열하면 완전 연소할 수 있으며, 연소하는 과정에서 발생하는 그을음은 주조에 긍정적인 작용을 할 수 있다. 실험 결과를 황랍과 비교함으로써 훗날 복원 작업에서 지나친 편법으로 악용되는 것을 미연에 방지하기 위하여 필요하기는 하나, 이번 실험에서는 제외하였다.

2.3.8 白蠟(Pure White Bees Wax)

황랍을 햇볕에 쬐어 탈색하거나, 활성 백토 처리 등의 방법으로 탈색 정제하면 백랍이 된다. Beeswax white · Beeswax yellow · Yellow beeswax · Absolue cireabeille · Beeswax absolute · Apis melliferal absolute · Cireabeille absolute 등의 별칭이 있다. 백랍은 접착력이 황랍보다 약하다. 그러나 금속 활자를 주조하기 위한 어미자의 재료로 사용할 수 있을 정도의 조건은 갖추고 있는 것으로 보인다. 다만 황랍과 유사한 성질이어서, 이번 실험에서는 제외하였다.

<사진 2> 어미자의 재료

황랍 100%	황랍 60% + 우지 40%	황랍 65% + 송지 30% + 식물유 5%	황랍 80% + 식물유 20%	파라핀 100%

따라서 이번 실험에서는 황랍 계열 4종류와 공업용 파라핀 1종류를 사용하였다(<표 3> 참조).

<표 3> 어미자의 성분별 함유율

1	황랍 100%
2	황랍 60% + 우지 40%
3	황랍 65% + 송지 30% + 식물유 5%
4	황랍 80% + 식물유 20%
5	파라핀 100%
6	왁스 100% (실험에서 제외)
7	목재 (실험에서 제외)
8	백랍 100% (실험에서 제외)

2.4. 어미자의 準備

2.4.1 어미자板 製作

자본을 붙여서 문자를 조각하기 위하여 우선 어미자의 재료를 판으로 제작하였다. 어미자판의 폭은 문자의 폭과 같거나 0.5㎜ 정도 여유 있게 하고, 두께는 활자의 높이인 4㎜로 하였다. 어미자 재료마다 수량을 여유 있게 만들어서 수시로 사용할 수 있도록 하였다.

2.4.2 字本 붙이기

자본을 한 줄씩 오려서 어미자판에 뒤집어서 올려놓았다. 금속 막대를 달구어서 자본의 뒷면을 조심스레 훑어줌으로써 어미자판의 표면을 순간적으로 녹이는 방법으로 자본을 붙였다.

2.4.3 어미자 彫刻

비교 분석을 위하여 황랍·파라핀·왁스·목재에는 5개의 문자를 각각 5개씩, 우지·송지·식물유를 각각 혼합한 황랍에는 5개의 문자를 각각 8개씩 조각하여 모두 220개를 조각하였다. 그러나 실제 실험에는 왁스와 목재를 제외한 재료 5종의 어미자 170개를 사용하였다(<사진 3> 참조).

조각은 어미자판의 자본대로 조각한 후 1개씩 떼어내기도 하고, 1개씩 먼저 떼어낸 후 조각하기도 하되, 조각 요령에 따라서 충실하게 조각하였다. 필획을 다 조각한 후 여백 부분과 측면을 정리하였다. 활자의 동체는 "Ⅱ. 4.3.1 活字 胴體의 形態" 분석에서 불규칙한 형태로 나타났으므로, 측면을 정리할 때 반듯한 육면체를 유지할 필요는 없다. 측면 정리의 결과는 작업의 효율상 대체로 둥근 사각형 또는 타원 형태를 보이고, 문자 필획의 형태를 따라서 울퉁불퉁하지는 않았다. 따라서 어미자의 조각 기술에서 나타난 일반적인 현상에만 근거하면, 밀랍주조법에 의하여 주조된 금속활자의 인본에는 상하 문자의 필획이 교차하는 현상은 없을 것으로 추측된다.[4)]

작업 능률, 즉 조각의 난이도는 재료의 견고도에 따라서 좌우되는데 단단할수록 조각하기에 용이하다. 밀랍 재료는 대체로 나무보다 연할 뿐만 아니라 끈끈하여 조각 파편이 손과 조각도에 쉽게 붙기도 하고 실수로 조각도가 빗나가기도 쉬우므로 세심한 주의가 필요하다. 조각 능률은 숙련된 각수 1人이 1日 12시간 작업으로 목재에는 80개 정도,

---

4) 따라서 「直指」에 나타난 상하 문자의 필획이 교차하는 현상은 당시에 조판 과정에서 인판의 길이보다 배열해야 할 활자의 총 길이가 길어서 줄여야 하는 등의 특수한 상황이 있었을 것으로 짐작된다.

황랍과 송지를 혼합한 밀랍 재료는 10여 개 정도, 우지나 식물유를 혼합한 밀랍 재료는 5~10개 정도 조각할 수 있다.

<사진 3> 어미자(조각)

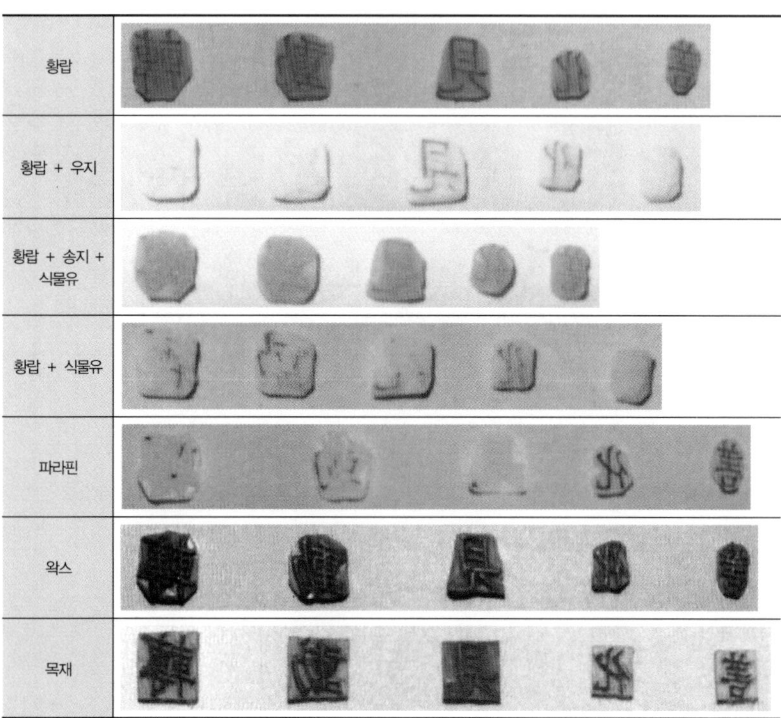

황랍
황랍 + 우지
황랍 + 송지 + 식물유
황랍 + 식물유
파라핀
왁스
목재

2.4.4 실리콘 鑄型의 製作

실리콘 주형으로 어미자를 주조하여 사용하여야 하는 이유는 2가지가 있다. ① 향후 실시될 다양한 조건의 실험에서 나타날 결과를 비교하기 위하여는 완벽하게 동일한 자형의 어미자를 사용하여야 하기 때문이다. ② 밀랍 주조용 어미자는 주조 과정에서 녹아 없어져 재사용할 수 없으므로 다양한 실험에 사용될 방대한 수량의 어미자가 필요하다. 이를 조각의 방법으로 공급하기에는 어미자의 조각 능률이 낮으므로 시간적으로 거의 불가능한 생산성의 한계 때문이다. 따라서 실제 실험에는 하나의 조각한 어미자로 주형을 떠서, 다량의 어미자를 주조하여 사용할 수밖에 없다. 다량의 어미자를 신속하게 생산하면서 시간과 비용을 절감하는 방법이다.

실험에 직접 사용할 어미자의 대량생산을 위하여 조각된 220개의 어미자로 실리콘 주형을 제작하였다. ① 목재로 주형틀을 만들고, ② 주형틀 안에 양면테이프로 조각된 어미자를 문자면이 위를 향하도록 나란히 앉힌 다음, ③ 실리콘을 가득 차도록 부어서 제작하였다. 실리콘은 탄력이 강한 1300T에 경화제를 혼합하여 사용하였다. ④ 24시간 정도 경과하면 실리콘이 굳으므로 사용할 수 있으나, 안전을 위하여 2~3일 경과하여 완전히 굳은 후에 꺼내어 사용하였다. 실리콘 주형에는 오목하게 陰刻正體字로 문자가 형성되어 있다(<사진 4> 참조).

<사진 4> 실리콘 鑄型

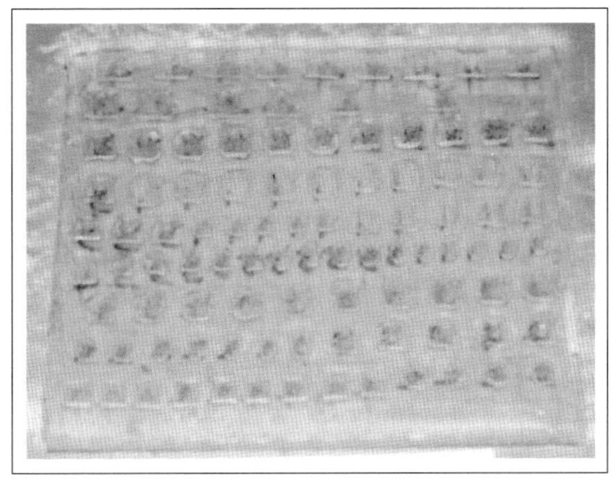

2.4.5 實驗用 어미자의 鑄造

실험에 직접 사용할 어미자를 실리콘 주형을 사용하여 대량으로 주조하였다. ① 실리콘 주형에 해당 재료를 녹여서 여유 있게 부어 채운다. 여유 있게 부어 채우는 이유는 식으면서 약간씩 수축되기 때문이다.[5] ② 재료가 알맞게 식으면 넘친 부분을 깎아냈다. 너무 식으면 굳어져서 깎아내기가 불편하였다. ③ 완전히 굳기 전 아직 따뜻할 때 조심스레 어미자를 하나씩 꺼내어 ④ 문자면 필획의 이상 여부를 확인하였다. ⑤ 어미자의 배면에도 너덜이가 남아 있을 수 있으므로 칼이나 손톱 등으로 깨끗이 제거하였다. 이를 제거하지 않으면 활자가 완성된 후에 손질을 위하여 많은 노동력이 필요하기 때문이다. ⑥ 사용하기 편리하도록 분류 상자에 보관하였다(<사진 5> 참조).

<사진 5> 실험용 어미자(주조)

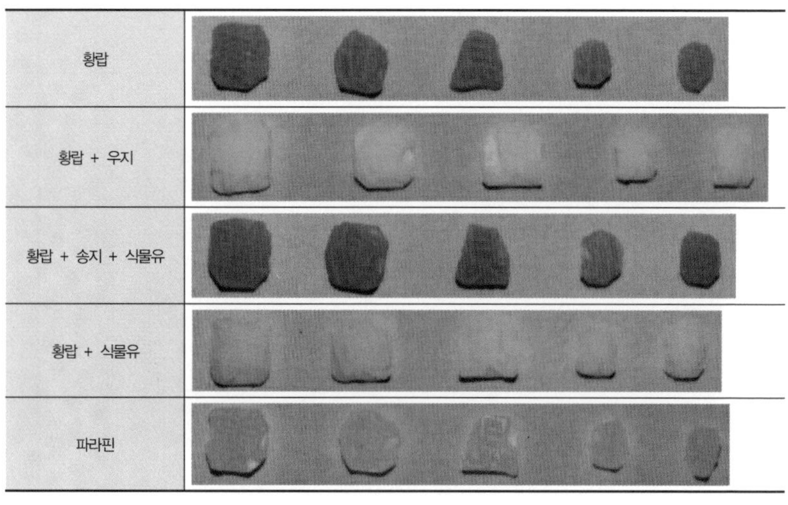

5) 수축률은 왁스가 가장 작고 밀랍계도 문제되지 않을 정도지만 파라핀은 제법 크게 나타났다. 녹은 상태에서의 점성은 왁스·황랍·파라핀 순으로 컸다.

실험용 어미자를 주조할 때 주의할 점은 다음과 같다. ① 녹여 부은 어미자 재료가 주형 내 필획의 미세한 틈새로 속속들이 주입되도록 실리콘 주형도 따뜻하게 하고 어미자 재료도 충분히 가열하여 유동성을 높여야 한다. 실리콘 주형이 차거나 어미자 재료가 충분히 녹지 않으면 미세한 틈새로 속속들이 주입되지 못하여 시간과 노력을 더 요구하며 실패율도 높다. ② 이렇게 하여도 주형 내 미세한 홈 사이의 예상하지 못한 곳에 속속들이 주입되지 않고 기포 형태로 잠겨 있는 경우가 많으므로 육안으로 잘 보이지 않더라도 뾰족한 기구로 일일이 식기 전에 신속하게 제거하여야 한다. ③ 황랍과 왁스는 재질이 끈끈하여 어미자를 주형에서 많이 식은 후에 꺼내어도 필획이 손상되지 않는다. 그러나 파라핀은 부러지기 쉬운 성질이 있어서 완전히 식으면 취약한 필획이 파손되기 쉬우므로 완전히 굳기 전 유연할 때 꺼내는 편이 좋다. 그렇다고 너무 덜 식었을 때 꺼내면 어미자가 변형되기 쉬우므로 식는 온도에 주의하여야 한다. 특히 삼수변(氵)처럼 독립된 필획은 완전히 주입되기 어렵고, 꺼낼 때 파손되기도 쉬웠다. ④ 작업 중에 미세한 불순물이 적지 않게 생기므로 수시로 제거하여야 한다. 특히 파라핀에서 불순물 가루가 가장 많이 발생하였다. 황랍은 식어도 재질이 끈적끈적하여 미세한 부스러기가 어미자와 연장 곳곳에 달라붙었다. 특히 문자면의 불순물은 활자상의 너덜이로 나타날 가능성이 있으므로 반드시 제거하여야 한다. ⑤ 실험 소요량보다 여유 있게 주조하여 파손 등의 다양한 추가 수요에 대비하여야 한다. ⑥ 관건은 실리콘 주형과 황랍·파라핀·왁스 등 어미자 재료의 온도이다. 이는 기계적으로 수치화하기 어렵고 감각과 경험에 의하는 수밖에 없다. 이 점이 숙련된 기술을 요하는 부분이다.

2.4.6 어미자 捺印

조각과 주조 두 방법의 어미자가 완성되면 흑색 유성 스탬프로 자적(<표 9> 참조)을 날인하여 확보해둠으로써 실험 결과 완성될 금속활자와 비교할 수 있도록 하였다.

3. 鑄型의 材料와 調製

3.1 鑄型의 材料

금속 용액은 액체 상태에서 움직이면 가스가 발생하는데, 이를 스스로 흡수할 수 있어야 주형 재료로 사용할 수 있다. 이 기능이 없는 주형 재료에 금속 용액을 부어 넣으면 주입되지 않고 역류하여 용액이 튄다. 주형 재료의 충전 재료는 점토인데 순수 점토는 가스를 흡수하는 기능이 없다. 따라서 어떤 기능성 재료를 혼합하여야 용액을 받을 수 있는 주형 재료가 될 것인지를 찾기 위하여 가능성 있는 충전 재료와 기능성 재료를 개발하여야 했으며 실험의 종류도 다양하였다.

주형의 재료가 갖추어야 할 조건은 ① 우수한 통기성, ② 소성 시 불균열성, ③ 우수한 부착성, ④ 수축의 균일성 등이다. 이러한 조건을 갖춘 주형 재료를 찾는 것이 이번 실험의 핵심이다.

주형의 재료는 충전 재료와 기능성 재료로 구분된다. 충전 재료는 자연 점토와 인공 점토가 있다. 자연 점토는 고려 시대에도 생활 주변의 야산이나 계곡 등지에서 쉽게 구하여 사용했을 가능성이 있는 황토나 찰흙 등이 있다. 인공 점토는 도자기 등을 빚으면서 성질을 터득하였을 것이므로 밀랍주조법의 주형 재료로 사용하였을 가능성이 충분하다. 따라서 모두 실험 대상에 포함하였다. 오늘날의 인공 점토는 재료공학적 방법으로 도자기 등을 빚기 위하여 목적에 맞도록 배합하여 조제한다. 이번 실험은 활자 주조에 적합한 성질이나 기능의 점토를 밝히기 위한 것이므로, 성분이 대체로 확인된 점토를 사용하였다.

3.1.1 充塡 材料(<사진 6> 참조)

(ㄱ) 黃土

이천시 백사면 야산의 붉은 황토를 사용하였다. ① 자연 상태에서 채취하여 대형 불순물을 제거하였다. ② 대형 수조에서 물에 풀어서 나뭇잎 등의 부유물을 제거하였다. ③ 불순물이 거의 제거되면 황토가 풀어져 있는 황톳물을 다른 수조에 받아서 침전시켰다. 또는 100㎟에 10 × 10개의 목으로 된 고운 채로 모래나 자갈 성분을 걸러내고 고운 황토만 남게 하였다. 따라서 남아 있는 사질 입자의 크기는 1㎜ 이내로 기능성 재료를 혼합할 때에도 아무런 불편이 없었다. ④ 수조에 남은 돌과 굵은 모래를 버렸다. ⑤ 깨끗한 수조에 침전된 황토는 윗부분의 맑은 물을 제거하여 수분의 함량을 점차 낮췄다. ⑥ 수분이 거의 제거되면 점성이 강한 황토 진흙이 되는데, 이렇게 되기까지는 약 7일 정도 소요되었다.

황토를 선택한 이유는 ① 생활 주변에서 쉽게 구할 수 있는 자연 재료며, ② 사질 성분과 점토질 성분을 모두 함유하고 있으며, ③ 순 점토질 재료는 인공 점토로 가능하기 때문이다.

(ㄴ) 白土

백자토라고도 한다. 백자를 굽기 위하여 인공적으로 조제한 점토다. 소성 후에는 백색으로 변하지만, 소성 전에는 흑색 내지는 회색을 띠고 있다. 흑색이 진하다는 것은 유기물질이 다량으로 함유되어 있음을 의미한다. 불순물은 거의 없다.

(ㄷ) 靑土

청자토라고도 한다. 청자를 굽기 위한 인공 점토다. 소성 전에는 연한 갈색을 띠고 있다. 불순물은 거의 없다.

(ㄹ) 耐火土

여러 종류의 사질 점토를 혼합하여 조제한 잡토 성격의 인공 점토다. 이에는 화강암이 부식되어 된 마사토, 풍암이 풍화된 점토, 규석이 많이 포함된 점토 등이 있다. 이는 소성 후에 단단히 굳어지는 성질을 가지고 있는데, 알루미나 또는 규석 등 유기물의 결정체가 많이 포함되어 있기 때문이다.

(ㅁ) 山淸土

산청 지역에서 생산되는 사질 성분이 다분한 인공 점토다. 점토를 구성하고 있는 입자가 여타의 점토보다 굵고 화도가 높은 편이다. 청토와 유사한 성질을 가지고 있다. 이번 실험에서는 내화토에 유사한 성질과 실험 규모의 방대함으로 인하여 실험 대상에서 제외하였다.

(ㅂ) 甕器土

옹기그릇을 굽는 데 사용하는 인공 점토다. 소성 전에는 회갈색・붉은색・황색 등을 띠고 있다. 황토와 같이 1,150℃ 이상에서는 찌그러지므로 도자기 재료로는 사용할 수 없다. 이번 실험에서는 실험 규모의 방대함으로 인하여 실험 대상에서 제외하였다.

<사진 6> 충전 재료

황토		백토	청토	내화토
자연 상태	수비된 상태			
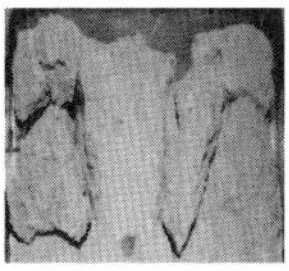	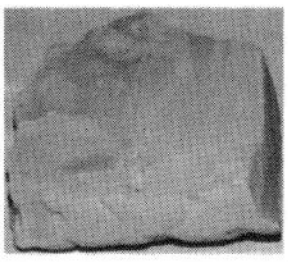	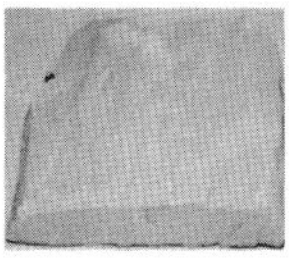	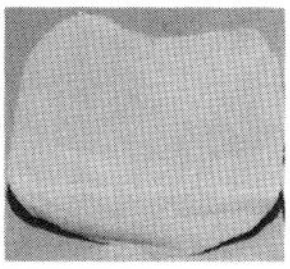	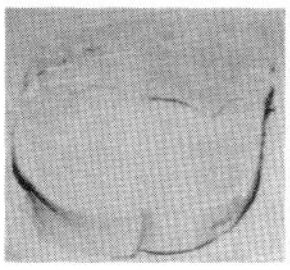

3.1.2 機能性 材料

기능성 재료는 충전 재료의 금속 기물 주조에 부족한 기능을 갖추기 위하여 반드시 혼합해야 하는 이번 실험의 핵심 재료다. 이는 점토 내에서 균일하게 분포하여 공극을 형성함으로써 금속 용액을 주입할 때 발생하는 가스를 흡수하는 기능을 가지고 있어야 한다(<사진 7> 참조).

이 기능성 재료는 전통적으로 많이 사용되었고, 주조 가능성이 충분할 뿐만 아니라, 사전적 정의가 없음에도 불구하고 항간에 구전되어 오던 '烏土'라는 개념에도 부합한다.

기타 "Ⅲ. 直指活字의 蜜蠟鑄造法 鑄造 過程 研究"에서 밝혀낸 기능성 재료로는 종이류・쌀겨(糠粃)・羽毛・馬糞・麻類(노끈)・牛毛・볏짚・식물 분말(입자 크기 0.2㎜ 이내의 것)[6]・석회・거친 황토, 河砂,

硅砂 등 모래류・볏짚재・탄소 분말(숯가루)・소금 등이 있다. 경험적으로는 목화 솜・석영 모래・유리 모래(내열 모래)・카바이트 분말・활석 분말・석탄 분말・연탄재 분말・참숯재 분말・목재재 분말・흑연・석탄재 분말・그을음(수성 탄소)도 가능하다. 그러나 이들은 실험 대상에서 제외하였다.

(가) 炭粉(활성탄)

숯가루로 목탄(검탄・열탄)・백탄・활성탄 등이 있는데, 이번 실험에서는 활성탄으로 200MESH를 사용하였다. 활성탄은 매우 몽근 입자로 구성되어 있어서 점토에 균일하게 섞이기 쉽다. 또한 고열에 가열된 물질이므로 고온 안정성이 높다. 즉 고온에서도 수축되지 않으므로 주형을 소성할 때 수축률을 낮출 수 있다.

(나) 黑鉛

비금속의 화학 물질 군에 속하며 미네랄 탄소・천연 흑연・검은 납 등의 동의어가 있다. 회색 또는 흑색이며 냄새는 없다. 결정체로 된 분말 상태의 고체로 유성의 구조를 가지고 있어서 물에 용해되지 않는다. 발암 등 인체에 위험한 물질이다. 이번 실험에서는 호남석유화학(주)의 HDPE를 사용하였다. 이는 99%의 흑연과 1%의 석영으로 구성되어 있다.

6) 쌀겨(糠粃)・羽毛・馬糞・麻類(노끈)・牛毛・볏짚・식물 분말・목화 솜 등은 종이 섬유와 비슷한 역할의 기능성 재료로 보인다.

(다) 油性 炭素(Oil Carbon)

비금속의 화학 물질 군에 속하며 아세틸렌 블랙 등의 동의어가 있는 그을음이다. 흑색이며, 냄새는 없고, 분말 상태의 고체로 물에 용해되지 않는다. 발암성 의심 물질로 알려져 있다. 이번 실험에서는 Korea Carbon Black Co.의 HIBLACK을 사용하였다. 이는 99.5%의 순도를 보이고 있다.

유성 탄소를 굳이 실험한 이유는 점토나 기타의 기능성 재료가 수용성임에 반하여, 물에 섞이지 않는 유성의 재료는 어떠한 결과가 나타날지를 분석하기 위함이다.

(라) 종이 纖維

전통적인 수공업적 방법으로 생산한 한지의 섬유다. 한지는 나무의 속껍질을 가공한 섬유질로 구성되어 있다. 종이 섬유는 주형이 건조되거나 소성될 때 변형이나 균열을 방지하고 주형 안에서 공극을 형성하여 금속 용액 주입 시 발생하는 가스를 흡수하는 기능을 가지고 있다.

종이 섬유는 한지를 물에 5일 이상 담가두거나 5시간 이상 끓여서 섬유질이 풀어지기 쉽게 한 다음 절구에 찧어야 한다. 물을 여러 번 갈아주면서 반복 세탁으로 고운 섬유질을 얻는다. 만약 섬유질이 잘 풀어지지 않은 채 덩어리로 있으면 주조에 나쁜 영향을 주므로 고르게 잘 풀어야 한다. 이번 실험에서는 한국 닥나무를 전통 한지의 제조 방법으로 가공한 펄프 상태의 섬유를 사용하였다. 다만 소요량을 측정하기 위하여 완전히 건조시킨 후 다시 고해하였다.

① 완전히 건조된 종이 섬유를 필요량만큼 중량을 측정하였다. ② 물에 삶아서 섬유질을 부드럽게 하였다. ③ 섬유 덩어리를 절구에 넣고

방망이로 충분히 찧었다. ④ 물속에서 섬유를 풀어 헤쳤다. ⑤ 충전 재료와 기능성 재료가 반죽된 용기에 수분의 비율을 고려하여 골고루 혼합하였다.

믹서기로 섬유를 갈면 고해하기 수월하고 곱고 고르게 갈 수는 있으나 섬유가 짧게 잘린다. 이는 종이를 뜰 경우 확연히 나타난다. 이번 실험의 주형 균열 방지를 위하여는 믹서기로 갈아도 그 기능은 충분히 발휘할 수 있을 것으로 보이기는 하나 시도하지는 않았다.

<사진 7> 기능성 재료

활성탄	흑연	유성 탄소	종이 섬유	
			건조 상태	찧은 상태
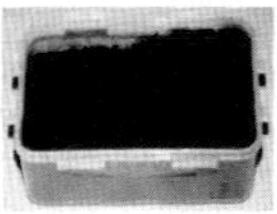	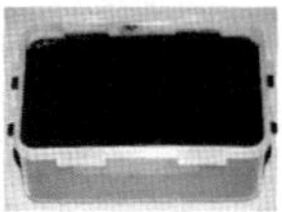		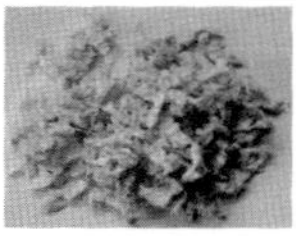	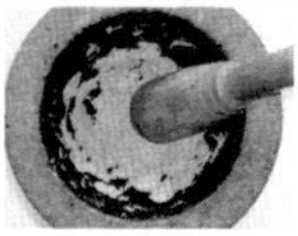

3.2 鑄型 材料의 調製

충전 재료와 기능성 재료를 혼합하여 주형 재료를 조제하였다. 이번 실험에서는 충전 재료로 (ㄱ) 황토, (ㄴ) 백토, (ㄷ) 청토, (ㄹ) 내화토 등 4종을, 기능성 재료로는 (가) 활성탄, (나) 흑연, (다) 유성 탄소, (라) 종이 섬유 + 활성탄 등 4종을 사용하였다. 이를 각각 혼합하여 조건이 다른 16종의 주형 재료를 조제하였다.

3.2.1 黃土 계열

① 수비된 황토를 기능성 재료와의 혼합 비율을 맞출 수 있도록 중

량을 정확하게 측정하여 필요한 수량(4개)의 반죽 용기에 구분하여 담았다. ② 수분을 조금씩 가하면서 풀어서 진한 반죽이 되도록 하였다. ③ 기능성 재료의 중량을 혼합 비율에 따라 정확하게 측정하였다. ④ 이를 반죽된 황토에 혼합하였다. 이번 실험에서는 (가) 활성탄 10%, (나) 흑연 20%, (다) 유성 탄소 20%, (라) 종이 섬유 2.22% + 활성탄 22.22%를 각각 혼합하여 4종류의 황토 계열 주형 재료를 조제하였다.

기능성 재료의 혼합 비율은 저자의 실험적 감각으로 예측하여 설정한 수치다. 이는 충전 재료가 기능성 재료의 입자를 엉겨 붙도록 하는 범위 내에서 최대치에 가까울수록 주형 재료가 갖추어야 할 조건을 충족하여 금속용액의 주입 성공률이 대체로 높다. 그러나 그 최소치를 추출하는 것이 더 의미가 크므로 예상되는 최소치로 실험하였다.

3.2.2 白土 계열

백토를 사용하여 황토 계열과 같은 방법으로 4종류의 백토 계열 주형 재료를 조제하였다.

3.2.3 青土 계열

청토를 사용하여 앞의 경우와 같은 방법으로 4종류의 청토 계열 주형 재료를 조제하였다.

3.2.4 耐火土 계열

내화토를 사용하여 앞의 경우와 같은 방법으로 4종류의 내화토 계열 주형 재료를 조제하였다.

주형 재료를 조제할 때 주의할 점은 다음과 같다.

(1) 실험의 정확도를 위하여 모든 재료는 조그마한 덩어리까지 곱게 풀어서 균일하게 혼합하여야 한다. 이를 위하여 반죽 과정에서 2~3회의 여과를 거쳤다.

(2) 반죽의 수분 농도가 적합하여야 한다. 적합한 농도는 어미자의 미세한 필획 사이에 속속들이 채워질 수 있으면서 진할수록 좋다. 주형 재료를 주형틀 안에 충전할 때 기포가 생기지 않으면 적합하다. 또는 반죽 내의 기포가 반죽을 약간 흔들어주었을 때 표면 위로 올라와서 제거될 수 있으면 적합하다.

(3) 수분의 양이 부족하여 반죽이 진하면, 주형틀 안에 충전할 때 재료 내에 기포가 쉽게 형성될 뿐만 아니라 제거하기도 어렵다. 또 어미자 필획의 미세한 틈새로 속속들이 충전되지 못하여 실패할 확률이 높다. 수분의 양이 과하면 반죽하기에는 쉬우나 건조를 위한 소요시간이 길어지며, 건조 수축률이 커서 실패의 가능성도 커진다. 어미자가 주형 재료 밖으로 노출되기도 하여 보완 작업을 해야 하는 불편이 따른다. 주형 재료의 수축률은 수분의 함유율과 정비례한다.

이번 실험에서 주형 재료에 포함된 수분의 비율은 최소 40.0~최대 58.62%였다. 실제의 수분 함유율은 자연 건조된 충전 재료에 포함된 수분을 감안하면 이보다 미세하게 높을 것으로 추측된다. 여러 기능성 재료 실험에서 나타난 수분 함유율은 유성 탄소 20%와 종이 섬유 2.22%를 첨가한 경우는 반죽이 걸죽하여 약간 높았고, 활성탄 10%와 흑연 20%의 경우는 다소 낮았다(<표 4> 참조).

<표 4> 주형 재료의 혼합 비율과 수분 함유율(%)

기능성 재료 / 충전 재료	(가) 활성탄		(나) 흑연		(다) 유성 탄소		(라) 종이 섬유 +활성탄	
(ㄱ) 황토	10 / 90	54.55	20 / 80	54.55	20 / 80	44.44	2.22+22.22 / 75.56	43.90
	수분	45.45	수분	45.45	수분	55.56	수분	56.10
(ㄴ) 백토	10 / 90	60.0	20 / 80	44.44	20 / 80	44.44	2.22+22.22 / 75.56	41.86
	수분	40.0	수분	55.56	수분	55.56	수분	58.14
(ㄷ) 청토	10 / 90	49.32	20 / 80	49.32	20 / 80	41.38	2.22+22.22 / 75.56	41.86
	수분	50.68	수분	50.68	수분	58.62	수분	58.14
(ㄹ) 내화토	10 / 90	54.55	20 / 80	54.55	20 / 80	45.57	2.22+22.22 / 75.56	41.86
	수분	45.45	수분	45.45	수분	54.43	수분	58.14

충전 재료의 점도는 높은 순서로 백토와 청토·내화토·황토 순이었다. 사질 성분은 백토와 청토에는 없으며 내화토와 황토 순으로 강하게 포함되어 있다. 사질 입자의 크기는 내화토에 함유된 것이 광물학적으로 왕모래 또는 자갈에 해당하는 1~2㎜ 정도며, 황토에 함유된 것은 1㎜ 이내였다. 내화토가 황토보다 함유한 사질의 입자는 크면서도 점도가 높은 이유는 점토 성분의 점성이 강하기 때문으로 보인다.

4. 鑄型과 活字의 製作

4.1 鑄型의 製作

주형은 주형 재료에 어미자군을 매몰하는 방법으로 제작하였다.

4.1.1 어미자群의 成形

5개 문자의 실험용 어미자를 5개씩 모아서 25개의 어미자군을 원통 형태의 입체형으로 성형하였다. 이는 고려시대에 활자를 하나씩 주조했을 리도 없지만, 여러 개의 활자를 한 번에 주조함으로써 작업능률을 높이는 효과도 있다. 이 방법은 기본적으로 귀금속 주조나 기공소의 치과용 재료 주조 방법을 원용한 방식이다.

어미자, 금속 용액의 주입구가 될 고무 받침, 금속 용액의 주탕도가 될 밀랍 주봉, 어미자의 자리에 용액을 일일이 주입시킬 탕도가 될 밀랍 가지봉으로 어미자군을 성형하였다. 고무 받침은 주형틀과 아귀가 꼭 맞아야 하는데 이번 실험에서는 내경 60㎜짜리를 사용하였다. 밀랍 주봉은 직경 9㎜=63.59㎟짜리를 55㎜ 정도의 길이로 재단하여 사용하였다. 밀랍 가지봉은 길이 10㎜를 사용하되 굵기는 직경 2㎜=3.14㎟의 균일한 것과 양단의 직경이 3㎜와 1.5㎜로 깔때기 모양인 것의 2종류를 사용하였다. 깔때기 모양의 가지봉은 굵은 부분이 밀랍 주봉에 연결되고 가는 부분은 어미자에 연결되도록 하였다. 이는 금속 용액을 주입할 때 주입 역량을 증가시키기 위하여 설계한 것이다(<사진 8> 참조).

<사진 8> 밀랍 주봉과 가지봉 <사진 9> 어미자군의 성형

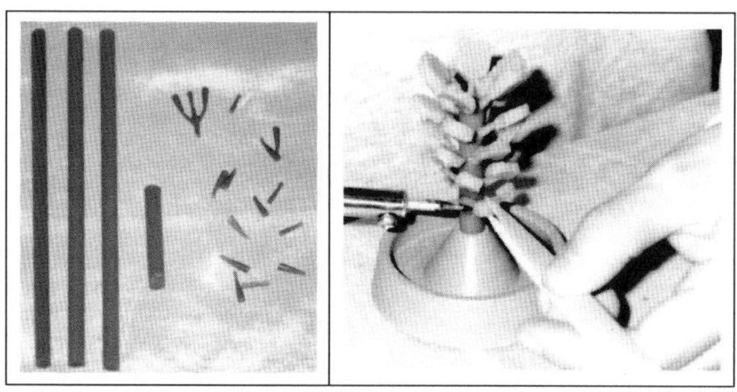

어미자군 성형의 구체적인 방법은 ① 고무 받침의 중앙에 밀랍 주봉을 끼워서 세웠다. ② 어미자와 밀랍 가지봉을 가열한 인두로 녹여 붙였다. ③ 이것을 다시 밀랍 주봉에 45° 각도로 비스듬히 녹여 붙였다. 이때 어미자의 문자면이 3개는 위쪽으로, 2개는 아래쪽(금속 용액을 주입할 때는 주형을 뒤집어서 주입하므로 방향이 바뀌어 아래쪽과 위쪽이 된다)으로 각각 향하게 하여 실험 결과를 비교할 수 있도록 하였다(<사진 9> · <사진 10> 참조).

성형한 어미자군은 151개이다. 어미자의 재료 5종 × 주형의 충전 재료 4종 × 주형의 기능성 재료 4종 × 금속 재료 3종(황랍 · 파라핀), 일부(우지 · 송지 · 식물유)는 1종 × 주조 활자의 수량(금속 주입량) 25개 1종 × 실험 문자 수량 5개 1종 = 144개는 실험하고자 하는 내용("5.1 實驗 設定의 條件" <표 12> 참조)을 바탕으로 산출한 것이다. 그리고 본격 실험 전에 주형 재료의 성질이나 금속 주입 상태 등을 미리 가늠하기 위하여 기계적인 방법 등에 사용할 예비 검증용 7개를 추가로 준비하였다("4.1.4 鑄型의 乾燥" <표 6> 참조).

<사진 10> 성형된 어미자군

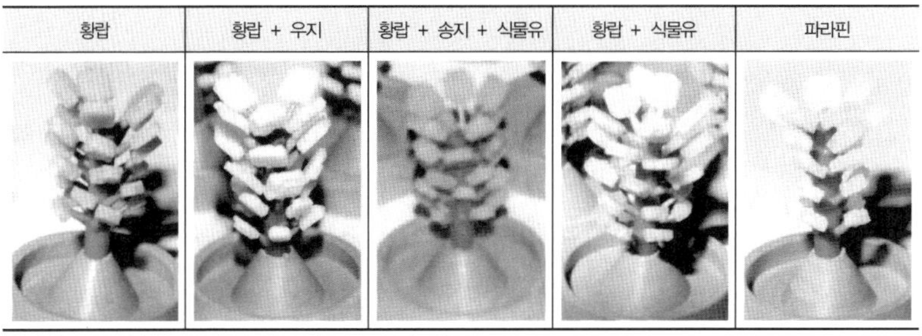

황랍	황랍 + 우지	황랍 + 송지 + 식물유	황랍 + 식물유	파라핀

4.1.2 鑄型틀의 製作

어미자군이 완성되면 주형 재료를 충전할 주형틀을 제작하여야 한다. 주형틀은 직경 60㎜, 내경 56㎜, 높이 120㎜의 금속 원통 측면에 직경 9㎜의 구멍을 6줄로 4개씩 24개를 뚫어서 제작하였다.

이 주형틀의 측면에 낸 구멍은 주형 재료의 건조를 촉진하기 위한 것이다. 그러나 이 구멍이 주형 재료를 충전할 때에는 재료가 흘러나오는 틈이 되므로 재료의 유출을 막고 재료 내의 수분을 탈취하기 위하여 흡수성이 좋은 두터운 광목을 알맞은 크기로 잘라서 사용할 수 있도록 미리 준비하여야 한다. 이번 실험에서는 광목을 90㎜ × 800㎜로 재단하여 약 3회전 정도 감았다. 이때 주의할 점은 주형 재료를 다져도 위나 아래로 새지 않을 만큼 광목을 꽉 조이도록 감아야 한다. 감은 후에는 테이프를 이용하여 풀어지지 않도록 고정시켰다.

주형의 재료는 수분을 가하여 반죽하였으므로, 건조 시에 그 양만큼 수축된다. 따라서 수축될 비율을 미리 측정하여 건조 후에도 주형틀 내의 어미자가 노출되지 않도록 주형의 재료를 충분히 부어 넣어야 했다.

주형 재료를 충분히 부어 넣으려면 주형틀의 높이만으로는 부족하므로 주형틀의 상단에 플라스틱 피대를 감아서 높이를 임시로 높여야 했다. 이번 실험에서는 130㎜ 폭의 피대를 사용하여 120㎜ 정도를 높였다. 이 플라스틱 피대는 접착테이프를 이용하여 주형의 재료가 새지 않도록 틈새 없이 견고하게 붙였다(<사진 11> 참조).

<사진 11> 주형틀과 고무 받침 및 손질된 주형틀

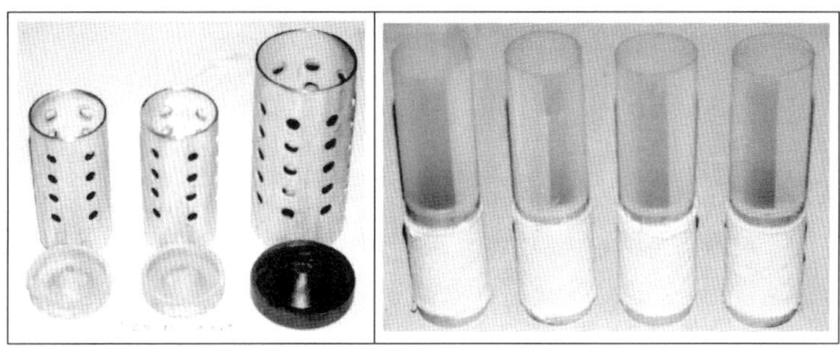

4.1.3 鑄型 材料의 充塡 = 어미자群 埋沒

(1) 주형틀 씌우기

고무 받침 위에 성형된 어미자군이 다치지 않도록 주의하면서 손질이 끝난 주형틀을 조심스럽게 씌웠다(<사진 12> 참조). 씌우는 과정에서 어미자와 주형틀이 접촉하면서 어미자가 떨어지는 경우가 많으므로 숙련된 기술로 주의하여야 했다.

(2) 주형 재료의 충전

미리 조제해둔 주형 재료를 조그만 그릇에 적당한 양을 나누어 담아서 주형틀 안에 충전하였다. 이때 주의할 점은 ① 황토와 내화토 계열의 경우 사질 성분이 쉽게 침전되므로 충전 직전에 잘 혼합하여야 한다. ② 주형 재료 내에 혼합되어 있는 기능성 재료가 물과 잘 혼합되지 않는 성질일 경우, 반죽한 후 시간이 흐를수록 무거운 성분이 침전으로 가라앉아서 위아래의 농도가 다를 수 있으므로 충전하기 직전에 잘 혼합하여야 한다.

충전 요령은 주형 재료의 내부에 기포가 형성되어서는 안 되므로, 주형틀의 내벽을 타고 재료가 흘러내려 갈 수 있도록 주형틀을 약간 기울여서 조심스럽게 충전하되, 가능한 한 주형 재료의 흐름이 끊어지지 않도록 한 번에 주욱 부어서 밑에서부터 차올라 오도록 하여야 했다. 만약 농도가 진하여 스스로 차올라 오지 못하면 주형틀을 약간씩 흔들어서 재료가 기포 없이 잘 채워지도록 하였다. 그래도 차올라 오지 못하면 충전을 중단하고 주형틀을 흔들어서 아래에서부터 채우고 다시 계속 충전하여 어미자가 완전히 묻히도록 하였다. 종이 섬유를 혼합한 재료는 종이 섬유가 서로 엉김으로 인하여 죽처럼 주욱 흘러 들어가지 못하고 텀벙텀벙 떨어지면서 흘러 내려가기도 하였다. 따라서 주형틀에 절반 정도 충전한 후 흔들어서 만약에 발생했을지 모를 기포를 제거하고, 180° 돌려서 나머지 절반을 충전하였다. 다 충전한 후에도 역시 혹시 모를 기포를 제거하기 위하여 여러 번 흔들어줄 필요가 있었다. 실제 실험에서는 기포로 떠오르는 현상은 1회에 불과하였다. 어미자가 다 묻히기 전에 진한 반죽을 계속 부어 넣으면 어미자의 필획 사이 또는 어미자의 사이에 반죽이 미처 채워지지 못하여 공간으로 남아서 기포로 형성될 수 있으므로 주의가 필요하였다. 이 충전 작업은 모두 8일이 소요되었다(<사진 13> 참조).

주형 재료를 주형틀 내에 충전하면 어미자의 재료·주형 재료의 종류 등을 구분하기 어려우므로 각각의 주형 표면에 고유 번호를 불연재로 표시하였다.

<사진 12> 어미자군에 주형틀 씌우기 <사진 13> 주형 재료의 충전

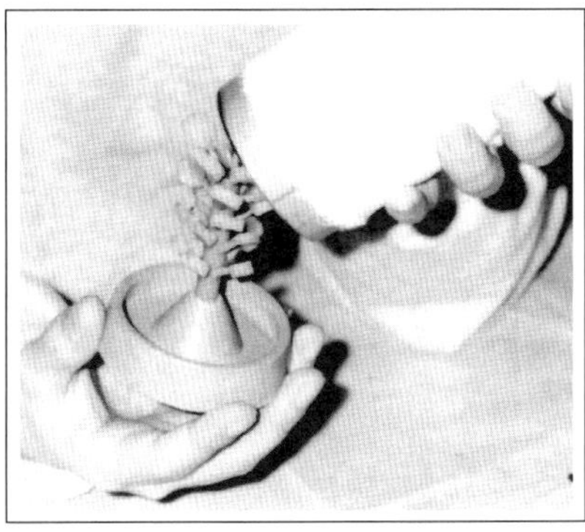

4.1.4 鑄型의 乾燥

(1) 수분 제거

통풍이 잘되는 건조용 선반으로 옮겨서 자연 건조시켰다. 양달에서 건조시키면 주형 재료가 균열될 수 있으므로 피해야 한다. 건조를 촉진하기 위하여는 실내 온도를 약간 높여주면 된다. 간혹 인공적으로 바람을 불어넣기도 하는데, 이 방법은 한쪽 방향으로만 불어넣어서는 안 되며 여러 방향으로 골고루 불어넣어야 주형 재료가 고르게 건조되어 균열을 방지할 수 있다. 실내 기온은 22~28℃를, 습도는 40~75%를 유지하였다. 건조를 촉진하기 위하여 양 방향에서 순차적으로 선풍기 바람을 불어넣기도 하였다.

1시간 정도 경과하면 주형 재료의 고형 성분이 침전되고 동시에 윗부분에 맑은 물이 형성되면서 틈새로 흘러나오기 시작하였다. 황토와 청토에 활성탄을 혼합한 2종의 재료와 종이 섬유를 혼합한 4종의 재료는 고형 성분이 침전한 후 윗부분에 맑은 물이 형성되어 이를 주사기로 뽑아냄으로써 건조를 촉진하였다(<사진 14> 참조).

<사진 14> 주형의 건조(수분 제거, 광목 제거)

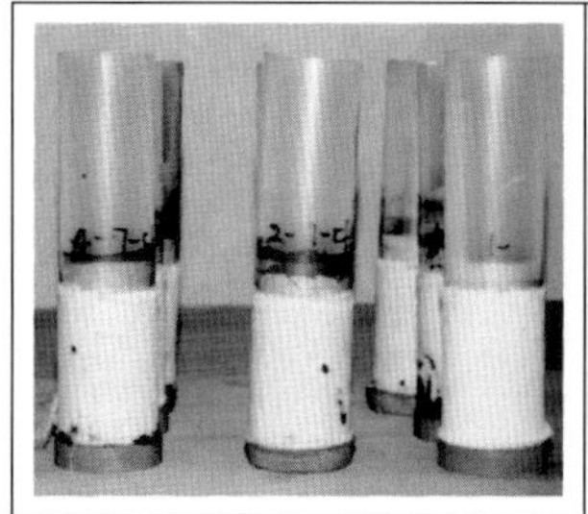

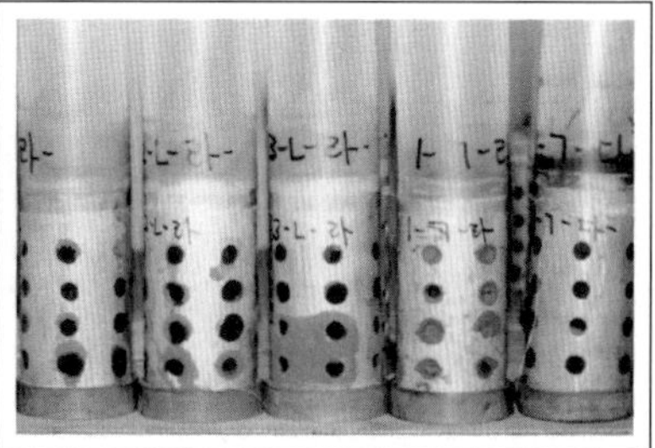

(2) 기포 제거

3~4일이 경과하면 윗부분의 흥건한 물이 빠지고 고형 성분이 표면으로 노출되면서 상당히 수축되었다. 이즈음에는 주형 재료가 아직 유동성이 남아 있다. 이때 예상하지 못했던 현상으로 주형 재료 내부에는 5~10㎜ 정도의 제법 큰 기포가 형성되어 있음을 지속적인 관찰 결과 발견하였다. 이는 그동안 건조 수축되면서 주형 재료가 어미자나 밀랍봉 등에 걸려서 차분히 가라앉지 못하였거나 주형 재료가 가라앉는 속도보다 더 빠른 속도로 수분이 빠진 결과로 보였다. 이처럼 기포는 형성되고 재료의 유동성은 아직 남아 있을 때 각각의 주형틀마다 약 20여 회씩 가볍게 다져서 기포를 제거하고 주형 재료를 가라앉혔다. 기포가 어느 정도 제거되면 주형 재료가 주형틀 아랫부분의 틈새로 삐져나왔다. 기포의 정확한 크기는 주형 재료의 내부에 형성되어 있으므로 측정할 수는 없었지만, 육안으로 관찰할 때 대체로 직경 5㎜ 정도 이상의 큰 기포는 조그만 '펑' 소리와 함께 터지면서 주형 재료가 채워졌다. 하나의 주형틀에 대체로 3~6개의 크고 작은 기포가 형성되어 있었으며 이를 제거한 결과 주형 재료의 높이가 최대 18㎜까지 가라앉기도

하였다. 기포를 제거했을 경우, 이로 인한 수축률은 <표 5>와 같다.

<표 5> 주형 재료 내부의 기포 제거로 인한 수축률

주형 재료	황토 계열	백토 계열	청토 계열	내화토 계열
수축률 (%)	11.62～13.63	6.20～9.02	10.54～13.65	13.05～13.07

기포를 제거하여 주형 재료가 낮게 가라앉으면서 그 속의 어미자가 주형 재료의 막을 쓴 채 노출되기도 하는데, 이 경우에는 주형 재료를 더 충전하여야 했다. 주형 재료가 완전히 건조되었을 경우 1㎜ 정도의 두께만 유지하면, 어미자군의 측면은 주형틀이 감싸고 있어서 금속용액을 주입하여도 주형이 파열되는 등의 문제는 발생하지 않는다. 그러나 윗면(금속 용액을 주입할 때는 아랫면이 된다.)은 다른 보완 장치가 없으므로 금속 용액 주입 시의 가스 압력 등을 이겨내기 위하여는 주형 재료가 5㎜ 이상의 두께를 유지하여 어미자를 충분히 감싸고 있어야 하였다.

(3) 광목 제거

다시 3～4일이 경과하여 주형 재료가 균열될 정도로 건조되면 주형틀을 감싼 광목을 벗겨냈다. 이때 광목의 표면은 거의 마른 상태라 하여도 안쪽은 축축하게 젖어 있는 상태이므로 건조를 촉진하기 위하여는 이를 벗겨내야 하였다. 광목을 벗겨내면 주형 재료 내의 기포를 이미 제거했지만 주형틀 측면의 구멍을 통하여 주형 재료에 적지 않은 기공이 남아 있음을 볼 수 있었다(<사진 14> 참조).

(4) 피대 제거

다시 하루 정도 경과하여 주형틀 측면에 낸 구멍 부분의 주형 재료가 건조되면 플라스틱 피대를 제거하였다. 이 피대는 주형 재료가 건조 수축되어 높이가 주형틀보다 낮아지면 광목을 벗겨낸 여부와 관계없이 먼저 벗겨낼 수 있다(<사진 15> 참조).

<사진 15> 광목과 피대를 제거한 주형틀

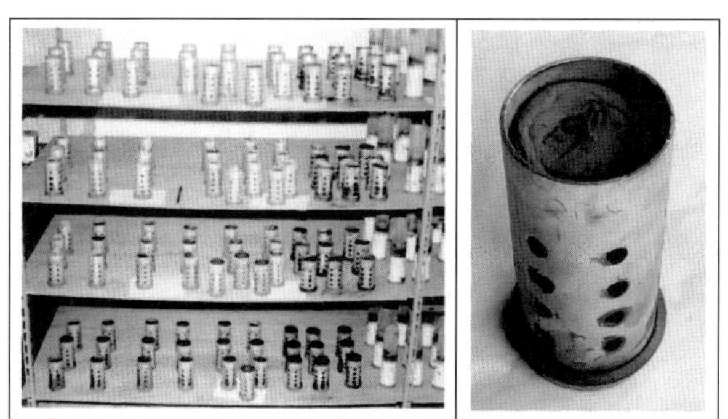

(5) 고무받침 제거

다시 5~6일 정도 경과하여 주형 재료가 거의 건조되면, 본래의 자기 색깔을 나타내기 시작하였다. 이처럼 수분이 거의 탈취된 것이 확인되면 고무 받침을 제거하여 완전 건조를 촉진하였다. 이때 주형 재료가 비록 건조되었다고는 하나 본래의 응결력이 강한 상태는 아니므로 주형 재료가 부서지지 않도록 조심스럽게 벗겨야 했다. 자칫 지나치게 힘을 가하면 균열된 부분이 떨어졌다. 특히 황토 계열의 경우는 점력이 약하여 더 잘 건조된 후에 벗겨야 부서질 확률이 낮았다(<사진 16> 참조).

고무 받침을 벗길 때 황토 계열의 재료는 작은 파편이나 가루 형태로 약간씩 부서졌다. 이는 건조 문제라기보다는 재료 자체의 점성이 약하여 나타난 것으로 보였다. 유성 탄소를 혼합한 경우는 통째로 빠져나온 것도 1개가 있었다. 백토 계열의 재료는 10~50㎜의 제법 큰 파편으로 부서지기도 하였고 밀랍 주봉이 고무 받침과 분리되지 못하여 주형 재료로부터 통째로 빠진 것도 흑연과 유성 탄소에서 각각 9개와 3개나 되었다(<사진 17> 참조).

만약 주형 재료가 완전히 건조되기 전에 고무 받침을 벗기면, 주형 재료가 어미자군을 감싸고 있는 힘이 고무받침이 어미자군을 물고 있는 힘보다 약하여 어미자군이 주형 재료로부터 딸려 나오기도 하고, 고무 받침과 어미자군에 주형 재료가 붙어서 주형틀에서 빠져나와 깨질 수 있다. 또한 다양한 형태로 균열된 조각이 주형틀로부터 깨져서 나온다. 따라서 주형 재료가 완전히 건조된 후 고무 받침을 벗기는 것이 성공률을 높이는 중요한 요소임을 알 수 있었다.

<사진 16> 고무 받침 제거

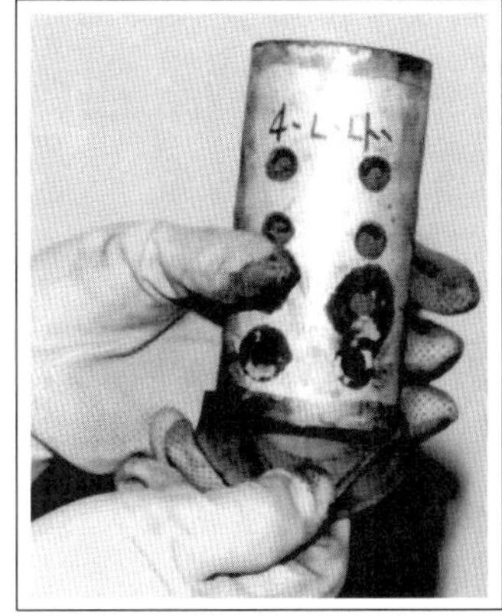

<사진 17> 건조 파손된 주형

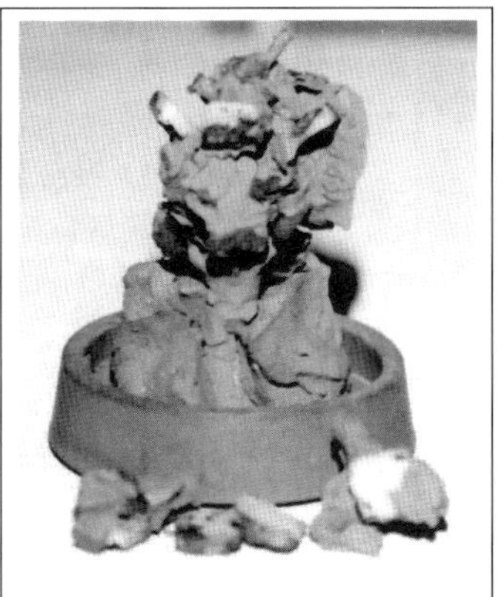

(6) 완전 건조

통풍이 잘 되는 곳에서 충분히 건조시켜서 주형 재료에 남아 있는 수분을 완전히 제거하였다. 그래야만 금속 용액의 주입이 용이하고 주조의 성공률도 높일 수 있다. 주형 재료가 완전히 건조되면 수직 방향으로 많이 수축되지만 수평 방향으로도 수축 현상이 나타났다. 그 결과 주형 재료가 완전한 상태라 할지라도 주형틀에서 통째로 빠져나올 수도 있으므로 주형틀 안에 잘 남아 있도록 주의할 필요가 있었다.

이번 실험에서는 건조를 위한 시간 단축을 위하여 주사기 · 선풍기 등 외에도 여러 가지 방법을 사용하였다. 주형 재료는 수분이 아래로 내려오면서 윗부분부터 건조되므로 고무 받침을 빨리 벗겨주는 것이 아랫부분을 빨리 건조시킬 수 있다. 그러나 주형 재료의 표면이 건조된 상태에서 고무 받침을 벗긴 결과, 주형 재료의 내부는 충분히 건조되지 않은 까닭에 여러 개가 부서지는 결과를 초래하였다. 이러한 사실은 주형틀 안의 주형 재료가 거의 전부 부서졌는데도 측면의 구멍이 있는 부분에는 잘 건조된 재료가 붙어 있는 현상을 통하여 알 수 있었다.

이렇게 하여 흥건한 수분이 빠지고 주형 재료가 아직 유동성을 가지고 있을 때 기포를 제거하고 나면, 유동성이 없어진 후의 수분이 있던 자리가 건조되면서 공극으로 형성되어 기능성 재료와 함께 금속 용액 주입 시 발생하는 가스를 흡수하는 기능을 발휘하는 것으로 보였다.

이번 실험에서는 건조를 촉진하기 위하여 충분히 건조되지 않은 상태에서 고무 받침을 벗긴 결과, 무수한 균열과 그로 인한 파편 탈락으로 인하여 금속용액을 주입해 보지도 못하고 실패한 경우가 있었다. 이 점에서 주형 재료를 충분히 건조시킨 후 고무 받침을 제거하여야 했다. 또한 백토와 청토에 흑연이나 유성 탄소를 혼합한 재료는 기능성 재료가 유성 구조로 물에 용해되지 않는 특성을 가지고 있어서 점토와 완전히 융합할 수 없는 점이 건조 과정에서 주형의 파손율을 높이는 원인으로 보였다. 이 같은 경우가 <표 6>에서 보는 바와 같이 모두 37개나 되었다. 종이 섬유를 혼합한 주형은 건조 파손되는 경우가 없었는데, 이는 종이 섬유가 점토 내에 섞여서 점토가 건조되면서 균열되는 것을 방지하는 효과를 발휘한 때문으로 보였다. 이점에서 주형 재료를 충분히 건조시킨 후 고무 받침을 제거하여야 함은 물론, 이와 아울러 종이 섬유가 절대적인 기능과 효과를 발휘함을 알 수 있었다.

실험을 시도한 151개의 주형에서 진도에 따라 나타난 상황은 <표 6>과 같다. 전체 실험의 조건은 144종이며, 이를 위한 주형의 수량은 중복된 것을 포함하여 150개였다. 주형 재료의 건조 과정에서 균열 등으로 파손되어 밀랍의 용출 단계까지도 진행하지 못한 채 실패한 경우는 모두 37개다. 주형 재료를 완전히 건조시킨 후 금속 용액을 주입하기 전에 밀랍 용출과 소성 과정에서 파손되어 금속 용액을 주입해보지 못한 채 실패한 경우는 모두 11개다. 본격 실험에 앞서서 주형 재료의 성질을 파악하기 위하여 기계적인 방법, 즉 진공법으로 금속 용액을 주입한 경우는 1개에 불과하지만 통계에서 제외하였다. 금속 용액을 주입한 경우는 모두 102개다. 이것이 이번 실험의 주된 내용이다.

<표 6> 주형의 조건별 실험 상황표

기능성 재료 / 충전 재료	(가) 활성탄			(나) 흑연			(다) 유성 탄소			(라) 종이 섬유 + 활성탄		
(ㄱ) 황토	황,청1	황,황	황,청2	황,청1	황,황	황,청2	황,청1	황,황	황,청2	황,청1	황,황	황,청2
	주	주 주	건 소	주	주	주	주	주	주	주	주	주
	우,청1	송,청1	식,청1	우,청1	송,청1	식,청1	우,청1	송,청1	식,청1	우,청1	송,청1	식,청1
	건	주	소	주	소	주	주	주	소	주	주	주
	파,청1	파,황	파,청2	파,청1	파,황	파,청2	파,청1	파,황	파,청2	파,청1	파,황	파,청2
	소	주	소	주	주	주	주	소	주	주	주	주
(ㄴ) 백토	황,청1	황,황	황,청2	황,청1	황,황	황,청2	황,청1	황,황	황,청2	황,청1	황,황	황,청2
	주 주 주	소	주	건	건	건	주	건	건	주	주	주
	우,청1	송,청1	식,청1	우,청1	송,청1	식,청1	우,청1	송,청1	식,청1	우,청1	송,청1	식,청1
	소	주	주	건	건	건	건	건	건	주	주	주
	파,청1	파,황	파,청2	파,청1	파,황	파,청2	파,청1	파,황	파,청2	파,청1	파,황	파,청2
	주	주	소	건	건	건	건	건	주	주	주	주
(ㄷ) 청토	황,청1	황,황	황,청2	황,청1	황,황	황,청2	황,청1	황,황	황,청2	황,청1	황,황	황,청2
	주	주	진 주	건	건	건	주	건	건	주	주	주
	우,청1	송,청1	식,청1	우,청1	송,청1	식,청1	우,청1	송,청1	식,청1	우,청1	송,청1	식,청1
	주	주	주	주	건	건	건	주	건	주	주	주
	파,청1	파,황	파,청2	파,청1	파,황	파,청2	파,청1	파,황	파,청2	파,청1	파,황	파,청2
	건 주	주	건	건	건	건	주	주	건	주	주	주
(ㄹ) 내화토	황,청1	황,황	황,청2	황,청1	황,황	황,청2	황,청1	황,황	황,청2	황,청1	황,황	황,청2
	주	건	건	주	주	주	주	주	건	주	주	주
	우,청1	송,청1	식,청1	우,청1	송,청1	식,청1	우,청1	송,청1	식,청1	우,청1	송,청1	식,청1
	주	주	주	소	주	주	주	주	건	주	주	주
	파,청1	파,황	파,청2	파,청1	파,황	파,청2	파,청1	파,황	파,청2	파,청1	파,황	파,청2
	주	주	주 주	주	주	주	주	주	주	주	주	주

1. 실험 조건 기술 순서: 어미자의 재료, 금속의 재료, 주형의 상태순.
2. 어미자의 재료: 황 = 황랍, 우 = 우지, 송 = 송지, 식 = 식물유, 파 = 파라핀. 우지·송지·식물유를 혼합한 어미자는 실험 규모의 방대함으로 인하여 청동1만을 실험하였다.
3. 금속의 재료: 청1 = 구리 70% + 주석 30%의 청동1, 황 = 구리 70% + 아연 30%의 황동, 청2 = 구리 55% + 주석 33% + 납 11% + 아연 1%의 청동2.
4. 주형의 상태: 주 = 금속 용액 주입, 건 = 건조 파손, 소 = 소성 파손, 진 = 진공법 주입.

4.2 金屬 鎔液의 注入

주형이 완전히 건조되면 금속 용액을 주입하였다. 금속 용액의 주입은 금속 재료를 준비하여 합금 작업으로 시작하였다.

4.2.1 合金 材料의 準備

합금 재료는 기본적으로 구리(Cu)・주석(Sn)・아연(Zn)・납(Pb)의 4종류를 사용하였다. 이는 동합금의 기본 재료다(<사진 18> 참조). 합금할 때 주의할 점이 있다. 처음 여러 종류의 원광을 끓인 상태에서는 각각의 금속이 충분히 혼합되지 않고 같은 성분끼리 뭉치려는 성질이 있어서 바로 주형에 주입하지 않는다. 이러한 성질은 식으면서 약해져서 고루 섞인다. 따라서 완전한 합금을 얻기 위해서는 반드시 식혔다가 다시 녹여서 사용하여야 한다. 또 바둑 형태로 식히기 위하여 도가니에서 금속 용액을 떠낼 때에는 충분히 저어야 한다. 특히 아연은 제련이나 합금을 위하여 가열하면 진한 흑황색의 유독성 가스가 강하게 발생하면서 산화되며, 용액 상태에서 구리보다 아래에 가라앉는 특성이 있다.

(A) 靑銅1

구리와 주석을 청동의 기본 합금 비율인 7 : 3으로 끓여서 혼합한 상태를 바둑 형태로 식혀서 준비하였다. 융점은 830℃ 정도.

(B) 黃銅

구리와 아연 역시 같은 방법으로 7 : 3의 비율로 혼합하여 바둑 형태로 준비하였다. 융점은 890℃ 정도.

(C) 靑銅2

고려시대의 활자라고 전해지는 고려 "𥳑"활자의 합금 성분과 비율[7]을 참고하여 비슷한 비율로 합금을 준비하였다. 고려 "𥳑"활자는 구리 50.9%, 아연 0.7%, 주석 28.5%, 납 10.2%, 철 2.2%의 합금 비율을 보이고 있다. 이 중에서 철 2.2%는 당시 제련 기술의 수준으로 미루어 충분히 제련해내지 못한 불순물로 간주하여 이번 실험에서는 무시하였다. 아연은 0.7%에 불과하지만 산화성이 강하여 부식이 빠른 특성을 가지고 있으므로 이를 감안하면 "𥳑"활자를 만들 당시에 포함된 아연의 비율은 더 높았을 것으로 판단된다. 따라서 이번 실험에서는 다소 높은 1%를 첨가하였다. 그리하여 구리 55%, 주석 33%, 납 11%, 아연 1%의 비율로 합금하여 바둑 형태로 준비하였다. 융점은 710℃ 정도.

<사진 18> **합금 재료**

청동1 	황동 	청동2 

4.2.2 어미자群의 熔出과 鑄型의 燒成

금속 용액을 주입하기 위하여는 주형 안에 묻혀 있는 어미자군의 밀랍 성분을 완벽하게 제거함과 아울러 주형을 소성하여야 한다.

7) 손보기, 「한국의 고활자」 (서울: 보진재, 1981), 68.

① 완전히 건조된 주형을 주입구가 아래로 향하도록 하여 가열로에 쌓아 넣었다. 가열로[8]의 크기는 가로 290㎜ × 세로 310㎜ × 깊이 270㎜로 약 40개의 주형을 2층으로 쌓아 넣을 수 있다(<사진 19> 참조). ② 빠른 속도로 450℃까지 가열하여 밀랍 성분이 녹아 나올 때, 주형 재료에 적게 흡수되도록 하였다. 이 온도까지는 빠른 속도로 가열하여도 주형이 균열되지 않는다. 대체로 30분 정도면 이 온도에 도달한다. 이때 밀랍 성분의 대부분은 연소되어 독가스로 까맣게 품어져 나왔다. 그러나 일부는 주형 재료에 스며들어 남아 있게 마련이다. ③ 이를 완전히 제거하기 위하여 단계적으로 온도를 700℃까지 높였다. 3시간 정도 소요되었다. 이 온도에서는 주형을 급히 가열하면 주형 재료가 균열될 수 있으므로 완만한 속도로 온도를 높여야 한다. ④ 700℃에 도달하면, 밀랍 성분이 거의 제거되어 금속 용액의 주입이 가능하다. 그러나 밀랍 성분을 완벽하게 제거하여야 주입이 잘 되어 성공률을 높일 수 있고, 금속 활자도 깨끗이 주조될 수 있다. ⑤ 이를 위하여 700℃ 상태를 1시간 정도 유지함으로써 밀랍 성분을 완전히 기화시켜서 제거하였다. 이러한 방법으로 완만히 그리고 충분히 가열하여 주형 재료 내부의 밀랍 성분을 완전히 제거하여 금속 용액을 주입할 수 있는 상태에 이르기까지 약 4~5시간 정도 소요되었다. 소성 결과 파손된 주형은 11개에 이른다(<표 6> 참조).

<사진 19> 가열로에 쌓아 넣은 주형

8) 가열로가 빈 상태 또는 주형을 1개 넣었을 경우 700℃까지 상승하기 위하여 2시간 정도 소요되며, 가열로에 반 정도 주형을 채우면 5시간 30분 정도 소요된다.

이번 실험 결과 밀랍 성분은 500℃에서 이미 가스가 나오지 않아서 완전히 기화된 현상이 나타났다.[9] 즉 가스 배출이 비교적 빨리 이루어졌다. 이는 어미자군을 용출할 때 점토 계열 주형 재료가 밀랍 성분을 흡수하는 양이 적다는 것을 의미한다. 이 같은 주형 재료의 성능을 오늘날 현대 과학으로 조제한 치과 주조용 석고계 매몰재와 비교하면 <표 7>과 같다. 이 양자의 주조 적성을 비교하면 이번 실험에서 개발한 점토 계열의 주형 재료가 치과 주조용 석고계 매몰재보다 훨씬 우수함을 알 수 있다.

<표 7> 점토 계열의 주형 재료와 치과 주조용 석고계 매몰재의 성능

비교 요소	점토 계열의 주형 재료	치과 주조용 석고계 매몰재
450℃까지 상승하기 위한 소요시간	30분	1시간
450℃를 유지해야 하는 시간	불필요	20~30분
450℃에서 500℃까지 상승하기 위한 소요시간	1시간	1시간
500℃를 유지해야 하는 시간	불필요	30분
500℃에서 700℃까지 상승하기 위한 소요시간	2시간	2시간
700℃를 유지해야 하는 시간	30분~1시간	2시간
700℃까지 상승시켜서 금속 용액 주입을 위한 총 소요시간	4~5시간	7시간
밀랍 용출 시작까지 소요시간	30분	2시간 30분
주형 재료에 흡수된 밀랍을 기화(제거)시키기 위한 온도	500℃ 700℃까지 상승시키는 이유는 혹시 남아 있을 밀랍 성분을 완전히 기화시키기 위함	700℃ 이 이하에서는 기화되지 않음
금속 용액 주입 가능한 주형의 온도와 방법	500℃에서 재래식 방법	700℃ 500℃에서는 원심법·진공법 등 기계식으로만 가능
주형의 상승 가능 온도와 기타 특징	1800℃ 정도까지 기능을 계속 유지하며, 식혔다가 재가열하여도 기능을 유지함	750℃를 초과하거나 750℃에서 3시간 이상 경과하면, 기능이 약화되어 금속 용액을 주입하면 석고가 무너지며 식혔다가 재가열하면 기능을 상실함

9) 이에 반하여 치과 주조용 석고계 매몰재는 750℃에서도 가스 냄새가 강하다.

4.2.3 金屬 鎔液의 注入

(1) 예비 검증 실험

이번 실험은 점토 계열의 주형 재료를 사용한 활자의 주조 가능성을 최초로 시도하는 것이므로, 이번에 개발한 점토 계열 주형 재료의 특징을 전혀 파악할 수 없는 상태였다. 즉 금속 용액을 주입하면 이를 잘 받아들일지 거부할지, 거부하면 용액이 튀는 등 어떠한 반응이 나타날지를 알 수 없었다. 따라서 우선 금속 용액의 취급에 따르는 위험도 배제하고 주형 재료의 특징과 성능을 파악하기 위하여 예비 검증 실험이 필요하였다.

이를 위한 표본으로 황랍, 청토, 활성탄으로 구성된 주형을 선택하여 진공법으로 청동2를 주입하여 보았다. 식은 후 주형을 깨뜨려서 주입 상태를 확인한 결과 금속 용액을 무리 없이 잘 받아들였다. 이로써 이번에 개발한 점토 계열의 재료가 주형 재료로서의 조건을 갖추었음과 금속 용액 200g 정도의 소량에 의한 자체 역량으로, 재래식 방법에 의한 직접 주입으로도 무리 없이 잘 주입될 것임을 동시에 확인할 수 있었다.

주형 1개의 예비 검증 실험을 통하여 주형 재료에 문제가 없음이 확인되자, 예정했던 기타 4개의 예비 검증 실험을 모두 생략할 수 있었다. 즉 직접 주입 방법의 경우, 주입할 금속의 양이 많을수록 주입 압력이 커서 주입이 잘 되고 성공률도 높게 마련이다. 반대로 주입하고자 하는 금속의 양이 적으면, 주형 내부의 어미자가 있던 빈 공간까지 밀어주는 힘이 약하다. 따라서 주입 역량을 높이기 위하여 위치 에너지를 이용한 방법도 준비하였으나 필요 없음이 확인된 것이다.

또한 이번 실험에서 균열이 심한 주형은 금속 용액 주입 시 발생할지 모르는 만일의 위험을 방지하기 위하여 미리 석고로 균열 부분을 충전하여 실험을 진행하였다. 석고를 충전한 주형은 활성탄·흑연·유성 탄소 등으로 조제한 것이 대부분이었다. 그 결과 금속 용액이 많이 새는 현상을 방지할 수 있었고, 석고의 도움으로 활자가 완성된 경우도 적지 않았다. 그러나 결과 분석에는 이들 활자를 모두 실패로 간주하였다.

(2) 본격 실험

<사진 20> 금속 용액의 주입

주형을 가열하고 있는 사이에, 미리 바둑 형태로 합금하여 둔 것을 녹여서 주입할 준비를 하였다. 필요한 금속의 양을 동시에 녹이려면 2~3시간이면 충분하지만, 에너지의 낭비를 막기 위하여 작은 도가니에 2~3개의 주형에 주입할 필요량만 녹이면서 주입하였다.

① 주형도 충분히 소성되어 있고 금속 용액도 충분히 끓었으면 ② 가열로에서 주형을 하나씩 꺼내어 주입구가 위로 향하도록 주입대 위에 올려놓았다. ③ 그 즉시 금속 용액이 끓고 있는 도가니를 집어서 주형의 주입구에 주입하였다(<사진 20> 참조). ④ 1분 정도 경과하면 금속 용액이 굳기 시작하였다. ⑤ 금속 용액이 굳으면 주입대에서 내려놓았

다. ⑥ 모든 주형에 금속 용액의 주입이 끝나면, 식기를 기다렸다가 다음 작업을 진행하였다. 이와 같은 방법으로 청동·황동 등을 차례로 주입하였다. 이번 실험에서는 102개의 주형에 금속 용액을 주입하였는데, 조건별 실험 상황은 <표 6>과 같다.

금속 용액을 충분히 끓였을 때의 온도는 1,300℃ 정도였고, 주입 시점의 온도는 1,036~1,281℃ 정도였다. 금속 용액을 주입할 시점에 온도를 약간 낮추는 이유는 금속 용액이 주형 안에서 계속 끓고 있으면 가스 발생량이 증가하여 금속 표면에 기포가 생기는 등으로 실패할 가능성이 크기 때문이다. 주형의 온도는 금속 주조 전문가의 경험에 의하면 200~700℃까지 다양한데, 이번 실험에서는 550~630℃ 정도였다. 평온으로 식혀서 주입하는 실험은 생략하였다. 하나의 주형에 주입한 금속의 양은 대체로 180g 정도인데, 주형의 균열 등으로 새어나올 경우는 200g을 초과하는 경우도 있었고 주형이 파손되어 절반에 미치지 못하는 경우도 있었다. 이와 같은 과정을 통하여 금속 용액의 주입을 완료하면 주형 내의 어미자 공간에 활자군이 형성되었다.

여기까지의 실험으로 이번 연구가 목표했던 주형 재료의 주조 적성은 100% 적합한 것으로 확인되어 실험의 목적을 달성하였다. 다만 향후 이어질 주조 실험에 참고 사항을 파악하기 위하여 활자를 추출하고 그 결과를 분석하면 다음과 같다.

4.3 活字의 抽出 및 成功率과 收縮率

4.3.1 活字의 抽出

① 주형이 식으면 깨뜨렸다. ② 입체형 활자군의 외부에 붙어있는 주형 재료를 솔로 털어내면서 활자군을 꺼냈다(<사진 21> 참조). 청동은 탕도와 활자가 한 자씩 부러지듯이 쉽게 떨어져서 활자군으로 노출되지 않았다. 황동은 주형의 균열된 틈새로 흘러나온 너덜이까지 붙어있어서 활자군으로 노출되는 경우가 대부분이었다. ③ 활자군이 노출되면 하나씩 떼어냈다. 청동은 연장으로 끊듯이 잘라내고, 황동은 쇠톱이나 줄로 잘라야 했다. 이때 문자면이 손상되지 않도록 주의하여야 했다. ④ 활자 표면의 주형 재료 가루를 깨끗이 털어냈다. ⑤ 성공한 활자는 대체로 필획 사이에 주형 재료가 박혀 있었다. 필획 사이에 끼어 있는 주형 재료는 고열로 구워낸 점토이므로 딱딱하여 잘 털어지지 않았다. 그러므로 문자면이 손상되지 않도록 뾰족한 대나무 등으로 파냈다. ⑥ 주형 재료 가루를 완전히 제거하기 위하여 물속에서 솔로 깨끗이 씻어냈다. ⑦ 물기를 닦아냈다. ⑧ 필획이 조성된 상태를 확인하면서 너덜이가 있으면 줄로 곱게 슬어냈다. 주형의 균열이 심한 것은 주조에 성공했다 할지라도 너덜이가 많아서 많은 손질이 필요하였다(<사진 22> 참조). ⑨ 활자는 이대로 사용이 가능하지만, 필요할 경우 문자면을 사포로 가볍게 갈아서 완성하였다(<사진 23> 참조). ⑩ 활자 보관 용기에 분류 보관하였다.

<사진 21>
주형에서 꺼낸 활자군

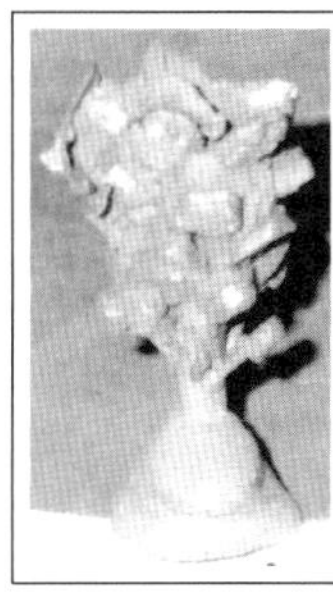

<사진 22>
너덜이 슬어 내기

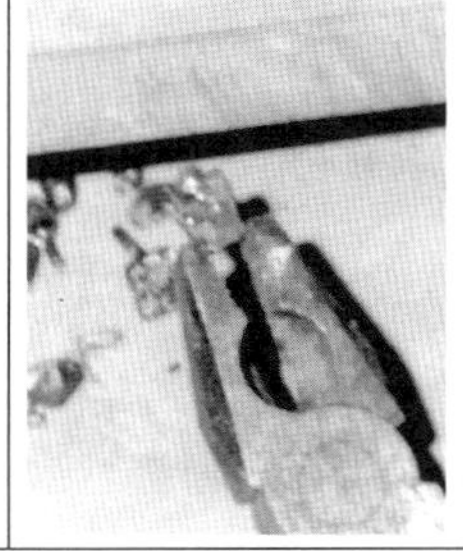

<사진 23>
활자의 문자면 손질

이번 실험에서 예상하지 못했던 다양한 현상들이 나타났다. 주형 재료 충전 후 건조 과정에서 주형 재료 내부에 형성된 기포를 제거하기 위하여 주형 재료를 가라앉힐 때, 그 충격으로 인하여 밀랍 가지봉이 부러져서 어미자와 함께 아래쪽으로 몰리는 현상이 나타났다. 이 경우 밀랍 주봉과 가지봉이 분리되어 금속 용액이 어미자 자리로 흘러 들어갈 길이 단절되었으므로 활자가 만들어지지 않아야 한다. 그러나 주형의 균열된 비정상적인 틈이 금속 용액이 흘러 들어갈 수 있는 길이 되어 본의 아니게 활자가 만들어진 경우도 있었다. 이는 활자가 2~3개씩 겹쳐져서 주조되어 있는 현상에서 알 수 있었다. 특히 황동의 경우는 주형의 균열된 틈 사이로 흘러 들어간 너덜이가 활자를 감싸고 있는 경우도 있어서 완성된 활자를 떼어내기가 어려운 경우도 있었다.

4.3.2 成功率의 산출

이번 실험은 주조가 가능한 주형 재료의 필요 충분 조건을 추출하는 점에 초점이 맞추어져 있다. 이번 실험에서 제시한 주형 재료는 100%

주조가 가능하다는 사실을 확인하였다. 따라서 금속 용액의 주입 여부를 확인하려는 연구 목적은 달성하였다.

이 점에서 활자의 주조 성공률은 사실상 큰 의미가 없다. 다만 금속 용액이 주입되어서 활자가 1개라도 주조되어야 주형 재료의 가능성을 확인할 수 있으므로 향후 주조 실험에 대비하는 의미로 그 성공률을 측정할 뿐이다. 향후의 실험에서는 주조의 성공률에 초점이 맞춰질 것이다.

활자를 인출하여 자적을 확인함으로써 성공 여부를 판단하고 성공률을 산출하였다. 자적을 인출해야 하는 이유는 목적이 서적 인출에 있기 때문이다. 또 다른 이유는 활자를 육안으로 보면 성공한 듯하나 자적을 찍으면 실패한 경우도 있고, 그 반대의 경우도 있다. 따라서 자적을 인출한 후에야 정확히 판단할 수 있기 때문이다. 완전히 실패한 활자는 인출할 필요도 없이 확인이 가능하였다(<사진 24> 참조).

성공과 실패의 기준은 다음과 같다. ① 전체적인 필획의 완성도를 살펴서 문자 식별 가능 여부를 기준으로 하였다. ② 단필・결필 등 현상의 정도와 복합 출현 등을 기준으로 하였다. ③ 기타 너덜이 여부를 기준으로 하였다.

<사진 24> 성공한 활자와 실패한 활자

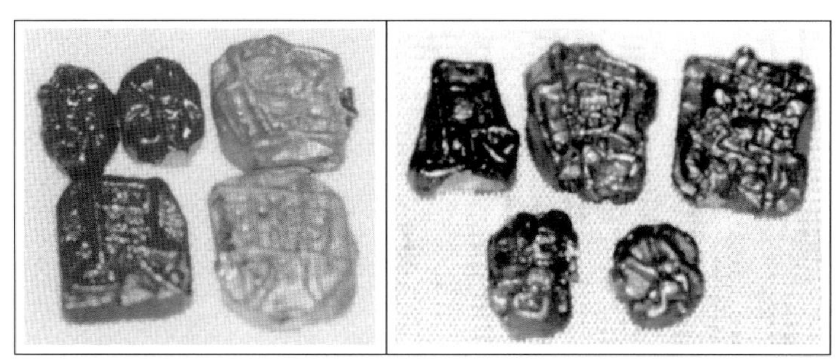

성공적으로 주조해낸 각 조건별 활자의 수량은 <표 8>과 같다.

<표 8> 성공한 금속활자의 수량(개)(각 공간의 실험 조건은 <표 6>과 같음)

기능성 재료 / 충전 재료	(가) 활성탄			(나) 흑연			(다) 유성 탄소			(라) 종이 섬유 + 활성탄			소계 / 총계
(ㄱ) 황토	2	0 2	- -	2	0	1	1	0	0	3	1	1	15 8 7
	-	1	-	0	-	1	0	0	-	3	1	2	30 (61.22%)
	-	2	-	2	0	0	0	-	0	2	1	2	
소계	2	5	-	4	0	2	1	0	0	8	3	5	
합계	7(77.78%)			6(100%)			1(50%)			16(50%)			
(ㄴ) 백토	0 0 0	-	0	-	-	-	0	-	-	0	0	0	0 1 0
	-	0	0	-	-	-	-	-	-	0	0	0	1 (2.04%)
	0	1	-	-	-	-	-	-	0	0	0	0	
소계	0	1	0	-	-	-	0	-	0	0	0	0	
합계	1(11.11%)			-			0(0%)			0(0%)			
(ㄷ) 청토	0	0	- 0	-	-	-	0	-	-	5	0	1	10 1 3
	0	0	0	0	-	-	-	0	-	1	1	0	14 (28.57%)
	- 1	0	-	-	-	-	1	0	-	2	0	2	
소계	1	0	0	0	-	-	1	-	-	8	1	3	
합계	1(11.11%)			0(0%)			1(50%)			12(37.5%)			
(ㄹ) 내화토	0	-	-	0	0	0	0	0	-	0	0	0	2 1 1
	0	0	0	-	0	0	0	0	-	2	1	0	4 (8.16%)
	0	0	0 0	0	0	0	0	0	0	0	0	1	
소계	0	0	0	0	0	0	0	0	0	2	1	1	
합계	0(0%)			0(0%)			0(0%)			4(12.5%)			
소계 / 합계	4	9 (18.37%)		3	6 (12.24%)		1	2 (4.08%)		11	32 (65.31%)		49 (1.92%)
	1			1			0			11			
	4			2			1			10			
총계	9 (1.24%)			6 (1.41%)			2 (0.40%)			32 (3.56%)			

성공한 금속활자의 수량은 49개다. 이를 위하여 금속 용액을 주입한 주형 102개에 대한 전체의 평균 성공률은 49÷(102×25=2,550)=1.92%로 나타났다.[10)]

10) 전체 어미자의 수량은 주형 150개×어미자 25개 = 3,750개다. 따라서 금속활자 주조의 실제 평균 성공률은 49÷3,750 = 1.31%인 셈이다.

각 조건별 성공 점유율을 보면 어미자의 재료는 황랍 19÷49=38.78%, 파라핀 34.69%로 비슷하게 나타났고, 나머지 3종류는 합하여 26.53%였다. 충전 재료의 경우 황토 계열이 61.22%로 가장 높았고, 청토 28.57%, 내화토 8.16%, 백토 2.04% 순이었다. 기능성 재료는 종이 섬유+활성탄의 경우가 65.31%로 가장 높았고, 활성탄 18.37%, 흑연 12.24%, 유성 탄소 4.08% 순이었다. 금속의 종류는 균등한 조건에서의 평가를 위하여 황랍과 파라핀의 경우를 비교하면 청동1이 58.33%로 가장 높았고, 황동 19.44%, 청동2는 22.22%로 나타났다.

성공한 금속활자의 문자별 수량과 분포율을 정리하면 <표 9>와 같다.

<표 9> 성공한 금속활자의 문자별 수량과 분포율

문자		見	動	轉	善	化	합계
(가) 활성탄	수량(개)	2	2	3	1	1	9
	분포율(%)	22.22	22.22	33.33	11.11	11.11	100
(나) 흑연	수량(개)	3	1	0	0	2	6
	분포율(%)	50.0	16.67	0	0	33.33	100
(다) 유성 탄소	수량(개)	0	0	1	0	1	2
	분포율(%)	0	0	50	0	50	100
(라) 종이 섬유 +활성탄	수량(개)	11	3	3	8	7	32
	분포율(%)	34.38	9.38	9.38	25.0	21.88	100
합계	수량(개)	16	6	7	9	11	49
	분포율(%)	32.65	12.24	14.29	18.37	22.45	100

문자 필획의 다과에 의한 주조 성공률은 대·소 활자 모두 대체로 필획이 적은 문자의 성공률이 높았다. 그러나 動과 轉의 경우를 비교하면 필획이 복잡한 轉의 경우가 높게 나타나, 이 원칙에 맞지 않는다. 또한 善과 化의 경우는 필획 밀도의 현격한 차이에 비하여 성공한 수량은 2개밖에 차이 나지 않는다. 대·소 문자를 통틀어 밀도를 보면 化·見·動·轉·善 순으로 높아진다. 그러나 성공한 활자의 수량은 차례대로 11·16·6·7·9개로 필획의 다과와 주조의 성공률을 상관지을 수 없을 만큼 분포율이 각각 나타났다. 즉 필획의 다과는 주조의 성공률에 그다지 큰 영향을 미치지 않았다.

이들 활자의 자적을 어미자의 자적과 비교하면 <표 10>과 같다.[11) 어미자의 자적은 각 문자마다 5개씩을 제작하여 실험하였으나, 여기에서는 각각 2개씩만을 예시하였다. 예시한 자적을 살펴보면 단필·너덜이 등 현상을 발견할 수 있다. 이는 "Ⅱ. 「直指」의 字跡에 나타난 直指活字 硏究"에서도 발견할 수 있었다. 아직은 성급한 판단이기는 하나, 이 점에서 이번 실험은 직지활자 주조 방법의 범주였을 가능성을 암시하고 있다.

11) 자적의 크기는 활자의 동일 여부를 판단하는 결정적인 근거가 되므로 대단히 중요하다. 따라서 본 연구 전체에 등장하는 자적은 원칙적으로 실물 크기로 하였다. 다만 스캔과 편집 과정에서 부득이 오차가 나타날 수 있다. 자적의 특징 부분은 쉽게 알아볼 수 있도록 확대하여 수록하였다.

<표 10-1> 금속활자와 어미자의 자적(활성탄)

금속활자		어미자					
실험 조건	성공 사례	재료	조각 주조				
1ㄱA	見	황랍	見	動	轉	善	化
1ㄱA	轉		見	動	轉	善	化
1ㄱB	動	우지 첨가	見	動	轉	善	化
1ㄱB	轉		見	動	轉	善	化
3ㄱA	化	송지 첨가	見	動	轉	善	化
5ㄱB	轉		見	動	轉	善	化
5ㄱB	動	식물유 첨가	見	動	轉	善	化
5ㄴB	善		見	動	轉	善	化
5ㄷA	見	파라핀	見	動	轉	善	化
			見	動	轉	善	化

1. 실험 조건 기술 순서: 어미자의 재료, 충전 재료, 금속의 재료순.
2. 어미자의 재료: 1 = 황랍(황), 2 = 우지(우), 3 = 송지(송), 4 = 식물유(식), 5 = 파라핀(파).
3. 충전 재료: ㄱ = 황토(황), ㄴ = 백토(백), ㄷ = 청토(청), ㄹ = 내화토(내).
4. 금속의 재료: A = 청동1(청1), B = 황동(황), C = 청동2(청2).

<표 10-2> **금속활자와 어미자의 자적(흑연)**

금속활자		어미자					
실험 조건	성공 사례	재료	조각 주조				
1ㄱA	見	황랍	見	動	轉	善	化
1ㄱA	化		見	動	轉	善	化
1ㄱC	化	우지 첨가	見	動	轉	善	化
4ㄱA	見		見	動	轉	善	化
5ㄱA	見	송지 첨가	見	動	轉	善	化
5ㄱA	動		見	動	轉	善	化
		식물유 첨가	見	動	轉	善	化
			見	動	轉	善	化
		파라핀	見	動	轉	善	化
			見	動	轉	善	化

<표 10-3> 금속활자와 어미자의 자적(유성 탄소)

<table>
<tr><th colspan="2">금속활자</th><th colspan="6">어미자</th></tr>
<tr><th rowspan="2">실험 조건</th><th rowspan="2">성공 사례</th><th rowspan="2">재료</th><th colspan="5">조각</th></tr>
<tr><th colspan="5">주조</th></tr>
<tr><td>1ㄱA</td><td>化</td><td rowspan="2">황랍</td><td>見</td><td>動</td><td>轉</td><td>善</td><td>化</td></tr>
<tr><td>5ㄷA</td><td>轉</td><td>見</td><td>動</td><td>轉</td><td>善</td><td>化</td></tr>
<tr><td></td><td></td><td rowspan="2">우지 첨가</td><td>見</td><td>動</td><td>轉</td><td>善</td><td>化</td></tr>
<tr><td></td><td></td><td>見</td><td>動</td><td>轉</td><td>善</td><td>化</td></tr>
<tr><td></td><td></td><td rowspan="2">송지 첨가</td><td>見</td><td>動</td><td>轉</td><td>善</td><td>化</td></tr>
<tr><td></td><td></td><td>見</td><td>動</td><td>轉</td><td>善</td><td>化</td></tr>
<tr><td></td><td></td><td rowspan="2">식물유 첨가</td><td>見</td><td>動</td><td>轉</td><td>善</td><td>化</td></tr>
<tr><td></td><td></td><td>見</td><td>動</td><td>轉</td><td>善</td><td>化</td></tr>
<tr><td></td><td></td><td rowspan="2">파라핀</td><td>見</td><td>動</td><td>轉</td><td>善</td><td>化</td></tr>
<tr><td></td><td></td><td>見</td><td>動</td><td>轉</td><td>善</td><td>化</td></tr>
</table>

<표 10-4-1> **금속활자와 어미자의 자적(종이 섬유 + 활성탄 1)**

금속활자				어미자			
실험 조건	성공 사례			재료	조각 주조		
1ㄱA	善	善	化	황랍	見	動	轉
1ㄱB	化				見	動	轉
1ㄱC	轉				善	化	
2ㄱA	見	見	轉		善	化	
3ㄱA	善			우지 첨가	見	動	轉
4ㄱA	見	轉			見	動	轉
5ㄱA	見	化			善	化	
5ㄱB	化				善	化	
5ㄱC	見	見		송지 첨가	見	動	轉
1ㄷA	善	善	善		見	動	轉

<표 10-4-2> 금속활자와 어미자의 자적(종이 섬유 + 활성탄 2)

금속활자				어미자			
실험 조건	성공 사례			재료	조각		
					주조		
1ㄷA	化	化		송지 첨가	善	化	
1ㄷC	動				善	化	
2ㄷA	見			식물유 첨가	見	動	轉
3ㄷA	見				見	動	轉
5ㄷA	見	化			善	化	
5ㄷC	見	善			善	化	
2ㄹA	見	動		파라핀	見	動	轉
3ㄹA	善				見	動	轉
5ㄹC	動				善	化	
					善	化	

4.3.3 收縮率[12]의 측정

수축률은 「直指」를 복원하기 위하여 대단히 중요한 요소이다. 왜냐하면 정식으로 「直指」를 복원할 활자를 주조할 때, 미리 자본의 크기에 반영하여 직지활자와 같은 크기로 주조하기 위하여 반드시 필요하기 때문이다. 이는 점토를 주형의 충전 재료로 사용하는 한, 건조 수축과 소성 수축을 피할 수 없으므로 필수적이다. 따라서 수축률을 의식하지 않는다는 것은 복원의 개념이 없는 것과 동일하다.

성공한 활자와 실패한 활자일지라도 자적의 크기를 측정할 수 있는 15개(30.61%)의 표본을 추출하여 조각한 어미자의 자적과 비교하여 수축률을 측정하였다. 측정상의 오차를 최소화하기 위하여 자적을 200%로 확대하여 세로(長)를 실측하였다. 2개의 자적을 나란히 놓고 같은 각도에서 같은 방법으로 측정하였다. 그러나 자적의 양단이 충분히 주조되지 못했거나 모호한 경우가 많아서 다소의 오차는 불가피해 보였다. 실측의 대상과 수축률은 <표 11>과 같다. 금속활자는 어미자보다 평균 95.03%로 4.97% 수축되었다.

<표 11> 실측 대상 문자의 길이(200%)와 수축률(%)

표본		금속활자(㎜)	어미자(조각)(㎜)	개별 수축률	평균 수축률	
(가) 활성탄	황,황,황 =動	19.8	21.1	93.84	95.07	95.03
	파,황,황 =動	20.8	21.6	96.30		
(나) 흑연	황,황,청1=化	14.9	15.8	94.30	92.13	
	황,황,청2=化	14.2	16.1	88.20		
	식,황,청1=見	19.4	21.2	91.51		
	파,황,청1=見	18.9	20.0	94.50		

12) 주형의 충전 재료가 점토이므로 건조·소성 과정에서 반드시 수축 현상이 나타나기 마련이다. 대부분의 기능성 재료처럼 한번 구워진 물질은 다시 구워도 수축되지 않으므로 기능성 재료의 혼합 비율이 높을수록 수축률은 낮아진다.

(다) 유성 탄소	황,황,청1=化	15.3	15.8	96.84	95.14	95.03
	파,청,청1=轉	22.8	24.4	93.44		
(라) 종이 섬유 +활성탄	황,황,청1=善	16.2	17.0	95.29	96.64	
	황,청,청1=化	14.8	15.8	93.67		
	우,황,청1=見	19.9	21.2	93.87		
	송,황,청1=善	16.9	17.0	99.41		
	식,황,청1=見	19.9	20.0	99.50		
	식,황,청1=轉	21.3	22.2	95.95		
	파,청,청1=化	15.9	16.1	98.76		

5. 實驗 結果의 分析

5.1 實驗 設定의 條件

금속활자 밀랍주조법의 세부 과정을 단계별로 다양하게 실험 조건을 설정하여 추적하였다. 이를 위하여 설정한 조건은 <표 12>와 같다.

<표 12> 실험 설정의 조건

1	어미자의 재료	① 황랍 100%, ② 황랍 60% + 우지 40%, ③ 황랍 65% + 송지 30% + 콩기름 5%, ④ 황랍 80% + 콩기름 20%, ⑤ 파라핀 100% 등 5종
2	주형의 충전 재료	㉠ 황토, ㉡ 백토, ㉢ 청토, ㉣ 내화토 등 4종
3	주형의 기능성 재료	㉮ 炭粉(활성탄), ㉯ 흑연, ㉰ 유성 탄소, ㉱ 종이 섬유 + 활성탄 등 4종
4	금속의 재료	Ⓐ 청동1(구리 70% + 주석 30%), Ⓑ 황동(구리 70 %+ 아연 30%), Ⓒ 청동2(구리 55% + 주석 33% + 납 11 %+ 아연 1%) 등 3종
5	주조 활자의 수량 = 금속 주입 양	25개, 약 180g 1종
6	문자의 수량	대자 3종, 소자 2종 등 5종을 동시에 실험하여 1종
7	주형의 소성 온도	700℃ 1종
8	금속 용액의 주입 온도	1,036~1,281℃ 1종
9	금속 용액의 주입 방법	재래식 직접 주입 1종

5.2 實驗 結果의 分析

단계별 조건을 조합하면 실험의 종류는 144종에 이른다. 일부 조건이 중복된 주형 6개를 합하면 150개이지만, 건조 파손 주형 37개와 소성 파손 주형 11개를 제외한 102개의 주형 실험을 통하여 나타난 결과를 분석하면 다음과 같다.

5.2.1 어미자의 材料

밀랍 성분이 원래 끈적끈적하면서 강도가 약한 편이어서 문자를 조각하기에 까다로웠다. 그중 황랍과 송지를 첨가한 밀랍은 어느 정도의 강도를 유지하고 있어서 어렵지만 문자를 조각할 수는 있었다. 그러나 우지와 식물유를 혼합한 재료는 열에 쉽게 녹고 끈적끈적하여 손과 조각도에 쉽게 달라붙고 또 강도가 상당히 약해져서, 문자 조각 능률이 현저히 떨어졌고 자본의 필획을 살리기도 어려웠다. 일반적으로 숙련된 각수 1人이 1日 12시간에 목재에는 80개 정도 조각하는 데 비하여 황랍과 송지를 혼합한 밀랍 재료는 10여 개 정도, 우지나 식물유를 혼합한 밀랍 재료는 5~10개 정도에 불과하였다. 따라서 이 두 종류는 어미자의 재료로는 부적합한 것으로 판단되었다. 파라핀은 수축률이 크고 식으면 잘 부러지는 성질을 가지고 있으나, 문자를 조각하기에는 단단한 성질로 인하여 황랍보다 오히려 편리하였다. 금속활자의 주조 성공률도 황랍과 비슷한 비율로 나타나서 황랍을 대신할 수 있는 재료로 평가되었다.

5.2.2 鑄型의 充塡 材料

생활 주변에서 쉽게 구할 수 있는 황토 계열의 재료가 가장 높은 성공률을 보인 점에서 점성을 가진 점토는 모두 밀랍주조법의 충전 재료가 될 수 있음을 확인하였다. 다만 이를 수비하여 입자가 굵은 모래는 제거하고 점토 내지는 사질 점토 성분을 여과하여야 했다. 기타 인공적으로 조제된 점토도 가능하였다.

한 번 사용한 주형 재료는 점력을 상실하여 재사용이 불가능하였다. 대체로 100℃ 이상 가열한 점토는 돌 성분으로 변하여 점력을 상실한다.

5.2.3 鑄型의 機能性 材料

102개의 주형에 무리 없이 재래식 방법으로 금속 용액을 100% 주입할 수 있었던 점으로 미루어 활성탄·흑연·유성 탄소 등은 금속 용액 주입 시 발생하는 가스를 흡수하여 주조가 가능하도록 하는 기능을 가지고 있음을 파악하였다. 혼합 비율은 10~22.22%였다.

특히 종이 섬유는 주형 재료의 균열을 방지하는 기능이 탁월하였다. 혼합 비율은 2.22%였다. 활성탄·흑연·유성 탄소를 혼합한 주형이 건조나 소성 과정에서 균열이 심한 경우와 달리, 종이 섬유를 혼합한 주형은 균열로 인하여 금속 용액을 주입하지 못하고 실패한 경우는 없었다. 이는 종이 섬유가 점토 내에 섞여서 균열을 방지하는 기능을 발휘한 것으로 주조의 성공률에까지 영향을 크게 미친다는 사실을 알 수 있었다.

종이 섬유를 혼합하지 않은 활성탄 주형과 비교하면 금속 용액의 주입 성공률은 29 ÷ 42 = 69.05%, 주조 성공률은 1.24%임에 비하여, 종이 섬유를 혼합한 경우는 금속 용액의 주입 성공률이 100%, 주조 성공률이 3.56%였다. 이는 상대적으로 1.44배와 2.87배의 높은 결과로써 종이 섬유의 기능이 절대적일만큼 중요함을 알 수 있었다.

다만 종이 섬유를 혼합한 재료에서는 유동성이 남아 있을 때 재료 내의 기포를 없애기 위하여 흔들어준 결과, 점토와 종이 섬유가 같이 아랫방향으로 가라앉으면서 밀랍 주봉에 약하게 붙어 있던 어미자의 밀랍 가지봉을 부러뜨리기도 하여 밀랍 주봉만 남아 있는 경우가 발생하기도 하였다. 따라서 이러한 문제점을 해결할 수 있는 방법이 필요하였다. 또한 주형 재료 안에 균일하게 혼합되기 위하여 또 어미자군의 틈새 사이에 고르게 섞여 들어가기 위하여 섬유가 지나치게 길지 않아야 함을 발견하였다.

기실은 기능성 재료가 충전 재료보다 더 중요하다고 판단된다. 왜냐하면 충전 재료인 점토는 기능성 재료를 이어주는 정도의 기능을 하며, 금속 용액을 받아들일 수 있도록 하는 역할은 기능성 재료가 하기 때문이다.

결과적으로 충전 재료와 기능성 재료를 혼합한 주형 재료 16종의 주조 적합성 여부는 모두 금속 용액을 무리 없이 받아들일 수 있다는 사실에서 100% 적합한 것을 발견하였다. 더 나아가 그 기능이 오늘날 과학적으로 처방된 치과 주조용 석고계 매몰재보다 우수함도 확인할 수 있었다. 이로써 이번 실험의 주된 목적을 달성하였다.

그러나 건조 과정과 소성 과정에서 모든 주형에 기포 현상과 함께 심하게 균열되는 현상이 나타남으로써 성공률이 낮을 수밖에 없었던 점에서, 이를 방지할 방법의 연구가 절실하였다. 또한 기능성 재료인 흑연이나 유성 탄소의 유성 구조는 물에 용해되지 않아서 점토와 완전히 융합할 수 없는 점 등으로 인하여 주형이 쉽게 파손되는 점에서, 혼합 비율을 낮추는 등 이를 최소화할 수 있는 방법의 연구가 절실하였다.

5.2.4 金屬의 材料

청동1이 가장 높은 주조 성공률을 보였고, 황동과 청동2도 역시 주조에는 큰 무리가 없음을 확인하였다.

5.2.5 鑄造 活字의 數量 = 金屬의 注入 量과 注入 方法

금속의 주입 양은 활자 25개를 주조하는 200g 정도의 소량으로도 무리 없이 주입할 수 있었다. 주입 방법도 역시 특별한 기교가 필요 없는 재래식으로 주형의 주입구에 직접 주입하여도 충분하였다.

5.2.6 文字 筆劃의 多寡

필획의 다과와 밀도 등을 고려하면 구체적인 상관관계를 추출할 수 없을 만큼 각각의 성공률을 나타냈다. 따라서 문자 필획의 다과 또는 밀도는 주조에 큰 영향이 없음을 확인할 수 있었다.

5.2.7 鑄造의 成功率과 收縮率

이번 실험의 주된 목적은 아니지만, 성공적으로 주조해낸 금속활자는 49개며, 이의 성공률은 1.92%였다.

주조된 금속활자와 어미자의 비율은 95.03%로 4.97%의 수축률을 확인하였다.

5.2.8 字跡의 比較

주조에 성공한 활자의 자적에 나타난 단필이나 너덜이 현상은 「直指」에서도 발견할 수 있는 유사한 현상으로 간주할 수 있다. 이에 근거하면 저자가 유추한 밀랍주조법과 이번 실험 과정은 직지활자를 주조하기 위하여 사용한 방법일 가능성이 있는 것으로 보였다.

5.2.9 기타

주형 내 어미자의 문자면 방향, 밀랍 가지봉의 굵기와 형태 등의 실험은 환경을 설정하여 시도하였다. 그러나 주조 성공률의 저조로 인하여 주조의 성공 가능성만 확인할 수 있었을 뿐, 구체적인 통계치를 산출할 수 없었다. 또한 어미자의 용출 방법, 금속 용액 주입 시의 온도, 주형의 온도 등은 오늘날 귀금속 주조나 치과 재료 주조 방법과 대동소이함을 알 수 있었다.

6. 小 結

금속활자의 밀랍주조법의 실체를 추적하기 위하여 다양한 실험을 실시하였다. 중대형 청동기 주조 등의 문헌 연구를 통하여 추적한 밀랍주조법의 기본 과정을 소형이면서 섬세한 금속활자의 주조에 적용하여 주형 재료의 성공 가능한 범주를 추적하였다. 다양한 주형 재료에 다양한 조건을 부여하여 실험한 결과 각 단계별로 주조가 가능한 조건을 정리하면 다음과 같다.

(1) 어미자의 재료

어미자의 재료는 밀랍의 성질을 가지고 있는 물질이어야 한다. 이에는 황랍뿐만 아니라 송지를 30% 첨가한 밀랍과 오늘날의 석유화학에서 생산되는 파라핀도 가능하였다.

우지나 식물유를 첨가한 밀랍은 가능하기는 하였으나 조각 능률의 현저한 차이로 인하여 부적합하였다.

(2) 주형의 재료

주형 재료 16종은 모두 성공적으로 금속 용액을 100% 받아들였다. 더 나아가 그 기능이 오늘날 과학적으로 처방된 치과 주조용 석고계 매몰재보다 우수함도 확인할 수 있었다. 이를 구성하는 충전 재료는 점성을 가진 흙이면 모두 가능하였다. 또한 기능성 재료가 중요한 역할을 하였으며, 활성탄·흑연·유성 탄소 등이 유용한 것으로 판명되었다. 이의 혼합 비율은 10~22.22%였다. 한 번 사용한 주형 재료는 재사용이 불가능하였다.

특히 종이 섬유는 주형 재료의 균열을 방지하는 데에 뛰어난 기능을 발휘할 수 있음을 발견하였다. 이의 혼합 비율은 2.22%였다. 이를 활성탄 실험과 비교하면 금속 용액의 주입 성공률과 금속활자의 주조 성공률을 상대적으로 1.44배와 2.87배로 높였다. 따라서 그 기능과 효과가 주조의 성공률에까지 영향을 미칠 만큼 절대적임을 알 수 있었다. 이로써 이번 실험의 주된 목적을 달성하였다.

단 주형 재료가 완전히 건조된 후에 다음 작업을 진행하여야 하며, 기능성 재료가 유성인 경우는 점토와 완전히 융합할 수 없으므로 이의 혼합 비율을 가능한 한 낮추거나 수성 재료로 대체하여야 성공률을 높일 수 있을 것으로 판단되었다.

특히 이번 실험을 통하여 주형 재료로 전 금속활자장 오국진에 의하여 편법으로 이용되어온 "치과 주조용 석고계 매몰재"를 대신하여 고려시대에 사용했을 법한 전통 재료를 찾아낸 점은 성공적이라고 할 수 있다.

(3) 합금의 성분 및 주입 양과 방법

구리를 55~70%로 하는 구리 합금은 모두 가능하였다. 금속의 주입 양은 200g 정도의 소량으로, 재래식 방법으로 주입하여도 문제가 없었다.

(4) 문자 필획의 다과

필획의 밀도와 주조의 성공률은 구체적인 상관관계가 없음을 확인하였다.

(5) 주조의 성공률과 수축률

이번 실험의 주된 목적은 아니지만, 주조의 성공률은 1.92%였고, 수축률은 4.97%였다.

(6) 자적의 비교

주조에 성공한 활자와 「直指」의 자적이 유사한 점에만 초점을 맞추어 유추하면, 성급한 판단이기는 하나, 이번 실험의 밀랍주조법은 직지활자의 주조 방법일 가능성이 있는 것으로 판단되었다.

(7) 기타

어미자의 문자면 방향, 밀랍 가지봉의 굵기와 형태에 의한 주조 결과 등은 환경을 설정하여 실험하였으나, 주조 성공률이 저조하여 통계치를 산출하지 못하였다. 어미자 용출 방법, 금속 용액 주입 시의 온도, 주형의 온도 등은 오늘날 귀금속이나 치과 재료 주조 방법과 대동소이함을 알 수 있었다.

(8) 향후 과제

이번 실험에서 사용한 주형틀·고무 받침 등 일부 현대적 실험 기기와 방법은 불모지에서 기초 정보를 얻기 위하여 부득이 사용하긴 하였으나, 향후의 연구에서는 고려시대의 재래식 방법에 적합한 도구로 교체할 필요가 있었다. 주형 재료가 건조되면서 발생하는 기포를 발생하지 않도록 하거나 제거하는 방안과 주형의 균열을 방지할 수 있는 방안의 강구가 절실하였다. 이 점이 주조의 성공률을 높일 수 있는 핵심으로 판단되었다.

이번 실험은 금속활자 밀랍주조법에 대한 개념이 전혀 없는 국내 학계의 현실에서 처음으로 시도되어, 기본 방향을 설정할 수 있음으로써 향후의 활자본 복원이나 발전된 연구를 위한 바탕을 제공할 수 있었음에 큰 의의가 있을 것이다. 앞으로는 이번 실험에서 나타난 문제점을 개량 또는 해결하여 성공률을 높일 수 있는 연구가 절실하다고 판단되었다.

直指活字의 蜜蠟鑄造法 實驗 研究

直指活字의 蜜蠟鑄造法 實驗 研究*

An Experimental Investigation on the Wax Casting Method of the Jikji Type

◁ 목　차 ▷

<초 록>

금속활자를 주조할 수 있는 황토・백토・청토・내화토・산청토・옹기토 등 6종의 충전 재료를 사용한 밀랍주조법의 구체적인 과정과 원리를 추적하였다.

(1) 어미자의 재료: 황랍과 함께 왁스가 효과적이었다.

(2) 주형의 재료: 충전 재료로 황토・백토・청토・내화토・산청토・옹기토 등은 유용하였다.

기능성 재료로 활성탄 10~50%・흑연 5~20%・유성 탄소 5%・종이 섬유 0.5~2%・수성 탄소 5~50%는 유용하였다. 특히 종이 섬유는 주형의 균열 방지와 주조의 성공률 및 활자의 완성도에까지 절대적인 영향을 미쳤다. 다

* 1. 曺炯鎭, "金屬活字의 黃土를 이용한 蜜蠟鑄造法 實驗 硏究", 「書誌學硏究」 제43집(2009. 9), 41-92.
2. 조형진, "금속활자의 백토를 이용한 밀랍주조법 실험 연구", 「書誌學硏究」 제44집(2009. 12), 119-160.
3. 曺炯鎭, "金屬活字의 靑土를 이용한 蜜蠟鑄造法 實驗 硏究", 「書誌學硏究」 제46집(2010. 9), 199-235.
4. 曺炯鎭, "금속활자의 내화토를 이용한 밀랍주조법 실험 연구", 「書誌學硏究」 제48집(2011. 6), 153-190.
5. 曺炯鎭, "금속활자의 산청토를 이용한 밀랍주조법 실험 연구", 「書誌學硏究」 제45집(2010. 6), 259-293.
6. 曺炯鎭, "금속활자의 옹기토를 이용한 밀랍주조법 실험 연구", 「書誌學硏究」 제47집(2010. 12), 129-167.

만 다른 기능성 재료의 비율이 높으면 종이 섬유의 비율도 높아야 하였다. 활성탄 40% 이상과 흑연 20%는 부분적으로 부적합하였다. 수성 탄소 10~40%는 기능이 탁월하여 매우 유용하였다.

(3) 금속의 성분 및 주입 양과 방법: 구리를 55~70%로 하는 청동 합금이 황동보다 효과적이었다. 주입 양은 300g 정도의 소량을 800~1,000℃로 가열하여, 재래식 방법으로 주입할 수 있었다.

(4) 문자 필획의 다과: 주조 성공률이 17.26% 정도로 낮은 경우에는, 필획이 적을수록 성공률이 높게 나타났다. 그러나 성공률이 48.0% 정도로 높아지면, 필획의 다과는 주조의 성공률과 무관하였다.

(5) 문자면의 방향과 금속 용액의 주입 방향: 문자면을 측향으로 하여 금속 용액을 입식으로 주입하는 것이 성공률에 절대적인 영향을 미쳤다.

(6) 주탕도의 굵기: 4.5㎜ × 5.0㎜ = 22.5㎟의 주탕도로도 충분하였다.

(7) 주형의 온도: 주형의 소성 온도는 600℃로도 충분하였다. 다만 파손을 방지하기 위하여 서서히 가열할 필요가 있었다.
금속 용액 주입 시 주형의 온도는 성공률과 무관하였다.

(8) 주조의 성공률과 수축률: 전체의 평균 성공률은 20.07%였다. 최고의 성공률은 92.0%로 옹기토 실험의 2종류의 조건에서 나타났다. 성공률을 높이기 위해서는 주형을 입식으로 하여 금속 용액의 주입 방향을 수직으로 하여야 했다.
수축률은 평균 96.33%로 3.67% 수축되었다. 이는 「直指」와 같은 크기의 활자를 주조하기 위하여 자본을 104%로 확대한 점이 대단히 현명한 판단이었음을 증명하고 있다.

(9) 동일 조건에서의 결과: 옹기토 계열의 동일한 조건의 주형에서 나타난 성공률은 각각 50%와 44%로 6%의 편차가 있었다. 이는 주형 재료가 점토계인 까닭에 인위적으로 극복할 수 없는 한계로 보인다.

(10) 활자 자적의 특징과 필획의 완성도: 「直指」에서 발견할 수 있는 특징이 모두 나타났다. 따라서 이번 실험이 제시한 밀랍주조법은 직지활자를 주조하기 위하여 사용했던 방법일 가능성이 있는 것으로 보였다.
필획의 완성도는 활성탄 · 종이 섬유 · 수성 탄소 등이 높았고, 흑연과 유성 탄소가 낮았다.

要語 : 금속활자, 밀랍주조법, 황토, 백토, 청토, 내화토, 산청토, 옹기토, 활성탄, 흑연, 유성 탄소, 종이 섬유, 수성 탄소, 합금 성분, 주조 성공 조건, 주조 성공률, 주조 수축률, 문자 필획의 완성도, 「直指」

〈ABSTRACT〉

This study attempted to unveil the specific procedure and principle of metal type wax casting method that used six types of filling material including yellow earth, white clay, celadon clay, fire clay, Sanchung clay and pottery clay.

(1) Matrix material: Beeswax and injection wax were effective.

(2) Mould material: Yellow earth, white clay, celadon clay, fire clay, Sanchung clay and pottery clay were effective as the filling material.
The effective functional materials were 10~50% activated carbon, 5~20% graphite, 5% oil carbon, 0.5~2% paper fiber, and 5~50% water carbon. In particular, paper fiber played a crucial role in preventing cracks in the mould, improving the success rate of casting, and maintaining the type quality. Yet increasing the proportion of other functional materials had to be met by the increase in the proportion of paper fiber. Activated carbon 40% or above and 20% graphite were partially inappropriate. 10~40% water carbon was functionally extraordinary and very effective.

(3) Metal components, pouring quantity, and pouring method: Bronze alloys with 55 to 70% copper were more effective than brass. The pouring quantity could be as small as 300g, the metal would have to be heated to 800~1,000°C, and the conventional method could be used for pouring.

(4) Number of character strokes: When the success rate of casting was as low as 17.26%, the fewer character strokes led to the higher success rate. On the other hand, when the success rate increased up to 48.0%, the number of character strokes had no impact on the success rate of casting.

(5) Direction of character face and direction of metal liquid pouring: The greatest factor for the success rate of casting was the pouring method, that is, pouring metal liquid into a mould in the upright position with character face in the lateral direction.

(6) Thickness of main path for metal liquid: 4.5㎜ × 5.0㎜ = 22.5㎟ was sufficient.

(7) Temperature of mould: 600℃ was sufficient enough as the heating temperature for mould. Yet the heating had to be slowly accelerated to prevent mould from getting cracked. The temperature of mould when pouring metal liquid had no impact on the success rate of casting.

(8) Casting success rate and contraction rate: The average success rate was 20.07% overall. The highest success rate was 92.0%, which was observed in the two conditions of pottery clay experiment. In order to enhance the success rate, the mould had to be in the upright position to maintain the pouring of metal liquid in vertical direction.

The contraction rate was 3.67% on average and its original size was contracted to 96.33%. This result proves that it was a very wise decision to enlarge the manuscript to 104% to cast types with size equal to the Jikji type.

(9) The results under the same conditions: The success rate under the same casting conditions of pottery clay was 50% and 44% respectively, resulting in 6% variance. This seems to be a limitation that cannot be artificially overcome as the mould material is clay.

(10) Characteristics of type traces and quality of type strokes: All the distinctive characteristics in *Jikji* were observed here. Therefore, it is possible that the wax casting method suggested in this experiment was the replication of the casting method actually used in Jikji type.

The quality of type strokes was high in the conditions of activated carbon, paper fiber, and water carbon, whereas it was low in the conditions of graphite and oil carbon.

Key words : Metal Type, Wax Casting Method, Yellow Earth, White Clay, Celadon Clay, Fire Clay, Sanchung Clay, Pottery Clay, Activated Carbon, Graphite, Oil Carbon, Paper Fiber, Water Carbon, Component of Alloy, Casting Success Conditions, Casting Success Rate, Casting Contraction Rate, Quality of Character Strokes, *Jikji*

1. 小 緖

"Ⅳ. 直指活字의 蜜蠟鑄造法 鑄型 材料 實驗 硏究"에서 점토계의 충전 재료에 기능성 재료를 혼합하여 금속활자의 주조가 가능한 주형 재료의 기본 조건을 파악하였다.

이번 실험은 충전 재료와 기능성 재료의 범위를 확대하면서, 특히 기능성 재료 혼합 비율의 최대치와 최소치를 확인하고자 하였다. 또한 정식으로 활자를 주조해낼 수 있도록 주조 과정상의 문제점을 해결하고 주조 성공률을 높이기 위하여 중점을 두었다. 이처럼 금속활자 밀랍주조법의 전체 과정을 실험으로 증명함으로써 밀랍주조법의 완전한 개념과 원리를 제시하고자 하였다.

2. 字本과 어미자의 準備

2.1 字本의 選定

"Ⅳ. 2.1 字本의 選定"과의 차이점은 다음과 같다. 자본으로 「直指」의 멸실된 卷下 第1葉과 第2葉에 등장하는 문자를 추출하였다. 그 이유는 실험 결과를 「直指」의 자적과 비교하고, 「直指」의 卷下 제1엽과 제2엽을 시험적으로 복원하기 위함이다.

추출한 자본은 어미자의 재료인 황랍・파라핀・왁스 별로 각각 50개씩 무작위로 분배하였다. 여유분도 넉넉히 준비하였다. 이를 <표 1>에서 문자의 필획 수와 함께 제시하였다. 필획 수는 사전상의 필획이 아닌 어미자로 조각된 필획을 기준으로 하였으며, 수량의 안배를 위하여 8획 이내・9~13획・14획 이상으로 구분하였다.

또한 "Ⅳ. 直指活字의 蜜蠟鑄造法 鑄型 材料 實驗 硏究"에서 주조된 활자는 어미자보다 4.97% 수축되는 것으로 나타났으므로, 이번에는 직지활자와 같은 크기의 활자를 얻기 위하여 자본을 미리 104%로 확대하여 준비하였다.

<표 1> **추출 자본과 필획 수 분포**

<table>
<tr><th></th><th colspan="6">황랍 어미자</th><th colspan="6">파라핀 어미자</th><th colspan="6">왁스 어미자</th></tr>
<tr><td rowspan="25">추출 위치 (張次, 上下葉, 行-字)</td><td colspan="3">桂(5上6-13)</td><td colspan="3">兩(5上7-19)</td><td colspan="3">閣(2上3-4)</td><td colspan="3">樣(1上3-7)</td><td colspan="3">覺(4下7-7)</td><td colspan="3">深(4下4-11)</td></tr>
<tr><td colspan="3">怪(5上6-10)</td><td colspan="3">語(5上5-12)</td><td colspan="3">頃(1上10-3)</td><td colspan="3">偃(2下7-8)</td><td colspan="3">介(4上10-16)</td><td colspan="3">汝(3下5-14)</td></tr>
<tr><td colspan="3">國(5下9-7)</td><td colspan="3">與(5上5-15)</td><td colspan="3">競(2下7-16)</td><td colspan="3">淵(1上5-6)</td><td colspan="3">去(3下1-17)</td><td colspan="3">祐(4上4-15)</td></tr>
<tr><td colspan="3">根(5上5-18)</td><td colspan="3">要(4下4-18)</td><td colspan="3">故(2上10-9)</td><td colspan="3">嬴(2上3-10)</td><td colspan="3">見(4下2-17)</td><td colspan="3">依(4上7-13)</td></tr>
<tr><td colspan="3">肯(5上3-18)</td><td colspan="3">義(5上4-10)</td><td colspan="3">君(1下4-15)</td><td colspan="3">兀(1上11-3)</td><td colspan="3">空(4下7-16)</td><td colspan="3">而(4上3-6)</td></tr>
<tr><td colspan="3">其(5上4-9)</td><td colspan="3">二(5上4-3)</td><td colspan="3">期(1下4-7)</td><td colspan="3">巍(1上6-3)</td><td colspan="3">茶(3下5-10)</td><td colspan="3">入(4上10-17)</td></tr>
<tr><td colspan="3">奇(5上6-9)</td><td colspan="3">池(4下10-17)</td><td colspan="3">嵐(2下7-7)</td><td colspan="3">巍(1上6-4)</td><td colspan="3">達(4下8-12)</td><td colspan="3">丈(4上4-8)</td></tr>
<tr><td colspan="3">起(5上2-10)</td><td colspan="3">因(4下10-7)</td><td colspan="3">短(2上5-16)</td><td colspan="3">用(2上1-6)</td><td colspan="3">當(3下8-5)</td><td colspan="3">藏(4下10-9)</td></tr>
<tr><td colspan="3">道(4下2-15)</td><td colspan="3">日(5上4-5)</td><td colspan="3">動(2下5-13)</td><td colspan="3">勇(2上1-8)</td><td colspan="3">同(4下2-12)</td><td colspan="3">低(3下6-12)</td></tr>
<tr><td colspan="3">東(4下8-16)</td><td colspan="3">在(5上10-18)</td><td colspan="3">銅(1下3-1)</td><td colspan="3">移(2上6-9)</td><td colspan="3">磨(4下8-13)</td><td colspan="3">佇(3下7-6)</td></tr>
<tr><td colspan="3">得(5上2-18)</td><td colspan="3">滴(5下8-12)</td><td colspan="3">抖(1下10-15)</td><td colspan="3">孜(2上2-6)</td><td colspan="3">蒙(3下3-14)</td><td colspan="3">這(4上11-15)</td></tr>
<tr><td colspan="3">嶺(4下9-11)</td><td colspan="3">肇(5上5-11)</td><td colspan="3">漫(1下2-11)</td><td colspan="3">寂(1下6-9)</td><td colspan="3">無(4上7-12)</td><td colspan="3">寂(4上7-10)</td></tr>
<tr><td colspan="3">萬(5上5-19)</td><td colspan="3">住(5下10-12)</td><td colspan="3">埋(1上9-11)</td><td colspan="3">田(2上3-6)</td><td colspan="3">保(3下8-14)</td><td colspan="3">座(4下3-16)</td></tr>
<tr><td colspan="3">別(5上7-12)</td><td colspan="3">湊(5下2-18)</td><td colspan="3">猛(2上1-9)</td><td colspan="3">睛(1下3-2)</td><td colspan="3">事(4上9-15)</td><td colspan="3">曾(3下1-16)</td></tr>
<tr><td colspan="3">三(5上5-5)</td><td colspan="3">地(4下10-8)</td><td colspan="3">名(2下2-8)</td><td colspan="3">趙(2下3-10)</td><td colspan="3">思(3下7-7)</td><td colspan="3">之(3下7-8)</td></tr>
<tr><td colspan="3">上(4下10-11)</td><td colspan="3">且(4下2-14)</td><td colspan="3">銘(1上2-11)</td><td colspan="3">州(2下3-18)</td><td colspan="3">師(4上10-18)</td><td colspan="3">指(4上10-15)</td></tr>
<tr><td colspan="3">相(4下4-14)</td><td colspan="3">次(5上2-8)</td><td colspan="3">杳(1下6-11)</td><td colspan="3">做(1下10-12)</td><td colspan="3">善(4下4-15)</td><td colspan="3">參(4下2-16)</td></tr>
<tr><td colspan="3">西(4下9-4)</td><td colspan="3">着(5上11-14)</td><td colspan="3">物(2上5-11)</td><td colspan="3">車(1下5-7)</td><td colspan="3">雪(4下9-7)</td><td colspan="3">天(4下9-5)</td></tr>
<tr><td colspan="3">禪(5上6-15)</td><td colspan="3">錯(4下3-13)</td><td colspan="3">反(1上8-4)</td><td colspan="3">剔(1上8-1)</td><td colspan="3">手(4上3-5)</td><td colspan="3">痛(4下7-10)</td></tr>
<tr><td colspan="3">竪(5上7-18)</td><td colspan="3">出(4下6-18)</td><td colspan="3">剖(1上7-9)</td><td colspan="3">淸(2下1-11)</td><td colspan="3">垂(4上3-4)</td><td colspan="3">何(3下4-18)</td></tr>
<tr><td colspan="3">匙(5上2-12)</td><td colspan="3">琛(5上6-14)</td><td colspan="3">聖(2上2-5)</td><td colspan="3">探(1上5-5)</td><td colspan="3">誰(4上1-17)</td><td colspan="3">行(3下5-17)</td></tr>
<tr><td colspan="3">甚(5上3-8)</td><td colspan="3">陀(4下6-9)</td><td colspan="3">勢(2下4-5)</td><td colspan="3">泰(1上6-1)</td><td colspan="3">示(3下3-18)</td><td colspan="3">和(3下6-7)</td></tr>
<tr><td colspan="3">尋(5上9-18)</td><td colspan="3">便(4下3-14)</td><td colspan="3">撒(1下10-16)</td><td colspan="3">髮(2上6-6)</td><td colspan="3">侍(4上1-11)</td><td colspan="3">皇(3下8-16)</td></tr>
<tr><td colspan="3">十(5上4-4)</td><td colspan="3">下(4下3-15)</td><td colspan="3">鵝(1上2-3)</td><td colspan="3">兮(1上7-18)</td><td colspan="3">身(4下8-3)</td><td colspan="3">廻(4下9-6)</td></tr>
<tr><td colspan="3">阿(4下2-18)</td><td colspan="3">香(5上2-11)</td><td colspan="3">岳(2下7-9)</td><td colspan="3">獲(1上9-18)</td><td colspan="3">實(4下4-13)</td><td colspan="3">休(4下8-11)</td></tr>
<tr><td rowspan="2">필획 수 분포</td><td colspan="2">8획 이하</td><td colspan="2">9~13획</td><td colspan="2">14획 이상</td><td colspan="2">8획 이하</td><td colspan="2">9~13획</td><td colspan="2">14획 이상</td><td colspan="2">8획 이하</td><td colspan="2">9~13획</td><td colspan="2">14획 이상</td></tr>
<tr><td colspan="2">23개</td><td colspan="2">22개</td><td colspan="2">5개</td><td colspan="2">14개</td><td colspan="2">22개</td><td colspan="2">14개</td><td colspan="2">24개</td><td colspan="2">20개</td><td colspan="2">6개</td></tr>
</table>

2.2 어미자의 彫刻

2.2.1 어미자의 높이

"Ⅳ. 2.2.1 어미자의 높이"와 같이 4㎜로 하였다.

2.2.2 어미자의 彫刻 要領

"Ⅳ. 2.2.2 어미자의 彫刻 要領"과 같이 산의 각도는 85~90°정도, 산의 깊이는 1~1.5㎜ 정도, 문자가 문자면에 가득 차도록 조각하였다.

2.2.3 어미자의 彫刻 過程

어미자 재료를 준비하고, 자본을 이용하여 어미자를 조각하였다. 조각할 어미자의 재료는 금속 세공용 왁스를 사용하였다. 황랍을 사용하지 않은 이유는 ① 실험에 직접 사용하는 것이 아니라, 실험용 어미자를 주조하기 위한 주형 제작에 사용하여 이번 실험의 내용에는 아무런 영향을 미치지 않기 때문이다. ② 작업 능률은 뛰어나면서도 기능적 효과는 황랍·파라핀 등과 대동소이하기 때문이다.

(1) 어미자板 製作

"Ⅳ. 2.4.1 어미자板 製作"과 같다. 다만 왁스만 사용하였다.

(2) 字本 붙이기

"Ⅳ. 2.4.2 字本 붙이기"와 같은 방법으로 자본을 붙였다.

(3) 어미자 彫刻

"Ⅳ. 2.4.3 어미자 彫刻"과 같다. 다만 일부 문자는 「直指」의 본문에서 사용된 의미와 무관하게 자적의 필획에 충실하였다(예: 曾과 會, 已와 巳). 「直指」의 자적에 필획이 누락된 경우는 정상으로 손질하였다(2下葉7-7의 嵐, 16上葉9-13의 河).

왁스의 조각 능률은 귀금속 공예학을 전공하고 5년 경력의 소유자[1]가 하루 8시간 작업에 8개 정도 조각하여 1시간에 평균 1개 정도였다. 이처럼 능률이 낮은 이유는 재질이 연하여 정교한 필획을 조각하기가 쉽지 않기 때문이다. 이 때문에 자본의 필획을 충실하게 반영하지 못하고 다소 변형된 경우도 있었다. 이렇게 조각한 어미자는 총 150개이다. 여유분도 조각하였다.

2.3 實驗用 어미자의 材料

실험에 직접 사용할 어미자를 주조하기 위한 재료를 준비하였다. 어미자의 기능은 주형에 자적의 공간을 형성하는 것이다. 따라서 재료가 다를지라도 이러한 기능이 같다면, 통용하여도 무방하다. 이 기능의 동일성 여부는 소성된 주형에서 확인할 수 있었다("4.3.1 <사진 8> 주형에 형성된 황랍·파라핀·왁스 어미자의 자적" 참조). 어미자는 실험 과정에서 소실되어 회수가 불가능하였다. 재료로는 황랍 외에 파라핀과 왁스를 준비하였다. 우지·송지·식물유·목재·백랍 등은 제외하였다.

1) 손유정 님.

2.3.1 黃蠟(Bees Wax)

“Ⅳ. 2.3.1 黃蠟(Bees Wax)”을 사용하였다.

2.3.2 파라핀(Paraffin)

“Ⅳ. 2.3.5 파라핀(Paraffin)”을 사용하였다. 그 이유는 “Ⅳ. 直指活字의 蜜蠟鑄造法 鑄型 材料 實驗 硏究”에서 모든 결과가 황랍과 대동소이하게 나타났기 때문이다.

2.3.3 왁스(Injection Wax)

“Ⅳ. 2.3.6 왁스(Injection Wax)”와 같다. 실험 결과가 황랍과 유사하게 나타난다면 향후의 밀랍주조에서는 황랍 대신 손쉽게 구하여 사용할 수 있기 때문이다.

2.4 實驗用 어미자의 準備

2.4.1 실리콘 鑄型의 製作

“Ⅳ. 2.4.4 실리콘 鑄型의 製作”과 같은 방법으로 하되, 차이점은 왁스에 조각한 150개의 어미자로 제작하였다.

2.4.2 어미자의 鑄造

“Ⅳ. 2.4.5 實驗用 어미자의 鑄造”와 같은 방법으로 황랍・파라핀・왁스 어미자를 차례로 주조하였다.

이렇게 하여 주조한 실험용 어미자의 수량은 황토 계열 실험용으로 황랍 어미자 50개 × 6 = 300개, 파라핀 어미자 50개 × 8 = 400개, 왁스 어미자 50개 × 38 = 1,900개, 총 2,600개였다. 백토와 청토 계열 실험용으로 각각 황랍 어미자 50개 × 4 = 200개, 파라핀 어미자 50개 × 8 = 400개, 왁스 어미자 50개 × 36 = 1,800개, 총 2,400개씩이었다. 내화토 계열 실험용으로 황랍 어미자 50개 × 1 = 50개, 파라핀 어미자 50개 × 1 = 50개, 왁스 어미자 50개 × 18 = 900개, 총 1,000개였다. 산청토 계열 실험용으로 왁스 어미자 50개 × 9 = 450개였다. 옹기토 계열 실험용으로 황랍 어미자 50개 × 3 = 150개, 왁스 어미자 50개 × 12 = 600개, 총 750개였다. 여유분도 준비하였다.

2.4.3 鑄造 어미자의 捺印

주조 어미자가 완성되면 흑색 유성 스탬프로 자적(<표 2> 참조)을 날인해둠으로써 실험 결과로 완성될 금속활자와 비교할 수 있도록 하였다.

<표 2> 주조 어미자의 자적

구분								
황랍 어미자	桂	怪	國	根	肯	奇	其	起
	道	東	得	嶺	萬	別	三	上
	相	西	禪	竪	匙	甚	尋	十
	何	兩	語	與	要	義	二	迆
	因	日	在	滴	肇	住	湊	地
	且	次	着	錯	出	琛	陀	便
	下	香						
파라핀	閣	頃	競	故	君	期	嵐	短
	動	銅	抖	漫	埋	猛	名	銘
	杳	物	反	剖	聖	勢	擻	鵝

어미자	岳	撲	偃	淵	羸	兀	巍	巍
	用	勇	移	沒	寐	田	睛	趙
	州	做	車	剔	清	探	泰	髮
	兮	擭						
왁스 어미자	覺	介	去	見	空	柰	達	當
	同	磨	蒙	無	保	事	思	師
	善	雪	手	垂	誰	示	侍	身
	實	深	汶	祐	依	而	入	丈
	藏	低	行	這	寐	座	會	之
	指	絲	天	痛	何	行	和	皇
	迴	休						

2.4.4 어미자群의 成形

실험용 어미자를 각각 다른 문자로 50개씩 모아서 어미자군으로 성형하였다.[2] 이를 위하여 금속 용액의 주탕도가 될 밀랍 주봉, 어미자의 자리에 용액을 일일이 주입시킬 밀랍 중간봉과 가지봉을 준비하였다. 밀랍 주봉은 가로 4.5㎜ × 세로 5.0㎜ = 22.5㎟짜리를 110㎜ 정도의 길이로 재단하였다. 황토 계열 실험에서는 금속 용액의 주입 상황을 비교하기 위하여 단면적이 2.52배 정도인 직경 8.5㎜ = 56.72㎟짜리를 추가로 준비하였다. 밀랍 중간봉은 2.5㎜ × 3㎜ = 7.5㎟짜리를 65㎜ 정도의 길이로, 밀랍 가지봉은 직경 2㎜ = 3.14㎟짜리를 길이 5㎜ 이내로 재단하였다. 이처럼 각각의 밀랍봉을 용도에 맞는 길이로 재단하여 준비하였다. 탕도의 굵기는 저자의 실험적 감각으로 예측한 수치다. 탕도는 금속 용액의 주입과 열효율에 관련되어 충분히 주입할 수 있으면서 가늘수록 효율적이다. "Ⅳ. 直指活字의 蜜蠟鑄造法 鑄型 材料 實驗 硏究"에서 금속 용액의 주입 역량을 증가시키기 위하여 설계한 깔때기 모양의 가지봉은 사용하지 않았다. 왜냐하면 실험 결과 별다른 차이를 발견하지 못하였기 때문이다.

어미자군의 성형은 부채꼴 모양의 평면형으로 하였다. 이는 주형의 균열을 최대한 방지하기 위함이다("4.1.5 鑄型의 균열 여부 점검 및 보수" 참조). ① 어미자 필획의 주조 상태를 일일이 확인하여 완전한 것을 선별하였다. 주조할 때 완벽을 기하였다 할지라도, 주형의 필획 틈이 미세하여 어미자 재료가 완전히 주입되지 못한 경우가 적지 않기

---

2) 실수로 황토, 종이 섬유 2% + 활성탄 18%, 왁, 側, 완, 청1, 450, 立의 실험 조건에 "和"가 2개 들어갔다.

때문이다. ② 어미자 문자면과 배면의 불순물을 깨끗이 제거하였다. 특히 황랍 어미자는 끈끈하여 불순물이 미세하게 많이 붙어 있었다. 이 불순물은 어미자에서는 거의 보이지 않을 만큼 대수롭지 않지만, 활자에 반영되어 너덜이로 나타나면 실패할 가능성이 있기 때문이다. ③ 어미자의 측면과 5㎜ 이내로 짧게 재단한 밀랍 가지봉을 일일이 인두로 양측을 약간씩 녹여서 붙였다. ④ 가지봉이 접착된 어미자를 8~9개씩 밀랍 중간봉에 나뭇잎처럼 평면 형태로 붙였다. ⑤ 이를 다시 밀랍 주봉에 부채꼴 형태로 붙였다. 이렇게 하여 50개의 어미자를 평면의 부채꼴 형태로 된 어미자군으로 완성하였다. ⑥ 문자면의 방향(상·하·측향)을 고려하여 금속 용액의 주입구가 될 주탕도를 조성하였다. 주탕도는 平式과 立式의 금속 용액 주입 방향을 고려하여 고루 주입될 수 있도록 어미자군의 중앙 부분에 조성하였다. ⑦ 어미자군의 앞뒷면에 붙어있는 미세한 불순물을 세심히 살펴서 제거하였다. 특히 어미자의 배면에 남아 있는 너덜이를 인두로 가볍게 녹여서 다듬었다. 이와 같은 방법으로 어미자군을 완성하였다(<사진 1> 참조). 이들의 크기는 대체로 140㎜ × 150㎜ 정도였다.

<사진 1> 성형된 어미자군(황,側,立·왁,側,立·왁,上,平)(<표 4> 표 설명 참조)

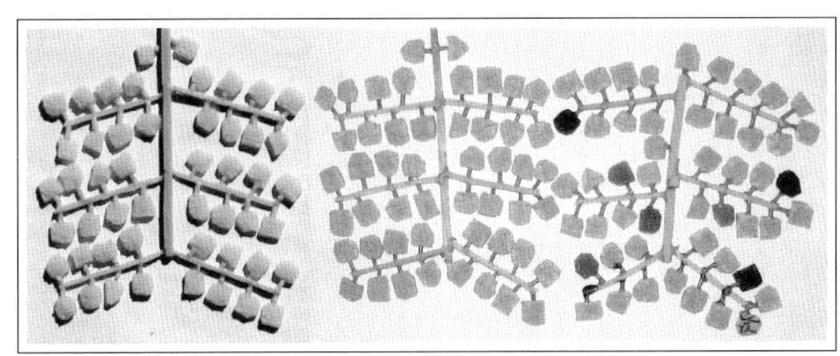

이때 주의할 점은 다음과 같았다. ① 모든 밀랍봉은 금속 용액을 주입할 수 있는 범위 내에서 가능한 한 가늘고 짧게 하여 밀랍과 금속 등의 재료 소모량을 줄이고 주조 열효율을 높일 수 있도록 하였다. ② 어미자와 밀랍봉을 접착할 때, 반드시 접착할 양측을 녹여서 붙임으로써 되도록 견고하게 하여야 했다. 이는 주형 제작 후 건조 수축될 때, 주형 속에서 어미자군이 단절되어서는 안 되기 때문이다. ③ 어미자끼리 접촉하지 않는 범위에서 가능한 한 밀집하여 붙였다. 이로써 전체의 크기를 줄여서 주형 재료 소모량도 줄이고 주조 효율도 높일 수 있도록 하였다. ④ 모든 어미자의 문자가 같은 방향을 향하도록 하여 결과를 비교할 수 있도록 하였다.

이 같은 어미자군을 황토 계열 실험용으로 황랍 6개, 파라핀 7개, 왁스 39개 합계 52개를 준비하였다. 백토와 청토 계열 실험용으로 각각 황랍 4개, 파라핀 8개, 왁스 36개 합계 48개씩 준비하였다. 내화토 계열 실험용으로 황랍 1개, 파라핀 1개, 왁스 18개 합계 20개를 준비하였다. 산청토 계열 실험용으로 왁스 9개를 준비하였다. 옹기토 계열 실험용으로 황랍 3개, 왁스 12개 합계 15개를 준비하였다. 총합 192개였다. 이는 실험하고자 하는 내용("5.1 <표 10> 實驗 設定의 條件" 참조)을 바탕으로 산출한 것이다.

3. 鑄型의 材料와 調製

3.1 鑄型의 材料

3.1.1 充塡 材料

황토·백토·청토·내화토 계열에는 황랍·파라핀·왁스의 3종 어미자를, 산청토 계열에는 왁스 1종의 어미자를, 옹기토 계열에는 황랍·왁스 2종의 어미자를 실험하였다.

(ㄱ) 黃土
용인시 처인구 야산의 붉은 황토를 사용하였다. 수비 과정은 "Ⅳ. 3.1.1 (ㄱ) 黃土"와 같다.

(ㄴ) 白土
"Ⅳ. 3.1.1 (ㄴ) 白土"를 사용하였다.

(ㄷ) 靑土
"Ⅳ. 3.1.1 (ㄷ) 靑土"를 사용하였다.

(ㄹ) 耐火土
"Ⅳ. 3.1.1 (ㄹ) 耐火土"를 사용하였다.

(ㅁ) 山淸土
"Ⅳ. 3.1.1 (ㅁ) 山淸土"를 사용하였다.

(ㅂ) 甕器土

"Ⅳ. 3.1.1 (ㅂ) 甕器土"를 사용하였다.

3.1.2 機能性 材料

炭粉(활성탄)[3] · 흑연 · 유성 탄소 · 종이 섬유 외에 수성 탄소를 추가하였다.

(가) 炭粉(활성탄)

"Ⅳ. 3.1.2 (가) 炭粉(활성탄)"과 같은 200MESH를 사용하였다.

(나) 黑鉛

"Ⅳ. 3.1.2 (나) 黑鉛"과 같은 HDPE를 사용하였다.

(다) 油性 炭素(Oil Carbon)

"Ⅳ. 3.1.2 (다) 油性 炭素(Oil Carbon)"와 같은 HIBLACK을 사용하였다.

(라) 종이 纖維

"Ⅳ. 3.1.2 (라) 종이 纖維"와 같은 펄프 상태의 섬유를 사용하였다.

---

3) 예비 실험으로 참숯을 50㎜×30㎜×3㎜ 정도의 절편으로 얇게 자른 것을 황토에 섞어서 제작한 주형 재료에 금속 용액을 주입하여 보았다. 그러나 실패하였다.

(마) 水性 炭素(Water Carbon)

그을음이다. 재래식 난방용 화목 보일러에 장기간 소나무를 태워서 형성된 그을음, 즉 송연을 긁어서 채취하였다. 이를 건조시킨 후 공이로 빻아서 100㎟에 10개 × 10개의 목으로 된 채로 여과하여 고운 입자만을 선별하였다.

3.2 鑄型 材料의 調製

이번 실험은 기능성 재료 혼합 비율의 최대치와 최소치를 추출하기 위한 것이다(<표 3> 참조). 충전 재료와 기능성 재료를 각각의 비율로 혼합하여 조건이 다른 주형 재료를 조제하였다. 조제 과정은 "Ⅳ. 3.2 鑄型 材料의 調製"의 각 계열 주형 재료의 조제와 같다. 필요한 만큼 조제한 주형 재료의 종류는 황토·백토·청토 계열이 각각 4종, 내화토 계열이 3종, 산청토·옹기토 계열이 각각 6종으로 모두 27종이다.

주형 재료에 포함된 수분의 비율은 최소 31.52~최대 51.70%였다(<표 3> 참조). 수분 함유율은 흑연(20~5%)과 유성 탄소(20~5%)가 약간 높았다. 수분 함유율이 같을 경우의 점도는 유성 탄소·흑연·활성탄(50~10%)·종이 섬유(2~0.5%) + 활성탄(19.5~18%)과 종이 섬유(1%) + 수성 탄소(5%) 순으로 높았다. 특히 유성 탄소는 첨가한 수분의 양이 다른 재료와 같아도 농도가 걸죽하고 진하며 끈적거리고 덩어리 형태로 고루 퍼지지 않아서 작업하기에 불편하였다.

<표 3-1> 주형 재료(황토 · 백토 · 청토 계열)의 혼합 비율과 수분 함유율(%)

기능성 재료 / 충전 재료	(가) 활성탄		(나) 흑연		(다) 유성 탄소		(라) 종이 섬유+활성탄	
(ㄱ) 황토	10 90	62.5	20 80	60.0	20 80	51.24	2+18 80	64.76
	수분	37.5	수분	40.0	수분	48.76	수분	35.24
(ㄴ) 백토	10 90	68.48	20 80	60.14	20 80	48.30	1+19 80	65.0
	수분	31.52	수분	39.86	수분	51.70	수분	35.0
(ㄷ) 청토	10 90	60.0	20 80	60.0	20 80	50.0	1+19 80	60.0
	수분	40.0	수분	40.0	수분	50.0	수분	40.0

<표 3-2> 주형 재료(내화토 계열)의 혼합 비율과 수분 함유율(%)

기능성 재료 / 충전 재료	(가) 활성탄		(라) 종이 섬유+활성탄		(바) 수성 탄소	
(ㄹ) 내화토	10 90	60.0	0.5 + 19.5 80	60.0	20 80	65.0
	수분	40.0	수분	40.0	수분	35.0

<표 3-3> 주형 재료(산청토 · 옹기토 계열)의 혼합 비율과 수분 함유율(%)

기능성 재료 / 충전 재료	(가) 활성탄				(나) 흑연		(다) 유성 탄소		(마) 종이 섬유 + 수성 탄소		(바) 수성 탄소					
(ㅁ) 산청토			40 60	60.0	5 95	65.0	5 95	65.0	1 + 5 94	65.0	50 50	65.0			10 90	65.0
			수분	40.0	수분	35.0	수분	35.0	수분	35.0	수분	35.0			수분	35.0
(ㅂ) 옹기토	50 50	60.0			5 95	65.0	5 95	65.0	1+5 94	65.0			40 60	60.0	10 90	65.0
	수분	40.0			수분	35.0	수분	35.0	수분	35.0			수분	40.0	수분	35.0

4. 鑄型과 活字의 製作

4.1 鑄型의 製作

4.1.1 鑄型틀의 製作

주형틀은 목재를 재단하여 제작하였다. 이는 "Ⅳ. 直指活字의 蜜蠟鑄造法 鑄型 材料 實驗 硏究"에서 사용한 금속 원통을 대신하여 고려시대에도 충분히 사용했을 법한 재료이다. 어미자군의 크기인 140㎜ × 150㎜를 포용하면서 두께 20~30㎜ 정도의 주형을 전제로 정방형의 틀을 만들었다. 주형의 두께는 소성 상태에서 2㎜ 정도만 되어도 금속 용액의 압력을 견딜 수 있을 것이다. 다만 안전한 주조를 위하여 10~15㎜ 정도로 두텁게 매몰하기로 하였다. 이를 위하여 주형틀을 내측의 가로 170㎜ × 세로 170㎜ × 높이 50㎜로 제작하였다.

4.1.2 鑄型 材料의 充塡 = 어미자群 埋沒

(1) 주형틀 고정

주형틀을 평평한 작업대에 올려놓았다. 그 밑에는 주형 재료 속의 수분을 빨아들이도록 석고판 또는 한지·신문지 등을 깔았다.

(2) 주형 재료의 충전과 어미자군 매몰

① 어미자군 문자면의 불순물을 공기로 강하게 불어서 제거하였다. ② 주형 재료의 수분 농도를 약간 묽게 조절하면서 재료가 어미자군 문자면의 미세한 필획 틈 사이로 속속들이 채워지도록 붓으로 완전히 도포하였다. ③ 주형틀 안에 주형 재료를 예정한 두께인 20~30㎜의

절반 정도 채워 넣었다. ④ 재료 내에 형성되어 있을지 모를 기포를 제거할 수 있도록 흔들면서 평평히 깔았다. 실제로 기포 현상을 드물게 발견할 수 있었다. ⑤ 문자면이 도포된 어미자군을 문자면의 방향이 실험 목적에 맞도록 주형틀의 중앙에 앉혔다. 금속 용액의 주입 방향이 입식인 경우는, 주입구 부분이 주형틀 내측에 닿도록 하였다. ⑥ 어미자군을 약간씩 눌러서 움직이지 않게 고정한 다음, ⑦ 그 위에 나머지 절반의 주형 재료를 채워 넣고 ⑧ 역시 흔들면서 두께가 고르도록 평평히 덮어서 어미자군을 매몰하였다(<사진 2> 참조). 주형의 두께는 눈에 보이지 않았으나 대부분은 18~25㎜로 7㎜의 오차 범위에 속했지만, 오차가 큰 경우는 19㎜ 정도까지 나타났다.[4] ⑨ 금속 주입구 부분을 표시하여 향후 해당 과정에서 확인할 수 있도록 하였다. 이 충전 작업은 10일이 소요되었다. 처음에는 충전 재료별로 2일씩 소요되던 것이 작업을 진행할수록 숙련되면서 단축되었다. 내화토처럼 사질 성분이 많아서 까다로운 주형 재료는 시간이 더 소요되었다.

<사진 2> 주형 재료의 충전 = 어미자군 매몰

② 어미자군의 문자면에 주형 재료 도포 	③④ 절반의 주형 재료를 깐 주형틀 중앙에 ⑤ 어미자군 앉히기 	⑥ 어미자군 고정 후, ⑦ 나머지 절반의 주형 재료 채워 넣기 	⑧ 주형 재료 평평히 고르기 

4) 주형의 두께: 황토 계열 14~33㎜, 백토 계열 17~29㎜, 청토 계열 16~25㎜, 내화토 계열 17~25㎜, 산청토 계열 15~29㎜, 옹기토 계열 17~25㎜.

이때 주의할 점은 다음과 같다. ① 어미자의 재료는 유성이기 때문에 수성인 주형 재료의 반죽이 쉽게 도포되지 않으므로 세심한 주의가 필요하였다. ② 종이 섬유가 혼합된 주형 재료는 어미자가 견고히 붙어 있지 않을 경우 떨어질 수 있어서 주의하여야 했다. 떨어지면 즉시 인두로 붙여야 했다. ③ 주형 재료 내에 기포가 생기지 않도록 한쪽에서부터 차분히 채워 넣어야 했다. ④ 알맞게 채운 후에는 주형 재료 내에 있을지 모를 기포를 제거할 수 있도록 흔들면서 평평히 깔아야 했다. ⑤ 어미자군 위에 나머지 절반의 주형 재료를 채울 때, 어미자와 탕도의 사이에 충실하게 채워야 했다. ⑥ 유성탄소·흑연은 조제한 후 시간이 흐를수록 고형물이 가라앉을 수 있으므로 충전하기 직전에 잘 혼합하여야 했다. ⑦ 어미자군을 매몰한 후에는 내부의 내용이 보이지 않으므로 실험 조건을 혼돈하지 않도록 기록해두어야 했다.

4.1.3 鑄型의 乾燥(<사진 3> 참조)

(1) 수분 제거

통풍이 잘 되는 건조용 선반으로 옮겨서 자연 건조시켰다. 실내 기온은 18~30℃, 습도는 45~76%를 유지하였다. 1시간 정도 경과하면 주형 재료의 고형 성분이 침전되고, 깔려 있는 한지에 수분이 배어나왔다. 하루 정도 지나면 주형의 표면이 건조되기 시작하였다.

(2) 주형틀 분리

1~2일 정도 지나면 건조 수축 현상으로 인하여 주형틀과 부분적으로 분리되기 시작하였다. 건조를 촉진하기 위하여 주형틀을 분리하였

다. 분리된 주형의 측면은 고르지 않으므로 매끈하게 다듬어 균열을 미연에 방지하였다. 만약 어미자군이 완전하게 매몰되지 않은 경우가 있으면 재료를 보충하여 매몰하였다. 이때쯤 주형 표면에 어미자의 재료·충전 재료·기능성 재료·혼합률·문자면 방향·금속 용액 주입 방향 등의 실험 조건을 표시하였다.

(3) 주형을 세워서 건조

다시 2~3일 경과하면 부분적으로 균열이 나타나기 시작하였다. 이때 눕혀 있던 주형에 수분을 약간 분무한 후 세워서 양면의 건조 속도를 균일하게 하여 균열을 방지할 수 있도록 하였다. 주형이 안전하게 설 수 있도록 지지틀을 이용하였다. 주형이 눕혀 있는 상태에서는 윗면만 건조되므로 건조가 진행될수록 균열이 더 나타난다. 따라서 주형을 세울 수 있을 정도만 되면 가능한 한 빨리 세워야 균열을 방지할 수 있다. 그러나 수분이 충분히 빠지기 전에 세우면, 자신의 무게를 지탱하지 못하여 무너지거나 심하게 휘어지므로 주의하여야 하였다. 세울 때 손에 재료가 묻어났다. 세워서 건조하는 중에도 눕혔을 때의 윗면이 빠르게 건조하면서 휘어지는 현상이 나타나서 수분을 분무하기도 하였다. 이때까지 각각 6일씩이 소요되었다.

<사진 3> 주형의 건조

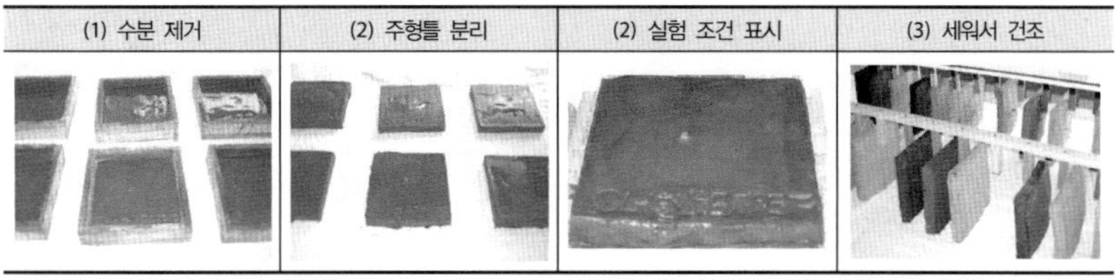

(1) 수분 제거	(2) 주형틀 분리	(2) 실험 조건 표시	(3) 세워서 건조

4.1.4 注入口 造成

① 금속 용액을 주입하기 쉽도록 주형이 완전히 건조되기 전에 주형 재료로 주입용 깔때기를 ② 평식과 입식에 맞게 제작하여 ③ 주입구를 조성하였다(<사진 4> 참조). 깔때기를 사용하지 않고 주형을 손질할 경우는 발생하는 주형 가루를 젖은 붓으로 깨끗이 닦아내야 했다. 주입구는 금속 용액의 주입을 편리하게 하고 주입 압력을 유지할 수 있는 기능이 있으므로 매우 중요하였다.

<사진 4> 주입구 조성

4.1.5 鑄型의 균열 여부 점검 및 보수

점토가 주성분인 주형은 건조 과정에서 다소의 변형이나 균열이 나타나는 것은 불가피하다. 이 균열의 정도가 활자 주조의 성공을 가름하는 핵심이다. 따라서 주조에 영향을 미칠 만큼은 균열되지 않아야 성공률을 높일 수 있다. "Ⅳ. 直指活字의 蜜蠟鑄造法 鑄型 材料 實驗 研究"에서도 성공률이 낮은 주된 원인은 주형의 균열이었다. 이번 실험에서는 이 점을 개량하기 위하여 균열의 원인을 찾고, 이를 극복할 수 있도록 주형을 제작함으로써 주조 성공률을 높일 수 있도록 하였다.

균열의 근본 원인은 주형 재료가 건조될 때, 공기에 닿는 표면과 공기에 닿지 않는 내면의 건조 속도에 따른 수축률의 차이다. 이 차이가 크면 균열로 나타난다. 따라서 균열을 피하기 위해서는 이 수축률을 최대한 줄이면서 건조시켜야 한다. 수축률을 줄이는 방법은 주형의 두께를 줄이거나 건조 속도를 느리게 하여야 한다.[5] 건조 속도는 자연 건조 방법을 택하여 조절이 불필요하므로, 균열을 방지하는 핵심은 주형을 얇게 제작하는 것이다.[6] 수축률의 편차를 줄이기 위하여 주형의 형태를 "Ⅳ. 直指活字의 蜜蠟鑄造法 鑄型 材料 實驗 硏究"에서의 내경 56㎜의 원통 형태의 입체형에서 18~25㎜ 두께의 평면형으로 하였다. 이로써 균열을 최대한 방지하고 주조 성공률을 높일 수 있도록 하였다.[7]

이번 실험에서 발견한 또 하나의 균열 원인은 주형 재료의 점력이 충분히 강하지 못한 점이다. 주형 재료에 매몰되어 있는 어미자군은 수축하지 않음에 비하여 주형 재료는 건조되면서 수축하므로 점력이 어미자군을 꽉 조일 수 있을 만큼 강해야 한다. 이만큼 강하지 못하면 균열로 나타난다.[8] 종이 섬유를 혼합한 주형은 균열이 나타나지 않아서 완전했고, 활성탄・흑연・수성 탄소를 혼합한 주형은 다양하게 균열되었으며, 유성 탄소를 혼합한 주형은 대체로 매우 균열되었다. 유성 탄소나 흑연은 물에 용해되지 않아서 충전 재료와 완전히 융합할 수 없는 결과, 결속력이 약해진 점이 건조 과정에서 주형이 파손되는 원인으로 보였다.[9] 기능성 재료는 비율이 높을수록 대체로 많이 균열되었다

---

5) 수축률을 줄이는 방법은 이 외에도 점토를 반죽할 때 물을 5% 정도로 적게 첨가하거나, 입자가 거친 점토를 사용하거나, 유기산이 적게 함유되어 있어서 점력이 약한 점토를 사용하면 가능하다. 주물사인 화산재를 첨가해도 균열 방지 효과가 있다. 그러나 이 방법들은 금속활자 주조에는 조건이 맞지 않아 채택할 수 없다.

6) 이 필요조건에 비추어 보면, "Ⅱ. 「直指」의 字跡에 나타난 直指活字 硏究"에서 직지활자의 형태를 5mm 정도의 높이로 추론한 것은 주형을 얇게 제작할 수 있다는 점에서 타당한 판단으로 보인다.

7) 이는 밀랍주조법의 문헌 연구에서 언급하였듯이 청동 기물의 원형이나 곡면 주조에서 표면과 이면의 양면을 주형 재료로 감싸서 주조하는 원리에서 착안하여 어미자와 탕도를 평면화한 것이다. 또한 요업 공학의 균열 방지를 위한 요령을 응용하였다.

8) 충전 재료인 점토에 기능성 재료를 혼합하면 점력이 약해져서 균열되거나 파손되기 쉽다. 따라서 어미자군과의 접촉 부분은 기능성 재료를 사용하고 그 외부에는 점토를 사용하면 주형을 강하게 하면서 균열의 정도를 낮출 수 있을 것이다. 그러나 이번 실험에서는 채택하지 않았다.

(<표 4> 참조). 그 정도를 구분하면 다음과 같다.

(1) 완전

전혀 균열 없이 완전히 건조된 경우다.

종이 섬유를 혼합한 주형 모두와 활성탄 10%를 혼합한 주형에서 백토 계열 7개·청토 계열 1개·내화토 계열 8개, 흑연 20%를 혼합한 주형에서 황토 계열 2개·청토 계열 1개, 수성 탄소 50%에서 산청토 계열 2개가 나타났다. 다만 내화토 계열에서 종이 섬유 0.5% + 활성탄 19.5%의 경우는 미세하게 함몰되는 균열 직전의 징조가 2개의 주형에서 보였다.[10)]

(2) 미세한 균열

대체로 한두 곳이 0.5㎜ 이내의 균열로 보수작업 없이도 금속 용액을 주입할 수 있지만 안전을 위하여 보수가 필요한 정도다.

활성탄 10%에서 황토 계열 4개, 흑연 20%에서 황토 계열 2개·청토 계열 1개가 나타났다. 백토·내화토·산청토·옹기토 계열에서는 나타나지 않았다.

(3) 약간 균열

두세 곳이 0.5~3㎜ 정도로 균열되었지만, 주형의 한쪽 면은 정상을

---

9) 유성 탄소를 혼합한 주형에 어미자군을 매몰하지 않은 채 건조시켜 보았다. 그 결과 균열 현상이 나타나지 않았다. 즉 유성 탄소를 혼합한 주형 재료는 어미자군을 꽉 조일 만큼 점력이 강하지 못함을 확인할 수 있었다.

10) 이 현상에서 기능성 재료의 혼합 비율이 높으면 종이 섬유의 비율도 높아야 균열을 완벽하게 방지할 수 있음을 알 수 있었다.

유지하여 부러지거나 깨지지 않은 상태다. 금속 용액을 주입할 때의 위험을 예방하거나 성공률을 높이기 위하여 보수작업이 필요한 정도다.

활성탄 50%에서 옹기토 계열 2개, 활성탄 40%에서 산청토 계열 2개, 활성탄 10%에서 황토 계열 8개 · 백토 계열 5개 · 청토 계열 11개, 흑연 20%에서 황토 계열 6개 · 백토 계열 10개 · 청토 계열 3개, 흑연 5%에서 산청토 계열 1개 · 옹기토 계열 3개, 유성 탄소 20%에서 백토 계열 2개, 유성 탄소 5%에서 산청토 계열 1개 · 옹기토 계열 3개, 수성 탄소 40%에서 옹기토 계열 2개, 20%에서 내화토 계열 6개, 10%에서 산청토 계열 1개 · 옹기토 계열 3개가 나타났다.

(4) 매우 균열 = 건조 파손

3㎜ 이상 균열되거나 주형이 정상적인 형태를 유지하지 못하고 부러지거나 일부가 떨어져나가서 소성 단계까지 가지도 못한 정도다. 이 경우는 보수를 포기하고 건조 파손 = 실패로 간주하였다.

흑연 20%에서 황토 계열 2개 · 백토 계열 2개 · 청토 계열 7개, 유성 탄소 20%에서 황토 계열 12개 · 백토 계열 10개 · 청토 계열 12개가 나타났다. 내화토 · 산청토 · 옹기토 계열에서는 나타나지 않았다.

보수를 위하여 주형이 건조되면서 나타나는 변형이나 균열 상태를 완전히 건조될 때까지 예의 주시하였다. 종이 섬유를 혼합한 주형은 변형되지 않았다. 기타 주형의 변형은 중앙 부분이 볼록하게 튀어나오는 형태로 나타났다. 균열도 중앙부터 시작하여 어미자군이 묻혀 있는 부분에서 다양하게 나타났다. 볼록하게 튀어나오는 주형은 조심스럽게 힘을 가하여 평평히 폈다. 특이한 점은 황토 계열 등의 주형 재료는 균열과 함께 변형되었는데, 내화토 계열의 경우는 변형은 전혀 나타나지 않고 평평한 상태에서 균열만 나타났다(<사진 5-1> 참조). 미세한 균열은 표면에 수분을 가한 후, 동일한 주형 재료로 매끈하게 마감하였다. 약간 균열된 주형은 균열된 부분에 수분을 가한 후, 주형 재료를 힘껏 채워 넣었다. 보수 후에는 수분을 분무하여 건조 속도를 늦춤으로써 추가 균열을 미리 방지하였다. 이렇게 2~3차례 반복하여 보수하였다(<사진 5-2> 참조). 보수는 2㎜의 균열 틈으로 6㎜ 깊이까지 충전이 가능하였다. 따라서 주조 성공률을 높이는 데에 영향이 있어 보였다. 2㎜ 이하의 작은 균열은 보수의 기능이 주조 성공률을 높이기 위한 점도 있지만, 금속 용액이 균열 틈새로 흘러나오지 못하게 하여 위험도와 열량의 낭비를 줄이는 의미가 더 큰 듯하였다. 보수 비율이 높은 경우는 대체로 약간 균열된 주형으로, 활성탄 50%·40%, 흑연 5%, 유성 탄소 5%, 수성 탄소 40%·20%·10%를 혼합한 주형이었다.

이처럼 주형의 균열 여부 점검과 보수를 진행하면서, 한편으로는 문제점을 분석하고 이를 해결할 수 있는 추가 실험 요소를 추출하여 다음 실험에 반영할 수 있도록 하였다.

<사진 5-1> 건조 균열 점검　　<사진 5-2> 건조 균열 보수

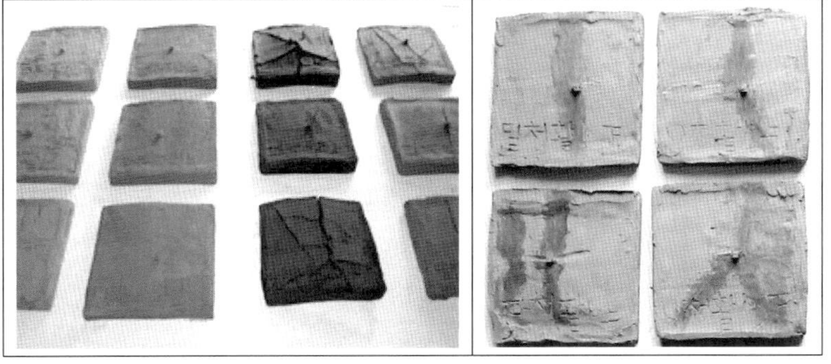

4.1.6 完全 乾燥

15일 정도 경과하면 외견상으로는 주형이 거의 건조된 듯 색갈이 밝아지는 현상이 보였다. 이즈음에 주형을 눕혀서 30일 이상 시간적 여유를 가지고 충분히 건조시켰다. 이러한 과정으로 주형 재료의 유동성이 없어진 후의 수분이 있던 자리가 건조되면서 공극으로 형성되어 기능성 재료와 함께 금속 용액 주입 시 발생하는 가스를 흡수하는 기능을 발휘하는 것으로 보였다.

완전히 건조된 주형은 140~165㎜ 정도까지 수축되어 2.94~17.65%의 수축률을 보였다.[11] 수축률은 기능성 재료를 적게 혼합한 주형이 컸고, 많이 혼합한 주형이 작았다. 또한 종이 섬유를 혼합한 주형이 작았다. 이에서 종이 섬유가 균열 방지뿐만 아니라 수축률을 줄이는 기능도 있음을 확인할 수 있었다.

52+48+48+20+9+15=192개의 주형에서 진도에 따라 나타난 상황은 <표 4>와 같다. 주조 조건이 동일할 경우, 결과가 어떻게 나타나는가를 비교하기 위하여, 옹기토 계열 실험에서 유성 탄소, 왁, 側, 약, 청1, 500, 立의 주형을 복수로 제작하였다.

---

11) 완전 건조된 주형의 크기와 수축률: 황토 계열 145~160㎜ = 5.88~14.71%, 백토 계열 140~160㎜ = 5.88~17.65%, 청토 계열 150~155㎜ = 8.82~11.76%, 내화토 계열 145~165㎜ = 2.94~14.71%, 산청토 계열 155~160㎜ = 5.88~8.82%, 옹기토 계열 150~165㎜ = 2.94~11.76%.

<표 4-1> 주형의 조건별 실험 상황표(황토)

<table>
<tr><th>기능성 재료
충전 재료</th><th colspan="3">(가) 활성탄 10%</th><th colspan="3">(나) 흑연 20%</th><th colspan="3">(다) 유성 탄소 20%</th><th colspan="4">(라) 종이 섬유 2%
+ 활성탄 18%</th></tr>
<tr><td rowspan="5">(ㄱ) 황토</td><td>황,下,
약,청1,
500,
平</td><td>파,上,
미,청1,
500,
平</td><td>파,上,
미,황,
400,
平</td><td>황,下,
매,-,
-,-,
건</td><td>파,上,
미,황,
500,
平</td><td>왁,[12]上,
약,청2,
평온,
平</td><td>황,下,
매,-,
-,-,
건</td><td>파,上,
매,-,
600,-,
소</td><td>파,上,
매,-,
-,-,
건</td><td>황,下,
완,청1,
450,
平</td><td>황,側,
완,청1,
400,
立</td><td>파,上,
완,청1,
600,
平</td><td>파,上,
완,황,
300,
平</td></tr>
<tr><td>왁,上,
약,청1,
500,
平</td><td>왁,上,
약,황,
400,
平</td><td>왁,上,
약,청2,
600,
平</td><td>왁,上,
약,청1,
600,
平</td><td>왁,上,
미,황,
500,
平</td><td>왁,上,
약,청2,
500,
平</td><td>왁,上,
매,-,
-,-,
건</td><td>왁,上,
매,-,
-,-,
건</td><td>왁,上,
매,-,
-,-,
건</td><td colspan="2">왁,上,
완,청1,
600,
平</td><td>왁,上,
완,황,
500,
平</td><td>왁,上,
완,청2,
600,
平</td></tr>
<tr><td>왁,下,
미,청1,
600,
平</td><td>왁,下,
미,황,
400,
平</td><td>왁,下,
약,-,
600,-,
소</td><td>왁,下,
약,청1,
500,
平</td><td>왁,下,
약,-,
600,-,
소</td><td>왁,下,
매,-,
-,-,
건</td><td>왁,下,
매,-,
-,-,
건</td><td>왁,下,
매,-,
-,-,
건</td><td>왁,下,
매,-,
-,-,
건</td><td colspan="2">왁,下,
완,청1,
500,
平</td><td>왁,下,
완,황,
500,
平</td><td>왁,下,
완,청2,
300,
平</td></tr>
<tr><td>왁,側,
약,청1,
400,
立</td><td>왁,側,
약,황,
500,
立</td><td>왁,側,
약,청2,
300,
立</td><td>왁,側,
완,청1,
500,
立</td><td>왁,側,
완,황,
400,
立</td><td>왁,側,
약,청2,
300,
立</td><td>왁,側,
매,-,
-,-,
건</td><td>왁,側,
매,-,
-,-,
건</td><td>왁,側,
매,-,
-,-,
건</td><td colspan="2">왁,側,
완,청1,
450,
立</td><td>왁,側,
완,황,
400,
立</td><td>왁,側,
완,청2,
300,
立</td></tr>
<tr><td colspan="9"></td><td colspan="2">황,下,
완,청1,
500,
平,대탕도</td><td>왁,側,
완,청1,
300,
立,대탕도</td><td>왁,側,
완,청1,
100,
立,대탕도</td></tr>
</table>

(표 설명)

1. 실험 조건 기술 순서: 어미자의 재료, 문자면의 방향, 주형의 균열 정도, 금속의 재료, 주형의 온도, 금속 용액의 주입 방향, 밀랍 주봉의 굵기 또는 파손 상태(건조 또는 소성) 순.
2. 어미자의 재료: 황 = 황랍, 파 = 파라핀, 왁 = 왁스.
3. 문자면의 방향: 上 = 상향, 下 = 하향, 側 = 측향.
4. 주형의 균열 정도: 완 = 완전, 미 = 미세한 균열, 약 = 약간 균열, 매 = 매우 균열.
5. 금속의 재료: 청1 = 청동1, 황 = 황동, 청2 = 청동2.
6. 주형의 온도: 금속 용액 주입 시, 주형의 온도.
7. 금속 용액의 주입 방향: 平 = 평식 주입, 立 = 입식 주입.
8. 밀랍 주봉의 굵기: 대탕도 = 직경 8.5㎜ = 56.72㎟, 표시가 없는 경우는 4.5㎜ × 5.0㎜ = 22.5㎟.
9. 파손 상태: 건 = 건조 파손, 모두 13+16+20+0+0+0=49개. 소 = 소성 파손, 모두 3+1+1+1+2+1=9 개. 나머지는 금속 용액을 주입한 경우로 모두 36+31+27+19+7+14=134개며 이번 실험의 주된 내용이다.
10. 공란은 해당 실험이 없는 경우이다. <표 3-3>도 같다.

---

12) 파라핀 어미자로 계획하였으나, 왁스 어미자로 실험하였다.

<표 4-2> 주형의 조건별 실험 상황표(백토)

기능성 재료 / 충전 재료	(가) 활성탄 10%			(나) 흑연 20%			(다) 유성 탄소 20%			(라) 종이 섬유 1% + 활성탄 19%		
(ㄴ) 백토	황,下,완, 청1,500, 平	파,上,완, 청1,450, 平	파,上,완, 황,500, 平	황,下,약, 청1,450, 平	파,上,약, 청1,500, 平	파,上,약, 황,600, 平	황,下,매, -,-,-, 건	파,上,약, 청1,600, 平	파,上,약, 황,600, 平	황,下,완, 청1,500, 平	파,上,완, 청1,500, 平	파,上,완, 황,350, 平
	왁,上,완, 청1,500, 平	왁,上,완, 황,500, 平	왁,上,완, 청2,600, 平	왁,上,약, 청1,500, 平	왁,上,약, -,-,-, 건	왁,上,매, -,-,-, 건	왁,上,매, -,-,-, 건	왁,上,매, -,-,-, 건	왁,上,매, -,-,-, 건	왁,上,완, 청1,500, 平	왁,上,완, 황,400, 平	왁,上,완, 청2,300, 平
	왁,下,약, 청1,500, 平	왁,下,완, 황,400, 平	왁,下,약, -,-,-, 건	왁,下,약, 청1,500, 平	왁,下,약, 황,500, 平	왁,下,약, 청2,600, 平	왁,下,매, -,-,-, 건	왁,下,매, -,-,-, 건	왁,下,매, -,-,-, 건	왁,下,완, 청1,450, 平	왁,下,완, 황,350, 平	왁,下,완, 청2,300, 平
	왁,側,약, -,600,-, 소	왁,側,약, -,-,-, 건	왁,側,약, 청2,400, 立	왁,側,약, 청1,600, 立	왁,側,약, -,-,-, 건	왁,側,매, -,-,-, 건	왁,側,매, -,-,-, 건	왁,側,매, -,-,-, 건	왁,側,매, -,-,-, 건	왁,側,완, 청1,600, 立	왁,側,완, 황,500, 立	왁,側,완, 청2,300, 立

<표 4-3> 주형의 조건별 실험 상황표(청토)

기능성 재료 / 충전 재료	(가) 활성탄 10%			(나) 흑연 20%			(다) 유성 탄소 20%			(라) 종이 섬유 1% + 활성탄 19%		
(ㄷ) 청토	황,下,약, 청1,500, 平	파,上,약, 청1,500, 平	파,上,완, 황,600, 平	황,下,약, 청1,450, 平	파,上,매, -,-,-, 건	파,上,약, 황,500, 平	황,下,매, -,-,-, 건	파,上,매, -,-,-, 건	파,上,매, -,-,-, 건	황,下,완, 청1,500, 平	파,上,완, 청1,450, 平	파,上,완, 황,350, 平
	왁,上,약, 청1,500, 平	왁,上,약, 황,500, 平	왁,上,약, 청2,350, 平	왁,上,매, -,-,-, 건	왁,上,미, 황,500, 平	왁,上,매, -,-,-, 건	왁,上,매, -,-,-, 건	왁,上,매, -,-,-, 건	왁,上,매, -,-,-, 건	왁,上,완, 청1,450, 平	왁,上,완, 황,500, 平	왁,上,완, 청2,500, 平
	왁,下,약, 청1,500, 平	왁,下,약, 황,600, 平	왁,下,약, 청2,600, 平	왁,下,매, -,-,-, 건	왁,下,약, -,-,-, 건	왁,下,매, -,-,-, 건	왁,下,매, -,-,-, 건	왁,下,매, -,-,-, 건	왁,下,매, -,-,-, 건	왁,下,완, 청1,600, 平	왁,下,완, 황,600, 平	왁,下,완, 청2,600, 平
	왁,側,약, 청1,500, 立	왁,側,약, -,600, 소	왁,側,약, 청2,300, 立	왁,側,매, -,-,-, 건	왁,側,완, 황,400, 立	왁,側,매, -,-,-, 건	왁,側,매, -,-,-, 건	왁,側,매, -,-,-, 건	왁,側,매, -,-,-, 건	왁,側,완, 청1,300, 立	왁,側,완, 황,600, 立	왁,側,완, 청2,300, 立

<표 4-4> 주형의 조건별 실험 상황표(내화토)

기능성 재료 / 충전 재료	(가) 활성탄 10%		(라) 종이 섬유 0.5% + 활성탄 19.5%		(바) 수성 탄소 20%	
(ㄹ) 내화토	황,下,완, 청1,500, 平	파,上,완, 청1,500, 平				
	왁,上,완, 청1,500, 平	왁,上,완, 청2,600, 平	왁,上,완, 청1,500, 平	왁,上,완, 청2,600, 平	왁,上,약, 청1,500, 平	왁,上,약, 청2,500, 平
	왁,下,완, 청1,600, 平	왁,下,완, 청2,600, 平	왁,下,완, 청1,500, 平	왁,下,완, 청2,300, 平	왁,下,약, 청1,500, 平	왁,下,약, 청2,350, 平
	왁,側,완, 청1,500, 立	왁,側,완, 청2,400, 立	왁,側,완, 청1,600, 立	왁,側,완, 청2,400, 立	왁,側,약, -,600,-, 소	왁,側,약, 청2,450, 立

<표 4-5> 주형의 조건별 실험 상황표(산청토)

기능성 재료 / 충전 재료	(가) 활성탄 40%		(나) 흑연 5%	(다) 유성 탄소 5%	(마) 종이 섬유 1% + 수성 탄소 5%		(바) 수성 탄소 50%		(바) 수성 탄소 10%
(ㅁ) 산청토	왁,下,약, -,600,-, 소	왁,下,약, -,600,-, 소	왁,側,약, 청1,400, 立	왁,側,약, 청1,400, 立	왁,上,완, 청1,500, 平	왁,側,완, 청1,450, 立	왁,下,완, 청1,500, 平	왁,側,완, 청1,500, 立	왁,側,약, 청1,400, 立

<표 4-6> 주형의 조건별 실험 상황표(옹기토)

기능성 재료 / 충전 재료	(가) 활성탄 50%		(나) 흑연 5%	(다) 유성 탄소 5%	(마) 종이 섬유 1% + 수성 탄소 5%		(바) 수성 탄소 40%		(바) 수성 탄소 10%
			황,上,약, 청1,600, 平	황,上,약, 청1,500, 平					황,上,약, 청1,500, 平
(ㅂ) 옹기토	왁,上,약, -,600,-, 소	왁,側,약, 청1,450, 立	왁,側,약, 청1,400, 立	왁,側,약, 청1,500, 立	왁,下,완, 청1,500, 平	왁,側,완, 청1,450, 立	왁,上,약, 청1,500, 平	왁,側,약, 청1,400, 立	왁,側,약, 청1,400, 立
			왁,側,약, 청1,500, 立	왁,側,약, 청1,500, 立					왁,側,약, 청1,450, 立

4.2 金屬 鎔液의 注入

4.2.1 合金 材料의 準備

(A) 靑銅1

"Ⅳ. 4.2.1 (A) 靑銅1"을 사용하였다.

(B) 黃銅

"Ⅳ. 4.2.1 (B) 黃銅"을 사용하였다.

(C) 靑銅2

"Ⅳ. 4.2.1 (C) 靑銅2"를 사용하였다.

4.2.2 어미자群의 熔出과 鑄型의 燒成

금속 용액을 주입하기 위하여는 주형 안에 매몰되어 있는 어미자군의 밀랍 성분을 완벽하게 제거함과 아울러 주형을 소성하여야 한다. 이를 위한 가열로의 크기는 가로 340㎜ × 세로 340㎜ × 깊이410㎜로 약 60개의 주형을 쌓아 넣을 수 있다.

① 건조 파손된 49개를 제외한 39+32+28+20+9+15=143개를 주입구가 아래로 향하도록 하여 가열로에 쌓아 넣었다. ② 200℃까지는 2시간에 걸쳐서 가열하였다. ③ 주형의 균열 방지를 위하여 100℃ 단위로 600℃까지 단계적으로 7시간에 걸쳐서 서서히 가열하였다. ④ 어미자군은 대체로 250℃부터 500℃에 이를 때까지 점차 연소되면서 눈이 매울 정도의 농도 짙은 독가스로 배출되었다. 일부 주형은 밀랍 성분이

연소되면서 까맣게 그을렸다. 500℃부터는 밀랍 성분이 거의 다 연소되어 가스가 나오지 않았다. 그러나 일부는 주형 재료에 스며들어 남아 있을 수 있다. ⑤ 이를 완전히 제거하기 위하여 600℃를 1시간 정도 유지하였다.13) 이러한 방법으로 완만히 그리고 충분히 가열하여 밀랍 성분을 완전히 제거함과 아울러 주형을 소성하기까지 약 10시간이 소요되었다. 소성 결과 파손된 주형은 9개였다(<표 4> 참조).

4.2.3 金屬 鎔液의 注入

"Ⅳ. 4.2.3 (1) 예비 검증 실험"에서 주형 재료의 주조 적성은 100% 적합한 것으로 확인되었으므로 이번 실험은 예비 검증 없이 곧바로 주입하였다.

주입 과정은 "Ⅳ. 4.2.3 (2) 본격 실험"과 같다(<사진 6> 참조). 차이점은 금속 용액 주입 시 주형의 온도를 600℃에서 평온까지 점차 낮추면서 진행한 점이다. 소성 파손된 9개의 주형을 제외한 134개의 주형에 주입한 금속과 주형의 온도는 <표 4>와 같다.

금속 용액을 충분히 끓였을 때의 온도는 융점보다 100℃ 정도 높고, 주입 시점의 온도는 이보다 약간 낮았다. 하나의 주형에 주입한 금속의 양은 300g 정도인데, 주형의 균열 등으로 인하여 이를 초과하기도 미달하기도 하였다. 간혹 2~3회 나누어 주입하기도 하였다. 주입구의 틈으로 새기도 하여 주입구 부분을 잘 조성할 필요가 있었다.

예상하지 못한 점으로 육안으로 보이지 않던 주형의 미세한 균열 틈

---

13) "Ⅳ. 4.2.2 어미자群의 熔出과 鑄型의 燒成"에서는 700℃까지 가열하였으나, 500℃에서 이미 만족할 만큼 밀랍 제거를 확인하였으므로, 이번에는 600℃까지만 가열하였다.

새로 금속 용액이 새어나오는 현상을 볼 수 있었다. 금속 용액은 유동성이 큰 순으로, 또 식는 속도가 느린 순서인 청동2·청동1·황동 순으로 많이 새어나왔다. 청동은 식는 속도가 느리므로 쇳물이 흐를 수 있는 시간이 길어서 활자 주조도 용이한 반면에 미세한 틈새로 새어나오는 양도 많았다. 황동은 식는 속도가 빠르며 중량감이 느껴질 정도여서 다루기가 용이하지 않았지만, 주조 성공률도 낮았고 새어나오는 양도 적었다. 이 같은 주형의 균열은 활자 주조의 실패로 나타나므로 주형 재료를 주형틀에 충전할 때 가능한 한 기포가 생기지 않도록 하여야 하며, 소성 과정까지도 조심스럽게 다루는 주의가 필요하였다.

이와 같은 과정을 통하여 금속 용액의 주입을 완료하면 주형 내의 어미자 공간에 활자군이 형성되었다.

<사진 6-1> **금속 용액 주입**

<사진 6-2> **금속 용액을 주입한 주형(평식과 입식)**

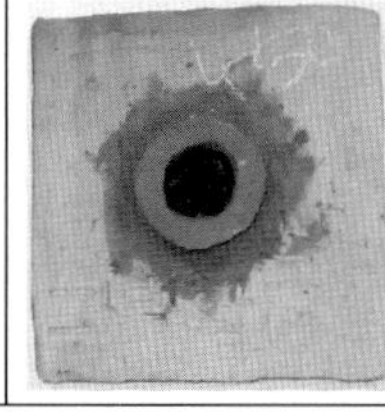

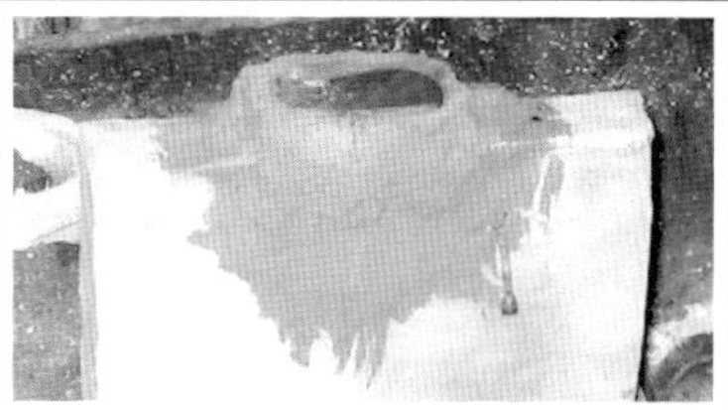

4.3 活字의 抽出 및 成功率과 收縮率

4.3.1 活字의 抽出

① 주형이 식으면 깨뜨렸다. 주조의 성공 여부만 확인한다면 주형을 보존할 필요가 없다. 그러나 연구 발표를 위하여 주형을 보존할 수 있

도록 2주 이상의 적지 않은 시간을 할애하여 세심하게 양분하였다. ② 주형 안에 형성된 평면형 활자군이 노출되었다(<사진 7> 참조). ③ 활자를 하나씩 떼어냈다. ④ 이하의 과정은 "Ⅳ. 4.3.1 活字의 抽出"과 같다. 청동·황동의 금속 속성과 그에 의한 처리 방법도 같다. 차이점은 ⑧ 드물게 활자의 측면과 배면이 어미자와 다르게 주조된 활자는 전동공구로 수정하였다. 그러나 대부분의 활자에는 너덜이가 많지 않아서 줄로 슬어 내거나 ⑨ 문자면을 갈아야 하는 경우는 매우 적었다.

<사진 7-1> **활자 추출을 위하여 양분한 주형(황토,활10,왁,側,약,청1,400,立)**

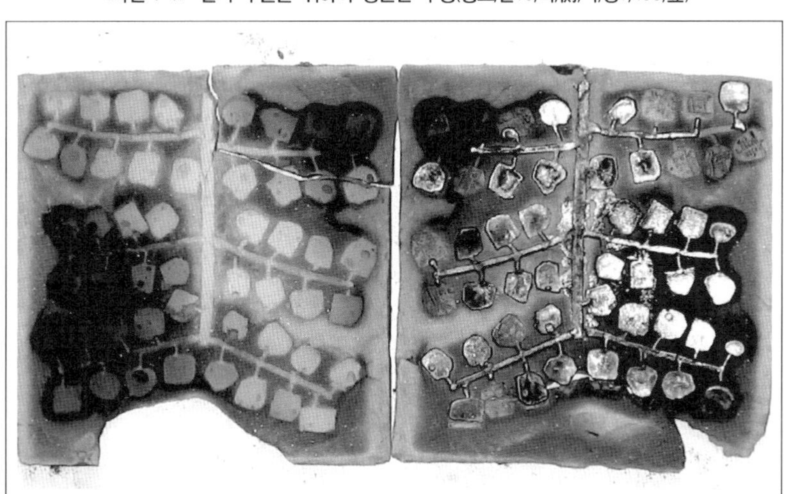

<사진 7-2> 활자 추출을 위하여 양분한 주형(백토,흑20,왁,下,약,청1,500,平)

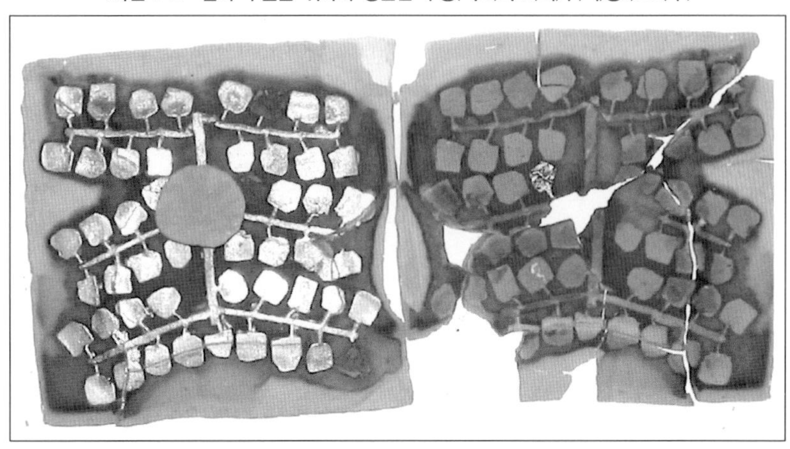

<사진 7-3> 활자 추출을 위하여 양분한 주형(청토,활10,황,下,약,청1,500,平)

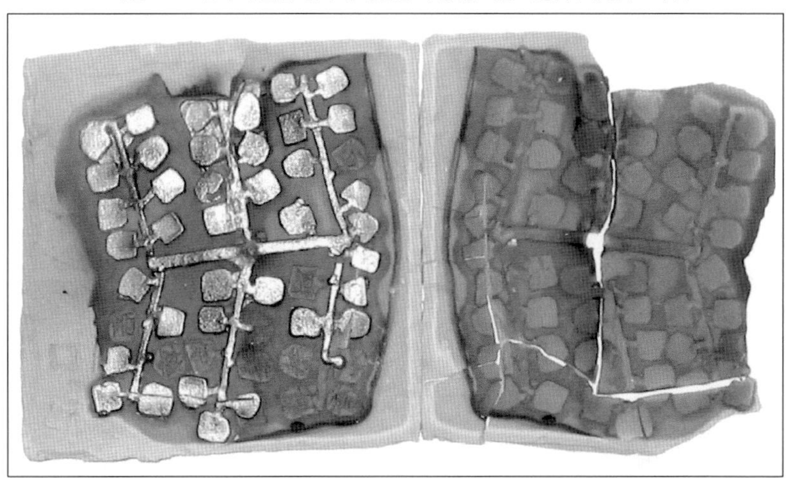

<사진 7-4> 활자 추출을 위하여 양분한 주형(내화토,활10,왁,上,완,청1,500,平)

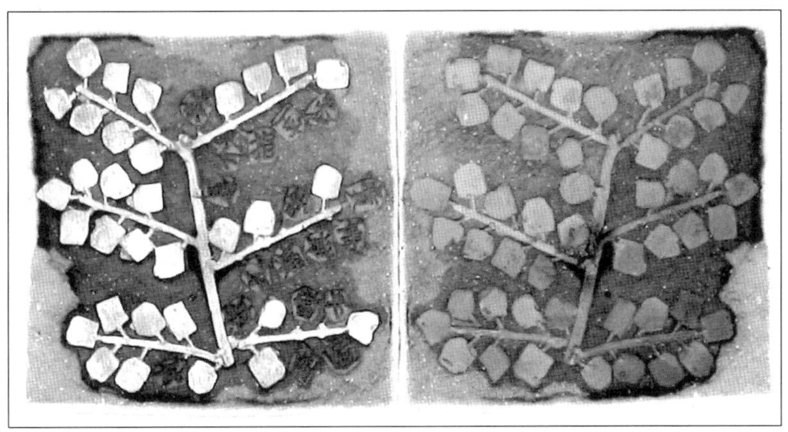

<사진 7-5> 활자 추출을 위하여 양분한 주형(산청토,종이 섬유1+수성 탄소5,왁,側,완,청1,450,立)

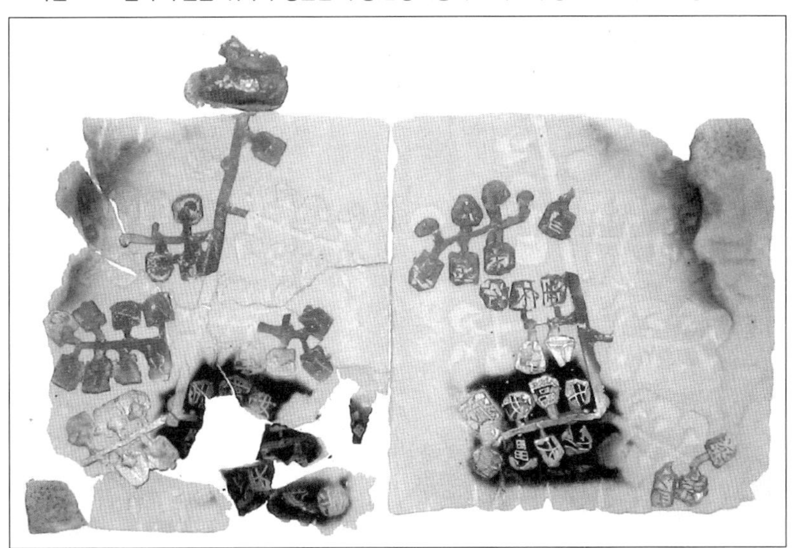

<사진 7-6> 활자 추출을 위하여 양분한 주형(옹기토,수성 탄소40,왁,上,약,청1,500,平)

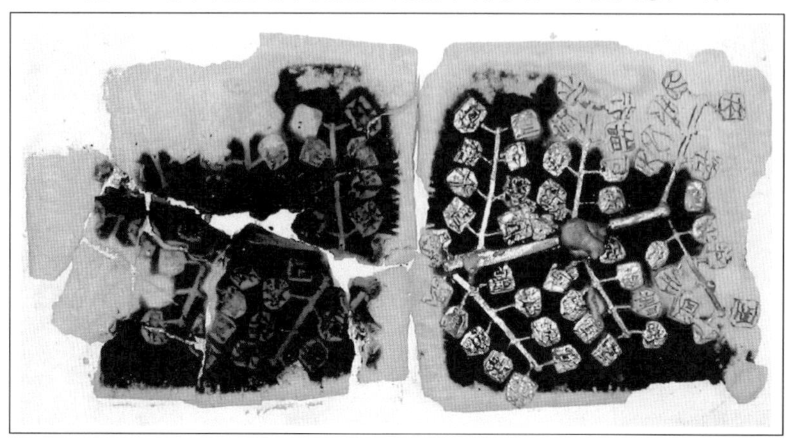

주형에 남아 있는 어미자의 자적은 주조가 잘된 경우에는 완전하지 못했고, 주조가 잘못된 경우에는 완전히 남아 있었다(<사진 8> 참조). 이 현상은 소성 파손되어 금속 용액을 주입하지 못한 9개의 주형에서도 확인할 수 있었다. 이처럼 활자의 추출 과정에서 주조에 실패한 주형을 통하여 황랍과 파라핀 또는 왁스의 어미자가 주형에 자적의 공간을 형성한 기능을 보면 아무런 차이를 발견할 수 없었다. 또한 성공률도 어미자의 재료에 의한 차이는 크지 않았고 금속 용액의 주입 압력이 좌우하였다("4.3.2 成功率의 산출" 참조). 이로써 황랍 대용으로 파라핀 또는 왁스는 아무 문제가 없음을 확인하였다. 이는 "2.3 實驗用 어미자의 材料"에서 예측한 '동일한 기능의 어미자 재료 통용'이 문제 없음을 의미한다.

<사진 8> 주형에 형성된 황랍 · 파라핀 · 왁스 어미자의 자적(황토,종이 섬유2+활성탄18)

황,下,완,청1,500,平,대탕도	파,上,완,청1,600,平	왁,上,완,청1,600,平

4.3.2 成功率의 산출

활자를 인출하여 자적을 확인함으로써 성공 여부를 판단하고 성공률을 산출하였다. 자적 인출 이유와 성공 · 실패의 기준은 "Ⅳ. 4.3.2 成功率의 산출"과 같다.

성공적으로 주조해낸 각 조건별 활자의 수량은 <표 5>와 같다.

<표 5-1> 성공한 금속활자의 수량(황토 · 백토 · 청토 계열)(개)
(각 공간의 실험 조건은 <표 4-1>~<표 4-3>과 같다)

<table>
<tr><th>기능성 재료 / 충전 재료</th><th colspan="3">(가) 활성탄 10%</th><th colspan="3">(나) 흑연 20%</th><th colspan="3">(다) 유성 탄소 20%</th><th colspan="4">(라) 종이 섬유 2% + 활성탄 18%</th><th>총계</th></tr>
<tr><td rowspan="5">(ㄱ) 황토</td><td>4</td><td>0</td><td>0</td><td>-</td><td>5</td><td>9</td><td>-</td><td>-</td><td>-</td><td>0</td><td>40</td><td>0</td><td>0</td><td rowspan="6">305
(16.94%)</td></tr>
<tr><td>1</td><td>1</td><td>3</td><td>0</td><td>0</td><td>27</td><td>-</td><td>-</td><td>-</td><td colspan="2">0</td><td>0</td><td>1</td></tr>
<tr><td>0</td><td>6</td><td>-</td><td>11</td><td>-</td><td>-</td><td>-</td><td>-</td><td>-</td><td colspan="2">2</td><td>0</td><td>0</td></tr>
<tr><td>19</td><td>13</td><td>3</td><td>17</td><td>25</td><td>40</td><td>-</td><td>-</td><td>-</td><td colspan="2">34</td><td>0</td><td>2</td></tr>
<tr><td colspan="9"></td><td colspan="2">0</td><td>12</td><td>30</td></tr>
<tr><td>소계</td><td colspan="3">50(9.09%)</td><td colspan="3">134(29.78%)</td><td colspan="3">-</td><td colspan="4">121(15.13%)</td></tr>
</table>

(ㄴ) 백토	4	21	2	24	14	3		2	3	7	0	0	244 (15.74%)
	10	0	2	28						1	0	55	
	3	3		45	7	19				5	0	1	
			7	3						14	5	6	
소계	52(11.56%)			143(35.75%)			5(5.0%)			44(7.33%)			
(ㄷ) 청토	25	19	1	11		4				2	2	0	229 (16.96%)
	23	11	10		0					4	1	11	
	6	5	28							7	0	6	
	11		3		1					4	5	29	
소계	142(25.82%)			16(8.0%)						71(11.83%)			

<표 5-2> 성공한 금속활자의 수량(내화토 계열)(개)
(각 공간의 실험 조건은 <표 4-4>와 같다)

기능성 재료 / 충전 재료	(가) 활성탄 10%		(라) 종이 섬유 0.5% + 활성탄 19.5%		(바) 수성 탄소 20%		총계
(ㄹ) 내화토	11	6					197 (20.74%)
	18	1	0	7	11	18	
	3	5	7	11	13	12	
	23	12	4	8		27	
소계	79(19.75%)		37(12.33%)		81(32.40%)		

<표 5-3> 성공한 금속활자의 수량(산청토 · 옹기토 계열)(개)
(각 공간의 실험 조건은 <표 4-5>~<표 4-6>과 같다)

기능성 재료 / 충전 재료	(가) 활성탄			(나) 흑연 5%	(다) 유성 탄소 5%	(마) 종이 섬유 1% + 수성 탄소 5%		(바) 수성 탄소					총계
	50%		40%					50%		40%		10%	
(ㅁ) 산청토				44	35	1	41	11	14			42	188 (53.71%)
소계				44 (88.0%)	35 (70.0%)	42 (42.0%)		25 (25.0%)				42 (84.0%)	
(ㅂ) 옹기토		19		4	2	2	20			24	46	21	316 (45.14%)
				46	25							32	
				39	22							14	
소계	19 (38.0%)			89 (59.33%)	49 (32.67%)	22 (22.0%)				70 (70.0%)		67 (44.67%)	

(공란은 해당 실험이 없는 경우이고, "-"는 주형이 파손되어 결과가 없는 경우이다)

(1) 전체의 평균 성공률[14)]

이번 실험 전체의 평균 성공률은 20.07%로 나타났다.

성공한 금속활자 수	사용한 어미자 수	전체 평균 성공률
305+244+229+197+188+316=1,479개	1,800+1,550+1,350+950+350+700=6,700개	1,479 ÷6,700 =20.07%

충전 재료별 평균 성공률은 다음과 같다.

(ㄱ) 황토 계열의 경우, 성공한 금속활자의 수량은 305개다. 이를 위하여 사용한 어미자의 수량은 주형 36개 × 어미자 50개 = 1,800개다. 따라서 305 ÷ 1,800 = 16.94%로 나타났다.

(ㄴ) 백토 계열의 경우, 성공한 금속활자의 수량은 244개다. 이를 위하여 사용한 어미자의 수량은 주형 31개 × 어미자 50개 = 1,550개다. 따라서 244 ÷ 1,550 = 15.74%로 나타났다.

(ㄷ) 청토 계열의 경우, 성공한 금속활자의 수량은 229개다. 이를 위하여 사용한 어미자의 수량은 주형 27개 × 어미자 50개 = 1,350개다. 따라서 229 ÷ 1,350 = 16.96%로 나타났다.

(ㄹ) 내화토 계열의 경우, 성공한 금속활자의 수량은 197개다. 이를 위하여 사용한 어미자의 수량은 주형 19개 × 어미자 50개 = 950개다. 따라서 197 ÷ 950 = 20.74%로 나타났다.

(ㅁ) 산청토 계열의 경우, 성공한 금속활자의 수량은 188개다. 이를 위하여 사용한 어미자의 수량은 주형 7개 × 어미자 50개 = 350개다. 따라서 188 ÷ 350 = 53.71%로 나타났다.

14) 성공률의 평균치는 중요하지 않을 수 있다. 왜냐하면 직지활자를 주조한 "진실" 하나를 찾는 것이 목적이기 때문이다. 그러나 그 진실을 확인할 수 없는 현실을 고려하면 가능성 있는 진실을 범주화하기 위하여 주조 가능한 방법을 모두 찾고, 그 평균치도 구하는 것이다.

(ㅂ) 옹기토 계열의 경우, 성공한 금속활자의 수량은 316개다. 이를 위하여 사용한 어미자의 수량은 주형 14개 × 어미자 50개 = 700개다. 따라서 316 ÷ 700 = 45.14%로 나타났다.

(2) 최고의 성공률

방대한 실험 전체에서 최고의 성공률은 옹기토 계열 실험의 2종류 조건에서 92.0%가 가장 높았다.

충전 재료	실험 조건	최고 성공률
(ㅂ) 옹기토	흑연 5%, 왁스, 문자면 측향, 청동1, 주형 온도 400℃, 입식 주입	92.0%
	수성 탄소 40%, 왁스, 문자면 측향, 청동1, 주형 온도 400℃, 입식 주입	

충전 재료별 최고의 성공률은 다음과 같다.

(ㄱ) 황토 계열에서는 종이 섬유 2% + 활성탄 18%, 황랍, 문자면 측향, 청동1, 주형 온도 400℃, 입식 주입, 주탕도 4.5㎜ × 5.0㎜ = 22.5㎟의 경우와 흑연 20%, 왁스, 문자면 측향, 청동2, 주형 온도 300℃, 입식 주입, 주탕도 4.5㎜ × 5.0㎜ = 22.5㎟의 2가지 경우가 80.0%였다.

(ㄴ) 백토 계열에서는 흑연 20%, 왁스, 문자면 하향, 청동1, 주형 온도 500℃, 평식 주입의 경우가 90.0%였다.

(ㄷ) 청토 계열에서는 종이 섬유 1% + 활성탄 19%, 왁스, 문자면 측향, 청동2, 주형 온도 300℃, 입식 주입의 경우가 58.0%였다.

(ㄹ) 내화토 계열에서는 수성 탄소 20%, 왁스, 문자면 측향, 청동2, 주형 온도 450℃, 입식 주입의 경우가 54.0%였다.

(ㅁ) 산청토 계열에서는 흑연 5%, 왁스, 문자면 측향, 청동1, 주형 온도 400℃, 입식 주입의 경우가 88.0%였다.

(3) 어미자의 재료별 성공률

동일한 어미자의 재료를 기준으로 산출한 성공률이다. 황랍과 왁스가 비슷하게 높았다.

어미자의 재료	성공률(%)	
황랍	155(44+35+38+11+27) ÷ 700(200+150+150+50+150) =	22.14
파라핀	82(5+45+26+6) ÷ 950(250+400+250+50) =	8.63
왁스	1,242(256+164+165+180+188+289) ÷ 5,050(1,350+1,000+950+850+350+550) =	24.59

충전 재료별로 구분하여 살펴보면 다음과 같다.

(ㄱ) 황토 계열의 경우, 황랍이 44 ÷ 200 = 22.0%, 파라핀이 5 ÷ 250 = 2.0%, 왁스가 256 ÷ 1,350 = 18.96%로 나타나서 황랍이 가장 높았다.

(ㄴ) 백토 계열의 경우, 황랍이 35 ÷ 150 = 23.33%, 파라핀이 45 ÷ 400= 11.25%, 왁스가 164 ÷ 1,000 = 16.40%로 나타나서 황랍이 가장 높았다.

(ㄷ) 청토 계열의 경우, 황랍이 38 ÷ 150 = 25.33%, 파라핀이 26 ÷ 250 = 10.40%, 왁스가 165 ÷ 950 = 17.37%로 나타나서 황랍이 가장 높았다.

(ㄹ) 내화토 계열의 경우, 황랍이 11 ÷ 50 = 22.0%, 파라핀이 6 ÷ 50 = 12.0%, 왁스가 180 ÷ 850 = 21.18%로 나타나서 황랍과 왁스가 비슷하게 높았다.

(ㅁ) 산청토 계열의 경우, 모두 왁스를 사용하였으므로 188 ÷ 350 = 53.71%였다.

(ㅂ) 옹기토 계열의 경우, 황랍이 27 ÷ 150 = 18.0%, 왁스가 289 ÷ 550 = 52.55%였다.

(4) 주형의 기능성 재료별 성공률

동일한 기능성 재료를 기준으로 산출한 성공률이다. 수성 탄소 40%가 70.0%로 가장 높았다.

기능성 재료	혼합 비율(%)	성공률(%)	
(가) 활성탄	10	323(50+52+142+79) ÷ 1,950(550+450+550+400) =	16.56
	50	19 ÷ 50 =	38.0
(나) 흑연	20	293(134+143+16) ÷ 1,050(450+400+200) =	27.90
	5	133(44+89) ÷ 200(50+150) =	66.50
(다) 유성 탄소	20	5 ÷ 100 =	5.0
	5	84(35+49) ÷ 200(50+150) =	42.0
(라) 종이 섬유 + 활성탄	2+18	121 ÷ 800 =	15.13
	1+19	115(44+71) ÷ 1,200(600+600) =	9.58
	0.5+19.5	37 ÷ 300 =	12.33
(마) 종이 섬유 + 수성 탄소	1+5	64(42+22) ÷ 200(100+100) =	32.0
(바) 수성 탄소	50	25 ÷ 100 =	25.0
	40	70 ÷ 100 =	70.0
	20	81 ÷ 250 =	32.40
	10	109(42+67) ÷ 200(50+150) =	54.50

충전 재료별로 구분하여 살펴보면 다음과 같다.

(ㄱ) 황토 계열의 경우, 활성탄 10%가 50 ÷ 550 = 9.09%, 흑연 20%가 134 ÷ 450 = 29.78%, 종이 섬유 2% + 활성탄 18%가 121 ÷ 800 = 15.13%로 나타나서 흑연 20%가 가장 높았다.

(ㄴ) 백토 계열의 경우, 활성탄 10%가 52 ÷ 450 = 11.56%, 흑연 20%가 143 ÷ 400= 35.75%, 유성 탄소 20%가 5 ÷ 100 = 5.0%, 종이 섬유 1% + 활성탄 19%가 44 ÷ 600 = 7.33%로 나타나서 흑연 20%가 가장 높았다.

(ㄷ) 청토 계열의 경우, 활성탄 10%가 142 ÷ 550 = 25.82%, 흑연 20%가 16 ÷ 200 = 8.0%, 종이 섬유 1% + 활성탄 19%가 71 ÷ 600 = 11.83%로 나타나서 활성탄 10%가 가장 높았다.

(ㄹ) 내화토 계열의 경우, 활성탄 10%가 79 ÷ 400 = 19.75%, 종이 섬유 0.5% + 활성탄 19.5%가 37 ÷ 300 = 12.33%, 수성 탄소 20%가 81 ÷ 250 = 32.40%로 나타나서 수성 탄소 20%가 가장 높았다.

(ㅁ) 산청토 계열의 경우, 흑연 5%가 44 ÷ 50 = 88.0%, 유성 탄소 5%가 35 ÷ 50 = 70.0%, 종이 섬유 1% + 수성 탄소 5%가 42 ÷ 100 = 42.0%, 수성 탄소 50%가 25 ÷ 100 = 25.0%, 수성 탄소 10%가 42 ÷ 50 = 84.0%로 나타나서 흑연 5%가 가장 높았다.

(ㅂ) 옹기토 계열의 경우, 활성탄 50%가 19 ÷ 50 = 38.0%, 흑연 5%가 89 ÷ 150 = 59.33%, 유성 탄소 5%가 49 ÷ 150 = 32.67%, 종이 섬유 1% + 수성 탄소 5%가 22 ÷ 100 = 22.0%, 수성 탄소 40%가 70 ÷ 100 = 70.0%, 수성 탄소 10%가 67 ÷ 150 = 44.67%로 나타나서 수성 탄소 40%가 가장 높았다.

(5) 금속의 재료별 성공률

금속의 재료를 기준으로 산출한 성공률이다. 청동1이 가장 높았다.

금속의 재료	성공률(%)	
청동1	1,065(170+181+114+188+316+96) ÷ 3,700(850+750+550+350+700+500) =	28.78
황동	101(50+23+28) ÷ 1,550(550+500+500) =	6.52
청동2	313(85+40+87+101) ÷ 1,450(400+300+300+450) =	21.59

충전 재료별로 구분하여 살펴보면 다음과 같다.

(ㄱ) 황토 계열의 경우, 청동1이 170 ÷ 850 = 20.0%, 황동이 50 ÷ 550 = 9.09%, 청동2가 85 ÷ 400 = 21.25%로 나타나서 청동1과 청동2가 비슷하게 높았다.

(ㄴ) 백토 계열의 경우, 청동1이 181 ÷ 750 = 24.13%, 황동이 23 ÷ 500 = 4.60%, 청동2가 40 ÷ 300 = 13.33%로 나타나서 청동1이 가장 높았다.

(ㄷ) 청토 계열의 경우, 청동1이 114 ÷ 550 = 20.73%, 황동이 28 ÷ 500 = 5.60%, 청동2가 87 ÷ 300 = 29.0%로 나타나서 청동2가 가장 높았다.

(ㄹ) 내화토 계열의 경우, 청동1이 96 ÷ 500 = 19.20%, 청동2가 101 ÷ 450 = 22.44%로 나타나서 청동2가 약간 높았다.

(ㅁ) 산청토 계열의 경우, 청동1만 사용하였으므로 188 ÷ 350 = 53.71%였다.

(ㅂ) 옹기토 계열의 경우, 청동1만 사용하였으므로 316 ÷ 700 = 45.14%였다.

(6) 문자 필획의 다과별 성공률

	어미자	금속활자	어미자 대비 증감률
8획 이하	61+61+61+61+24+47 = 315개, 42.0%	162+116+117+91+91+156 = 733개, 49.56%	49.56 ÷ 42.0 = 118.0%
9~ 13획	64+64+64+64+20+42 = 318개, 42.40%	112+97+83+78+74+125 = 569개, 38.47%	38.47 ÷ 42.40 = 90.73%
14획 이상	25+25+25+25+6+11 = 117개, 15.60%	31+31+29+28+23+35 = 177개, 11.97%	11.97 ÷ 15.60 = 76.73%
합계	750개, 100%	1,479개, 100%	-

활자의 어미자 대비 증감률은 8획 이하가 118.0%, 9~13획이 90.73%, 14획 이상이 76.73%였다. 즉 필획이 적을수록 성공률이 높게 나타났다. 그러나 산청토와 옹기토에서는 8획 이하와 14획 이상이 9~13획보다 높으면서, 양자 간의 편차가 1.09%와 4.31%에 불과하여 필획의 다과는 성공률과 거의 무관한 경우도 있었다.

충전 재료별 어미자와 성공한 금속활자의 필획 다과별 수량과 분포율은 <표 6>과 같다.

<표 6-1> 어미자 및 성공한 금속활자의 필획 다과별 수량과 분포율(황토 계열)

어미자	금속활자				어미자 대비 증감률
	(가) 활성탄 10%	(나) 흑연 20%	(라) 종이 섬유 2% + 활성탄 18%	총계	
8획 이하 61개, 40.67%	30개 60.0%	76개 56.72%	56개 46.28%	162개 53.11%	53.11 ÷ 40.67 = 130.59%
9~13획 64개, 42.67%	16개 32.0%	44개 32.84%	52개 42.98%	112개 36.72%	36.72 ÷ 42.67 = 86.06%
14획 이상 25개, 16.67%	4개 8.0%	14개 10.45%	13개 10.74%	31개 10.16%	10.16 ÷ 16.67 = 60.95%
합계 150개, 100%	50개 100%	134개 100%	121개 100%	305개 100%	-

<표 6-2> 어미자 및 성공한 금속활자의 필획 다과별 수량과 분포율(백토 계열)

어미자	금속활자					어미자 대비 증감률
	(가) 활성탄 10%	(나) 흑연 20%	(다) 유성 탄소 20%	(라) 종이 섬유 1% + 활성탄 19%	총계	
8획 이하 61개, 40.67%	26개 50.0%	71개 49.65%	2개 40.0%	16개 36.36%	116개 47.54%	47.54 ÷ 40.67 = 116.89%
9~13획 64개, 42.67%	18개 34.62%	56개 39.16%	3개 60%	20개 45.45%	97개 39.75%	39.75 ÷ 42.67 = 93.16%
14획 이상 25개, 16.67%	8개 15.38%	16개 11.19%	0개 0%	8개 18.18%	31개 12.70%	12.70 ÷ 16.67 = 76.18%
합계 150개, 100%	52개 100%	143개 100%	5개 100%	44개 100%	244개 100%	-

<표 6-3> 어미자 및 성공한 금속활자의 필획 다과별 수량과 분포율(청토 계열)

어미자	금속활자				어미자 대비 증감률
	(가) 활성탄 10%	(나) 흑연 20%	(라) 종이 섬유 1% + 활성탄 19%	총계	
8획 이하 61개, 40.67%	76개 53.52%	7개 43.75%	34개 47.89%	117개 51.09%	51.09 ÷ 40.67 = 125.62%
9~13획 64개, 42.67%	51개 35.92%	5개 31.25%	27개 38.03%	83개 36.24%	36.24 ÷ 42.67 = 84.93%
14획 이상 25개, 16.67%	15개 10.56%	4개 25.0%	10개 14.08%	29개 12.66%	12.66 ÷ 16.67 = 75.94%
합계 150개, 100%	142개 100%	16개 100%	71개 100%	229개 100%	-

<표 6-4> 어미자 및 성공한 금속활자의 필획 다과별 수량과 분포율(내화토 계열)

어미자	금속활자				어미자 대비 증감률
	(가) 활성탄 10%	(라) 종이 섬유 0.5% + 활성탄 19.5%	(바) 수성 탄소 20%	총계	
8획 이하 61개, 40.67%	38개 48.10%	18개 48.65%	35개 43.21%	91개 46.19%	46.19 ÷ 40.67 = 113.57%
9～13획 64개, 42.67%	33개 41.77%	12개 32.43%	33개 40.74%	78개 39.59%	39.59 ÷ 42.67 = 92.78%
14획 이상 25개, 16.67%	8개 10.13%	7개 18.92%	13개 16.05%	28개 14.21%	14.21 ÷ 16.67 = 85.24%
합계 150개, 100%	79개 100%	37개 100%	81개 100%	197개 100%	-

<표 6-5> 어미자 및 성공한 금속활자의 필획 다과별 수량과 분포율(산청토 계열)

어미자	금속활자						어미자 대비 증감률
	(나) 흑연 5%	(다) 유성 탄소 5%	(마) 종이 섬유 1% + 수성 탄소 5%	(바) 수성 탄소		총계	
				50%	10%		
8획 이하 24개, 48.0%	24개, 54.55%	18개, 51.43%	20개, 47.62%	9개, 36.0%	20개, 47.62%	91개, 48.40%	48.40 ÷ 48.0 = 100.83%
9～13획 20개, 40.0%	14개, 31.82%	13개, 37.14%	16개, 38.10%	15개, 60.0%	16개, 38.10%	74개, 39.36%	39.36 ÷ 40.0 = 98.40%
14획 이상 6개, 12.0%	6개, 13.64%	4개, 11.43%	6개, 14.29%	1개, 4.0%	6개, 14.29%	23개, 12.23%	12.23 ÷ 12.0 = 101.92%
합계 50개, 100%	44개, 100%	35개, 100%	42개, 100%	25개, 100%	42개, 100%	188개, 100%	-

<표 6-6> 어미자 및 성공한 금속활자의 필획 다과별 수량과 분포율(옹기토 계열)

어미자	금속활자							어미자 대비 증감률
	(가) 활성탄 50%	(나) 흑연 5%	(다) 유성 탄소 5%	(마) 종이 섬유 1% + 수성 탄소 5%	(바) 수성 탄소		총계	
					40%	10%		
8획 이하 47개, 47.0%	10개 52.63%	43개 48.31%	29개 59.18%	7개, 31.82%	34개, 48.57%	33개 49.25%	156개 49.37%	49.37 ÷ 47.0 = 105.04%
9～13획 42개, 42.0%	7개 36.84%	36개 40.45%	16개 32.65%	12개, 54.55%	29개, 41.43%	25개 37.31%	125개 39.56%	39.56 ÷ 42.0 = 94.19%
14획 이상 11개, 11.0%	2개 10.53%	10개 11.24%	4개 8.16%	3개, 13.64%	7개, 10.0%	9개 13.43%	35개 11.08%	11.08 ÷ 11.0 = 100.73%
합계 100개, 100%	19개 100%	89개 100%	49개 100%	22개, 100%	70개, 100%	67개 100%	316개 100%	-

(7) 문자면의 방향별 성공률

문자면의 방향을 기준으로 산출한 성공률이다. 측향이 가장 높았다.

문자면의 방향	성공률(%)	
상향	337(47+91+86+61+1+51) ÷ 2,700(750+750+600+350+50+200) =	12.48
하향	306(23+118+90+62+11+2) ÷ 1,900(450+550+450+350+50+50) =	16.11
측향	863(235+35+53+74+176+263) ÷ 2,100(600+250+300+250+250+450) =	39.81

충전 재료별로 구분하여 살펴보면 다음과 같다.

(ㄱ) 황토 계열의 경우, 상향이 47 ÷ 750 = 6.27%, 하향이 23 ÷ 450 = 5.11%, 측향이 235 ÷ 600 = 39.17%로 나타나서 측향이 월등히 높았다.

(ㄴ) 백토 계열의 경우, 상향이 91 ÷ 750 = 12.13%, 하향이 118 ÷ 550 = 21.45%, 측향이 35 ÷ 250 = 14.0%로 나타나서 하향이 가장 높았다.

(ㄷ) 청토 계열의 경우, 상향이 86 ÷ 600 = 14.33%, 하향이 90 ÷

450 = 20.0%, 측향이 53 ÷ 300 = 17.67%로 나타나서 하향이 가장 높았다.

(ㄹ) 내화토 계열의 경우, 상향이 61 ÷ 350 = 17.43%, 하향이 62 ÷ 350 = 17.71%, 측향이 74 ÷ 250 = 29.60%로 나타나서 측향이 가장 높았다.

(ㅁ) 산청토 계열의 경우, 상향이 1 ÷ 50 = 2.0%, 하향이 11 ÷ 50 = 22.0%, 측향이 176 ÷ 250 = 70.40%로 나타나서 측향이 압도적으로 높았다.

(ㅂ) 옹기토 계열의 경우, 상향이 51 ÷ 200 = 25.5%, 하향이 2 ÷ 50 = 4.0%, 측향이 263 ÷ 450 = 58.44%로 나타나서 측향이 월등히 높았다.

(8) 주탕도의 굵기별 성공률

황토 계열에서 비교 실험한 주탕도의 굵기가 성공률에 다소 영향이 있는 것으로 보였다.

주형 재료	주탕도 굵기	성공률(%)	
(ㄱ) 황토	4.5㎜ × 5.0㎜ = 22.5㎟	263 ÷ 1,650 =	15.94
	직경 8.5㎜ = 56.72㎟	42 ÷ 150 =	28.0

(9) 주형의 온도별 성공률

금속 용액을 주입할 때, 주형의 온도를 기준으로 산출한 성공률이다. 350℃의 경우가 가장 높았다. 그러나 기타의 경우는 각각 나타나서 주형의 온도는 성공률과 무관하였다.

주형의 온도	성공률(%)	
600℃	126(4+46+52+20+4) ÷ 1,300(300+350+350+250+50) =	9.69
500℃	583(80+122+113+107+26+135) ÷ 2,700(650+600+550+450+150+300) =	21.59
450℃	233(34+61+17+27+41+53) ÷ 750(100+250+150+50+50+150) =	31.07
400℃	364(91+3+5+20+121+124) ÷ 950(350+100+100+100+150+150) =	38.32
350℃	22(0+10+12) ÷ 250(100+100+50) =	8.8
300℃	112(57+12+32+11) ÷ 600(300+150+100+50) =	18.67
100℃	30 ÷ 50 =	60.0
평온	9 ÷ 50 =	18.0

충전 재료별로 구분하여 살펴보면 다음과 같다.

(ㄱ) 황토 계열의 경우, 600℃가 4 ÷ 300 = 1.33%, 500℃가 80 ÷ 650 = 12.31%, 450℃가 34 ÷ 100 = 34.0%, 400℃가 91 ÷ 350 = 26.0%, 300℃가 57 ÷ 300 = 19.0%, 100℃가 30 ÷ 50 = 60.0%, 평온이 9 ÷ 50 = 18.0%로 각각 나타났다.

(ㄴ) 백토 계열의 경우, 600℃가 46 ÷ 350 = 13.14%, 500℃가 122 ÷ 600 = 20.33%, 450℃가 61 ÷ 250 = 24.40%, 400℃가 3 ÷ 100 = 3.0%, 350℃가 0 ÷ 100 = 0%, 300℃가 12 ÷ 150 = 8.0%로 각각 나타났다.

(ㄷ) 청토 계열의 경우, 600℃가 52 ÷ 350 = 14.86%, 500℃가 113 ÷ 550 = 20.55%, 450℃가 17 ÷ 150 = 11.33%, 400℃가 5 ÷ 100 = 5.0%, 350℃가 10 ÷ 100 = 10%, 300℃가 32 ÷ 100 = 32.0%로 각각 나타났다.

(ㄹ) 내화토 계열의 경우, 600℃가 20 ÷ 250 = 8.0%, 500℃가 107 ÷ 450 = 23.78%, 450℃가 27 ÷ 50 = 54.0%, 400℃가 20 ÷ 100 = 20.0%, 350℃가 12 ÷ 50 = 24.0%, 300℃가 11 ÷ 50 = 22.0%로 각각 나타났다.

(ㅁ) 산청토 계열의 경우, 500℃가 26 ÷ 150 = 17.33%, 450℃가 41 ÷ 50 = 82.0%, 400℃가 121 ÷ 150 = 80.67%로 각각 나타났다.

(ㅂ) 옹기토 계열의 경우, 600℃가 4 ÷ 50 = 8.0%, 500℃가 135 ÷ 300 = 45.0%, 450℃가 53 ÷ 150 = 35.33%, 400℃가 124 ÷ 150 = 82.67%로 각각 나타났다.

(10) 금속 용액의 주입 방향별 성공률

금속 용액의 주입 방향을 기준으로 산출한 성공률이다. 이는 "(7) 문자면의 방향별 성공률"과 동일한 실험이다. 금속 용액 주입 방향의 평식은 문자면의 상향과 하향을 합한 점이 다를 뿐이다. 위치 에너지를 이용하는 입식이 월등히 높았다.

주입 방향	성공률(%)	
평식	643(70+209+176+123+12+53) ÷ 4,600(1,200+1,300+1,050+700+100+250) =	13.98
입식	863(235+35+53+74+176+263) ÷ 2,100(600+250+300+250+250+450) =	39.81

충전 재료별로 구분하여 살펴보면 다음과 같다.

(ㄱ) 황토 계열의 경우, 평식이 70 ÷ 1,200 = 5.83%, 입식이 235 ÷ 600 = 39.17%로 나타나서 입식이 압도적으로 높았다.

(ㄴ) 백토 계열의 경우, 평식이 209 ÷ 1,300 = 16.08%, 입식이 35 ÷ 250 = 14.0%로 비슷하게 나타났다.

(ㄷ) 청토 계열의 경우, 평식이 176 ÷ 1,050 = 16.76%, 입식이 53 ÷ 300 = 17.67%로 비슷하게 나타났다.

(ㄹ) 내화토 계열의 경우, 평식이 123 ÷ 700 = 17.57%, 입식이 74÷

250 = 29.60%로 입식이 높게 나타났다.

(ㅁ) 산청토 계열의 경우, 평식이 12 ÷ 100 = 12.0%, 입식이 176 ÷ 250 = 70.40%로 입식이 압도적으로 높게 나타났다.

(ㅂ) 옹기토 계열의 경우, 평식이 53 ÷ 250 = 21.20%, 입식이 263 ÷ 450 = 58.44%로 입식이 월등히 높게 나타났다.

(11) 동일 조건에서의 성공률

(ㅂ) 옹기토 계열 실험에서 유성 탄소 5%, 왁스, 문자면 측향, 약간 균열, 청동1, 주형 온도 500℃, 입식 주입의 조건으로 2개의 주형에 주입한 결과 각각 50%와 44%로 나타나서 6%의 오차를 보였다.

성공한 금속활자와 그 자적은 <사진 9>·<표 7>과 같다.[15)]

<사진 9> 성공한 금속활자(너덜이 수정 전)

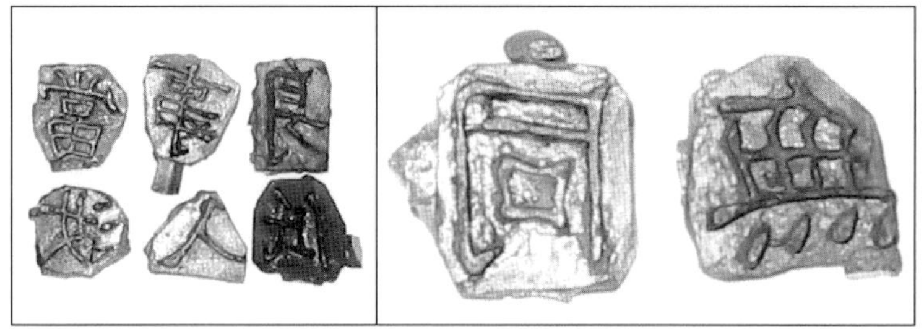

15) 작업량의 방대함으로 인하여 일부 물리적인 실수가 있었다. 황토,흑연 20%,왁,上,약,청2,평온,平의 9개는 파라핀으로 실험할 계획이었다. 황토,종이 섬유 2% + 활성탄 18%,황,側,완,청1,400,立의 "覺"은 왁스 어미자로 계획하였으나, 황랍으로 주조하여 사용하였다.

<표 7-1> 성공한 금속활자의 자적(황토 계열)

실험조건: 활성탄10	금속활자의 자적					
황,下,약, 청1,500, 平	萬	語	供	次			
와,上,약, 청1,500, 平	侍						
와,上,약, 황,400,平	侍						
와,上,약, 청2,600, 平	手	何	和				
와,下,미, 황,400,平	示	侍	没	而	無	會	
와,側,약, 청1,400, 立	介	磨	思	師	示	依	而
	入	丈	這	無	會	之	叅
	何	行	和	皇	迴		
와,側,약, 황,500,立	介	來	師	手	示	實	没
	依	侍	之	指	天	迴	
와,側,약, 청2,300, 立	覺	天	皇				

실험조건: 흑연20	금속활자의 자적						
파,上,미,황,500,平	反	致	趙	州	東		
와,上,약,청2,평온,平	去	當	蒙	師	示	行	指
	天	行					
와,上,약,청2,500,平	介	空	茶	達	同	無	善
	手	垂	誰	侍	身	實	深
	汝	而	入	大	這	案	座
	曾	之	參	何	和	皇	
와,下,약,청1,500,平	介	去	局	塞	善	手	而
	之	天	和	迴			
와,側,완,청1,500,立	介	去	參	當	同	誰	靈
	誰	實	汝	入	大	低	行

	之	何	皇				
왁,側,완, 황,400,立	作	去	當	同	蒙	思	善
	雪	垂	誰	示	侍	汝	祐
	依	入	依	佇	這	寐	之
	指	何	行	迴			
왁,側,약, 청2,300, 立	介	去	見	空	柰	達	當
	同	磨	蒙	保	事	師	善
	雪	手	誰	示	侍	實	深
	汝	祐	依	而	入	丈	藏
	依	佇	這	寐	會	之	指
	痛	何	行	皇	迴		

실험조건: 종이섬유2 + 활성탄18	금속활자의 자적						
황,側,완,청1,400,立	覺	桂	背	其	奇	起	道
	東	萬	三	上	相	西	禪
	竪	匙	甚	尋	十	阿	兩
	語	與	要	義	因	日	在
	滴	肇	住	地	且	以	着
	錯	陀	便	下	香		
와,上,완,청2,600,平	去						
와,下,완,청1,500,平	師	依					
와,側,완,청1,450,立	覺	空	叅	達	當	同	磨
	無	保	雪	手	誰	侍	深

왁,側,완, 청1,450, 立	汝	祐	依	而	入	文	低
	這	寐	座	會	之	指	痛
	何	行	和	和	皇	迴	
왁,側,완, 청2,300, 立	去	入					
왁,側,완, 청1,300, 立,대탕도	介	見	同	保	師	示	藏
	低	座	曾	痛	行		
왁,側,완, 청1,100, 立,대탕도	介	去	見	當	同	磨	蒙
	保	思	師	善	手	誰	身
	汝	祐	入	文	藏	付	這
	座	會	指	痛	何	行	和
	皇	迴					

<표 7-2> 성공한 금속활자의 자적(백토 계열)

실험조건: 활성탄10	금속활자의 자적					
황,下,완, 청1,450, 平	起	甚	目	便			
파,上,완, 청1,450, 平	競	君	漫	埋	名	銘	剖
	徹	鶴	岳	擬	元	移	齊
	田	晴	州	東	恭	兮	獲
파,上,완, 황,500,平	優	遞					
와,上,완, 청1,500, 平	介	無	師	示	侍	入	衍
	這	指	和				
와,上,완, 청2,600, 平	章	皇					
와,下,약, 청1,500, 立	同	無	垂				
와,下,완, 황,400,平	兩	猫	何				
와,側,약, 청2,450, 立	無	求	示	侍	兩	入	衍

실험조건: 흑연20	금속활자의 자적						
황,下,약, 청1,450, 平	國	肯	起	道	得	萬	別
	相	豎	匙	十	與	嶺	義
	國	往	延	呂	次	眷	錯
	琛	佗	下				
파,上,약, 청1,500, 平	閣	期	嵐	物	反	勢	擻
	兀	男	移	州	東	劉	令
파,上,약, 황,600,平	漫	州	東				
와,上,약, 청1,500, 平	同	塞	蒙	無	保	非	思
	善	手	示	身	深	汝	祐
	依	兩	太	藏	行	侍	這
	會	之	指	參	何	行	臺

와,下,약,청1,500,平	覺	介	去	見	恭	當	同
	磨	無	保	那	思	師	善
	璽	手	垂	誰	示	侍	身
	實	深	汝	諸	依	而	入
	丈	藏	行	低	[illegible]	座	會
	六	指	天	痛	何	行	和
	皇	迴	休				
와,下,약,황,500,平	當	保	身	藏	痛	行	和
와,下,약,청2,600,平	覺	介	去	恭	保	思	手
	垂	侍	身	深	依	丈	行
	低	會	何	迴	休		
와,側,약,청1,600,立	覺	善	行				

실험조건: 유성탄소20	금속활자의 자적						
파,上,약, 청1,600, 平	故	香					
파,上,약, 황,600, 平	埋	名	勇				

실험조건: 종이섬유1 + 활성탄19	금속활자의 자적						
황,下,완, 청1,500, 平	振	肯	奇	萬	語	爽	琛
왁,上,완, 청1,500, 平	無						
왁,上,완, 청2,300, 平	見	保	師	衆	天		
왁,下,완, 청1,450, 平	覺	去	侍	深	和		
왁,下,완, 청2,300, 平	師						
왁,側,완, 청1,600, 立	寒	蒙	無	保	渟	誰	示
	入	低	會	參	端	行	皇

왁,側,완, 황,500, 立	介	師	會	天	和		
왁,側,완, 청2,300, 立	覺	誰	示	身	座	週	

<표 7-3> 성공한 금속활자의 자적(청토 계열)

실험조건: 활성탄10	금속활자의 자적						
황,下,약, 청1,500, 平	根	肯	奇	起	嶺	萬	別
	三	堅	匙	甚	十	阿	語
	與	二	因	日	在	住	地
	且	出	使	下			
파,上,약, 청1,500, 平	競	君	期	短	動	理	猛
	名	杳	物	反	勢	岳	巍
	勇	務	睛	做	令		
파,上,완, 황,600, 平	汎						
와,上,약, 청1,500, 平	覺	見	斉	當	同	無	乎
	垂	誰	示	侍	貴	丈	藏
	低	這	永	座	指	參	痛

	何	迴					
와,上,약,황,500,平	見	空	叅	當	示	深	決
	丈	之	叅	和			
와,上,약,청2,350,平	見	叅	叅	師	誰	身	之
	指	何	行				
와,下,약,청1,500,平	覺	去	依	低	這	會	
와,下,약,황,600,平	垂	沒	之	指	何		
와,下,약,청2,600,平	覺	介	法	見	空	保	師
	善	手	垂	誰	示	侍	身
	決	依	而	入	大	低	會
	之	叅	猫	何	和	皇	迴

와,側,약, 청1,500, 立	爲	見	示	身	汝	次	藏
	佇	遣	會	和			
와,側,약, 청2,300, 立	手	深	話				

실험조건: 흑연20	금속활자의 자적						
황,下,약, 청1,450, 平	國	奇	三	堅	是	兩	與
	滿	且	次	下			
파,上,약, 황,500, 平	漫	巍	翔	令			
와,側,완, 황,400, 立	問						

실험조건: 종이섬유1 +활성탄19	금속활자의 자적						
황,下,완, 청1,500, 平	何	兩					
파,上,완, 청1,450, 平	杳	移					
와,上,완, 청1,450, 平	豐	恭	示	迴			

와,上,완, 황,500, 平	事						
와,上,완, 청2,500, 平	覺	去	見	當	思	誰	依
	這	之	指	痛			
와,下,완, 청1,600, 平	來	思	示	身	指	何	迴
와,下,완, 청2,600, 平	去	空	行	指	然	迴	
와,側,완, 청1,400, 立	見	若	行	迴			
와,側,완, 황,600, 立	無	大	指	天	何		
와,側,완, 청2,300, 立	覺	去	當	同	麼	蒙	師
	空	手	無	示	實	汝	祐
	依	而	大	藏	低	遠	衆
	座	會	之	指	天	何	行
	迴						

<표 7-4> 성공한 금속활자의 자적(내화토 계열)

실험조건: 활성탄10	금속활자의 자적					
황,下,완,청1,500,平	國	根	背	奇	三	嶺	要
	[illegible]	地	次	香			
파,上,완,청1,500,平	銘	鐵	[illegible]	孩	清	兮	
왁,上,완,청1,500,平	見	同	爐	磨	思	螢	侍
	汝	祐	而	大	低	這	寐
	天	何	行	迴			
왁,上,완,청2,600,平	之						
왁,下,완,청1,600,平	無	師	垂				
왁,下,완,청2,600,平	介	柔	示	休	迴		
왁,側,완,청1,500,立	覺	去	見	空	來	達	當
	同	磨	無	保	善	身	深

와,側,완, 청1,500, 立	汝	而	低	這	座	痛	行
	和	皇					
와,側,완, 청2,400, 立	介	舍	無	身	深	汝	低
	家	座	之	行	和		

실험조건: 종이섬유0.5 +활성탄19.5	금속활자의 자적						
와,上,완, 청2,600, 平	覺	塵	無	保	事	誰	入
완,下,완, 청1,500, 平	空	牛	誰	身	入	指	行
와,下,완, 청2,300, 平	覺	介	侍	而	入	這	家
	曾	參	痛	行			
와,側,완, 청1,600, 立	覺	磨	雲	低			
와,側,완, 청2,400, 立	介	空	雲	垂	示	之	參
	天						

실험조건: 수성탄소20	금속활자의 자적						
와,上,약, 청1,500, 平	覺	磨	無	靈	誰	而	藏
	森	叅	痛	皇			
와,上,약, 청2,500, 平	空	磨	無	保	手	垂	誰
	示	深	大	這	森	會	起
	何	和	皇	迴			
와,下,약, 청1,500, 平	介	同	參	保	誰	身	賓
	拈	依	而	會	痛	何	
와,下,약, 청2,350, 平	同	思	師	靈	而	大	藏
	行	低	森	座	之		
와,側,약, 청2,450, 立	覺	介	空	當	參	保	師
	手	垂	誰	示	身	深	汝
와,側,약, 청2,450, 立	拈	入	大	行	低	這	會
	之	叅	行	和	迴	依	

<표 7-5> **성공한 금속활자의 자적(산청토 계열)**

실험조건: 흑연5	금속활자의 자적						
와,側,약,청1,400,立	覺	介	夫	見	達	同	磨
	蒙	無	保	事	師	璽	手
	垂	誰	示	侍	身	賓	深
	沒	祐	依	而	入	火	藏
	待	低	這	穿	座	會	之
	參	天	淸	何	行	皇	和
	迴	休					

실험조건: 유성탄소5	금속활자의 자적						
와,側,약,청1,400,立	覺	介	夫	見	奈	磨	蒙
	無	保	思	師	善	垂	示
	身	賓	深	沒	依	而	入

왁,側,약, 청1,400, 立	文	佇	這	會	之	指	天
	痛	何	行	和	皇	迴	休

실험조건: 종이섬유1+ 수성탄소5	금속활자의 자적						
왁,上,완, 청1,500, 平	之						
왁,側,완, 청1,450, 立	覺	介	見	空	柰	當	同
	磨	蒙	無	保	事	思	師
	善	靈	手	垂	誰	身	實
	深	沒	依	而	入	藏	佇
	低	這	衆	會	之	指	叅
	天	痛	何	行	迴	休	

실험조건: 수성탄소50	금속활자의 자적						
왁,下,완, 청1,500, 平	覺	柰	師	靈	身	文	衆
	會	之	指	叅			

와,側,완, 청1,500, 立	介	空	茶	達	當	思	深
	祐	而	丈	天	皇	迴	作

실험조건: 수성탄소1C	금속활자의 자적						
와,側,약, 청1,400, 立	變	介	夫	見	空	達	當
	磨	蒙	無	保	思	導	師
	善	雪	手	誰	示	侍	賓
	深	決	祐	依	而	入	丈
	藏	低	這	座	會	之	指
	恭	徧	何	行	和	迴	休

<표 7-6> 성공한 금속활자의 자적(옹기토 계열)

실험조건: 활성탄50	금속활자의 자적						
왁,側,약, 청1,450, 立	覺	介	見	無	事	師	示
	實	深	祐	依	而	低	這
	壁	會	行	和	林		

실험조건: 흑연5	금속활자의 자적						
황,上약, 청1.600, 平	萬	與	[illegible]	住			
왁,側,약, 청1,400, 立	覺	介	夫	空	恭	邊	當
	同	磨	蒙	無	事	思	師
	善	雪	來	垂	誰	示	傳
	身	實	深	汝	祐	依	而
	入	丈	藏	低	這	座	會
	之	指	參	六	痛	何	行
	和	皇	迴	棟			

왁,側,약, 청1,500, 立	覺	介	見	恭	達	當	同
	蒙	無	保	事	思	師	雪
	手	垂	誰	示	侍	身	汝
	依	而	入	丈	藏	佇	低
	這	座	曾	之	絲	天	痛
	行	和	皇	迴			

실험조건: 유성탄소5	금속활자의 자적						
황,上,약, 청1,500, 平	肯	兩					
왁,側,약, 청1,500, 立	覺	介	空	達	當	同	雪
	垂	誰	示	深	諸	依	而
	丈	低	曾	之	指	天	痛
	何	行	和	皇			

와,側,약, 청1,500, 立	覺	問	無	保	恩	師	善
	手	示	侍	身	實	依	而
	入	座	之	指	天	何	和
	休						

실험조건: 종이섬유1+ 수성탄소5	금속활자의 자적						
와,下,완, 청1,500, 平	雲	指					
와,側,완, 청1,450, 立	覺	達	當	蒙	無	導	恩
	雲	手	垂	深	而	入	丈
	藏	這	麻	會	之	迴	

실험조건: 수성탄소40	금속활자의 자적						
와,上,약, 청1,500, 平	覺	介	去	無	恩	雲	手

왁,上,약, 청1,500, 平	示	沒	祐	入	丈	低	這
	靡	會	之	指	天	痛	行
	皇	迴	休				
왁,側,약, 청1,400, 立	覺	介	去	見	空	祭	達
	當	同	磨	蒙	無	保	事
	思	師	苦	雲	手	垂	誰
	示	侍	身	實	深	沒	祐
	依	入	丈	藏	佇	低	宗
	靡	會	之	指	絲	痛	何
	行	和	皇	休			

실험조건: 수성탄소10	금속활자의 자적						
황,上,약, 청1,500, 平	肯	其	起	道	得	別	三
	西	甚	尋	何	所	要	義
	迆	日	滴	次	錯	使	香
왁,側,약, 청1,400, 平	覺	見	空	同	磨	保	壽
	思	喜	誰	侍	實	汝	祐
	而	入	藏	行	低	這	宗
	之	指	參	天	痛	何	行
	和	皇	迴	休			
왁,側,약, 청1,450, 立	空	同	磨	無	空	實	深
	祐	依	而	低	座	之	行

4.3.3 收縮率의 측정

성공한 활자에서 충전 재료별로 각각 15개씩, 총 90개(6.09%)의 표본을 추출하여 어미자와의 수축률을 측정하였다. 표본은 필획 상하단의 완성도가 높거나 실측이 편리한 문자를 선택하였다. 측정 방법은 “Ⅳ. 4.3.3 收縮率의 측정”과 같다. 주형 재료별 실측 대상과 수축률은 <표 8>, 전체 평균 수축률은 <표 9>와 같다. 금속활자는 어미자보다 평균 96.33%로 3.67% 수축되었다.

<표 8-1> 실측 대상 문자의 길이(200%)와 수축률(황토 계열)(%)

<table>
<tr><th colspan="2">표본</th><th>금속활자(mm)</th><th>어미자(mm)</th><th>개별 수축률</th><th colspan="2">평균 수축률</th></tr>
<tr><td rowspan="5">(가) 활성탄</td><td>황,下,약,청1,500,平=萬</td><td>24.4</td><td>25.0</td><td>97.6</td><td rowspan="5">98.37</td><td rowspan="15">97.47</td></tr>
<tr><td>왁,下,미,황,400,平=示</td><td>19.9</td><td>20.0</td><td>99.5</td></tr>
<tr><td>왁,側,약,청1,400,立=寂</td><td>24.8</td><td>25.0</td><td>99.2</td></tr>
<tr><td>왁,側,약,황,500,立=茶</td><td>23.9</td><td>24.8</td><td>96.37</td></tr>
<tr><td>왁,側,약,청2,300,立=覺</td><td>23.8</td><td>24.0</td><td>99.17</td></tr>
<tr><td rowspan="5">(나) 흑연</td><td>파,上,미,황,500,平=孜</td><td>22.3</td><td>23.0</td><td>96.96</td><td rowspan="5">97.19</td></tr>
<tr><td>왁,上,약,청2,500,平=入</td><td>17.0</td><td>17.2</td><td>98.84</td></tr>
<tr><td>왁,側,완,청1,500,立=同</td><td>21.2</td><td>21.9</td><td>96.80</td></tr>
<tr><td>왁,側,완,황,400,立=指</td><td>22.3</td><td>23.0</td><td>96.96</td></tr>
<tr><td>왁,側,약,청2,300,立=磨</td><td>24.1</td><td>25.0</td><td>96.40</td></tr>
<tr><td rowspan="5">(라) 종이
섬유 + 활성탄</td><td>황,側,완,청1,400,立=匙</td><td>18.0</td><td>18.9</td><td>95.24</td><td rowspan="5">96.85</td></tr>
<tr><td>황,側,완,청1,400,立=住</td><td>20.1</td><td>21.0</td><td>95.71</td></tr>
<tr><td>왁,側,완,청1,450,立=手</td><td>19.1</td><td>20.0</td><td>95.50</td></tr>
<tr><td>왁,側,완,청1,300,立,대탕도=行</td><td>20.7</td><td>21.0</td><td>98.57</td></tr>
<tr><td>왁,側,완,청1,100,立, 대탕도=蒙</td><td>25.5</td><td>25.7</td><td>99.22</td></tr>
</table>

<표 8-2> 실측 대상 문자의 길이(200%)와 수축률(백토 계열)(%)

표본		금속활자(mm)	어미자(mm)	개별 수축률	평균 수축률	
(가) 활성탄	황,下,완,청1,450,平=便	18.1	18.7	96.79	93.60	94.37
	파,上,완,청1,450,平=車	23.2	24.1	96.27		
	왁,上,완,청1,500,平=佇	20.9	22.9	91.27		
	왁,上,완,청2,600,平=事	23.1	25.1	92.03		
	왁,側,약,청2,450,立=侍	21.9	23.9	91.63		
(나) 흑연	황,下,약,청1,450,平=嶺	24.3	26.7	91.01	94.81	
	왁,上,약,청1,500,平=這	22.7	24.6	92.28		
	왁,下,약,청1,500,平=茶	24.1	24.8	97.18		
	왁,下,약,청1,500,平=藏	24.3	25.1	96.81		
	왁,下,약,황,500,平=保	18.1	18.7	96.79		
(라) 종이 섬유 + 활성탄	황,下,완,청1,500,平=萬	23.6	25.0	94.40	94.70	
	황,下,완,청1,500,平=與	22.2	23.9	92.89		
	왁,上,완,청2,300,平=見	19.1	20.0	95.50		
	왁,側,완,청1,600,立=痛	22.4	23.7	94.51		
	왁,側,완,청1,600,立=行	20.2	21.0	96.19		

<표 8-3> 실측 대상 문자의 길이(200%)와 수축률(청토 계열)(%)

표본		금속활자(mm)	어미자(mm)	개별 수축률	평균 수축률	
(가) 활성탄	황,下,약,청1,500,平=萬	24.0	25.0	96.0	95.79	96.34
	황,下,약,청1,500,平=便	18.2	18.7	97.33		
	파,上,약,청1,500,平=動	23.8	25.0	95.20		
	왁,上,약,청1,500,平=侍	23.0	23.9	96.23		
	왁,上,약,청1,500,平=這	23.3	24.6	94.72		
	왁,上,약,청1,500,平=痛	22.2	23.7	93.67		
	왁,側,약,청1,500,立=佇	22.3	22.9	97.38		
(나) 흑연	황,下,약,청1,450,平=奇	22.0	22.9	96.07	94.77	
	황,下,약,청1,450,平=與	23.0	23.9	96.23		
	파,上,약,황,500,平=巍	23.0	25.0	92.0		
(라) 종이 섬유 + 활성탄	황,下,완,청1,500,平=阿	21.0	21.3	98.59	98.06	
	파,上,완,청1,450,平=移	24.8	25.0	99.20		
	왁,上,완,청2,500,平=見	19.0	20.0	95.0		
	왁,側,완,청2,300,立=藏	24.6	25.1	98.01		
	왁,側,완,청2,300,立=行	20.9	21.0	99.52		

<표 8-4> 실측 대상 문자의 길이(200%)와 수축률(내화토 계열)(%)

표본		금속활자(mm)	어미자(mm)	개별 수축률	평균 수축률	
(가) 활성탄	황,下,완,청1,500,平=嶺	26.1	26.7	97.75	96.75	96.92
	황,下,완,청1,500,平=地	17.8	18.4	96.74		
	파,上,완,청1,500,平=孜	21.8	23.0	94.78		
	파,上,완,청1,500,平=淸	25.0	26.2	95.42		
	왁,側,완,청1,500,立=茶	24.0	24.8	96.77		
	왁,側,완,청1,500,立=痛	23.0	23.7	97.05		
(라) 종이 섬유 + 활성탄	왁,上,완,청1,500,平=指	22.0	23.0	95.65	97.61	
	왁,下,약,청2,300,平=曾	24.1	24.8	97.18		
	왁,側,완,청2,400,立=示	20.0	20.0	100.0		
(바) 수성 탄소	왁,上,약,청2,500,平=磨	24.1	25.0	96.40	97.08	
	왁,下,약,청1,500,平=同	21.1	21.9	96.35		
	왁,下,약,청2,350,平=雪	20.3	21.0	96.67		
	왁,側,약,청2,450,立=介	18.3	19.0	96.32		
	왁,側,약,청2,450,立=師	23.2	23.4	99.15		
	왁,側,약,청2,450,立=曾	24.2	24.8	97.58		

<표 8-5> 실측 대상 문자의 길이(200%)와 수축률(산청토 계열)(%)

표본		금속활자(mm)	어미자(mm)	개별 수축률	평균 수축률	
(나) 흑연	왁,側,약,청1,400,立=保	18.7	18.7	100.0	97.70	97.54
	왁,側,약,청1,400,平=侍	22.8	23.9	95.40		
(다) 유성 탄소	왁,側,약,청1,400,立=覺	23.0	24.0	95.83	97.33	
	왁,側,약,청1,400,立=佇	22.9	22.9	100.0		
	왁,側,약,청1,400,平=這	23.0	24.6	93.50		
	왁,側,약,청1,400,立=行	21.0	21.0	100.0		
(마) 종이 섬유 + 수성 탄소	왁,側,완,청1,450,立=茶	24.2	24.8	97.58	96.68	
	왁,側,완,청1,450,立=事	24.7	25.1	98.41		
	왁,側,완,청1,450,立=身	26.4	27.0	91.11		
	왁,側,완,청1,450,立=寂	24.9	25.0	99.60		
(바) 수성 탄소	왁,側,완,청1,500,立=祐	23.0	23.6	97.46	98.33	
	왁,側,완,청1,500,立=丈	19.7	20.0	98.50		
	왁,側,약,청1,400,立=當	22.0	22.8	96.49		
	왁,側,약,청1,400,立=藏	25.0	25.1	99.60		
	왁,側,약,청1,400,立=痛	23.6	23.7	99.58		

<표 8-6> 실측 대상 문자의 길이(200%)와 수축률(옹기토 계열)(%)

표본		금속활자(mm)	어미자(mm)	개별 수축률	평균 수축률	
(가) 활성탄	왁,側,약,청1,450,立=祐	21.8	23.6	92.37	95.17	95.23
	왁,側,약,청1,450,立=這	24.1	24.6	97.97		
(나) 흑연	황,上,약,청1,600,平=與	21.1	23.9	88.28	93.80	
	왁,側,약,청1,400,立=同	21.1	21.9	96.35		
	왁,側,약,청1,500,立=茶	24.0	24.8	96.77		
(다) 유성 탄소	왁,側,약,청1,500,立=覺	23.9	24.0	99.58	94.45	
	왁,側,약,청1,500,立=同	21.0	21.9	95.89		
	왁,側,약,청1,500,立=侍	21.0	23.9	87.87		
(마) 종이 섬유 + 수성 탄소	왁,側,약,청1,450,立=覺	23.8	24.0	99.17	94.54	
	왁,側,약,청1,450,立=事	22.9	25.1	91.24		
	왁,側,약,청1,450,立=寂	23.3	25.0	93.20		
(바) 수성 탄소	황,上,약,청1,500,平=阿	20.5	21.3	96.24	97.44	
	왁,側,약,청1,400,立=見	19.6	20.0	98.00		
	왁,側,약,청1,400,立=佇	22.7	22.9	99.13		
	왁,側,약,청1,450,立=磨	24.1	25.0	96.40		

<표 9> 실측 대상 문자의 전체 평균 수축률(%)

금속활자 길이(200%)의 합(mm)	어미자 길이(200%)의 합(mm)	전체 평균 수축률
327.1+328.2+335.1+335.0+344.9+334.9 = 2,005.2	333.5+348.2+348.0+345.7+352.2+351.9 = 2,081.5	2,005.2 ÷ 2,081.5 = 96.33

5. 實驗 結果의 分析

5.1 實驗 設定의 條件

고려시대에 사용했을 법한 금속활자 밀랍주조법의 세부 과정을 단계별로 다양하게 실험 조건을 설정하여 추적하였다. 이를 위하여 설정한 조건은 <표 10>과 같다.

<표 10-1> 실험 설정의 조건(황토 · 백토 · 청토 계열)

1	어미자의 재료	① 황랍, ⑤ 파라핀, ⑥ 왁스 등 3종
2	주형의 충전 재료	㉠ 황토, ㉡ 백토, ㉢ 청토 등 3종
3	주형의 기능성 재료	㉮ 탄분(활성탄), ㉯ 흑연, ㉰ 유성 탄소, ㉱㉲ 종이 섬유 등 4종
4	금속의 재료	Ⓐ 청동1(구리 70% + 주석 30%), Ⓑ 황동(구리 70% + 아연 30%), Ⓒ 청동2(구리 55% + 주석 33% + 납 11% + 아연 1%) 등 3종
5	주조 활자의 수량 = 금속 주입 양	50개 = 약 300g 1종
6	문자 필획의 다과	50자 × 3 = 150자를 ① 8획 이하, ② 9~13획, ③ 14획 이상 등 3종으로 구분
7	문자면의 방향	① 상향, ② 하향, ③ 측향 등 3종
8	주탕도의 굵기	① 직경 8.5㎜ = 56.72㎟(황토 계열에만 실험), ② 4.5㎜ × 5.0㎜ = 22.5㎟ 등 2종
9	주형의 소성 온도	600℃ 1종
10	금속 용액 주입 시, 주형의 온도	평온에서 600℃까지 다양
11	금속 용액의 주입 방향	① 평식, ② 입식 등 2종
12	금속 용액의 주입 온도	800~1,000℃ 1종
13	금속 용액의 주입 방법	재래식 직접 주입 1종

<표 10-2> 실험 설정의 조건(내화토 계열)

1	어미자의 재료	① 황랍, ⑤ 파라핀, ⑥ 왁스 등 3종
2	주형의 충전 재료	㉣ 내화토 1종
3	주형의 기능성 재료	㉮ 탄분(활성탄), ㉱㉲ 종이 섬유, ㉳ 수성 탄소 등 3종
4	금속의 재료	Ⓐ 청동1(구리 70% + 주석 30%), Ⓒ 청동2(구리 55% + 주석 33% + 납 11 % + 아연 1%) 등 2종
5	주조 활자의 수량 = 금속 주입 양	50개 = 약 300g 1종
6	문자 필획의 다과	50자 × 3 = 150자를 ① 8획 이하, ② 9~13획, ③ 14획 이상 등 3종으로 구분
7	문자면의 방향	① 상향, ② 하향, ③ 측향 등 3종
8	주탕도의 굵기	4.5㎜ × 5.0㎜ = 22.5㎟ 1종
9	주형의 소성 온도	600℃ 1종
10	금속 용액 주입 시, 주형의 온도	300℃에서 600℃까지 다양
11	금속 용액의 주입 방향	① 평식, ② 입식 등 2종
12	금속 용액의 주입 온도	800~1,000℃ 1종
13	금속 용액의 주입 방법	재래식 직접 주입 1종

<표 10-3> **실험 설정의 조건(산청토 계열)**

1	어미자의 재료	⑥ 왁스 1종
2	주형의 충전 재료	㉤ 산청토 1종
3	주형의 기능성 재료	㉮ 탄분(활성탄), ㉯ 흑연, ㉰ 유성 탄소, ㉱㉲ 종이 섬유, ㉳ 수성 탄소 등 5종
4	금속의 재료	Ⓐ 청동1(구리 70% + 주석 30%) 1종
5	주조 활자의 수량 = 금속 주입 양	50개 = 약 300g 1종
6	문자 필획의 다과	50자를 ① 8획 이하, ② 9~13획, ③ 14획 이상 등 3종으로 구분
7	문자면의 방향	① 상향, ② 하향, ③ 측향 등 3종
8	주탕도의 굵기	4.5㎜ × 5.0㎜ = 22.5㎟ 1종
9	주형의 소성 온도	600℃ 1종
10	금속 용액 주입 시, 주형의 온도	400℃에서 600℃까지 다양
11	금속 용액의 주입 방향	① 평식, ② 입식 등 2종
12	금속 용액의 주입 온도	900~1,000℃ 1종
13	금속 용액의 주입 방법	재래식 직접 주입 1종

<표 10-4> **실험 설정의 조건(옹기토 계열)**

1	어미자의 재료	① 황랍, ⑥ 왁스 등 2종
2	주형의 충전 재료	㉥ 옹기토 1종
3	주형의 기능성 재료	㉮ 탄분(활성탄), ㉯ 흑연, ㉰ 유성 탄소, ㉱㉲ 종이 섬유, ㉳ 수성 탄소 등 5종
4	금속의 재료	Ⓐ 청동1(구리 70% + 주석 30%), 1종
5	주조 활자의 수량 = 금속 주입 양	50개 = 약 300g 1종
6	문자 필획의 다과	50자 × 2 = 100자를 ① 8획 이하, ② 9~13획, ③ 14획 이상 등 3종으로 구분
7	문자면의 방향	① 상향, ② 하향, ③ 측향 등 3종
8	주탕도의 굵기	4.5㎜ × 5.0㎜ = 22.5㎟ 1종
9	주형의 소성 온도	600℃ 1종
10	금속 용액 주입 시, 주형의 온도	400℃에서 600℃까지 다양
11	금속 용액의 주입 방향	① 평식, ② 입식 등 2종
12	금속 용액의 주입 온도	900~1,000℃ 1종
13	금속 용액의 주입 방법	재래식 직접 주입 1종

5.2 實驗 結果의 分析

단계별 조건을 조합하여 설정한 134종의 실험 결과를 분석하면 다음과 같다.

5.2.1 鑄造의 成功率

방대한 실험에서 전체의 평균 성공률은 20.07%로 나타났다. 성공률이 낮은 주된 이유는 금속 용액의 주입 방향으로 평식을 많이 실험한 결과로 보인다. 결과는 입식의 성공률이 월등히 높았다. 따라서 성공률을 위하여는 입식을 중심으로 실험할 필요가 있었다.

최고의 성공률은 92.0%로 옹기토 계열의 2종류의 조건에서 나타났다.

5.2.2 活字 字跡의 特徵

성공한 활자 중에서 어미자의 상태를 완벽하게 반영한 경우는 특징을 추출할 수 없다. 그렇지 못한 경우는 부정적인 현상이지만 여러 가지를 추출할 수 있었다(<사진 10> 참조).

특기할 점은 이들 특징이 모두 「直指」에서도 발견되는 유사한 현상이다.[16] 따라서 이 점에만 초점을 맞추어 유추하면, 이번 실험에서 추적한 밀랍주조법은 직지활자를 주조하기 위하여 사용했던 방법일 가능성이 있는 것으로 보인다.

---

16) 曺炯鎭, "直指의 字跡에 나타난 直指活字의 特徵 硏究", 173-191. 이러한 특징은 의도하지 않았음에도 나타난 점으로 미루어 직지활자도 의도한 것이 아니었을 것으로 짐작된다.

(1) 斷筆 문자

필획이 끊어진 현상이 나타난 문자가 있었다. 모두 합하면 1,076개로 1,076 ÷ 1,479 = 72.75%에 이른다. 충전 재료별로 살펴보면 다음과 같다.

충전 재료	기능성 재료	해당 문자	수량	비율(%)
(ㄱ) 황토	(가) 활성탄 10%	萬語住侍侍手侍汝寂介磨思師而丈這寂曾之參何和皇廻茶師手實汝低佇之指天廻覺皇	37	66.58 (203개)
	(나) 흑연 20%	反孜趙州車去當蒙師示指空茶善手垂誰實深座曾之參何皇去磨善手而天和廻介去茶當同事雪誰實汝入丈低佇之何皇介去當同蒙思善雪垂誰侍汝祐依入低佇這寂之指何行廻去空茶磨蒙事師善雪手侍實依而藏低佇寂曾指痛何行皇廻	99	
	(라) 종이 섬유 2% + 활성탄 18%	覺桂肯道東萬相西禪竪甚兩與要因滴肇次着錯陀香去師達當同保侍祐而入低之指皇去介同保示藏座曾介去見當同磨蒙思師善手誰汝入丈藏佇這座指痛何皇	67	

충전 재료	기능성 재료	해당 문자	수량	비율(%)
(ㄴ) 백토	(가) 활성탄 10%	起甚日便競君漫撒鵝岳樣田睛車泰獲偃無師侍入佇這指車皇同垂何無手侍而入佇	35	75.41 (184개)
	(나) 흑연 20%	國肯起道得萬相竪與嶺義因住池次錯琛陀期嵐反勢撒勇移車剔漫州車同磨蒙無保事思善手示身深祐依藏佇低這曾之指何行皇覺介去見當同磨無保事思師善雪手垂身實深依入丈藏佇低寂座曾之指天痛行和皇廻休當保身藏行和覺介去茶保垂丈抵曾何廻休善	110	
	(다) 유성 탄소 20%	故杳埋名勇	5	
	(라) 종이 섬유 1% + 활성탄 19%	根奇萬語與琛無保師天覺去侍師磨蒙保事入曾參痛行皇介師曾天和覺誰示座廻	34	

충전 재료	기능성 재료	해당 문자	수량	비율(%)
(ㄷ) 청토	(가) 활성탄 10%	根肯起嶺萬別竪十語與因日住且便競君期短動埋猛名杳物反勢岳巍移睛做兀覺見茶當同無手垂誰侍實丈藏低這寂座指參痛廻見空茶當汝之參和見茶蒙師誰身之指行覺去依低這曾垂之指何覺介去見空保師善手垂誰示侍身汝依而丈低之參痛何和皇廻覺丈藏這曾和手祐	115	78.17 (179개)
	(나) 흑연 20%	國奇竪兩與滴且次漫巍趙同	12	
	(라) 종이 섬유 1% + 활성탄 19%	阿杳移覺茶廻事覺見當思誰依之痛茶指何廻去空佇指參廻見磨廻指天何覺去磨蒙師雪手垂實汝祐依而丈藏低這曾之指何	52	

충전 재료	기능성 재료	해당 문자	수량	비율(%)
(ㄹ) 내화토	(가) 활성탄 10%	國根肯奇嶺要肇地次香銘撒巍淸見爐磨雪侍而低這寂天何廻之無師垂茶依覺去空茶達當善低這座行皇無汝低座和	49	71.57 (141개)
	(라) 종이 섬유 0.5% + 활성탄 19.5%	覺磨無保事誰入雪手誰身入指覺介侍入這寂曾參痛覺磨雪低空雪垂之參天	32	
	(바) 수성 탄소 20%	覺磨無雪誰藏寂參痛皇磨保手垂誰示深這寂曾指皇廻同蒙身實保祐依而曾痛何同思師雪而丈藏佇低寂座之覺蒙保手垂誰祐低曾之參行廻休	60	

충전 재료	기능성 재료		해당 문자	수량	비율(%)
(ㅁ) 산청토	(나) 흑연 40%		覺去見達同磨蒙保事師雪垂誰示侍身實汝依而入丈藏佇低寂座曾之參痛何皇和廻休	36	74.47 (140개)
	(다) 유성 탄소 5%		覺介去蒙無思師善身實深依而丈佇曾之指痛何和皇廻休	24	
	(마) 종이 섬유 1% + 수성 탄소 5%		之覺介見空茶當磨蒙事思師善雪誰身實深汝依入藏佇低這寂之指參痛行廻	32	
	(바) 수성 탄소	50%	覺茶師雪身寂指參介空茶達思而丈天皇廻休	19	
		10%	覺去見達當磨蒙思事師善雪手誰示侍實汝祐藏這座曾之參痛何廻休	29	

충전 재료	기능성 재료		해당 문자	수량		비율(%)
(ㅂ) 옹기토	(가) 활성탄 50%		覺介見無示實深而這座曾和休	13		72.47 (229개)
	(나) 흑연 50%		萬與肇介去空茶達當同磨蒙無事思師善手垂示侍身實汝祐依而丈低這座之指參天痛何行和廻曾休皇覺介當同蒙保事思師雪手垂誰身依這座之痛和皇廻	65		
	(다) 유성 탄소 5%		肯覺空達當雪垂誰示深祐依而丈低曾之指天痛何和皇覺同保手示身實座之指何和休	36		
	(마) 종이 섬유 1% + 수성 탄소 5%		覺達當蒙無事思手垂深而藏這之廻雪指	17		
	(바) 수성 탄소	40%	覺介去無思雪手汝祐入丈低這座曾之指天痛行皇廻休(왁,上,약,청1,500,平)覺去見茶達當同蒙事思善雪誰示身實祐依低寂座曾之參何和(왁,側,약,청1,400,立)	49	98	
		10%	肯其道得別西甚尋兩要義池滴次錯便香(황,上,약,청1,500,平)見磨保事思善誰實汝而藏佇低這寂之指參痛和皇廻休(왁,側,약,청1,400,立)空磨雪實祐依低之行(왁,側,약,청1,450,立)	49		

(2) 氣泡 문자

문자면의 일부가 미세한 홈처럼 옴폭 패인 결과 자적에 하얀 반점이 나타난 문자가 있었다. 모두 합하면 163개에 이른다. 충전 재료별로 살펴보면 다음과 같다.

(ㄱ) 황토 계열에서 흑연 20%의 경우에 這寂何(왁,側,완,황,400,立)汝(왁,側,약,청2,300,立) 등 4개가 있었다. 종이 섬유 2% + 활성탄 18%에는 曾(왁,側,완,청1,450,立)去(왁,側,완,청1,100,立,대탕도) 등 2개가 있었다. 모두 6개였다.

(ㄴ) 백토 계열에서 활성탄 10%의 경우에 同(왁,下,약,청1,500,平)이 있었다. 흑연 20%에는 因下(황,下,약,청1,450,平)同(왁,上,약,청1,500,平)示而佇(왁,下,약,청1,500,平) 등 6개가 있었다. 모두 7개였다.

(ㄷ) 청토 계열에서 활성탄 10%의 경우에 根萬(황,下,약,청1,500,平)勢(파,上,약,청1,500,平)同(왁,上,약,청1,500,平)保(왁,下,약,청2,600,平)手祐(왁,側,약,청2,300,立) 등 7개가 있었다. 흑연 20%에는 漫(파,上,약,황,500,平)이 있었다. 종이 섬유 1% + 활성탄 19%에는 茶(왁,上,완,청1,450,平)示身(왁,下,완,청1,600,平)去佇(왁,下,완,청2,600,平) 등 5개가 있었다. 모두 13개였다.

(ㄹ) 내화토 계열에서 활성탄 10%의 경우에 之(왁,上,완,청2,600,平)茶保深汝皇(왁,側,완,청1,500,立)介茶無汝寂座行和(왁,側,완,청2,400,立) 등 14개가 있었다. 종이 섬유 0.5% + 활성탄 19.5%에는 覺行(왁,下,완,청2,300,平)磨低(왁,側,완,청1,600,立)垂示(왁,側,완,청2,400,立) 등 6개가 있었다. 수성 탄소 20%에는 誰這(왁,上,약,청2,500,平)保而痛(왁,下,약,청1,500,平)同師而(왁,下,약,청2,350,平)空蒙汝祐低(왁,側,약,청2,450,立) 등 13개가 있었다. 모두 33개였다.

(ㅁ) 산청토 계열에서 흑연 5%의 경우에 達蒙手侍實汝祐而藏佇低曾痛行廻 등 15개가 있었다. 유성 탄소 5%에는 介善實深汝曾指天行和廻 등 11개가 있었다. 종이 섬유 1% + 수성 탄소 5%에는 同蒙保事誰實汝寂曾何休(왁,側,완,청1,450,立) 등 11개가 있었다. 수성 탄소 50%에는 身丈寂指叅(왁,下,완,청1,500,平)介深祐(왁,側,완,청1,500,立)와 10%의 覺當蒙保手示實深汝而這指廻(왁,側,약,청1,400,立) 등 21개가 있었다. 모두 58개였다.

(ㅂ) 옹기토 계열에서 흑연 5%의 경우에 肇(황,上,약,청1,500,平)茶達師雪手丈休(왁,側,약,청1,400,立)茶達當同蒙事市入(왁,側,약,청1,500,立) 등 16개가 있었다. 유성 탄소 5%에는 肯(황,上,약,청1,500,平)介同依而丈低曾痛何皇(왁,側,약,청1,500,立)同保依(왁,側,약,청1,500,立) 등 14개가 있었다. 종이 섬유 1% + 수성 탄소 5%에는 無事入 등 3개가 있었다. 수성 탄소 40%에는 無手示(왁,上,약,청1,500,平)蒙善低(왁,側,약,청1,400,立)와 10%의 藏之天廻休(왁,側,약,청1,400,立)依之(왁,側,약,청1,450,立) 등 13개가 있었다. 모두 46개였다.

(3) 너덜이 문자

너덜이가 있어서 잡먹이 나타난 문자가 있었다. 모두 합하면 322개에 이른다. 특히 산청토 계열에서 유성 탄소 5%의 磨蒙休는 주형의 문자면에 균열이 있었음을 보여주고 있다. 충전 재료별로 살펴보면 다음과 같다.

(ㄱ) 황토 계열에서 활성탄 10%의 경우에 萬語和侍汝師手汝 등 8개가 있었다. 흑연 20%에는 趙車佇行善侍實寂之和介同磨善和廻

去茶當雪誰實汝入之何皇去蒙思誰汝這蒙事手侍佇寂曾痛行 등 42개가 있었다. 종이 섬유 2% + 활성탄 18%에는 肯竪與地陀香覺汝和同示低介當磨思善座指痛 등 20개가 있었다. 모두 70개였다.

(ㄴ) 백토 계열에서 활성탄 10%의 경우에 起日埋鵝寂州偃趙痛示而 등 11개가 있었다. 흑연 20%에는 國起道因琛閣物擻同磨蒙無示祐而這皇師誰示身低曾何侍曾 등 26개가 있었다. 유성 탄소 20%에는 杳의 1개가 있었다. 종이 섬유 1% + 활성탄 19%에는 根無保和誰誰 등 6개가 있었다. 모두 44개였다.

(ㄷ) 청토 계열에서 활성탄 10%의 경우에 根(황,下,약,청1,500,平)埋猛杳物(파,上,약,청1,500,平)覺見茶同(왁,上,약,청1,500,平)茶(왁,上,약,황,500,平)身(왁,上,약,청2,350,平)汝何(왁,下,약,황,600,平)覺(왁,側,약,청1,500,立)祐(왁,側,약,청2,300,立) 등 15개가 있었다. 종이 섬유 1% + 활성탄 19%에는 去誰(왁,上,완,청2,500,平)迴(왁,下,완,청2,600,平)覺蒙(왁,側,완,청2,300,立) 등 5개가 있었다. 모두 20개였다.

(ㄹ) 내화토 계열에서 활성탄 10%의 경우에 根(황,下,완,청1,500,平)銘擻(파,上,완,청1,500,平)雪祐丈這寂行(왁,上,완,청1,500,平)之(왁,上,완,청2,600,平)無師垂(왁,下,완,청1,600,平)茶迴(왁,下,완,청2,600,平)介茶無座(왁,側,완,청2,400,立) 등 19개가 있었다. 종이 섬유 0.5% + 활성탄 19.5%에는 保事(왁,上,완,청2,600,平)手誰指(왁,下,완,청1,500,平)覺侍而叁(왁,下,완,청2,300,平)介(왁,側,완,청2,4300,立) 등 10개가 있었다. 수성 탄소 20%에는 磨無雪誰而藏寂皇(왁,上,약,청1,500,平)無保垂誰深曾指何皇迴(왁,上,약,

청2,500,平)蒙保誰身實祐依而曾痛何(왁,下,약,청1,500,平)思丈佇寂(왁,下,약,청2,350,平)空當蒙保師手示深汝之行和廻(왁,側,약,청2,450,立) 등 46개가 있었다. 모두 75개였다.

(ㅁ) 산청토 계열에서 흑연 5%의 경우에 磨事師垂誰實入藏何廻 등 10개가 있었다. 유성 탄소 5%에는 覺去見茶磨蒙無保師善身依而這之指痛行皇廻休 등 21개가 있었다. 종이 섬유 1% + 수성 탄소 5%에는 之(왁,上,완,청1,500,平)覺介同師誰汝而佇指廻(왁,側,완,청1,450,立) 등 11개가 있었다. 수성 탄소 50%에는 覺身丈指(왁,下,완,청1,500,平)茶而天皇廻(왁,側,완,청1,500,立)와 10%의 覺保思事雪(왁,側,약,청1,400,立) 등 14개가 있었다. 모두 56개였다.

(ㅂ) 옹기토 계열에서 활성탄 50%의 경우에 見無師低座 등 5개가 있었다. 흑연 5%에는 肇空師實痛休同低廻 등 9개가 있었다. 유성 탄소 5%에는 介同示祐曾天何皇覺同實依而 등 13개가 있었다. 종이 섬유 1% + 수성 탄소 5%에는 達思丈曾廻 등 5개가 있었다. 수성 탄소 40%에는 覺無丈座曾指痛皇(왁,上,약,청1,500,平)覺當師雪低(왁,側,약,청1,400,立)와 10%의 得尋義滴便(황,上,약,청1,500,平)見事實痛休(왁,側,약,청1,400,立)空雪(왁,側,약,청1,450,立) 등 25개가 있었다. 모두 57개였다.

(4) 필획이 어긋난 문자

필획이 교차하는 부분에서 하나의 필획이 두 획처럼 어긋난 문자가 있었다.

(ㄱ) 황토 계열의 十(종이 섬유 2% + 활성탄 18%의 황,側.완,청1,400,立)이 그 예였다.

(5) 缺筆 문자

필획의 일부가 나타나지 않은 문자가 있었다. 모두 합하면 199개에 이른다. 충전 재료별로 살펴보면 다음과 같다.

(ㄱ) 황토 계열에서 활성탄 10%의 경우에 和(왁,上,약,청2,600,平)師這曾叅(왁,側,약,청1,400,立)茶(왁,側,약,황,500,立) 등 6개가 있었다. 흑연 20%에는 州(파,上,미,황,500,平)蒙(파,上,약,청2,평온,平)達這座(왁,上,약,청2,500,平)磨(왁,下,약,청1,500,平)雪皇(왁,側,완,청1,500,立)思侍廻(왁,側,완,황,400,立)低曾(왁,側,약,청2,300,立) 등 13개가 있었다. 종이 섬유 2% + 활성탄 18%에는 其相禪尋與(황,側,완,청1,400,立)覺誰(왁,側,완,청1,450,立)蒙師身座(왁,側,완,청1,100,立,대탕도) 등 11개가 있었다. 모두 30개였다.

(ㄴ) 백토 계열에서 활성탄 10%의 경우에 甚便競漫鵝移晴泰無無無 등 11개가 있었다. 흑연 20%에는 起錯撒州同汝覺見誰侍身覺身何 등 14개가 있었다. 유성 탄소 20%에는 名이 있었다. 종이 섬유 1% + 활성탄 19%에는 無師覺深磨蒙無誰皇覺身座 등 12개가 있었다. 모두 38개였다.

(ㄷ) 청토 계열에서 활성탄 10%의 경우에 根嶺短名移覺實藏寂叅見當見蒙誰覺覺覺見身藏 등 21개가 있었다. 흑연 20%에는 漫巍趙 등 3개가 있었다. 종이 섬유 1% + 활성탄 19%에는 覺廻覺痛茶身覺師 등 8개가 있었다. 모두 32개였다.

(ㄹ) 내화토 계열에서 활성탄 10%의 경우에 銘巍雪祐依身深無身深低行 등 12개가 있었다. 종이 섬유 0.5% + 활성탄 19.5%에는 覺磨雪身指覺痛磨空 등 9개가 있었다. 수성 탄소 20%에는 覺

藏痛磨深寂指廻蒙身思而藏佇低覺蒙誰曾 등 19개가 있었다. 모두 40개였다.

(ㅁ) 산청토 계열에서 흑연 5%의 경우에 覺寂和 등 3개가 있었다. 유성 탄소 5%에는 茶實痛 등 3개가 있었다. 종이 섬유 1% + 수성 탄소 5%에는 覺見蒙誰身而寂痛休(왁,側,완,청1,450,立) 등 9개가 있었다. 수성 탄소 50%에는 覺多(왁,下,완,청1,500,平)廻休(왁,側,완,청1,500,立)와 10%의 覺見無雪侍而低叅(왁,側,약,청1,400,立) 등 12개가 있었다. 모두 27개였다.

(ㅂ) 옹기토 계열에서 활성탄 50%의 경우에 見深 등 2개가 있었다. 흑연 5%에는 師身丈座指叅誰這痛 등 9개가 있었다. 유성 탄소 5%에는 覺低覺無休 등 5개가 있었다. 종이 섬유 1% + 수성 탄소 5%에는 蒙深而藏寂 등 5개가 있었다. 수성 탄소 40%에는 善皇(왁,上,약,청1,500,平)覺痛(왁,側,약,청1,400,立)과 10%의 其(황,上,약,청1,500,平)覺誰祐叅痛(왁,側,약,청1,400,立)雪(왁,側,약,청1,450,立) 등 11개가 있었다. 모두 32개였다.

(6) 필획이 변형된 문자

굵거나 윤곽이 모호하거나 특이하게 변형된 문자가 있었다. 모두 합하면 373개에 이른다. 충전 재료별로 살펴보면 다음과 같다.

(ㄱ) 황토 계열에서 흑연 20%의 反孜(파,上,미,황,500,平)誰而(왁,上,약,청2,500,平)同手而之天(왁,下,약,청1,500,平)丈(왁,側,완,청1,500,立)依廻(왁,側,완,황,400,立)汝低(왁,側,완,청2,300,立)와 종이 섬유 2% + 활성탄 18%의 入(왁,側,완,청2,300,立) 등 모두

15개였다.

(ㄴ) 백토 계열에서 활성탄 10%에서는 君田名(파,上,완,청1,450,平)事皇(와,上,완,청2,600,平)侍入佇(와,側,약,청2,450,立)를 제외한 44개 문자가 있었다. 흑연 20%의 肯得萬(황,下,약,청1,450,平)無保身汝佇曾(와,上,약,청1,500,平)茶當同保思手垂誰示侍汝祐入藏寂之痛行和廻(와,下,약,청1,500,平)保(와,下,약,황,500,平)를 제외한 113개 문자가 있었다. 유성 탄소 20%의 5개 문자가 있었다. 종이 섬유 1% + 활성탄 19%의 見(와,上,완,청2,300,平)無保事示(와,側,완,청1,600,立)를 제외한 39개 문자가 있었다. 모두 201개였다.

(ㄷ) 청토 계열에서 활성탄 10%에서는 根嶺別竪甚便(황,下,약,청1,500,平)競期短埋名杳物反勢岳巍勇移睛(파,上,약,청1,500,平)兀(파,上,완,황,600,平)見茶同無手垂誰示侍丈這(와,上,약,청1,500,平)見茶汝丈之(와,上,약,황,500,平)茶指何(와,上,약,청2,350,平)覺去這(와,下,약,청1,500,平)指何(와,下,약,황,600,平)見保師手丈之(와,下,약,청2,600,平)覺見身丈和(와,側,약,청1,500,立)祐(와,側,약,청2,300,立) 등 57개가 있었다. 흑연 20%의 竪次(황,下,약,청1,450,平)巍(파,上,약,황,500,平) 등 3개가 있었다. 종이 섬유 1% + 활성탄 19%의 阿兩(황,下,완,청1,500,平)杳(파,上,완,청1,450,平)事(와,上,완,황,500,平)覺思依這(와,上,완,청2,500,平)茶思身指(와,下,완,청1,600,平)何(와,側,완,황,600,立)磨汝這(와,側,완,청2,300,立) 등 16개가 있었다. 모두 76개였다.

(ㄹ) 내화토 계열에서 활성탄 10%의 肇(황,下,완,청1,500,平)而(와,側,완,청1,500,立), 종이 섬유 0.5% + 활성탄 19.5%의 而(와,下,

완,청2,300,平), 수성 탄소의 示(왁,上,약,청2,500,平) 등 모두 4개였다.

(ㅁ) 산청토 계열에서 흑연 5%에는 雪深而入低座天何廻, 유성 탄소 5%에는 覺磨蒙無善之指天休, 종이 섬유 1% + 수성 탄소 5%에서는 天(왁,側,완,청1,450,立), 수성 탄소 50%에는 茶(왁,側,완,청1,500,立) 등 모두 20개였다.

(ㅂ) 옹기토 계열에서 활성탄 50%에서는 示低休 등 3개가 있었다. 흑연 5%에서는 肇去茶達師手侍實痛何休茶事示身丈佇低曾廻 등 20개가 있었다. 유성 탄소 5%에서는 肯雪依而丈之天痛何覺同無依而座 등 15개가 있었다. 종이 섬유 1% + 수성 탄소 5%의 無藏之 등 3개 문자가 있었다. 수성 탄소 40%의 座(왁,上,약,청1,500,平)覺無(왁,側,약,청1,400,立)와 10%의 起道尋兩滴次便(황,上,약,청1,500,平)空磨之(10%,왁,側,약,청1,400,立)叅行休(왁,側,약,청1,450,立) 등 16개 문자가 있었다. 모두 57개였다.

(7) 묵등 문자

필획 주변이 메워져서 까맣게 먹 덩어리로 나타나는 문자가 있었다. 모두 합하면 42개에 이른다. 이는 「直指」의 묵등 문자인 27上葉1-10의 "影"과 35上葉3-4의 "攝"이 어미자의 조각 누락에 의한 것일 수도 있지만, 주조 과정상에서 나타날 수도 있는 현상임을 짐작하게 하는 근거가 될 수 있다. 즉 어미자의 필획을 완전하게 조각하였다 할지라도, 주조 과정상의 인위적인 조절이 불가능한 현상으로 인하여 비정상적으로 필획 사이의 일부가 메워져서 주조되어 나온 경우가 있다. 이는 실패한 활자로 간주하여 폐기하여야 하나, 활자 부족 등의 이유로 사용한 결과 나타난 현상일 수 있음을 짐작하게 한다. 충전 재료별로 살펴보면 다음과 같다.

(ㄱ) 황토 계열에서 흑연 20%의 趙(파,上,미,황,500,平)皇(왁,上,약,청2,500,平) 등 모두 2개였다.

(ㄴ) 백토 계열에서 흑연 20%의 國(황,下,약,청1,450,平)과 종이 섬유 1% + 활성탄 19%의 師(왁,上,완,청2,300,平)曾(왁,側,완,청1,600,立) 등 모두 3개였다.

(ㄷ) 청토 계열에서 활성탄 10%의 無(왁,上,약,청1,500,平)曾(왁,下,약,청1,500,平)痛(왁,下,약,청2,600,平)과 흑연 20%의 國(황,下,약,청1,450,平) 등 모두 4개였다.

(ㄹ) 내화토 계열에서 활성탄 10%의 巍(파,上,완,청1,500,平)丈(왁,上,완,청1,500,平)無(왁,下,완,청1,600,平), 종이 섬유 0.5% + 활성탄 19.5%의 指(왁,下,완,청1,500,平)磨(왁,側,완,청1,600,立), 수성 탄소 20%의 無(왁,上,약,청1,500,平)垂誰何皇廻(왁,上,약,청2,500,平)保實曾(왁,下,약,청1,500,平)思(왁,下,약,청2,350,平) 등 모두 15개였다.

(ㅁ) 산청토 계열에서 흑연 5%의 曾, 유성 탄소 5%의 無保痛, 종이 섬유 1% + 수성 탄소 5%의 師這(왁,側,완,청1,450,立), 수성 탄소 50%의 師曾(왁,下,완,청1,500,平)廻(왁,側,완,청1,500,立) 등 모두 9개였다.

(ㅂ) 옹기토 계열에서 활성탄 50%의 見, 종이 섬유 1% + 수성 탄소 5%의 思曾, 수성 탄소 40%의 無丈痛(왁,上,약,청1,500,平)當無(왁,側,약,청1,400,立)와 10%의 實(왁,側,약,청1,400,立) 등 모두 9개였다.

<사진 10> 활자 자적의 특징

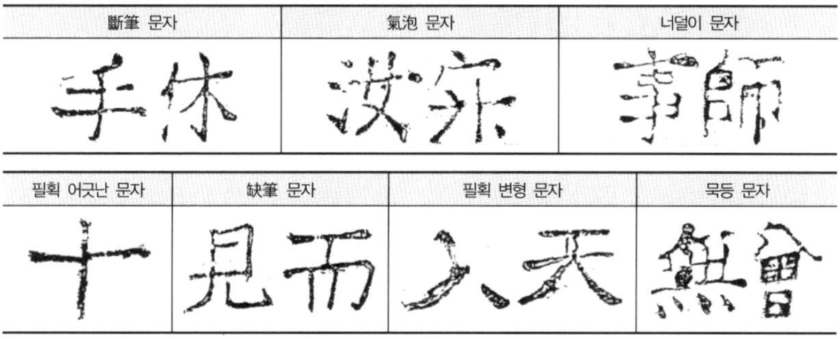

斷筆 문자	氣泡 문자	너덜이 문자

필획 어긋난 문자	缺筆 문자	필획 변형 문자	묵등 문자

5.2.3 筆劃의 完成度

필획의 완성도는 주조해낸 활자의 자적이 어미자의 자적과 근접한 정도를 의미한다. 자적의 특징은 기술상의 문제로서 의도하지 않았던 부정적인 현상들이다. 이 현상이 많을수록 완성도는 떨어질 수밖에 없다(<표 11> 참조). 이번 실험에서는 이러한 현상들이 상당히 많이 나타나서 완성도를 거론하기가 무색할 정도였다. 아쉽긴 하지만 완성도를 살펴보면 대체로 활성탄 · 종이 섬유 · 수성 탄소 등이 높았고, 흑연과 유성 탄소가 낮았다. 이 점에서도 활성탄과 종이 섬유의 기능이 탁월함을 알 수 있었다. 종이 섬유를 혼합한 주형은 견고하여 어미자의 필획을 잘 유지함에 비하여, 흑연은 다소 견고하지 못하여 필획이 일부 파손된 결과라고 할 수 있다. 흑연 주형의 보수 작업을 가장 많이 했던 점과도 관련이 있었다. 유성 탄소는 거의 언급할 점이 없을 정도였다. 충전 재료별로 살펴보면 다음과 같다.

(ㄱ) 황토 계열의 경우는 종이 섬유+활성탄이 가장 높았고, 활성탄, 흑연 순으로 낮았다.

(ㄴ) 백토 계열의 경우는 흑연이 가장 높았고, 활성탄, 종이 섬유+활성탄, 유성 탄소 순으로 낮았다.

(ㄷ) 청토 계열의 경우는 종이 섬유+활성탄이 가장 높았고, 흑연, 활성탄 순으로 낮았다.

(ㄹ) 내화토 계열의 경우는 활성탄이 가장 높았고, 종이 섬유+활성탄, 수성 탄소 순으로 낮았다. 성공한 활자와 실패한 경우가 분명히 구분되는 특징을 보였다.

(ㅁ) 산청토 계열의 경우는 수성 탄소 50%가 가장 높았고, 수성 탄소 10%, 종이 섬유+수성 탄소, 흑연, 유성 탄소 순으로 낮았다.

(ㅂ) 옹기토 계열의 경우는 수성 탄소 40%가 가장 높았고, 활성탄, 수성 탄소 10%, 흑연, 종이 섬유+수성 탄소, 유성 탄소 순으로 낮았다.

<표 11-1> **활자 자적의 특징 출현 빈도(황토 · 백토 · 청토 계열)**

기능성 재료 / 충전 재료	(가) 활성탄 10%	(나) 흑연 20%	(다) 유성 탄소 20%	(라) 종이 섬유 + 활성탄	
				2% + 18%	1% + 19%
(ㄱ) 황토	51개 현상 ÷ 50개 = 102%	174개 현상 ÷ 134개 = 129.85%		102개 현상 ÷ 121개 = 84.30%	
(ㄴ) 백토	102개 현상 ÷ 52개 = 196.15%	269개 현상 ÷ 143개 = 188.11%	12개 현상 ÷ 5개 = 240.0%		91개 현상 ÷ 44개 = 206.82%
(ㄷ) 청토	218개 현상 ÷ 142개 = 153.52%	20개 현상 ÷ 16개 = 125.0%			86개 현상 ÷ 71개 = 121.13%

<표 11-2> **활자 자적의 특징 출현 빈도(내화토 계열)**

기능성 재료 / 충전 재료	(가) 활성탄 10%	(라) 종이 섬유 0.5% + 활성탄 19.5%	(바) 수성 탄소 20%
(ㄹ) 내화토	99개 현상 ÷ 79개 = 125.32%	60개 현상 ÷ 37개 = 162.16%	149개 현상 ÷ 81개 = 183.95%

<표 11-3> 활자 자적의 특징 출현 빈도(산청토 · 옹기토 계열)

기능성 재료 / 충전 재료	(가) 활성탄 50%	(나) 흑연 5%	(다) 유성 탄소 5%	(마) 종이 섬유 1% + 수성 탄소 5%	(바) 수성 탄소		
					50%	40%	10%
(ㅁ) 산청토		74개 현상 ÷ 44개 = 168.18%	71개 현상 ÷ 35개 = 202.86%	66개 현상 ÷ 42개 = 157.14%	35개 현상 ÷ 25개 = 140.0%		64개 현상 ÷ 42개 = 152.38%
(ㅂ) 옹기토	24개 현상 ÷ 19개 = 126.32%	119개 현상 ÷ 89개 = 133.71%	83개 현상 ÷ 49개 = 169.39%	35개 현상 ÷ 22개 = 159.09%		80개 현상 ÷ 70개 = 114.29%	89개 현상 ÷ 67개 = 132.84%

5.2.4 活字의 收縮率

수축률은 90개(6.09%)를 선별하여 측정한 결과, 평균 96.33%로 3.67% 수축되었다. "Ⅳ. 直指活字의 蜜蠟鑄造法 鑄型 材料 實驗 研究"에서 나타난 4.97%보다 1.3% 작았다.

이 수축률은 「直指」와 같은 크기의 활자를 주조하기 위하여 "2.1 字本의 選定"에서 자본을 104%로 확대하여 준비한 점이 그 결과물인 활자가 104 × 0.9633 = 100.1832%로 나타난 점에서 대단히 현명한 판단이었음을 증명하고 있다.

5.2.5 어미자의 材料

황랍 어미자의 금속활자 주조 성공률은 22.14%, 파라핀은 9.10%, 왁스는 24.66%로 나타나서, 황랍의 대용으로 왁스가 파라핀보다 효과적인 재료로 평가되었다.

5.2.6 鑄型의 充塡 材料

황토・백토・청토・내화토・산청토・옹기토 등은 높은 점성을 가진 점토로 밀랍주조법의 충전 재료가 될 수 있음을 확인하였다. 천연 황토는 이를 수비하여 점토와 사질 성분을 여과하여야 했다.

5.2.7 鑄型의 機能性 材料

활성탄 10～50%・흑연 5～20%・유성 탄소 5%・종이 섬유 0.5～2%・수성 탄소 5～50% 등을 혼합한 134개의 주형에 재래식 방법으로 무리 없이 금속 용액을 100% 주입할 수 있었다. 이로써 금속 용액 주입 시 발생하는 가스를 흡수하는 기능이 있음을 확인하였다.

특히 종이 섬유 0.5～2%는 주형의 균열을 방지하는 기능이 탁월하였다. 뿐만 아니라 주조의 성공률에까지 영향을 미칠 만큼 절대적이었다. 다만 다른 기능성 재료의 비율이 높으면 종이 섬유의 비율도 높아야 하였다.

활성탄 10%를 혼합한 주형은 주형 재료의 기능성도 갖추면서 균열도 방지할 수 있지만, 40% 이상은 부분적으로 기능성 재료의 양이 과다하여 충전 재료의 점력을 떨어뜨려 소성할 때 쉽게 파손되므로 부적합한 것으로 판단되었다.

흑연 5%는 유용하였지만, 20%는 부분적으로 활자의 완성도가 낮아서, 주형이 견고하지 못한 것으로 판단되었다.

유성 탄소 5%는 유용하였지만, 20%는 부적합한 것으로 판명되었다.

수성 탄소 10～40%는 기능이 탁월하여 매우 유용한 기능성 재료임을 알 수 있었다.

5.2.8 金屬의 材料

청동1과 청동2의 주조 성공률이 각각 28.78%와 21.59%로 황동의 6.52%보다 높았다. 즉 점토계 주형 재료를 이용한 밀랍주조법의 활자 주조용 금속으로 청동이 황동보다 더 적합하였다.

5.2.9 鑄造 活字의 數量 = 金屬의 注入 量과 注入 方法

금속의 주입 양은 활자 50개를 주조하는 300g 정도의 소량으로도 무리 없이 주입할 수 있었다. 주입 방법은 재래식으로 직접 주입하여도 충분하였다.

5.2.10 文字 筆劃의 多寡

주조 성공률이 975 ÷ 5,650=17.26% 정도로 낮은 경우(황토・백토・청토・내화토 계열)는 필획이 적은 순으로 성공률이 높았다. 이는 필획의 다과는 성공률과 관계가 있음을 의미한다.

그러나 성공률이 504 ÷ 1,050=48.0% 정도 높은 경우(산청토・옹기토 계열)는 필획의 다과는 성공률과 거의 무관하였다.

즉 주조 성공률이 낮을 경우에는 필획의 다과가 성공률과 관계가 있지만, 성공률이 높아지면 필획의 다과가 성공률과 무관함을 알 수 있었다.

5.2.11 文字面의 方向과 金屬 鎔液의 注入 方向

문자면의 방향과 금속 용액의 주입 방향은 동일한 실험이다. 문자면의 상향과 하향은 금속 용액을 평식으로 주입하고, 측향은 입식으로 주입하기 때문이다.

주조 성공률은 상향이 12.48%, 하향이 16.11%로 측향의 39.81%보다 낮았고, 평식이 13.98%로 입식의 39.81%보다 낮았다. 문자면 측향의 성공률이 압도적으로 높았다. 즉 금속 용액의 주입 압력을 높이기 위하여 입식으로 주입하는 것이 절대적이었다.

5.2.12 주탕도의 굵기

직경 8.5㎜ = 56.72㎟ 대탕도의 성공률이 4.5㎜ × 5.0㎜ = 22.5㎟보다 높았다. 그러나 이는 금속 용액을 입식으로 주입한 영향이 큰 것으로 보인다. 왜냐하면 "황,下,완,청1,300,平,대탕도"의 경우는 성공률이 0%였기 때문이다. 실제로 4.5㎜ × 5.0㎜ = 22.5㎟의 주탕도로도 충분히 주입되었다. 고려시대의 금속 기술 수준으로 미루어 보아도 4㎜ 두께의 어미자에 접착된 탕도의 굵기가 직경 8㎜ = 56.72㎟까지는 되지 않았을 것으로 짐작된다.

5.2.13 鑄型의 燒成 溫度와 金屬 鎔液 注入 시 鑄型의 溫度

주형을 소성하기 위한 온도는 600℃로도 충분하였다. 다만 소성 파손을 방지하기 위하여 10시간 정도에 걸쳐서 서서히 가열할 필요가 있었다.

금속 용액 주입 시 주형의 온도는 원칙을 찾기 어려울 만큼 각각 나타나서 성공률과 무관하였다.

5.2.14 同一 條件에서의 結果

옹기토 계열에서 유성 탄소 5%, 왁스, 문자면 측향, 약간 균열, 청동 1, 주형 온도 500℃, 입식 주입의 조건인 2개의 주형에서 나타난 결과는 성공률이 각각 50%와 44%로 6%의 차이가 있었다. 이 차이는 주형 재료가 점토계인 까닭에 인위적으로 극복할 수 없는 한계로 보인다.

5.2.15 失敗의 要因

20.07%의 성공률은 79.93%의 실패를 의미한다. 그 원인은 다음과 같이 추론되었다.

(1) 주형의 균열

건조 또는 소성할 때, 주형의 균열로 인하여 금속 용액을 주입하지 못한 경우까지 감안하면 성공률은 더욱 낮아진다. 따라서 주형의 균열을 방지하는 것이 성공률을 좌우하는 관건이었다. 이는 주형의 충전 재료가 점토이기 때문에 피할 수 없는 운명이다.

금속 용액을 주입한 주형의 경우에는 육안으로는 보이지 않는 미세한 균열과 기포가 있어서 용액을 주입할 때 새는 경우가 많았다. 이는 주입을 충분히 할지라도 실패로 나타났다. 따라서 어미자군 매몰 시의 기포나 주형 건조 시의 균열이 생기지 않도록 주의하여야 했다.

(2) 주형 재료의 금속 용액 수용 적성 부족

실패한 활자의 대부분이 동체는 형성되었지만, 필획이 완전하게 형성되지 못하였다. 그 원인은 점토계 주형 재료의 성능이 금속 용액을 수용하기는 하되 주물사보다는 우수하지 못하여 금속 주입 시 발생하는 가스를 충분히 흡수하지 못한 결과일 수 있다. 따라서 기능성 재료의 혼합 비율을 재검토할 필요가 있었다.

(3) 금속 용액의 주입 압력 부족

실패한 활자의 필획이 완전하게 형성되지 못한 경우가 평식에서 많이 나타났다. 그러나 주형 내에 어미자의 문자 필획은 완벽하게 형성되었다. 이는 주형 재료의 금속 용액 수용 적성 부족과 함께 금속 용액의 주입 압력이 약한 결과, 주형 공간의 공기를 충분히 밀어내지 못하여 어미자의 필획까지 속속들이 주입되지 못한 때문으로 보였다. 따라서 금속 용액의 주입 방향을 입식으로 하여 압력을 충분히 높일 필요가 있었다.

(4) 주입구의 틈새와 크기

금속 용액의 역량을 낭비하지 않고 힘 있게 주입할 수 있도록 주형 몸체와 주입구 접착부의 미세한 틈새를 없애고, 주입구의 크기를 여유 있게 조성할 필요가 있었다.

(5) 금속의 재료와 온도

금속 용액이 주입구와 탕도 부분만 주입되고 활자의 동체는 형성되지 않은 경우가 평식과 황동에서 많이 나타났고, 대탕도에도 있었다. 이는 주입 중에 식어서 유동성이 멈춘 결과로 보였다. 따라서 금속을 충분히 가열하여 주입할 필요가 있었다. 특히 황동은 아연이 고열에 타면서 융점이 올라가 가열을 멈추면 금세 식는다. 또 걸죽하여 흐르는 속도가 늦다. 충분히 가열하면 주입 후 청동은 5분, 황동은 2분 정도 용액이 주형 안에서 끓을 수 있다. 이에서 활자 주조용 금속으로 청동이 황동보다 더 적합함을 알 수 있었다.

참고로 금속의 융점은 구리 1,083℃ · 주석 232℃ · 아연 420℃ · 납 327℃이다. 주입을 쉽게 하려면 구리의 함량을 80~95%로 높여서 융점이 900℃ 정도 되어야 늦게 식으며 부러지지 않고 유연하다. 그러나 청동2의 합금은 800℃에서도 유동성이 커서 미세한 틈에도 쉽게 주입되므로 균열을 피할 수 없는 점토계 주형에는 부적합할 수도 있다.

(6) 주형 안의 잔존 밀랍 성분

주형을 충분히 가열하지 못하여 밀랍 성분을 완전히 제거하지 않은 경우, 금속 용액이 주입구에서 주입되지 못하고 튀었다. 따라서 밀랍 성분을 완전히 제거할 만큼 충분히 가열하여 소성하여야 했다.

참고로 실패 사례를 일부 예시하면 <표 12>와 같다. 예시한 문자는 황토 계열의 경우 차례로 短漫, 同實皇, 雪深, 荼當休, 叅行, 怪, 事思, 空荼達, 無, 祐藏痛, 師實, 蒙保垂依藏休和, 深而叅, 休 등이다. 백토 계열의 경우 西, 銅抖, 覺, 無, 同低指, 誰, 覺磨保, 身, 覺侍, 州, 湊, 寂, 見痛迴, 達, 誰 등이다. 내화토 계열의 경우 短銅, 依藏, 荼祐和, 保, 侍, 去而 등이다.

<표 12-1> 실패한 금속활자의 자적(황토 계열)

실험 조건		금속활자의 자적						
활성탄 10	파,上,미,황,400,平				와,上,약,청2,600,平			
	와,下,미,황,400,平							
	와,側,약,청1,400,立				와,側,약,황,500,立			
흑연 20	와,上,약,청2,500,平				와,下,약,청1,500,平			
	와,側,완,청1,500,立							
	와,側,완,황,400,立				와,側,약,청2,300,立			
종이섬유 2 + 활성탄 18	황,側,완,청1,400,立				와,側,완,청1,450,立			
	와,側,완,청1,100,立				와,側,완,청1,300,立			

<표 12-2> 실패한 금속활자의 자적(백토 계열)

실험 조건		금속활자의 자적						
활성탄 10	황,下,완, 청1,450, 平				파,上,완, 청1,450, 平			-
	와,上,완, 청1,500, 平		와,上,완, 황,500, 平		와,上,완, 청2,600, 平			
	와,下,완, 청1,500, 平				와,側,약, 청2,450, 立			
흑연 20	황,下,약, 청1,450, 平		파,上,약, 청1,500, 平		와,上,약, 청1,500, 平			
	와,下,약, 청1,500, 平				와,下,약, 청2,600, 平			
유성 탄소 20	파,上,약, 황,600, 平							
종이 섬유 1 + 활성탄 19	와,上,완, 청1,500, 立				와,側,완, 청2,300, 立			

<표 12-3> 실패한 금속활자의 자적(내화토 계열)

실험 조건		금속활자의 자적						
활성탄 10	파,上,완, 청1,500, 平							
종이 섬유 0.5 + 활성탄 19.5	와,上,완, 청2,600, 平				와,下,완, 청2,300, 平		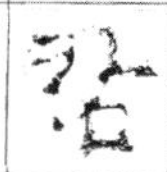	
	와,側,완, 청2,400, 立							
수성 탄소 20	와,上,약, 청2,500, 平				와,側,약, 청2,450, 立			

6. 小 結

황토·백토·청토·내화토·산청토·옹기토 등 6종의 충전 재료를 사용하여 금속활자를 주조할 수 있는 밀랍주조법의 구체적인 과정과 원리를 추적하기 위하여 단계별로 다양한 조건을 설정하여 실험하였다. 그 결과를 요약하면 다음과 같다.

(1) 어미자의 재료

황랍과 함께 왁스가 효과적인 재료로 평가되었다. 파라핀도 가능하기는 하였다.

(2) 주형의 재료

충전 재료로 황토·백토·청토·내화토·산청토·옹기토 등은 유용하였다.

기능성 재료로 활성탄 10～50%·흑연 5～20%·유성 탄소 5%·종이 섬유 0.5～2%·수성 탄소 5～50% 등은 주조가 가능하도록 하는 기능을 가지고 있음을 확인하였다.

특히 종이 섬유 0.5～2%는 주형의 균열을 방지하는 기능이 절대적일만큼 탁월하였으며, 주조의 성공률과 활자의 완성도에까지 영향을 미쳤다. 다만 다른 기능성 재료의 비율이 높으면 종이 섬유의 비율도 높아야 하였다. 활성탄 10%는 주형 재료의 기능도 갖추면서 균열도 방지할 수 있지만, 40% 이상은 부분적으로 부적합하였다. 흑연 5%는 유용하였지만, 20%는 부분적으로 활자의 완성도가 낮았다. 유성 탄소 5%는 유용하였지만, 20%는 부적합하였다. 수성 탄소 10～40%는 기능이 탁월하여 매우 유용하였다.

(3) 합금의 성분 및 주입 양과 방법

구리를 55~70%로 하는 청동 합금이 황동보다 효과적이었다.

주입 양은 300g 정도의 소량을 800~1,000℃로 가열하여, 재래식 방법으로도 주입할 수 있었다.

(4) 문자 필획의 다과

주조 성공률이 17.26% 정도로 낮은 경우에는 필획의 다과가 성공률과 관계가 있지만, 성공률이 48.0% 정도 높아지면 필획의 다과가 성공률과 무관하였다.

(5) 문자면의 방향과 금속 용액의 주입 방향

문자면을 측향으로 하여 금속 용액을 입식으로 주입하는 것이 주조의 성공률에 절대적인 영향을 미쳤다.

(6) 주탕도의 굵기

4.5㎜ × 5.0㎜ = 22.5㎟의 주탕도는 충분히 주입되었다.

(7) 주형의 소성 온도와 금속 용액 주입 시 주형의 온도

주형의 소성은 600℃로도 충분하였다. 다만 파손을 방지하기 위하여 서서히 가열할 필요가 있었다.

금속 용액 주입 시 주형의 온도는 성공률과 관계가 없었다.

(8) 주조의 성공률과 수축률

전체의 평균 성공률은 20.07%로 나타났다. 최고의 성공률은 92.0%로 옹기토 계열의 2종류의 조건에서 나타났다. 성공률을 높이기 위해서는 금속 용액의 주입 방향을 입식으로 하여야 했다.

수축률은 평균 96.33%로 3.67% 수축되었다. 이 수축률은 「直指」와 같은 크기의 활자를 주조하기 위하여 자본을 104%로 확대한 점이 대단히 현명한 판단이었음을 증명하고 있다.

(9) 동일 조건에서의 결과

옹기토 계열에서 동일한 조건 2개의 주형에서 나타난 결과는 성공률이 각각 50%와 44%로 6%의 편차가 있었다. 이 차이는 주형 재료가 점토계인 까닭에 인위적으로 극복할 수 없는 한계로 보인다.

(10) 활자 자적의 특징과 필획의 완성도

활자의 자적을 분석하면 斷筆 문자・氣泡 문자・너덜이 문자・필획이 어긋난 문자・缺筆 문자・필획이 변형된 문자・묵등 문자 등이 나타났다. 특기할 점은 이들 특징이 모두 「直指」에서도 발견되는 유사한 현상이다. 이 점에만 초점을 맞추어 유추하면 이번 실험에서 추적한 밀랍주조법은 직지활자를 주조하기 위하여 사용했던 방법일 가능성이 있는 것으로 보였다.

필획의 완성도는 너무 낮아서 거론하기가 무색할 정도지만, 활성탄・종이 섬유・수성 탄소 등이 높았고, 흑연과 유성 탄소가 낮았다.

(11) 실패의 요인

주형의 균열·주형 재료의 금속 용액 수용 적성 부족·금속 용액의 주입 압력 부족·주입구의 틈새와 크기·금속의 재료와 온도·주형 안의 잔존 밀랍 등이 지적되었다.

蜜蠟鑄造法의 大量鑄造 實驗 研究

蜜蠟鑄造法의 大量鑄造 實驗 研究*

An Experimental Investigation on Mass Production of the Metal Type by Wax Casting Method

◁ 목 차 ▷

<초 록>

금속활자를 주조할 수 있는 황토를 사용한 밀랍주조법의 대량 주조의 효율성을 추적하였다.

(1) 어미자의 재료: 파라핀은 효과적이었다.

(2) 주형의 재료: 충전 재료로 황토는 유용하였다. 기능성 재료로 종이 섬유 2% + 활성탄 18%는 유용하였다.

(3) 금속의 성분 및 주입 양과 방법: 청동이 효과적이었다. 주입 양은 활자 100개인 600g 정도의 소량을 재래식 방법으로 주입할 수 있었다.

(4) 문자 필획의 다과: 필획의 다과는 주조의 성공률과 거의 무관하였다.

(5) 금속 용액의 주입 방향: 문자면을 측향으로 하여, 금속 용액을 입식으로 주입하는 것이 성공률에 절대적인 영향을 미쳤다.

(6) 주탕도의 굵기: 직경 8.5㎜ = 56.72㎟의 주탕도로도 충분하였다.

(7) 주형의 온도: 주형의 소성 온도는 600℃로도 충분하였다. 금속 용액 주입 시 주형의 온도는 성공률과 무관하였다.

(8) 활자 자적의 특징: 「直指」에서 발견할 수 있는 특징이 모두 나타났다.

(9) 대량 주조의 성공률과 수축률: 전체의 평균 성공률은 21.0%였고, 최고의 성공률은 68.0%였다. 수축률은 3.07%였다. 이로써 하나의 주형으로 100개의

* 曺炯鎭, “금속활자 밀랍주조법의 대량 주조 실험 연구”, 「書誌學硏究」 제49집(2011. 9), 203-233.

활자를 주조하는 대량 주조가 가능함을 확인하였다.

要語 : 금속활자, 밀랍주조법, 대량 주조, 주조 성공 조건, 황토, 활성탄, 종이 섬유, 「**直指**」

<ABSTRACT>

This study investigated the efficiency of mass production of metal type by the wax casting method using yellow earth.

(1) Matrix material: Paraffin was useful as the material.

(2) Materials for the mould: Yellow earth was useful as the filling material. 2% paper fiber plus 18% activated carbon were useful as the functional material.

(3) Metal components, pouring quantity, and pouring method: Bronze was effective. A small amount of about 600 grams accountable for 100 types was poured using conventional method.

(4) Number of character strokes: The number of character strokes had almost no impact on the success rate of casting.

(5) Direction of metal liquid pouring: The greatest factor for the success rate of casting was the pouring method, that is, pouring metal liquid into a mould in the upright position with character face in the lateral direction.

(6) Main path diameter for metal liquid: The diameter of 8.5㎜ = 56.72㎟ was sufficient.

(7) Temperature of the mould: The temperature of 600℃ was sufficient for heating the mould. The success rate was not affected by the mould temperature when pouring metal liquid.

(8) Characteristics of type traces: All the distinctive characteristics in *Jikji* were observed here.

(9) Mass casting success and contraction rate: The average success rate was 21.0%, and the highest success rate was 68.0%. The contraction rate was 3.07%. Therefore, this study confirms that the mass production of 100 types is possible with a single mould.

Key words : Metal Type, Wax Casting Method, Mass Production, Casting Success Conditions, Yellow Earth, Activated Carbon, Paper Fiber, *Jikji*

1. 小 緖

지금까지의 실험 연구를 통하여 금속활자를 주조할 수 있는 밀랍주조법의 전체 과정과 성공 가능성은 물론 실패 원인까지 파악하였다. 이에서 파악한 주조의 성공과 실패의 핵심 분수령은 주형의 균열이다. 주형의 균열은 주형이 크고 두꺼울수록 크게 나타난다. 따라서 한 번에 많이 주조하기 위하여 주형을 마냥 크게만 할 수는 없다. 지금까지의 실험은 하나의 주형에서 최대 50개의 활자를 목표로 하였다. 사실 이것도 적은 양이 아니다. 그러나 더 나아가 주형의 균열을 최소화하면서 대량 주조의 가능성을 타진하는 주조 효율 연구는 충분히 가치 있어 보인다.

이번 실험은 주조 효율에 초점을 맞추어 하나의 주형으로 100개의 활자를 주조할 수 있는 가능성을 확인하기 위한 것이다.[1)] 실험 과정은 "Ⅴ. 直指活字의 蜜蠟鑄造法 實驗 硏究"와 대동소이하며, 어미자군의 수량을 100개로 한 점이 다르다.

2. 字本과 어미자의 準備

2.1 字本의 選定

자본은 "Ⅴ. 2.1 字本의 選定"에서 어미자의 재료인 파라핀과 왁스별로 각 50개씩 추출한 것을 그대로 사용하고, 추가로 파라핀・왁스

1) 주조 효율이 가장 높다고 알려진 주물사주조법도 하나의 주형에서 100개의 활자를 주조해내는 것은 대량 주조에 속한다.

겸용 어미자 50개를 추출하여 실제 문자수는 150개이다. 파라핀 어미자와 왁스 어미자는 “Ⅴ. 2.1 <표 1> 추출 자본과 필획 수 분포”와 동일하므로, 파라핀·왁스 겸용 어미자만 <표 1>에서 제시하였다. 이를 104%로 확대하여 준비하였다.

<표 1> 추출 자본과 필획 수 분포

	파라핀·왁스 겸용 어미자					
추출 위치 (張次, 上下葉, 行-字)	桔(2下10-3) 句(3上2-10) 南(3下6-8) 乃(3下8-9) 你(3下1-14) 到(3上9-13) 童(3上3-8) 歷(3上3-18) 明(3上9-18)	方(3上9-14) 放(3下9-6) 百(3上6-8) 凡(3下9-10) 法(3上5-6) 丙(3上7-17) 佛(3上5-5) 巳(3上4-13) 尙(3上9-11)	生(3上3-19) 旋(2下7-6) 是(3上6-16) 心(3上10-14) 我(3下1-18) 眼(3上3-13) 言(3上2-9) 如(3上2-16) 緣(3下9-5)	吾(3下6-10) 悟(3上8-12) 日(3下5-7) 云(3上4-18) 爲(3下5-13) 有(3上6-18) 益(3上9-17) 人(3上7-12) 一(3上10-15)	子(3上3-9) 自(3上7-13) 作(3上3-17) 將(3上4-11) 切(3上10-13) 丁(3上7-18) 知(3上6-11) 直(3下7-14) 此(3上5-9)	差(3下8-3) 遷(2下3-16) 必(3上6-17) 下(3下7-15) 火(3上4-8)
필획수 분포	8획 이하		9～13획		14획 이상	
	37개		10개		3개	

2.2 어미자의 彫刻

2.2.1 어미자의 높이

“Ⅳ. 2.2.1 어미자의 높이”와 같이 4㎜로 하였다.

2.2.2 어미자의 彫刻 要領

“Ⅳ. 2.2.2 어미자의 彫刻 要領”과 같이 산의 각도는 85～90° 정도, 산의 깊이는 1～1.5㎜ 정도, 문자가 문자면에 가득 차도록 조각하였다.

2.2.3 어미자의 彫刻 過程

"Ⅴ. 2.2.3 어미자의 彫刻 過程"과 같이 (1) 어미자板 製作, (2) 字本 붙이기, (3) 어미자 彫刻 순으로 하였다.

2.3 實驗用 어미자의 材料

2.3.1 파라핀(Paraffin)

"Ⅳ. 2.3.5 파라핀(Paraffin)"을 사용하였다.

2.3.2 왁스(Injection Wax)

"Ⅳ. 2.3.6 왁스(Injection Wax)"를 사용하였다.

2.4 實驗用 어미자의 準備

2.4.1 실리콘 鑄型의 製作

"Ⅳ. 2.4.4 실리콘 鑄型의 製作"과 같은 방법으로 하되, 왁스에 조각한 150개의 어미자로 제작하였다.

2.4.2 어미자의 鑄造

"Ⅳ. 2.4.5 實驗用 어미자의 鑄造"와 같은 방법으로 주조한 어미자는 파라핀 어미자 100개 × 3 = 300개, 왁스 어미자 100개 × 1 = 100개, 총 400개이다.

2.4.3 鑄造 어미자의 捺印

파라핀 어미자와 왁스 어미자는 "V. 2.4.3 鑄造 어미자의 捺印"과 같다. 파라핀·왁스 겸용 어미자의 자적(<표 2> 참조) 중에서 南到童歷方放法巳尚生心眼言曰爲有子將直下 등 20개는 파라핀 어미자의 자적이고, 나머지 30개는 왁스 어미자의 자적이다.

<표 2> 주조 어미자의 자적

파라핀·왁스 겸용 어미자								
	括	句	南	乃	你	到	童	歷
	明	方	放	百	凡	法	丙	佛
	巳	尚	生	旋	是	心	我	眼
	言	如	緣	吾	悟	曰	云	爲
	有	益	人	一	子	自	作	將
	功	丁	知	直	此	差	還	必
	下	火						

2.4.4 어미자群의 成形

실험용 어미자를 100개씩 모아서 어미자군으로 성형하였다. 밀랍 주봉은 직경 8.5㎜ = 56.72㎟짜리를 160㎜ 정도의 길이로 재단하였다. 중간봉은 가로 4.5㎜ × 세로 5.0㎜ = 22.5㎟짜리를 100㎜ 정도의 길이로, 가지봉은 가로 2.5㎜ × 세로 3㎜ = 7.5㎟짜리를 길이 5㎜ 이내로 재단하였다.

<사진 1> 성형된 어미자군(왁,側,立)

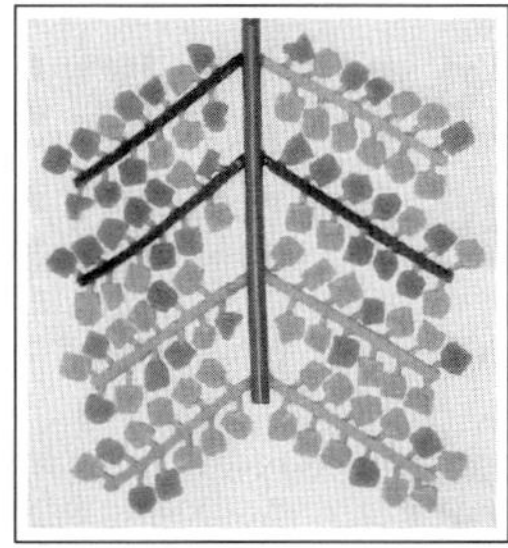

어미자군의 성형은 "Ⅴ. 2.4.4 어미자群의 成形"과 같이 부채꼴 모양의 평면형으로 하였다(<사진 1> 참조). 이들의 크기는 대체로 210㎜ × 220㎜ 정도였다. 이 같은 어미자군을 파라핀 3개, 왁스 1개 모두 4개를 준비하였다.

3. 鑄型의 材料와 調製

3.1 鑄型의 材料

3.1.1 充塡 材料

"Ⅴ. 3.1.1 (ㄱ) 黃土"를 사용하였다.

3.1.2 機能性 材料

(가) 炭粉(활성탄)

"Ⅳ. 3.1.2 (가) 炭粉(활성탄)"과 같은 200MESH를 사용하였다.

(나) 종이 纖維

“Ⅳ. 3.1.2 (라) 종이 纖維”와 같은 펄프 상태의 섬유를 사용하였다.

3.2 鑄型 材料의 調製

조제 과정은 “Ⅳ. 3.2.1 黃土 계열”과 같다. 기능성 재료는 종이 섬유 2% + 활성탄 18%를 혼합하였다(<표 3> 참조).

수분의 비율은 35.24%였다.

<표 3> 주형 재료의 혼합 비율과 수분 함유율(%)

기능성 재료 / 충전 재료	(라) 종이 섬유 + 활성탄	
(ㄱ) 황토	80 / 2 + 18	64.76
	수분	35.24

4. 鑄型과 活字의 製作

4.1 鑄型의 製作

4.1.1 鑄型틀의 製作

목재로 정방형의 주형틀을 제작하였다. 어미자군의 크기인 210㎜ × 220㎜를 포용하면서 두께 25~35㎜ 정도의 주형을 전제로 하여 내측의 가로 250㎜ × 세로 250㎜ × 높이 50㎜로 제작하였다.

4.1.2 鑄型 材料의 充塡 = 어미자群 埋沒

충전 과정은 “Ⅴ. 4.1.2 鑄型 材料의 充塡 = 어미자群 埋沒”과 같다. 주형의 두께는 23～33㎜로 오차가 10㎜ 정도까지 나타났다. 1일이 소요되었다.

4.1.3 鑄型의 乾燥

“Ⅴ. 4.1.3 鑄型의 乾燥”와 같이 6일이 소요되었다.

4.1.4 鑄入口 造成

“Ⅴ. 4.1.4 鑄入口 造成”과 같다.

4.1.5 鑄型의 균열 여부 점검 및 보수

“Ⅴ. 4.1.5 鑄型의 균열 여부 점검 및 보수”와 같다. 종이 섬유의 효과로 주형은 균열 없이 완전하였다.

4.1.6 完全 乾燥

“Ⅴ. 4.1.6 完全 乾燥”와 같다. 완전히 건조된 주형은 230～235㎜ 정도까지 수축되어 6.0～8.0%의 수축률을 보였다. 4개의 주형에서 나타난 상황은 <표 4>와 같다.

<표 4> 주형의 조건별 실험 상황표

기능성 재료 / 충전 재료	(라) 종이 섬유 2% + 활성탄 18%			
(ㄱ) 황토	파,上,청1,300,平	파,側,청1,500,立	파,側,청1,평온,立	왁,下,황,100,平

표 설명은 "Ⅴ. 4.1.6 <표 4-1> 주형의 조건별 실험 상황표(황토)" 참조.

4.2 金屬 鎔液의 鑄入

4.2.1 合金 材料의 準備

(A) 靑銅1

"Ⅳ. 4.2.1 (A) 靑銅1"을 사용하였다.

(B) 黃銅

"Ⅳ. 4.2.1 (B) 黃銅"을 사용하였다.

4.2.2 어미자群의 熔出과 鑄型의 燒成

"Ⅴ. 4.2.2 어미자群의 熔出과 鑄型의 燒成"과 같다. 소성 결과 파손된 주형은 없었다.

4.2.3 金屬 鎔液의 鑄入

"Ⅳ. 4.2.3 (2) 본격 실험"과 같이 하되, 주형의 온도를 500℃에서 평온까지 점차 낮추면서 진행하였다. 주형 4개에 주입한 금속과 주형의 온도는 <표 4>와 같다.

하나의 주형에 주입한 금속의 양은 600g 정도다.

4.3 活字의 抽出 및 成功率과 收縮率

4.3.1 活字의 抽出

“Ⅴ. 4.3.1 活字의 抽出”과 같다(<사진 2> 참조).

<사진 2> **활자 추출을 위하여 양분한 주형**(파,側,청1,500,立)

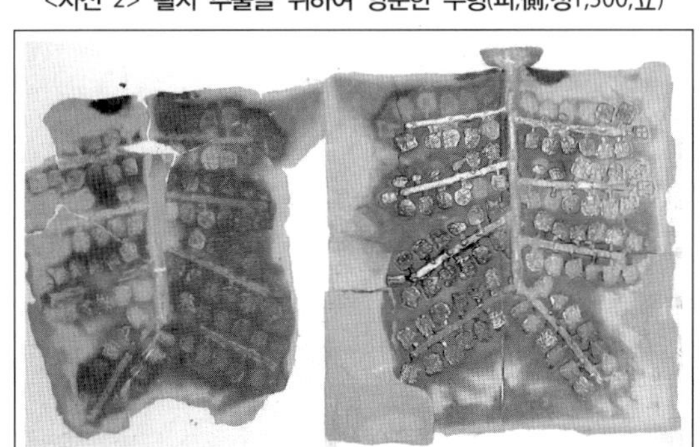

4.3.2 成功率의 산출

성공적으로 주조해낸 각 조건별 활자의 수량은 <표 5>와 같다.

<표 5> **성공한 금속활자의 수량(개)(각 공간의 실험 조건은 <표 4>와 같다)**

기능성 재료 ＼ 충전 재료	(라) 종이 섬유 2% + 활성탄 18%				총계
(ㄱ) 황토	4 4.0%	68 68.0%	12 12.0%	0 0.0%	84 21.0%

(1) 전체의 평균 성공률: 성공한 금속활자의 수량은 84개다. 이를 위하여 사용한 어미자의 수량은 주형 4개 × 어미자 100개 = 400개다. 따라서 평균 성공률은 84 ÷ 400 = 21.0%였다.

(2) 최고의 성공률: 파라핀, 문자면 측향, 청동1, 주형 온도 500℃, 입식 주입의 경우가 68.0%였다.

(3) 어미자의 재료별 성공률: 파라핀이 84 ÷ 300 = 28.0%, 왁스는 0.0%였다.

(4) 주형의 기능성 재료별 성공률: 종이 섬유 2% + 활성탄 18%의 주형 재료는 21.0%였다.

(5) 금속의 재료별 성공률: 청동1이 84 ÷ 300 = 28.0%, 황동은 0.0%였다.

(6) 문자 필획의 다과별 성공률: 어미자와 성공한 금속활자의 수량과 분포율은 <표 6>과 같다. 활자의 어미자 대비 증감률은 8획 이하가 100%, 9~13획이 78.97%, 14획 이상이 147.55%로 각각 나타났다.

<표 6> 어미자 및 성공한 금속활자의 필획 다과별 수량과 분포율

어미자	금속활자	어미자 대비 증감률
	(라) 종이 섬유 2% + 활성탄 18%	
8획 이하 75개, 50%	42개, 50%	50.0 ÷ 50.0 = 100%
9~13획 52개, 34.67%	23개, 27.38%	27.38 ÷ 34.67 = 78.97%
14획 이상 23개, 15.33%	19개, 22.62%	22.62 ÷ 15.33 = 147.55%
합계 150개, 100%	84개, 100%	-

(7) 문자면의 방향별 성공률: 상향이 4 ÷ 100 = 4.0%, 하향은 0.0%, 측향이 80 ÷ 200 = 40.0%여서 측향이 가장 높았다.

(8) 주형의 온도별 성공률: 500℃가 68 ÷ 100 = 68.0%, 300℃가 4 ÷ 100 = 4.0%, 100℃는 0.0%, 평온이 12 ÷ 100 = 12.0%로 각각 나타났다.

(9) 금속 용액의 주입 방향별 성공률: 평식이 4 ÷ 200 = 2.0%, 입식이 80 ÷ 200 = 40.0%였다.

성공한 금속활자와 그 자적은 <사진 3>・<표 7>과 같다.

<사진 3> 성공한 금속활자(너덜이 수정 전)

단필 문자	기포 문자	너덜이 문자와 필획 어긋난 문자

결필 문자와 필획 변형 문자	묵등 문자

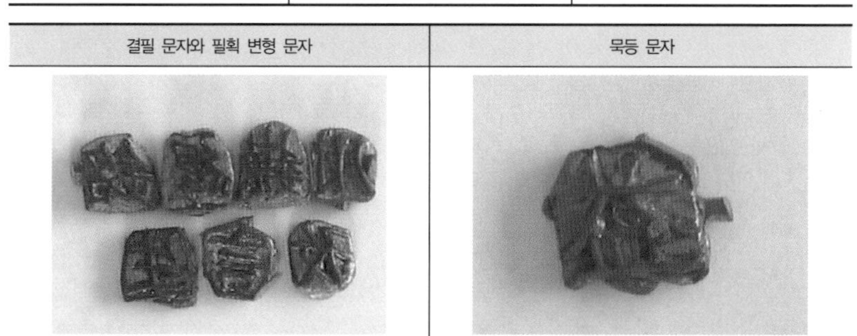

<표 7> 성공한 금속활자의 자적

실험조건	금속활자의 자적					
파,上,청1, 300,平	於	還	淸	髮			
파,側,청1, 500,立	閣	競	枯	君	斯	南	嵐
	於	短	動	童	銅	抖	麼
	埋	猛	名	明	銘	物	及
	方	剖	佛	凡	法	已	尚
	生	旋	聖	撒	是	我	鵝
	岳	樣	言	偃	始	淵	緣
	嘉	吾	元	日	用	勇	云
	爲	巍	務	益	一	致	因
	趙	川	做	知	直	車	差
	淸	髮	必	下	擭		
파,側,청1, 평온,立	閣	競	句	君	乃	動	漫
	於	偃	吾	元	此		

4.3.3 收縮率 측정

15개(17.86%)의 표본을 추출하여 “Ⅳ. 4.3.3 收縮率의 측정”과 같은 방법으로 실측하였다. 실측의 대상과 수축률은 <표 8>과 같다. 금속활자는 어미자보다 평균 96.93%로 3.07% 수축되었다.

<표 8> 실측 대상 문자의 길이(200%)와 수축률(%)

표본	금속활자(㎜)	어미자(㎜)	개별 수축률	평균 수축률
파,上,청1,300,平=遷	23.8	24.2	98.35	96.93
파,側,청1,500,立=枯	20.2	21.0	96.19	
파,側,청1,500,立=南	23.5	23.8	94.98	
파,側,청1,500,立=童	23.0	23.2	99.14	
파,側,청1,500,立=動	24.0	25.0	96.0	
파,側,청1,500,立=物	20.7	21.0	98.57	
파,側,청1,500,立=法	23.0	24.0	95.83	
파,側,청1,500,立=生	21.0	21.3	98.59	
파,側,청1,500,立=鵝	24.0	24.9	96.39	
파,側,청1,500,立=移	23.8	25.0	95.20	
파,側,청1,500,立=盆	20.8	21.0	99.05	
파,側,청1,500,立=直	20.0	20.3	98.52	
파,側,청1,500,立=淸	24.0	24.2	99.17	
파,側,청1,평온,立=競	22.8	24.0	95.0	
파,側,청1,평온,立=此	15.9	17.1	92.98	

5. 實驗 結果의 分析

5.1 實驗 設定의 條件

대량 주조의 가능성 여부를 추적하기 위하여 설정한 실험 조건은 <표 9>와 같다.

<표 9> 실험 설정의 조건

1	어미자의 재료	⑤ 파라핀, ⑥ 왁스 등 2종
2	주형의 충전 재료	㉠ 황토 1종
3	주형의 기능성 재료	㉣ 종이 섬유 2% + 탄분(활성탄) 18% 1종
4	금속의 재료	Ⓐ 청동1(구리 70% + 주석 30%), Ⓑ 황동(구리 70 %+ 아연 30%) 등 2종
5	주조 활자의 수량 = 금속 주입 양	100개 = 약 600g 1종
6	문자 필획의 다과	150자를 ① 8획 이하, ② 9~13획, ③ 14획 이상 등 3종으로 구분
7	문자면의 방향	① 상향, ② 하향, ③ 측향 등 3종
8	주형의 소성 온도	600℃
9	금속 용액 주입 시, 주형의 온도	500℃, 300℃, 100℃, 평온 등 4종
10	금속 용액의 주입 방향	① 평식, ② 입식 등 2종
11	금속 용액의 주입 온도	900~1,000℃ 1종
12	금속 용액의 주입 방법	재래식 직접 주입 1종

5.2 實驗 結果의 分析

단계별 조건을 조합하여 설정한 4종의 실험 결과를 분석하면 다음과 같다.

5.2.1 鑄造의 成功率

전체의 평균 성공률은 21.0%였다. 최고의 성공률은 68.0%로 1종류의 조건에서 나타났다. 이로써 대량 주조도 가능함을 알 수 있었다.

5.2.2 活字 字跡의 特徵(<사진 4> 참조)

(1) 斷筆 문자

파,上,청1,300,平의 경우에 作遷淸髮 등 4개가 있다. 파,側,청1,500,立에는 枯君期嵐你短動銅靡埋猛名明物反剖佛尙生聖擻是我鵝言偃如淵緣嬴吾曰用勇爲巍孜田趙州知直車淸必下獲 등 47개가 있다. 파,側,청1,평온,立에는 閣競句君動放吾兀此 등 9개가 있다. 모두 합하면 60개로

71.43%에 이른다.

(2) 氣泡 문자

파,側,청1,500,立의 경우에 南嵐明物反剖佛凡巳聖樣言淵一趙直車差淸下獲 등 21개가 있다. 파,側,청1,평온,立에는 閣君乃 등 3개가 있다. 모두 합하면 24개에 이른다.

(3) 너덜이 문자

파,上,청1,300,平의 경우에 淸髮 등 2개가 있다. 파,側,청1,500,立에는 競抖名明生是岳言偃如緣贏吾兀勇爲移益孜做 등 20개가 있다. 파,側,청1,평온,立에는 競句君乃放偃吾 등 7개가 있다. 모두 합하면 29개에 이른다.

(4) 필획이 어긋난 문자

파,側,청1,500,立의 閣淸이 그 예였다.

(5) 缺筆 문자

파,側,청1,500,立의 경우에 名銘緣巍州 등 5개가 있다. 파,側,청1,평온,立에는 競偃 등 2개가 있다. 모두 합하면 7개였다.

(6) 필획이 변형된 문자

파,上,청1,300,平의 경우에 遷淸髮 등 3개가 있다. 파,側,청1,500,立에는 名明反生岳言贏吾兀曰爲孜 등 12개가 있다. 파,側,청1,평온,立에

는 乃動漫吾兀 등 5개가 있다. 모두 20개였다.

(7) 묵등 문자

파,上,청1,300,平의 髮, 파,側,청1,500,立의 益, 파,側,청1,평온,立의 漫偃吾 등 5개가 있었다.

<사진 4> 활자 자적의 특징

斷筆 문자	氣泡 문자	너덜이 문자
필획이 어긋난 문자	缺筆 문자	묵등 문자

5.2.3 筆劃의 完成度

자적의 특징이라 할 수 있는 여러 현상들이 상당히 많이 나타나서 필획의 완성도를 논하기가 무색할 정도지만, 파,側,청1,500,立의 경우가 가장 높았다(<표 10> 참조).

<표 10> 활자 자적의 특징 출현 빈도

파,上,청1,300,平	파,側,청1,500,立	파,側,청1,평온,立
10개 현상 ÷ 4개 = 250.0%	121개 현상 ÷ 68개 = 177.94%	27개 현상 ÷ 12개 = 225.0%

5.2.4 活字의 收縮率

수축률은 15개(17.86%)를 선별하여 측정한 결과, 평균 3.07% 수축되었다.

5.2.5 어미자의 材料

파라핀 어미자의 금속활자 주조 성공률은 28.0%, 왁스는 0.0%로 나타났다. 파라핀도 밀랍 대용으로 가능함을 알 수 있었다.

5.2.6 鑄型의 材料

황토는 충전 재료가 될 수 있음을 다시금 확인하였다. 기능성 재료는 종이 섬유 2% + 활성탄 18%를 혼합한 주형에 100% 주입할 수 있었다. 특히 종이 섬유는 균열 방지 기능이 탁월함을 다시금 확인하였다.

5.2.7 金屬의 材料

청동1의 주조 성공률은 28.0%, 황동은 0.0%였다. 밀랍주조법의 활자 주조용 금속으로 황동은 부적합함을 재차 확인하였다. 이는 밀랍주조법을 이용하여 주조하는 사찰의 불구류가 대부분 청동을 사용하는 점에서 설득력이 있다.

5.2.8 鑄造 活字의 數量 = 金屬의 注入 量과 注入 方法

금속의 주입 양은 100개를 주조하는 600g 정도로도 무리 없이 주입할 수 있었다. 주입 방법은 재래식으로 직접 주입하여도 충분하였다.

5.2.9 文字 筆劃의 多寡

필획의 다과는 성공률과 거의 무관함을 알 수 있었다.

5.2.10 文字面의 方向과 金屬 鎔液의 注入 方向

문자면 측향의 입식 주입이 40.0%로 나타나서, 상향 4.0%와 하향 0.0%의 평식 주입보다 훨씬 유용하였다.

5.2.11 鑄型의 燒成 溫度와 金屬 鎔液 注入 시 鑄型의 溫度

주형을 소성하기 위한 온도는 600℃로도 충분하였다. 금속 용액 주입 시 주형의 온도는 500℃의 주조 성공률이 가장 높게 나타났으나, 기타는 각각 나타났다. 이로 미루어 주형의 온도는 성공률과 별 관계가 없었다.

6. 小 結

금속활자 대량 주조의 성공 조건과 효율성을 추적하기 위하여 단계별로 다양한 조건을 설정하여 실험하였다. 그 결과를 요약하면 다음과 같다.

(1) 어미자의 재료: 파라핀은 효과적인 재료로 평가되었다.

(2) 주형의 재료: 충전 재료로 황토는 유용하였다. 기능성 재료로 종이 섬유 2% + 활성탄 18%는 주조가 가능하도록 하는 기능을 가지고 있음을 확인하였다. 특히 종이 섬유는 주형의 균열을 방지

하는 기능이 절대적일만큼 탁월하였다.

(3) 합금의 성분 및 주입 양과 방법: 구리를 70%로 하는 청동 합금은 효과적이었다. 주입 양은 활자 100개인 600g 정도를 900~1,000℃로 가열하여, 재래식 방법으로도 주입할 수 있었다.

(4) 문자 필획의 다과: 필획의 다과는 주조의 성공률과 거의 무관하였다.

(5) 문자면의 방향과 금속 용액의 주입 방향: 문자면을 측향으로 하여, 금속 용액을 입식으로 주입하는 것이 월등히 효과적이었다.

(6) 주탕도의 굵기: 직경 8.5㎜ = 56.72㎟의 주탕도는 주입이 가능하였다.

(7) 주형의 소성 온도와 금속 용액 주입 시 주형의 온도: 주형의 소성은 600℃로도 충분하였다. 금속 용액 주입 시 주형의 온도는 성공률과 관계가 없었다.

(8) 활자 자적의 특징: 斷筆 문자·氣泡 문자·너덜이 문자·필획이 어긋난 문자·缺筆 문자·필획이 변형된 문자·묵등 문자 등이 나타났다. 특기할 점은 이들 특징을 모두 「直指」에서도 발견할 수 있다. 따라서 이 점에만 초점을 맞추어서 유추하면 이번 실험이 제시한 밀랍주조법은 직지활자를 주조하기 위하여 사용했던 방법일 가능성이 있는 것으로 보인다.

(9) 주조의 성공률과 수축률: 전체의 평균 성공률은 21.0%였다. 최고의 성공률은 68.0%로 1종류의 조건에서 나타났다. 수축률은 3.07%였다.

이로써 하나의 주형으로 100개의 활자를 주조하는 대량주조가 가능함을 확인하였다.

蜜蠟鑄造法의 改良 및 安定性 實驗 研究

蜜蠟鑄造法의 改良 및 安定性 實驗 硏究

An Experimental Investigation on the Improvement and Stability of Wax Casting Method

Ⅶ-1. 金屬活字 蜜蠟鑄造法의 改良 實驗 硏究*

An Experimental Investigation on the Improvement of Metal Type Wax Casting Method

◁ 목 차 ▷

〈초 록〉

금속활자 밀랍주조법의 개량 실험을 통하여 효율적이고 구체적인 과정과 원리를 추적하였다.

(1) 어미자의 재료: 황랍과 함께 왁스가 효과적이었다.

(2) 주형의 재료: 충전 재료로 황토는 효과적이었다.

기능성 재료로 활성탄 5%, 종이 섬유 2% + 활성탄 18%, 종이 섬유 1% + 활성탄 5%, 종이 섬유 1% + 흑연 5%, 종이 섬유 1% + 유성 탄소 5%, 종이 섬유 1% + 수성 탄소 5%, 종이 섬유 0.5% + 수성 탄소 5.5%, 수성 탄소 5%, 볏짚 1% + 수성 탄소 5% 등은 유용하였다.

특히 종이 섬유는 주형의 균열을 방지하는 기능이 절대적일만큼 탁월하였고, 기타의 기능성 재료 비율이 높을수록 종이 섬유의 비율도 높아야 했다. 볏짚은 종이 섬유와 같은 기능이 있었다.

* 曺炯鎭, "금속활자 밀랍주조법의 개량 실험 연구", 「書誌學硏究」 제50집(2011. 12), 47-88.

(3) 금속의 재료 및 주입 양과 방법: 청동은 효과적이었다. 주입 양은 300~350g 정도의 소량을 재래식 방법으로도 주입할 수 있었다.
(4) 문자 필획의 다과: 필획이 적을수록 성공률이 높기는 했으나, 그 편차는 15.62%였다.
(5) 금속 용액의 주입 방향: 문자면을 측향으로 하여 금속 용액을 입식으로 주입한 결과 74.0%의 성공률을 나타냈다.
(6) 주탕도의 굵기와 길이: 4.5㎜ × 5.0㎜ = 22.5㎟ 굵기로도 충분하었다. 길이는 190㎜가 효과적이었다.
특히 주탕도의 길이는 금속 용액의 주입 압력을 높여서 성공률에 절대적인 영향을 미쳤다.
(7) 주형의 온도: 주형의 소성 온도는 600℃로도 충분하였다. 금속 용액 주입 시 주형의 온도는 성공률과 무관하였다.
(8) 주조의 성공률과 수축률: 전체의 평균 성공률은 74.0%였고, 최고의 성공률은 100%였다. 평균 수축률은 2.69%였다.
(9) 활자 자적의 특징과 문자 필획의 완성도: 「直指」에서 발견할 수 있는 특징이 모두 나타났다. 필획의 완성도는 자적의 특징에 의한 완성도는 물론, 시각적 완성도까지 매우 높았다.
따라서 이번 실험이 제시한 밀랍주조법은 직지활자를 주조하기 위하여 사용했던 방법일 가능성이 높은 것으로 보인다.

要語 : 금속활자, 밀랍주조법, 주조 성공 조건, 황토, 종이 섬유, 볏짚, 활성탄, 흑연, 유성 탄소, 수성 탄소, 주조의 성공률, 주조의 수축률, 문자 필획의 완성도, 「直指」

〈ABSTRACT〉

This study unveiled more specific and efficient procedure and principle of metal type wax casting method by improving experimental conditions.
(1) Matrix material: Beeswax and injection wax were effective as the material.
(2) Materials for the mould: Yellow earth was effective as the filling material.
The useful functional materials were 5% activated carbon, 2% paper fiber + 18% activated carbon, 1% paper fiber + 5% activated carbon, 1% paper fiber + 5% graphite, 1% paper fiber + 5% oil carbon, 1% paper fiber + 5% water

carbon, 0.5% paper fiber + 5.5% water carbon, 5% water carbon, and 1% rice straw + 5% water carbon.

In particular, paper fiber played a crucial role in preventing cracks in the mould, and the proportion of paper fiber had to be increased as the proportion of other functional materials became high. Rice straw was found to have the similar function as the paper fiber.

(3) Metal components, pouring quantity, and pouring method: Bronze was effective as the metal component. A small quantity of approximately 300~350 grams was poured using conventional method.

(4) Number of type strokes: The fewer the number of type strokes, the higher the success rate, but the variance was 15.62% at maximum.

(5) Direction of metal liquid pouring: Pouring metal liquid into a mould in the upright position with character face in the lateral direction resulted in the success rate of 74.0%.

(6) Thickness and length of main path for metal liquid: 4.5㎜ × 5.0㎜ = 22.5㎟ was sufficient in the thickness. 190mm was effective in the length.

In particular, the length of main path for metal liquid was deterministic in the success rate by increasing the pouring pressure of metal liquid.

(7) Temperature of the mould: 600℃ was sufficient as the heating temperature of the mould. The success rate of casting was independent of the temperature of the mould when the metal liquid was poured.

(8) Casting success rate and contraction rate: The average success rate was 74.0% overall, the highest success rate was 100%. The average contraction rate was 2.69%.

(9) Characteristics of type traces and quality of character strokes: All the distinctive characteristics in *Jikji* were observed here. The quality of character strokes was very high not only in terms of type trace characteristics, but also in the visual aspects.

Therefore, it is highly probable that the wax casting method suggested in this experiment was the replication of the casting method actually used in Jikji type.

Key words : Metal Type, Wax Casting Method, Casting Success Conditions, Yellow Earth, Paper Fiber, Rice Straw, Activated Carbon, Graphite, Oil Carbon, Water Carbon, Casting Success Rate, Casting Contraction Rate, Quality of Character Strokes, *Jikji*

1. 小緖

지금까지의 실험에서 의미 있는 주조 성공률을 보였다. 그러나 아직 실패 요인도 있어서 이상적인 금속활자를 주조하기 위하여는 이를 극복할 필요도 절실하였다. 실패 요인은 주형의 균열·주형 재료의 금속 용액 수용 적성 부족·금속 용액의 주입 압력 부족·주입구의 틈새와 크기·금속의 재료와 온도·주형 안의 잔존 밀랍 등이다. 이 중 핵심은 주형의 균열과 금속 용액의 주입 압력 부족이다. 따라서 이러한 실패 요인을 극복할 수 있도록 구체적인 부분에서 해당 조건을 개량한 방법으로 실험하였다.

이번 실험은 종이 섬유를 비롯한 기능성 재료의 최소 혼합 비율과 볏짚의 가능성을 추가하였다.

2. 字本과 어미자의 準備

2.1 字本의 選定

지금까지 실험의 높은 실패율로 인하여 「直指」 卷下 제1엽과 제2엽을 복원하기 위한 활자를 갖추지 못하였다. 따라서 이번 실험의 자본은 부족한 활자를 보충하기 위하여 해당 문자를 「直指」에서 선별하였다. 이는 복원 연구의 과정이므로 목적성 활자를 주조하는 셈이다. 기타 문자로 주조를 확대하면 자연히 보편성 활자가 될 것이다. 이를 어미자의 재료인 황랍·왁스별로 50개씩 추출하였다. 그 과정은 "Ⅴ. 2.1 字本의 選定"과 같다.

2.2 어미자의 彫刻

2.2.1 어미자의 높이

"Ⅳ. 2.2.1 어미자의 높이"와 같이 4㎜로 하였다.

2.2.2 어미자의 彫刻 要領

"Ⅳ. 2.2.2 어미자의 彫刻 要領"과 같이 산의 각도는 85~90° 정도, 산의 깊이는 1~1.5㎜ 정도, 문자가 문자면에 가득 차도록 조각하였다.

2.2.3 어미자의 彫刻 過程

조각할 어미자의 재료는 "Ⅴ. 2.2.3 어미자의 彫刻 過程"과 같이 금속 세공용 왁스를 사용하였다.

조각 과정 역시 "Ⅴ. 2.2.3 어미자의 彫刻 過程"과 같다. 이렇게 조각한 어미자는 총 100개이다. 여유분도 조각하였다.

2.3 實驗用 어미자의 材料

2.3.1 黃蠟(Bees Wax)

"Ⅳ. 2.3.1 黃蠟(Bees Wax)"을 사용하였다.

2.3.2 왁스(Injection Wax)

"Ⅳ. 2.3.6 왁스(Injection Wax)"를 사용하였다. 그 이유는 "Ⅴ. 直指

活字의 蜜蠟鑄造法 實驗 硏究"에서 모든 결과가 황랍과 대동소이하게 나타났기 때문이다.

2.4 實驗用 어미자의 準備

2.4.1 실리콘 鑄型의 製作

"Ⅳ. 2.4.4 실리콘 鑄型의 製作"과 같은 방법으로 하되, 차이점은 왁스에 조각한 100개의 어미자로 제작하였다.

2.4.2 어미자의 鑄造

"Ⅳ. 2.4.5 實驗用 어미자의 鑄造"와 같은 방법으로 주조한 어미자는 황랍 어미자 50개 × 1 = 50개, 왁스 어미자 50개 × 12 = 600개, 총 650개이다. 여유분도 준비하였다.

2.4.3 鑄造 어미자의 捺印

"Ⅴ. 2.4.3 鑄造 어미자의 捺印"과 같다.

2.4.4 어미자群의 成形

기본 과정은 "Ⅴ. 2.4.4 어미자群의 成形"과 같다. 차이점은 밀랍 주봉의 단면적 가로 4.5㎜ × 세로 5.0㎜ = 22.5㎟짜리를 길이 110㎜ 외에 190㎜를 추가로 준비하였다. 주탕도의 길이를 80㎜ 정도 길게 한 이유는 실패 원인으로 지적된 금속 용액의 주입 압력을 높이기 위한 방법으로 입식으로 주입할 때 위치에너지를 이용하고자 함이다. 이들의 크기는 대체로 140㎜ × 150㎜와 140㎜ × 230㎜ 정도였다(<사진 1> 참조).

어미자군의 성형은 문자면의 방향을 측향으로, 금속 용액의 주입 방향은 입식을 전제로 하였다. 이 같은 어미자군을 황랍 1개, 왁스 12개 총합 13개를 준비하였다.

<사진 1> 성형된 어미자군(황,側,立,短과 왁,側,立,長)

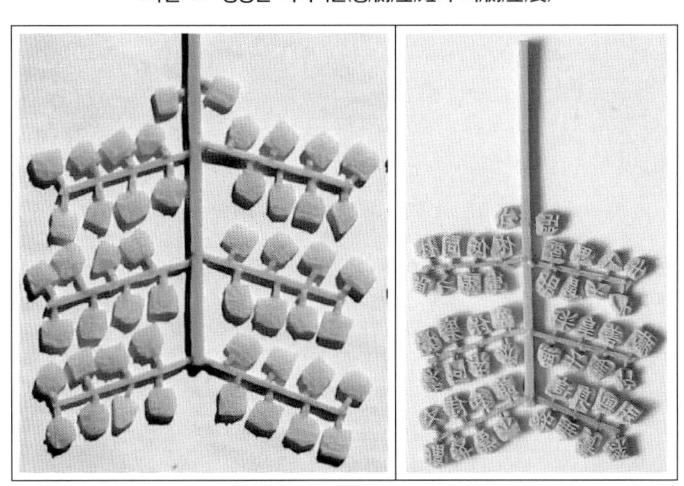

3. 鑄型의 材料와 調製

3.1 鑄型의 材料

3.1.1 充塡 材料

"Ⅴ. 3.1.1 (ㄱ) 黃土"를 사용하였다.

3.1.2 機能性 材料

기존 실험의 炭粉(활성탄) · 흑연 · 유성 탄소 · 종이 섬유 · 수성 탄소 외에 볏짚을 추가하였다. 이는 전통적으로 많이 사용되었고, 항간에 구전되어 오던 '烏土'라는 개념에도 부합한다. 흑연과 유성 탄소를 굳이 실험한 이유는 기왕의 산청토[1]와 옹기토[2] 실험에서 주조 성공 가능성을 확인하였기 때문이다.

(가) 炭粉(활성탄)

"Ⅳ. 3.1.2 (가) 炭粉(활성탄)"과 같은 200MESH를 사용하였다.

(나) 黑鉛

"Ⅳ. 3.1.2 (나) 黑鉛"과 같은 HDPE를 사용하였다.

(다) 油性 炭素(Oil Carbon)

"Ⅳ. 3.1.2 (다) 油性 炭素(Oil Carbon)"와 같은 HIBLACK을 사용하였다.

(라) 종이 纖維

"Ⅳ. 3.1.2 (라) 종이 纖維"와 같은 펄프 상태의 섬유를 사용하였다.

---

1) 曺炯鎭, "금속활자의 산청토를 이용한 밀랍주조법 실험 연구", 「書誌學硏究」 제45집(2010. 6), 259-293.

2) 曺炯鎭, "금속활자의 옹기토를 이용한 밀랍주조법 실험 연구", 「書誌學硏究」 제47집(2010. 12), 129-167.

(마) 水性 炭素(Water Carbon)

"Ⅴ. 3.1.2 (마) 水性 炭素(Water Carbon)"와 같은 것을 사용하였다.

(바) 볏짚

"Ⅲ. 直指活字의 蜜蠟鑄造法 鑄造 過程 硏究"에서 볏짚이 기능성 재료로 사용될 수 있음을 밝혔다.[3] 볏짚은 대체로 분말 형태의 가루나 잘게 갈아서 사용한다. 이번 실험에서는 벼를 추수하고 남은 볏짚을 잘게 갈지 않고 3㎝ 정도로 짤막하게 썰어서 사용하였다. 적은 양이지만 일부 잘게 부셔진 것도 있었다. 이는 종이 섬유의 기능을 대신할 가능성을 파악하기 위해서다.

3.2 鑄型 材料의 調製

"Ⅳ. 3.2 鑄型 材料의 調製"와 같이 주형 재료를 조제하였다. 기능성 재료는 활성탄 5%·18%, 흑연 5%, 유성 탄소 5%, 종이 섬유 2%·1%·0.5%, 수성 탄소 5%·5.5%, 볏짚 1% 등의 중량을 측정하였다. 이를 각각 혼합하여 11종류의 주형 재료를 조제하였다. 종이 섬유 1% + 활성탄 5%, 종이 섬유 1% + 흑연 5%, 종이 섬유 1% + 유성 탄소 5%, 종이 섬유 0.5% + 수성 탄소 5.5%, 수성 탄소 5%, 볏짚 1% + 수성 탄소 5% 등은 이번 실험에서 처음 시도하는 기능성 재료의 혼합 비율이다(<표 1> 참조).

---

3) 曺炯鎭, "金屬活字 蜜蠟鑄造法 復原을 위한 文獻的 硏究", 「書誌學硏究」 제33집(2006. 6), 41-77.

수분의 비율은 최소 35.0～최대 45.0%였다.

<표 1> 주형 재료의 혼합 비율과 수분 함유율(%)

기능성 재료 \ 충전 재료	(가) 활성탄		(나) 흑연		(다) 유성 탄소		(라)(마) 종이 섬유												(바) 수성 탄소		(사) 볏짚	
							활성탄				흑연		유성 탄소		수성 탄소						수성 탄소	
(ㄱ) 황토	95 \ 5	65	95 \ 5	60	95 \ 5	55	80 \ 2+18	65	94 \ 1+5	65	94 \ 1+5	60	94 \ 1+5	55	94 \ 1+5	65	94 \ 0.5+5.5	60	95 \ 5	65	94 \ 1+5	65
	수분	35	수분	40	수분	45	수분	35	수분	35	수분	40	수분	45	수분	35	수분	40	수분	35	수분	35

4. 鑄型과 活字의 製作

4.1 鑄型의 製作

4.1.1 鑄型틀의 제작

“Ⅴ. 4.1.1 鑄型틀의 製作”과 같은 내측의 가로 170㎜ × 세로 170㎜ × 높이 50㎜인 정방형 외에 170㎜ × 250㎜ × 50㎜의 장방형을 추가로 제작하였다.

4.1.2 鑄型 材料의 充塡 = 어미자群 埋沒

“Ⅴ. 4.1.2 鑄型 材料의 充塡 = 어미자群 埋沒”과 같다(<사진 2> 참조).

<사진 2> 주형 재료의 충전 = 어미자군 매몰

① 鑄型틀 제작 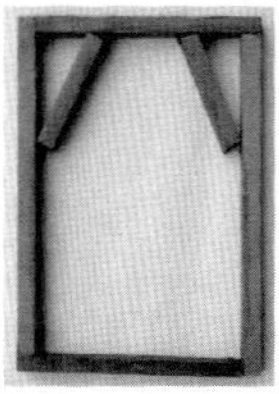	② 어미자군의 문자면에 주형 재료 도포 	③④ 절반의 주형 재료를 깐 주형틀 중앙에 ⑤ 어미자군 앉히기 	⑥ 어미자군 고정 후, ⑦ 나머지 절반의 주형 재료 채워 넣기 	⑧ 주형 재료 평평히 고르기 

4.1.3 鑄型의 乾燥

“V. 4.1.3 鑄型의 乾燥”와 같다(<사진 3> 참조).

<사진 3> 주형의 건조

(2) 鑄型틀 분리 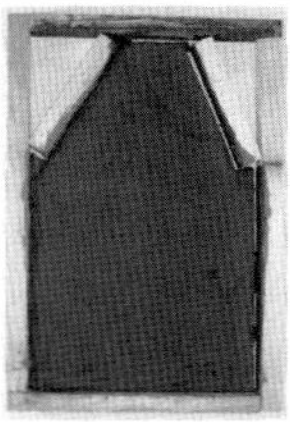	(2) 실험 조건 표시 	주입구 조성 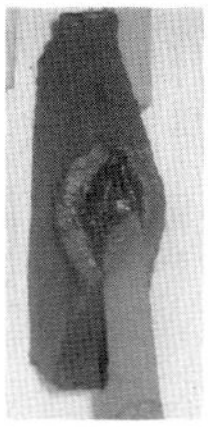	(3) 세워서 건조 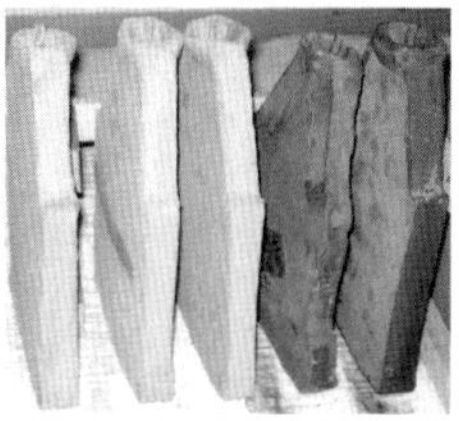

4.1.4 注入口 造成

지금까지의 실험에서는 깔때기 모양의 주입구를 별도로 제작하여 붙였으나, 이번에는 주형이 완전히 건조되기 전에 주형의 주탕도 입구 부분 자체를 깔때기 모양으로 손질하여 주입구를 조성하였다(<사진 3>

참조). 주형의 주입구를 깔때기 모양으로 조성하면 주탕도의 길이가 20㎜ 정도 줄어들었다. 이는 금속 용액이 새는 현상을 완벽하게 방지하여, 주입을 편리하게 하고 주입 압력을 유지하는 기능을 발휘할 수 있도록 함이다.

4.1.5 鑄型의 균열 여부 점검 및 보수

"Ⅴ. 4.1.5 鑄型의 균열 여부 점검 및 보수"와 같이 주형의 변형이나 균열 상태를 예의 주시하면서, 필요할 경우 보수하였다(<사진 4> 참조). 그 정도를 구분하면 다음과 같다.

(1) 완전: 종이 섬유 · 수성 탄소를 혼합한 주형 모두가 완전하였다.

(2) 미세한 균열: 활성탄을 혼합한 주형에서 나타났다.

(3) 약간 균열: 볏짚과 흑연을 혼합한 주형에서 나타났다.

(4) 매우 균열 = 건조 파손: 유성탄소를 혼합한 주형에서 나타났다.

<사진 4> 주형의 균열 여부 점검 및 보수

(1) 완전 	(2) 미세한 균열 	(3) 약간 균열 	(4) 매우 균열 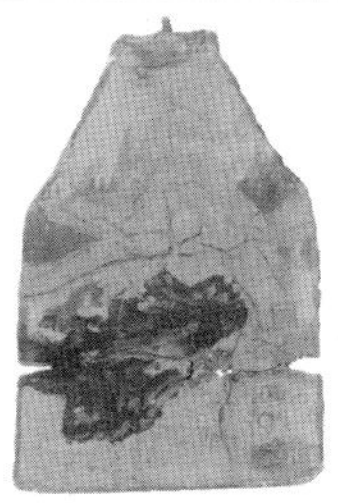

4.1.6 完全 乾燥

기본 과정은 “Ⅴ. 4.1.6 完全 乾燥”와 같다. 완전히 건조된 주형은 가로가 160~165㎜ 정도까지 수축되어 2.94~5.88%의 수축률을 보였다. 수축률은 종이 섬유를 첨가한 주형이 작았고 유성 탄소를 첨가한 주형이 컸다. 13개의 주형에서 진도에 따라 나타난 상황은 <표 2>와 같다.

<표 2> 주형의 조건별 실험 상황표

<table>
<tr><th rowspan="2">기능성 재료 / 충전 재료</th><th rowspan="2">(가) 활성탄</th><th rowspan="2">(나) 흑연</th><th rowspan="2">(다) 유성 탄소</th><th colspan="6">(라)(마) 종이 섬유</th><th rowspan="2">(바) 수성 탄소</th><th>(사) 볏짚</th></tr>
<tr><th colspan="2">활성탄</th><th>흑연</th><th>유성 탄소</th><th colspan="2">수성 탄소</th><th>수성 탄소</th></tr>
<tr><td rowspan="2">(ㄱ) 황토</td><td rowspan="2">왁,側,미, 청1,600, 立,長</td><td rowspan="2">왁,側,약, 청1,600, 立,長,소</td><td rowspan="2">왁,側,매, 청1,600, 立,長,건</td><td>황,側,완, 청1,600, 立,長</td><td>왁,側,완, 청1,400, 立,短</td><td rowspan="2">왁,側,완, 청1,600, 立,長</td><td rowspan="2">왁,側,완, 청1,600, 立,長</td><td rowspan="2">왁,側,완, 청1,600, 立,長</td><td rowspan="2">왁,側,완, 청1,500, 立,短</td><td rowspan="2">왁,側,완, 청1,600, 立,長</td><td rowspan="2">왁,側,약, 청1,500, 立,短</td></tr>
<tr><td>왁,側,완, 청1,500, 立,長</td><td>왁,側,완, 청1,600, 立,長</td></tr>
</table>

표 설명은 “Ⅴ. 4.1.6 <표 4-1> 주형의 조건별 실험 상황표(황토)” 참조.
추가된 요소는 주탕도의 길이이다: 長 = 주탕도 190㎜, 短 = 주탕도 110㎜.
금속 용액을 주입한 경우는 모두 11개며 이번 실험의 주된 내용이다.

4.2 金屬 鎔液의 注入

4.2.1 合金 材料의 準備

“Ⅳ. 4.2.1 (A) 靑銅1”을 사용하였다.

4.2.2 어미자群의 熔出과 鑄型의 燒成

<사진 5> 소성된 주형

"Ⅴ. 4.2.2 어미자群의 熔出과 鑄型의 燒成"과 같은 방법으로 건조 파손된 주형 1개를 제외한 12개를 소성하기까지 약 10시간이 소요되었다(<사진 5> 참조). 소성 결과 파손된 주형은 1개였다(<표 2> 참조).

4.2.3 金屬 鎔液의 注入

"Ⅳ. 4.2.3 (2) 본격 실험"과 같이 하되, 주형의 온도를 600℃에서 400℃까지 점차 낮추면서 진행하였다(<사진 6-1>・<사진 6-2> 참조). 주형 11개에 주입 시, 주형의 온도는 <표 2>와 같다.

하나의 주형에 주입한 금속의 양은 300~350g 정도다. 이와 같은 과정을 통하여 활자군이 형성되었다.

<사진 6-1> 금속 용액 주입, <사진 6-2> 금속 용액을 주입한 주형

4.3 活字의 抽出 및 成功率과 收縮率

4.3.1 活字의 抽出

"Ⅴ. 4.3.1 活字의 抽出"과 같은 과정으로 추출하여(<사진 7> 참조) 활자 보관 용기에 분류 보관하였다.

<사진 7> 활자 추출을 위하여 양분한 주형

종이 섬유 1 + 수성 탄소 5,왁,側,완,청1,600,立,長	종이 섬유 1 + 흑연 5,왁,側,완,청1,600,立,長

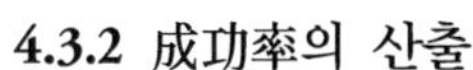

4.3.2 成功率의 산출

성공적으로 주조해낸 각 조건별 활자의 수량은 <표 3>과 같다.

<표 3> 성공한 금속활자의 수량(개)(각 공간의 실험 조건은 <표 2>와 같다)

<table>
<tr><th rowspan="2">기능성 재료 / 충전 재료</th><th rowspan="2">(가) 활성탄</th><th rowspan="2">(나) 흑연</th><th rowspan="2">(다) 유성 탄소</th><th colspan="6">(라)(마) 종이 섬유</th><th rowspan="2">(바) 수성 탄소</th><th>(사) 볏짚</th><th rowspan="2">총계</th></tr>
<tr><th colspan="2">활성탄</th><th>흑연</th><th>유성 탄소</th><th colspan="2">수성 탄소</th><th>수성 탄소</th></tr>
<tr><td rowspan="2">(ㄱ) 황토</td><td rowspan="2">46
(92%)</td><td rowspan="2"></td><td rowspan="2"></td><td>32
(64%)</td><td>17
(34%)</td><td rowspan="2">45
(90%)</td><td rowspan="2">43
(86%)</td><td rowspan="2">50
(100%)</td><td rowspan="2">33
(66%)</td><td rowspan="2">27
(54%)</td><td rowspan="2">37
(74%)</td><td rowspan="2">407
(74%)</td></tr>
<tr><td>46
(92%)</td><td>31
(62%)</td></tr>
</table>

(1) 전체의 평균 성공률: 성공한 금속활자의 수량은 407개다. 이를 위하여 사용한 어미자의 수량은 주형 11개 × 어미자 50개 = 550개다. 따라서 성공률은 407 ÷ 550 = 74.0%로 나타났다.

(2) 최고의 성공률: 종이 섬유 1% + 수성 탄소 5%, 왁스, 문자면 측향, 청동1, 주형 온도 600℃, 입식 주입, 주탕도 190㎜의 경우에서 100%로 나타났다.

(3) 어미자의 재료별 성공률: 황랍이 64.0%, 왁스가 375 ÷ 500 = 75.0%로 나타나서 왁스가 다소 높았다.

(4) 주형의 기능성 재료별 성공률: 종이 섬유 1% + 수성 탄소 5%의 주형 재료가 100%로 가장 높았고, 활성탄 5%가 92%, 종이 섬유 1% + 흑연 5%가 90%, 종이 섬유 1% + 유성 탄소 5%가 86%, 종이 섬유 2% + 활성탄 18%가 78%, 볏짚 1% + 수성 탄소 5%가 74%, 종이 섬유 0.5% + 수성 탄소 5.5%가 66%, 수성 탄소 5%가 54%, 종이 섬유 1% + 활성탄 5%가 48% 순으로 나타났다.

(5) 금속의 재료별 성공률: 모두 청동1을 사용하였으므로 74.0%였다.

(6) 필획의 다과별 성공률: 어미자와 성공한 금속활자의 수량과 분포율은 <표 4>와 같다. 활자의 어미자 대비 증감률은 8획 이하가 107.17%, 9～13획이 94.19%, 14획 이상이 91.55%이다. 즉 필획이 적을수록 성공률이 높게 나타났다. 그 편차는 15.62%였다.

<표 4> 어미자 및 성공한 금속활자의 필획 다과별 수량과 분포율

어미자	금속활자												어미자 대비 증감율
	(가) 활성탄	(나) 흑연	(다) 유성 탄소	(라)(마) 종이 섬유						(바) 수성 탄소	(사) 볏짚 수성 탄소	총계	
				활성탄		흑연	유성 탄소	수성 탄소					
8획 이하 47개, 47%	24개 52.17 %			40개 51.28 %	24개 50.0 %	24개 53.33 %	21개 48.84 %	24개 48.0 %	17개 51.52 %	12개 44.44 %	19개 51.35 %	205개 50.37 %	50.37 ÷ 47 = 107.17%
9~13획 42개, 42%	19개 41.30 %			32개 41.03 %	19개 39.58 %	16개 35.56 %	17개 39.53%	20개 40.0 %	11개 33.33 %	13개 48.15 %	14개 37.84 %	161개 39.56 %	39.56 ÷ 42 = 94.19%
14획 이상 11개, 11%	3개 6.52 %			6개 7.69 %	5개 10.42 %	5개 11.11 %	5개 11.63 %	6개 12.0 %	5개 15.15 %	2개 7.41 %	4개 10.81 %	41개 10.07 %	10.07 ÷ 11 = 91.55%
100개, 100%	46개 100%			78개 100%	48개 100%	45개 100%	43개 100%	50개 100%	33개 100%	27개 100%	37개 100%	407개 100%	-

(7) 문자면의 방향별 성공률: 모두 측향으로 실험하였으므로 74.0%였다.

(8) 주형의 온도별 성공률: 600℃가 274 ÷ 350 = 78.29%, 500℃가 116 ÷ 150 = 77.33%, 400℃가 34.0%로 나타났다.

(9) 금속 용액의 주입 방향별 성공률: 모두 입식으로 실험하였으므로 74.0%였다.

(10) 주탕도의 길이별 성공률: 190㎜가 320 ÷ 400 = 80.0%, 110㎜가 87 ÷ 150 = 58.0%로 나타났다.

성공한 금속활자와 그 자적은 <사진 8>·<표 5>와 같다.[4)]

<사진 8> 성공한 금속활자(너덜이 수정 전)

단필 문자	기포 문자	너덜이 겸 필획 어긋난 문자	결필 겸 필획 변형 문자

4) 작업량의 방대함으로 인하여 실수로 종이 섬유 2% + 활성탄 18%,왁,側,완,청1,500,立,長에 "佇"가 2개 들어갔다.

<표 5> 성공한 금속활자의 자적

실험 조건	금속활자의 자적						
활성탄5 : 와,側,완, 청1,600, 立,長	覺	介	去	見	空	恭	達
	當	同	無	保	[illegible]	思	師
	善	[illegible]	手	垂	示	待	身
	賓	深	汝	祐	依	而	入
	太	藏	低	[illegible]	這	[illegible]	座
	曾	之	指	天	痛	何	行
	和	皇	迴	休			
종이 섬유2 + 활성탄18 : 황,側,완, 청1,600, 立,長	桂	國	根	肯	其	起	道
	東	萬	別	相	西	禪	堅
	甚	尋	阿	兩	與	二	迦
	因	日	往	肇	住	湊	足

	次	使	琛	下			
종이 섬유2 + 활성탄18 : 왁,側,완, 청1,500, 立,長	覺	介	去	見	空	叅	達
	當	同	磨	蒙	無	俘	事
	思	師	善	雲	手	垂	誰
	示	侍	身	深	汝	祐	依
	而	入	丈	藏	佇	佇	這
	寐	會	之	天	痛	何	行
	和	皇	迴	休			
종이 섬유1 + 활성탄5 : 왁,側,완, 청1,400, 立,短	叅	達	無	思	善	手	侍
	汝	依	而	這	會	之	叅
	何	行	和				

종이
섬유1
+
활성탄5
:
왁,側,완,
청1,600,
立,長
종이
섬유1
+
흑연5
:
왁,側,완,
청1,600,
立,長

	和	迴	休				
종이 섬유1 + 유성 탄소5 : 왁,側,완, 청1,600, 立,長	覺	介	見	空	叅	逹	當
	同	蒙	無	思	師	善	雪
	手	垂	誰	示	侍	身	實
	深	汝	祐	依	而	入	丈
	藏	竹	這	窠	會	之	指
	茶	天	痛	问	行	和	迴
	休						
종이 섬유1 + 수성 탄소5 : 왁,側,완, 청1,600, 立,長	覺	介	去	見	空	叅	逹
	當	同	磨	蒙	無	保	事
	思	師	善	雪	手	垂	誰

종이 섬유1 + 수성 탄소5 : 왁,側,완, 청1,600, 立,長	示	侍	身	實	深	沒	祐
	依	而	入	丈	藏	低	佇
	這	寂	座	會	之	指	參
	天	痛	何	行	和	皇	迴
	休						
종이 섬유0.5 + 수성 탄소5.5 : 왁,側,완, 청1,500, 立,短	覺	介	去	見	當	磨	無
	保	事	思	靈	手	垂	誰
	示	侍	實	深	依	而	入
	丈	藏	佇	這	寂	座	會
	天	何	行	和	迴		
	去	見	空	恭	磨	無	非

수성 탄소5 : 와,側,완, 청1,600, 立,長	思	師	雪	誰	示	深	汝
	祐	而	太	低	這	之	指
	參	天	痛	何	皇	迴	
볏짚1 + 수성 탄소5 : 와,側,약, 청1,500, 立,短	覺	介	去	見	空	參	同
	磨	無	思	善	雪	手	垂
	誰	示	身	實	深	汝	祐
	依	入	太	低	佇	深	座
	指	參	天	痛	何	行	皇
	迴	休					

4.3.3 收縮率의 측정

성공한 활자에서 충전 재료 별로 총 15개(3.69%)의 표본을 추출하여 어미자와의 수축률을 측정하였다. 측정 방법은 "Ⅳ. 4.3.3 收縮率의 측정"과 같다. 실측의 대상과 수축률은 <표 6>과 같다. 금속활자는 어미자보다 평균 97.31%로 2.69% 수축되었다.

<표 6> 실측 대상 문자의 길이(200%)와 수축률

<table>
<tr><th colspan="3">표본</th><th>금속활자
(㎜)</th><th>어미자
(㎜)</th><th>수축률
(%)</th><th colspan="2">평균(%)</th></tr>
<tr><td colspan="2" rowspan="2">(가) 활성탄</td><td>왁,側,완,청1,600,立,長=手</td><td>20.0</td><td>20.0</td><td>100.0</td><td rowspan="2">98.31</td><td rowspan="2"></td></tr>
<tr><td>왁,側,완,청1,600,立,長=痛</td><td>22.9</td><td>23.7</td><td>96.62</td></tr>
<tr><td rowspan="11">(라)
(마)
종
이
섬
유</td><td rowspan="4">활성탄</td><td>황,側,완,청1,600,立,長=阿</td><td>20.8</td><td>21.3</td><td>97.65</td><td rowspan="4">95.78</td><td rowspan="13">97.31</td></tr>
<tr><td>왁,側,완,청1,500,立,長=見</td><td>18.2</td><td>20.0</td><td>91.0</td></tr>
<tr><td>왁,側,완,청1,400,立,短=無</td><td>20.2</td><td>21.0</td><td>96.19</td></tr>
<tr><td>왁,側,완,청1,600,立,長=實</td><td>28.5</td><td>29.0</td><td>98.28</td></tr>
<tr><td rowspan="2">흑연</td><td>왁,側,완,청1,600,立,長=身</td><td>27.0</td><td>27.0</td><td>100.0</td><td rowspan="2">97.04</td></tr>
<tr><td>왁,側,완,청1,600,立,長=祐</td><td>22.2</td><td>23.6</td><td>94.07</td></tr>
<tr><td rowspan="2">유성
탄소</td><td>왁,側,완,청1,600,立,長=同</td><td>21.1</td><td>21.9</td><td>96.35</td><td rowspan="2">97.57</td></tr>
<tr><td>왁,側,완,청1,600,立,長=這</td><td>24.3</td><td>24.6</td><td>98.78</td></tr>
<tr><td rowspan="3">수성
탄소</td><td>왁,側,완,청1,600,立,長=侍</td><td>23.8</td><td>23.9</td><td>99.58</td><td rowspan="3">98.36</td></tr>
<tr><td>왁,側,완,청1,600,立,長=入</td><td>17.0</td><td>17.2</td><td>98.84</td></tr>
<tr><td>왁,側,완,청1,500,立,短=行</td><td>20.3</td><td>21.0</td><td>96.67</td></tr>
<tr><td colspan="2">(바) 수성 탄소</td><td>왁,側,완,청1,600,立,長=磨</td><td>24.9</td><td>25.0</td><td>99.60</td><td>99.60</td></tr>
<tr><td>(사)
볏짚</td><td>수성
탄소</td><td>왁,側,약,청1,500,立,短=寂</td><td>24.0</td><td>25.0</td><td>96.0</td><td>96.0</td></tr>
</table>

5. 實驗 結果의 分析

5.1 實驗 設定의 條件

고려시대에 사용했을 법한 금속활자 밀랍주조법의 성공률을 높이기 위한 개량 실험 조건은 <표 7>과 같다.5)

5) 이 밖에도 충전 재료의 반죽을 잿물로 하기도 하고, 충전 재료 내에 숯 절편을 넣어서 실험하기도 하였으나 유의할만한 요소가 나타나지 않아서 서술을 생략하였다. 황동은 주탕도 190㎜에도 실험하였으나 역시 부적합하였다.

<표 7> 실험 설정의 조건

1	어미자의 재료	① 황랍, ⑥ 왁스 등 2종
2	주형의 충전 재료	㉠ 황토 1종
3	주형의 기능성 재료	㉮ 탄분(활성탄), ㉯ 흑연, ㉰ 유성 탄소, ㉱㉲ 종이 섬유, ㉳ 수성 탄소, ㉴ 볏짚, 등 6종
4	금속의 재료	Ⓐ 청동1(구리 70% + 주석 30%) 1종
5	주조 활자의 수량 = 금속 주입 양	50개 = 약 300~350g 1종
6	문자 필획의 다과	50자 × 2 = 100자를 ① 8획 이하, ② 9~13획, ③ 14획 이상 등 3종으로 구분
7	문자면의 방향	측향 1종
8	주형의 소성 온도	600℃ 1종
9	금속 용액 주입 시 주형의 온도	600℃, 500℃, 400℃ 등 3종
10	금속 용액의 주입 방향	입식 1종
11	주탕도의 길이	① 110㎜, ② 190㎜ 등 2종
12	금속 용액의 주입 온도	800~1,000℃ 1종
13	금속 용액의 주입 방법	재래식 직접 주입 1종

5.2 實驗 結果의 分析

단계별 조건을 조합하여 설정한 11종의 실험 결과를 분석하면 다음과 같다.

5.2.1 鑄造의 成功率

전체의 평균 성공률은 74.0%였다. 최고의 성공률은 100%로 1종류의 조건에서 나타났다. 성공률이 높은 주된 이유는 금속 용액의 주입 방향을 입식으로 하면서, 190mm의 긴 탕도를 이용하여 주입 압력을 높인 결과로 보인다.

5.2.2 活字 字跡의 特徵(<사진 9> 참조)

(1) 斷筆 문자

충전 재료	기능성 재료	해당 문자	수량	비율 (%)
(ㄱ) 황토	(가) 활성탄 5%	去見空茶當同無保事思師善雪垂示侍實深祐而入藏低佇這寂曾天痛何行和皇廻休	35	60.20 (245개)
	(라) 종이 섬유 2% + 활성탄 18%	황,側,완,청1,600,立,長: 國根肯其道東相西竪甚尋與池因在肇湊且次便琛	21	
		왁,側,완,청1,500,立,長: 覺空當事師善垂示深祐依而藏這寂曾之痛何和皇	21	
	(라) 종이 섬유 1% + 활성탄 5%	왁,側,완,청1,400,立,短: 茶達思善手侍這曾之參何和	12	
		왁,側,완,청1,600,立,長: 覺茶當同磨無保誰實深祐丈藏低座參痛何行和休	21	
	종이 섬유 1% + 흑연 5%	去茶當磨蒙事思垂誰實而入藏這之指何廻	18	
	종이 섬유 1% + 유성 탄소 5%	覺介見空茶達當同蒙思師手垂誰示身實祐而藏這寂曾之指參痛	27	
	(마) 종이 섬유 1% + 수성 탄소 5%	覺茶當蒙無事思師善雪垂示丈藏低這寂之天痛何休	22	
	(마) 종이 섬유 0.5% + 수성 탄소 5.5%	覺介去見當磨無保事思雪手垂誰實而入丈藏佇這寂曾何廻	25	
	(바) 수성 탄소 5%	去空無事思雪誰示汝祐而丈低這之指痛何皇廻	20	
	(사) 볏짚 1% + 수성 탄소 5%	去空茶磨無善雪手垂誰實祐依佇寂指天痛何皇休	23	

(2) 氣泡 문자

충전 재료	기능성 재료	해당 문자	수량	비율 (%)
(ㄱ) 황토	(가) 활성탄 5%	空達當同善示侍身深丈佇這曾指天何休	17	26.54 (108개)
	(라) 종이 섬유 2% + 활성탄 18%	황,側,완,청1,600,立,長: 根東萬阿二便	6	
		왁,側,완,청1,500,立,長: 覺去蒙師手垂示而佇曾天何行	13	
	(라) 종이 섬유 1% + 활성탄 5%	왁,側,완,청1,400,立,短: 達善何行	4	
		왁,側,완,청1,600,立,長: 磨手祐何和廻	6	
	종이 섬유 1% + 흑연 5%	去磨蒙事雪佇行	7	
	종이 섬유 1% + 유성 탄소 5%	介當同蒙雪手垂身實而寂指天何廻	15	
	(마) 종이 섬유 1% + 수성 탄소 5%	去空茶蒙垂誰示身深祐而寂曾指參天	16	
	(마) 종이 섬유 0.5% + 수성 탄소 5.5%	去磨無雪手示實深而丈	10	
	(바) 수성 탄소 5%	去空汝	3	
	(사) 볏짚 1% + 수성 탄소 5%	空無手垂身汝丈座何廻休	11	

(3) 너덜이 문자

충전 재료	기능성 재료	해당 문자	수량	비율 (%)
(ㄱ) 황토	(가) 활성탄 5%	雪侍深而曾	5	16.22 (66개)
	(라) 종이 섬유 2% + 활성탄 18%	황,側,완,청1,600,立,長: 國道相西竪尋便	7	
		왁,側,완,청1,500,立,長: 汝之	2	
	(라) 종이 섬유 1% + 활성탄 5%	왁,側,완,청1,400,立,短: 思侍	2	
		왁,側,완,청1,600,立,長: 無保誰藏座參行廻	8	
	종이 섬유 1% + 흑연 5%	去見蒙而和	5	
	종이 섬유 1% + 유성 탄소 5%	見空茶師手依而曾指參痛	11	
	(마) 종이 섬유 1% + 수성 탄소 5%	而休	2	
	(마) 종이 섬유 0.5% + 수성 탄소 5.5%	去依藏這曾何廻	7	
	(바) 수성 탄소 5%	事思誰示汝祐而丈低痛廻	11	
	(사) 볏짚 1% + 수성 탄소 5%	去思誰寂座皇	6	

(4) 필획이 어긋난 문자

종이 섬유 2% + 활성탄 18%: 황,側,완,청1,600,立,長의 경우에 東이 있었다. 종이 섬유 1% + 활성탄 5%: 왁,側,완,청1,400,立,短에는 達이 있었다. 종이 섬유 1% + 수성 탄소 5%에는 皇이 그 예였다.

(5) 缺筆 문자

충전 재료	기능성 재료	해당 문자	수량	비율 (%)
(ㄱ) 황토	(가) 활성탄 5%	覺見空師雪身實祐這休	10	10.57 (43개)
	(라) 종이 섬유 2% + 활성탄 18%	황,側,완,청1,600,立,長: 相甚	2	
		왁,側,완,청1,500,立,長: 保	1	
	(라) 종이 섬유 1% + 활성탄 5%	왁,側,완,청1,400,立,短: 思侍曾	3	
		왁,側,완,청1,600,立,長: 覺茶誰身祐參痛	7	
	종이 섬유 1% + 흑연 5%	達藏	2	
	종이 섬유 1% + 유성 탄소 5%	見茶達雪誰身實依藏這參何	12	
	(마) 종이 섬유 1% + 수성 탄소 5%	蒙	1	
	(마) 종이 섬유 0.5% + 수성 탄소 5.5%	覺寂	2	
	(바) 수성 탄소 5%	誰祐痛	3	
	(사) 볏짚 1% + 수성 탄소 5%	去思誰寂座皇	6	

(6) 필획이 변형된 문자

활성탄 5%에는 天의 1개가 있었다. 종이 섬유 2% + 활성탄 18%: 왁,側,완,청1,500,立,長에는 之의 1개가 있었다. 종이 섬유 1% + 활성탄 5%: 왁,側,완,청1,600,立,長에는 藏寂 등 2개가 있었다. 종이 섬유 1% + 흑연 5%에는 磨의 1개가 있었다. 종이 섬유 0.5% + 수성 탄소 5.5%에는 去의 1개가 있었다. 수성 탄소 5%에는 丈의 1개가 있었다. 볏짚 1% + 수성 탄소 5%에는 依寂行 등 3개가 이에 해당하였다.

(7) 묵등 문자

종이 섬유 1% + 활성탄 5%: 왁,側,완,청1,600,立,長의 手가 이에 해당하였다.

<사진 9> 활자 자적의 특징

斷筆 문자	氣泡 문자	너덜이 문자
無 善	使 行	道 之
필획이 어긋난 문자와 변형된 문자	缺筆 문자	묵등 문자
東 藏	保 誰	手

5.2.3 筆劃의 完成度

(1) 자적의 특징에 의한 완성도

자적의 특징 출현 빈도에 의하면, 종이 섬유 1% + 흑연 5%의 주형 재료가 가장 높았고, 종이 섬유 1% + 유성 탄소 5%가 가장 낮았다 (<표 8> 참조).

<표 8> 활자 자적의 특징 출현 빈도(기능성 재료 비율은 <표 1>과 같다)

(가) 활성탄	(나) 흑연	(다) 유성 탄소	(라)(마) 종이 섬유						(바) 수성 탄소	(사) 볏짚
			활성탄		흑연	유성 탄소	수성 탄소			수성 탄소
68개 현상 ÷ 46개 =147.83%			75개 현상 ÷ 78개 =96.15%	67개 현상 ÷ 48개 =139.58%	33개 현상 ÷ 45개 =73.33%	65개 현상 ÷ 43개 = 151.16%	42개 현상 ÷ 50개 =84.0%	45개 현상 ÷ 33개 =136.36%	38개 현상 ÷ 27개 =140.74%	43개 현상 ÷ 37개 =116.22%

(2) 시각적 완성도

직관법에 의한 시각적 완성도가 있다. 수치로 표현할 수는 없지만, 완성된 활자의 자적을 육안으로 관찰하여 문자 전체의 자형, 특히 문자 필획의 윤곽이 주조된 정도가 자본인 어미자에 어느 정도 근접한가 하는 완성도이다. 이번 실험에서 성공한 활자의 자적은 문자 필획의 윤곽이 살아 있는 상태가 한눈에 판단할 수 있을 만큼 전반적으로 어미자의 필서체 자양에 가까웠으며("4.3.2 <표 5> 성공한 금속활자의 자적" 참조), "Ⅴ. 4.3.2 <표 7> 성공한 금속활자의 자적"과는 비교도 되지 않을 만큼 완성도가 매우 높았다.

5.2.4 活字의 收縮率

수축률은 15개(3.69%)를 선별하여 측정한 결과, 평균 2.69% 수축되었다.

5.2.5 어미자의 材料

황랍 어미자의 금속활자 주조 성공률은 64.0%, 왁스는 75.0%로 나타나서, 황랍의 대용으로 왁스는 효과적인 재료로 평가되었다.

5.2.6 鑄型의 充塡 材料

황토는 높은 점성을 가진 점토로 600℃의 고온에도 견딜 수 있어서 밀랍주조법의 충전 재료가 될 수 있음을 거듭 확인하였다.

5.2.7 鑄型의 機能性 材料

활성탄 5%, 종이 섬유 2% + 활성탄 18%, 종이 섬유 1% + 활성탄 5%, 종이 섬유 1% + 흑연 5%, 종이 섬유 1% + 유성 탄소 5%, 종이 섬유 1% + 수성 탄소 5%, 종이 섬유 0.5% + 수성 탄소 5.5%, 수성 탄소 5%, 볏짚 1% + 수성 탄소 5% 등으로 제작한 11개의 주형에 재래식 방법으로 무리 없이 금속 용액을 주입할 수 있었다. 이로써 금속 용액 주입 시 발생하는 가스를 흡수하는 기능이 있음을 확인하였다.

종이 섬유는 주형의 균열을 방지하는 기능이 탁월하였다. 종이 섬유 이외의 기능성 재료는 비율이 높을수록 충전 재료의 결속력이 약화되므로, 종이 섬유의 비율도 높아야 했다. 즉 종이 섬유는 주형의 균열을 방지함으로써 주조의 성공률에까지 영향을 미칠 만큼 절대적이었다. 흑연과 유성 탄소는 반드시 종이 섬유를 혼합하여야 했다. 볏짚은 종이 섬유와 같은 기능이 있음을 확인하였다.

5.2.8 金屬의 材料

청동1은 활자 주조용 금속으로 적합하였다.

5.2.9 鑄造 活字의 數量 = 金屬의 注入 量과 注入 方法

금속의 주입 양은 활자 50개를 주조하는 300~350g 정도의 소량으로도 무리 없이 주입할 수 있었다. 주입 방법은 재래식으로 직접 주입하여도 충분하였다.

5.2.10 文字 筆劃의 多寡

필획이 적을수록 성공률이 높게 나타나기는 했으나, 그 편차는 15.62%였다.

5.2.11 文字面의 方向과 金屬 鎔液의 注入 方向

문자면 측향의 금속 용액 입식 주입은 효과적이었다.

5.2.12 鑄型의 燒成 溫度와 金屬 鎔液 注入 시 鑄型의 溫度

주형을 소성하기 위한 온도는 600℃로도 충분하였다. 금속 용액 주입 시 주형의 온도는 600℃와 500℃의 주조 성공률이 비슷하게 나타나, 주형의 온도는 성공률과 별 관계가 없었다.

5.2.13 주탕도의 길이

주탕도의 길이는 190㎜가 110㎜보다 성공률이 22.0%나 더 높을 만큼 효과적임을 알 수 있었다.

5.2.14 失敗의 要因

74.0%의 성공률은 26.0%의 실패를 의미한다. 그 원인을 분석하면 다음과 같다.

(1) 금속의 주입 압력 부족

주탕도의 길이를 110㎜로 한 경우는 금속 용액의 주입 압력이 충분하지 못함을 확인할 수 있었다. 이를 190㎜로 하여 금속 용액의 주입 압력을 높인 결과 지금까지 실패 요인으로 지적된 주형 재료의 금속 용액 수용 적성 부족·금속 용액의 주입 압력 부족 등의 문제가 거의 해소되었다. 따라서 금속 용액의 주입 압력을 높이는 것이 매우 중요함을 재삼 확인하였다.

(2) 주형의 균열과 틈새

주형 재료로 종이 섬유를 혼합하였다 할지라도, 주형에는 육안으로 보이지 않는 균열과 미세한 틈새가 있어서 금속 용액을 주입할 때 새는 경우가 있었다. 이는 주입 압력을 충분히 높일지라도 일부 주조 성공 또는 주조 실패로 나타났다. 따라서 어미자군 매몰 시의 주형 재료 내의 기포나 주형 건조 시의 균열이 생기지 않도록 주의해야 함을 재차 확인하였다.

(3) 金屬 鎔液 注入 균열

금속 용액의 주입 압력에 의한 미세한 균열 현상이 나타났다. 주형 내에서 어미자군이 상당한 면적을 차지하여 주형의 내부 결속력이 금속 용액의 주입 압력을 이기지 못할 만큼 약하여 내부에서 미세하게 음틀과 양틀처럼 양분된 결과, 활자 사이에 오리발 물갈퀴처럼 금속막이 형성되었다(<사진 7> 참조). 이는 비록 주조 실패로 이어지는 경우는 적었으나, 완성을 위한 대량의 너덜이 수정 작업을 초래하였다. 따라서 어미자군을 알맞게 분산 성형하여야 하고, 어미자군을 감싸는 주형의 가장자리 여유 폭을 충분히 확보하여 강도를 높일 필요가 있었다.

6. 小 結

황토와 여러 기능성 재료를 사용하여 금속활자를 효율적으로 주조할 수 있는 밀랍주조법의 개량된 구체적인 과정과 원리를 단계별로 다양한 조건을 설정하여 실험하였다. 그 결과를 요약하면 다음과 같다.

(1) 어미자의 재료

황랍과 함께 왁스는 효과적인 재료로 평가되었다.

(2) 주형의 재료

충전 재료로 황토는 유용하였다. 기능성 재료로 활성탄 5%, 종이 섬유 2% + 활성탄 18%, 종이 섬유 1% + 활성탄 5%, 종이 섬유 1% + 흑연 5%, 종이 섬유 1% + 유성 탄소 5%, 종이 섬유 1% + 수성 탄소 5%, 종이 섬유 0.5% + 수성 탄소 5.5%, 수성 탄소 5%, 볏짚 1% + 수성 탄소 5% 등은 주조가 가능하도록 하는 기능을 가지고 있음을 확인하였다. 특히 종이 섬유는 주형의 균열을 방지하는 기능이 절대적일만큼 탁월하였고, 기타 기능성 재료의 비율이 높을수록 종이 섬유의 비율도 높아야 했다. 볏짚은 종이 섬유와 같은 기능이 있음을 확인하였다.

(3) 합금의 성분 및 주입 양과 방법

구리를 70%로 하는 청동 합금은 효과적이었다. 주입 양은 300～350g 정도의 소량을 800～1,000℃로 가열하여, 재래식 방법으로도 주입할 수 있었다.

(4) 문자 필획의 다과

필획이 적을수록 성공률이 높게 나타나기는 했으나, 그 편차는 15.62%였다.

(5) 문자면의 방향과 금속 용액의 주입 방향

문자면을 측향으로 하여 금속 용액을 입식으로 주입한 결과는 효과적이었다.

(6) 주탕도의 굵기와 길이

4.5㎜ × 5.0㎜ = 22.5㎟ 굵기의 주탕도는 충분히 주입이 가능하였다. 길이는 190㎜가 110㎜보다 더욱 효과적이었다. 특히 주탕도의 길이는 금속 용액의 주입 압력을 높여서 성공률에 절대적인 영향을 미쳤다.

(7) 주형의 소성 온도와 금속 용액 주입 시 주형의 온도

주형의 소성은 600℃로도 충분하였다. 금속 용액 주입 시 주형의 온도는 성공률과 관계가 없었다.

(8) 주조의 성공률과 수축률

전체의 평균 성공률은 74.0%였다. 최고의 성공률은 100%로 1종류의 조건에서 나타났다.

수축률은 2.69%였다.

(9) 활자 자적의 특징과 필획의 완성도

활자의 자적을 분석하면 斷筆 문자・氣泡 문자・너덜이 문자・缺筆 문자・필획이 어긋나거나 변형된 문자・묵등 문자 등이 나타났다. 특기할 점은 이들 특징이 모두 「直指」에서도 발견되는 유사한 현상이다.

필획의 완성도는 자적의 특징에 의한 완성도는 물론, 시각적 완성도까지 지금까지의 실험과는 비교되지 않을 만큼 매우 높았다. 따라서 이번 실험에서 개량한 밀랍주조법은 직지활자를 주조하기 위하여 사용했던 방법일 가능성이 높은 것으로 보였다.

(10) 실패의 요인

금속의 주입 압력 부족과 주형의 균열 또는 틈새가 지적되었다. 이를 극복하기 위하여 주탕도를 190㎜로 할 필요가 있었고, 주형 재료 내의 기포나 주형 건조 시의 균열이 생기지 않도록 주의할 필요가 있었다.

Ⅶ-2. 金屬活字 蜜蠟鑄造法의 安定性 實驗 硏究*

An Experimental Research on Improving the Stability of the Metal Type Wax Casting Method

◁ 목 차 ▷

〈초 록〉

금속활자를 안정적인 성공률로 주조할 수 있는 밀랍주조법의 조건을 도출하였다.

(1) 어미자의 재료와 어미자군의 수량: 왁스로 제작한 60개의 어미자군이 효과적이었다. 금속의 양은 400g이었다.

(2) 주형의 재료와 비율: 황토 89%, 종이 섬유 1%, 활성탄 10%를 혼합한 주형 재료는 유용하였다.

(3) 주형의 규격: 가로 170㎜ × 세로 250㎜ × 높이(두께) 30~35㎜로 하여 어미자군의 가장자리 여유 폭이 20㎜ 이상이어야 효과적이었다.

(4) 주탕도의 굵기와 길이: 5㎜ × 9㎜ × 210㎜가 효과적이었다.

(5) 주형의 소성 온도와 가열 속도: 700℃까지 가열하되, 8시간에 걸쳐서 서서히 가열 온도를 올리는 것이 효과적이었다.

(6) 주조의 성공률과 수축률: 평균 성공률은 98.18%, 편차는 5.0%였다.
평균 수축률은 3.11%였다. 이는 「直指」와 같은 크기의 활자를 주조하기 위하여 자본을 104%로 확대한 점이 대단히 현명한 판단이었음을 재차 확인하고 있다.

(7) 활자 자적의 특징과 문자 필획의 완성도: 「直指」에서 발견할 수 있는 특징이 모두 나타났다. 필획의 완성도는 자적의 특징에 의한 완성도와 시각적 완성

* 曺炯鎭, "金屬活字 蜜蠟鑄造法의 安定性 提高를 위한 實驗 硏究", 「書誌學硏究」 제57집(2014. 3), 169-208.

도에서 모두 매우 높았다.

따라서 이번 실험이 제시한 밀랍주조법은 직지활자를 안정적으로 주조했던 방법일 가능성이 대단히 높은 것으로 판단된다.

要語 : 금속활자, 밀랍주조법, 안정성, 주조 성공 조건, 황토, 종이 섬유, 활성탄, 주조의 성공률, 주조의 수축률, 문자 필획의 완성도

<ABSTRACT>

This study attempted to specify the conditions for improving stability of metal type wax casting method.

(1) Matrix material and the number of matrices: 60 matrices made of injection wax were effective as the cluster. The amount of metal was 400 grams.

(2) Materials and proportions of the mould: The mixture of 89% yellow earth, 1% paper fiber, and 10% activated carbon was effective as the material for mould.

(3) Dimensions of the mould: Dimensions of 170㎜ wide × 250㎜ long × 30～35㎜ high(thick) with at least 20㎜ margin for the matrix cluster were effective.

(4) Thickness and length of main path for metal liquid: Dimensions of 5㎜ × 9㎜ thick × 210㎜ long were effective.

(5) Heating temperature of the mould and heating speed: A gradual raise of the heating temperature up to 700℃ over 8 hours was effective.

(6) Casting success rate and contraction rate: The average success rate was 98.18%, and the maximum difference was 5.0%.
The average contraction rate was 3.11%, which means its original size was contracted to 96.89%. This result reconfirms that in order to cast types with equal size to the Jikji type, enlarging the manuscript to 104% was a very wise decision.

(7) Characteristics of type traces and the quality of character strokes: All the distinctive characteristics in *Jikji* were observed here. The quality of character strokes was very high in both characteristics of type traces and visual aspects.

Therefore, it is highly likely that the wax casting method suggested in this experiment is the replication of the stable casting method actually used in Jikji type.

Key words : Metal Type, Wax Casting Method, Stability, Casting Success Conditions, Yellow Earth, Paper Fiber, Activated Carbon, Casting Success Rate, Casting Contraction Rate, Quality of Character Strokes

1. 小 緖

직지활자와 「直指」 복원을 위하여 다양한 문헌적·실험적 연구에 매진하여 왔다. 지금까지의 연구 성과는 다음을 들 수 있다. (1) 「直指」의 자적을 분석하여 직지활자의 특징, 어미자의 재질과 제작 방법(밀랍주조법), 활자의 형태(높이 5㎜ 정도의 불규칙한 형태), 조판 방법(부착식 조판) 등을 추론하였다. (2) 금속활자 밀랍주조법의 구체적인 과정을 밝혀내었다. 금속활자 밀랍주조를 위한 실물은 물론 문헌 자료도 전무한 한국의 현실에서 청동기 주조 방법을 원용하여 극소형의 금속활자를 주조할 수 있는 구체적인 과정을 제시하였다. 이에서 밀랍계 어미자의 재료, 어미자의 조각 방법과 과정 및 조각 능률, 주형 재료의 종류와 그의 혼합 비율 및 수분 함유율, 주형의 형태와 제작 방법, 주형의 균열 방지 방법, 주형의 소성 과정과 온도, 주탕도를 비롯한 각 탕도의 굵기와 길이, 금속 용액 주입 압력의 정도, 주조의 성공률과 수축률, 동일 조건에서의 편차, 복원한 활자 자적의 특징과 필획의 완성도 등을 확인하였다. (3) 밀랍주조법에 사용된 주형재료를 찾아내었다. 충전 재료인 점토와 기능성 재료를 혼합하여 밀랍주조용 주형 재료를 조제하고, 이를 사용한 실험으로 주조 가능성을 확인하였다. 이에서 점토의 종류와 조건·기능성 재료의 종류와 비율 등을 제시하였다. 이로써 구전되어 오던 '烏土'의 실체를 확인할 수 있었다. (4) 응용 가능한 어미자의 재료로 황랍과 함께 송지(첨가제)·파라핀·왁스 등도 확인하였다. (5) 점토 계열의 주형 재료로 주조 가능한 금속의 합금 성분이 청동이라는 점도 확인하였다. (6) 하나의 주형으로 100개에 이르는 활자의 대량 주조도 가능함을 확인하였다.

부족한 점이라면 다음을 들 수 있다. (1) 밀랍계 어미자 생산의 능률적 한계이다. 이는 숙련된 각수가 어미자를 1시간에 겨우 1개밖에 조각하지 못하는 비능률적인 근본 문제를 안고 있다. 수작업으로 할 수밖에 없었던 고려시대 당시로서는 극복할 수 없는 운명이었던 듯하다. (2) 주형 재료의 주조 적성적 한계이다. 주형의 충전 재료가 점토계인 까닭에 건조 시에 나타날 수밖에 없는 육안으로는 확인이 불가능한 미세한 균열로 인하여 금속 용액 주입 시에 새어 나와서 실패를 초래하였다. 또한 금속 용액 수용 적성이 주물사만큼 우수하지 못하여 금속의 재료·주탕도의 굵기 등에서 제약이 있을 수밖에 없었다. 이로 인하여 주조의 안정성, 즉 성공률의 균일성을 담보할 수 없는 문제점을 안고 있다. (3) 어미자 80개의 주조 실험에서 발견한 현상으로 어미자를 감싸고 있는 주형 가장자리의 여유분 두께가 5㎜ 이내인 경우, 금속 용액의 중량과 주입 압력을 견디지 못하여 주형이 마치 음틀과 양틀처럼 갈라지는 현상도 있었다. 이러한 주형은 금속 용액이 대부분 흘러나와서 실패를 초래하였다. 즉 성공과 실패의 편차가 고르지 못하였다.

지금까지의 실험 연구를 통하여 부분적으로 실패도 하고 성공도 하면서 금속활자를 주조할 수 있는 구체적인 과정과 방법을 강구하여 활자를 주조하기는 하였다. 그러나 이 성공은 주조의 성공률을 안정적으로 유지하지 못하는 문제점을 안고 있다. 즉 성공률이 높든 낮든 간에 모든 주형에서 비슷한 성공률을 예측할 수 없어서 고른 성공률의 안정성이 요구되었다. 주된 원인은 충전 재료가 점토인 까닭에 건조 과정에서 부득이 필연적으로 나타나는 균열 현상을 인위적으로 조절할 수 없기 때문이었다.

따라서 이번 실험은 이 같은 인위적 조절이 불가능한 문제점을 극복하고, 주조의 균일한 성공률 확보에 초점을 맞추어 보완 실험을 거듭한 끝에 이를 담보할 수 있는 안정된 주조 조건과 완성도 높은 금속활자의 주조 조건을 도출할 수 있었다. 뿐만 아니라 성공률도 획기적으로 높였다.

구체적인 실험은 지금까지 해오던 재료의 다양성을 배제하고, 효율적이고 구하기 쉬우면서 역사적으로도 많이 사용하였을 가능성이 가장 높은 재료로 단순화하여 수행하였다. 이로써 금속활자 주조를 위한 밀랍주조법을 완성하였다.

2. 旣存 實驗의 成功率과 失敗 要因

2.1 旣存 實驗의 成功率과 偏差

2.1.1 鑄型 材料 實驗의 成功率과 偏差

주형의 충전 재료인 점토 4종과 기능성 재료 4종을 각각 혼합하여 조제한 주형 재료가 금속 용액을 수용할 수 있는가에 초점을 맞추어 진행하였다. 기능성 재료로 활성탄・흑연・유성 탄소・종이 섬유 + 활성탄의 4종류를 사용하였다. 이에서 밀랍계 어미자 25개를 매몰한 주형을 각각 42개・36개・36개・36개씩 사용하였다. 건조 과정이나 소성 과정에서 파손되어 금속 용액을 주입하지 못한 13개・19개・16개・0개를 제외하고, 금속 용액을 주입한 주형 29개・17개・20개・36개에서 산출한 각 재료의 평균 성공률은 1.24%(9개)・1.41%(6개)・0.40%(2개)・3.56%(32개)로 전체 평균 1.92%였다. 연구 목적이 금속 용액을 수용할 수 있는 점토계 주형 재료의 추적에 초점을 맞춘 최초의 실험이어서 성공률은 매우 낮았다. 성공률이 낮은 만큼 그 평균치의 편차도 3.16%로 낮았다.

2.1.2 蜜蠟鑄造法 實驗의 成功率과 偏差

충전 재료로 황토·백토·청토·내화토·산청토·옹기토의 6종류를 사용하였다. 기능성 재료는 6종류를 사용하였다. 이에서 황랍 어미자 50개를 매몰한 주형을 각각 52개·48개·48개·20개·9개·15개씩 제작하였다. 건조 과정이나 소성 과정에서 파손되어 금속 용액을 주입하지 못한 16개·17개·21개·1개·2개·1개를 제외하고, 금속 용액을 주입한 주형 36개·31개·27개·19개·7개·14개에서 산출한 각 재료의 평균 성공률은 16.94%(305개)·15.74%(244개)·16.96%(229개)·20.74%(197개)·53.71%(188개)·45.14%(316개)로 전체 평균 22.07%였다. 평균치의 편차는 37.97%였다.

2.1.3 大量鑄造 實驗의 成功率과 偏差

황토 80%, 종이 섬유 2% + 활성탄 18%로 조제한 1종류의 주형 재료를 사용하였다. 이에서 100개의 밀랍계 어미자를 매몰한 4개의 주형을 제작하여 주조하였다. 성공률은 4.0%(4개)·68.0%(68개)·12.0%(12개)·0%(0개)로 평균 21.0%(84개)였다. 편차는 68.0%였다.

2.1.4 改良 實驗의 成功率과 偏差

황토에 활성탄·흑연·유성 탄소·종이 섬유·수성 탄소·볏짚 등

6종류의 기능성 재료를 각각 혼합하여 조제한 11종류의 주형 재료를 사용하였다. 이에서 밀랍게 어미자 50개를 매몰한 13개의 주형을 제작하였다. 건조 과정이나 소성 과정에서 파손되어 금속 용액을 주입하지 못한 2개를 제외하고, 금속 용액을 주입한 주형 11개의 성공률은 92.0%(46개) · 64.0%(32개) · 34.0%(17개) · 92.0%(46개) · 62.0%(32개) · 90.0%(45개) · 86.0%(43개) · 100%(50개) · 66.0%(33개) · 54.0%(27개) · 74.0%(37개)로 평균 74.0%(407개)였다. 편차는 66.0%였다.

2.1.5 追加 實驗의 成功率과 偏差

「直指」 복원의 마지막 과정인 조판과 인출 실험을 위하여 卷下 제1엽과 제2엽을 대상으로 준비하는 과정에서 이미 주조한 활자로 조판하기에는 부족한 활자가 상당수 있음을 발견하였다. 이를 보충하기 위하여 부족한 활자를 "Ⅶ-1. 金屬活字 蜜蠟鑄造法의 改良 實驗 硏究" 방법으로 추가 주조를 하였다. 차이점이라면 어미자군을 80개로 조성하였다(<사진 1> 참조). 금속의 중량은 약 550g 정도였다. 이들의 크기는 대체로 150㎜ × 175㎜ 정도였다. 주형의 충전 재료는 황토 89%, 기능성 재료는 종이 섬유 1% + 탄분(활성탄) 10%를 사용하였다(<표 1> 참조). 기타의 실험 조건은 왁스 어미자, 청동 합금1, 주형의 가열 온도 700℃, 입식 주입, 주탕도 굵기 5㎜ × 9㎜ = 45.0㎟와 직경 9㎜ = 63.59㎟의 길이 210㎜[1])였다. 이같이 동일한 조건의 주형 10개를 제작하여 주조한 결과, 성공률은 <표 2>와 같다.

동일한 조건하에서 주조하였음에도 불구하고 성공률은 86.25%에서

1) 이 길이는 주형의 주입구를 깔때기 모양으로 조성하면 180~190㎜ 정도로 줄어들었다.

23.75%까지로 평균 55.75%였다. 편차는 62.5%였다.

<사진 1> 성형된 어미자군(80개)(왁,側,立,長)

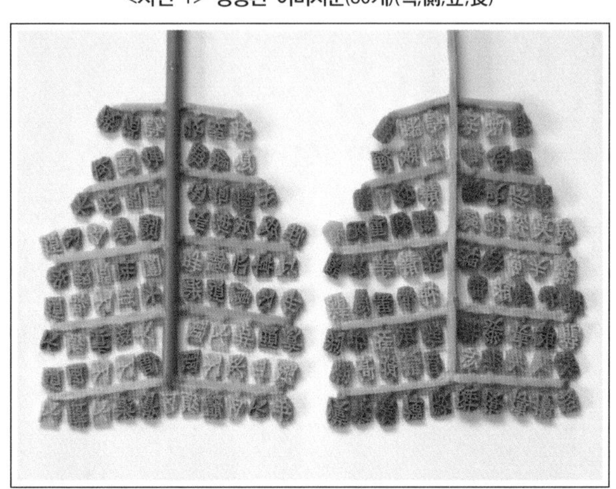

<표 1> 주형 재료의 혼합 비율과 수분 함유율(%)

기능성 재료 / 충전 재료	(라) 종이 섬유 + 활성탄	
(ㄱ) 황토	1+10 / 89	60
수분		40

<표 2> 성공한 금속활자의 수량과 성공률(개, %)

기능성 재료 / 충전 재료	(라) 종이 섬유 1% + 활성탄 10%										평균
	주형1	주형2	주형3	주형4	주형5	주형6	주형7	주형8	주형9	주형10	
(ㄱ) 황토 89%	69 86.25	63 78.75	52 65.0	51 63.75	48 60.0	44 55.0	42 52.5	37 46.25	21 26.25	19 23.75	446 55.75

성공한 금속활자의 자적은 <표 3>과 같다.

<표 3> 성공한 금속활자의 자적

주형 1(69개)							
可	看	皆	鏡	鏡	鏡	高	光
德	落	録	録	莫	莫	亮	牧
般	法	法	夫	夫	佛	佛	四
死	寺	絲	禪	禪	性	雖	息
悉	岳	如	如	如	如	如	如
影	影	外	雲	雲	月	違	肉
印	賊	賊	賊	賊	賊	賊	靜
除	第	第	諸	酒	鑄	嗟	嗟
剎	聽	置	他	形	-	-	-

주형 2(63개)							
家	看	堪	皆	皆	鏡	高	功
攬	及	急	幾	能	録	了	龍
利	忘	默	冒	微	截	病	復
喪	禪	禪	歲	笑	守	水	神
如	如	如	如	影	體	愚	賊
傳	節	精	靜	提	第	朝	宗
嗟	捉	最	取	吹	琛	判	畢
漠	解	形	形	湖	花	黑	-

주형 3(52개)							
却	古	其	起	難	多	度	來
名	問	末	法	不	不	不	佛
山	常	禪	禪	僧	是	是	心
眼	也	若	如	然	要	要	用
又	爲	爲	有	義	日	自	作
作	切	尊	坐	衆	只	直	直
此	着	着	清	-	-	-	-

주형 4(51개)							
可	香	堪	竟	管	舊	根	那
能	等	羅	落	莫	默	物	眉
般	撥	謂	法	夫	比	死	喪
禪	歲	水	如	如	亦	念	影
愚	月	由	喻	賊	賊	前	傳
節	點	靜	朝	捉	取	波	河
寒	鬧	賢	-	-	-	-	-

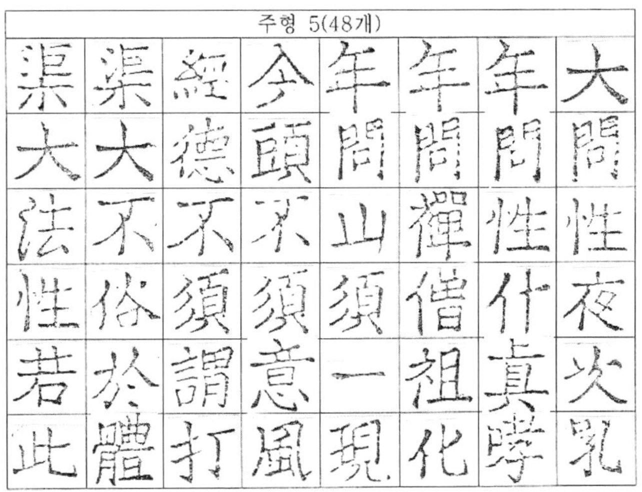

주형 5(48개)							
渠	渠	經	今	年	年	年	大
大	大	德	頭	問	問	問	問
法	不	不	不	山	禪	性	性
性	俗	須	須	須	僧	什	夜
若	於	謂	意	一	祖	眞	次
此	體	打	風	現	化	學	乳

주형 6(44개)							
閒	句	看	南	道	東	銅	抖
漫	漫	埋	名	銘	默	方	不
剖	生	禪	說	聖	是	是	沉
鵝	言	吾	曰	用	湧	云	有
移	因	切	晴	坐	知	差	出
浸	怕	予	火	-	-	-	-

주형 7(42개)							
江	渠	擧	經	今	年	大	大
頭	頭	來	大	問	問	辨	不
不	不	山	禪	須	時	眼	夜
於	又	元	有	一	一	正	祖
智	處	體	草	打	擇	風	海
還	亂	-	-	-	-	-	-

주형 8(37개)							
看	堪	皆	皆	鏡	高	禁	那
端	毛	物	般	龍	法	病	夫
比	死	喪	霜	歲	水	見	如
如	影	愚	賊	賊	傳	節	淨
第	捉	波	閑	形	-	-	-

주형 9(21개)							
看	渠	經	契	幾	湛	大	默
死	魚	拈	拈	根	祖	智	真
閑	漢	解	形	乳	-	-	-

주형 10(19개)							
看	功	究	今	念	大	了	龍
木	默	辨	復	死	性	如	意
智	解	花	-	-	-	-	-

2.2 失敗 要因 分析

2.2.1 鑄型의 균열

(1) 乾燥 收縮 균열

어미자군을 주형 재료에 매몰하여 주형 제작이 완료되면 자연 건조시켰다. 이때 기능성 재료로 친수성이 강한 탄분(활성탄)이나 수성 탄소(그을음)를 혼합한 주형은 건조되면서 균열되지 않거나 미세하게 균열되는 현상이 나타났다. 친수성이 약한 흑연이나 유성 탄소의 경우는 쉽게 균열되는 현상이 나타나 실패하였다("Ⅴ. 4.1.5 <사진 5>"와 "Ⅶ-1. 4.1.5 <사진 4>" 참조). 이러한 균열을 방지하기 위하여 종이 섬유를 혼합하는데, 그래도 주형의 두께가 너무 얇으면 주형이 건조되면서 반구형처럼 볼록하게 변형되는 과정에서 눈에 보이지 않을 만큼의 미세한 균열이 나타났다. 이 경우 주형의 두께는 대체로 18~22㎜ 정도였다.

이러한 균열의 방지는 기능성 재료의 선택과 종이 섬유의 혼합 비율 그리고 주형의 두께 조절로 가능할 것이다. 건조 과정의 변형을 인위적으로 평평히 조정해주는 작업도 효과가 있을 것으로 보인다.

(2) 燒成 收縮 균열

주형이 완전히 건조되면 밀랍계 어미자군을 용출하기 위하여 주형을 가열하였다. 이때 600℃ 내지 700℃까지 가열하되, 가열 속도를 서서히 올려야 주형의 균열을 방지할 수 있다. 만약 가열 속도를 빨리 올리면 많이 균열되어 실패를 초래하였다(<사진 2> 참조).

이러한 균열의 방지는 가열 속도를 늦춤으로써 가능할 것이다. 700℃까지 가열할 경우 대체로 8시간 정도 소요하면 가능할 것으로 보인다.

<사진 2> 소성 수축 균열 현상

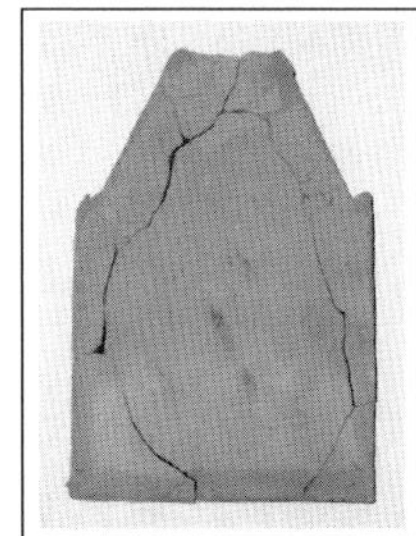
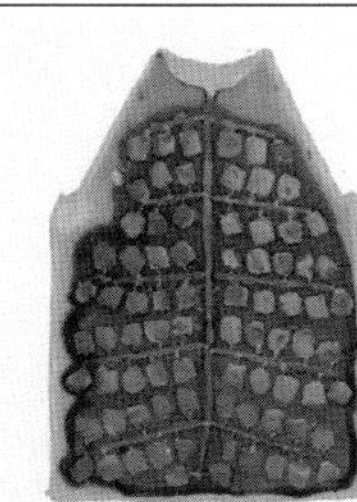

(3) 金屬 鎔液 注入 균열

금속 용액의 주입 압력에 의한 미세한 균열 현상이 나타났다. 어미자군을 지나치게 밀집하여 성형하면 주형 내부의 결속력이 약해져서 금속 용액의 주입 압력을 이기지 못하여 마치 음틀과 양틀처럼 균열되기도 하였다. 균열 현상이 미세하면 주조 후 완성된 활자군 사이에 물갈퀴처럼 금속 막으로 나타나 완성을 위한 대량의 너덜이 수정 작업을 초래하지만, 심하면 금속 용액이 주형 밖으로 흘러나와 실패로 나타났다(<사진 3> 참조).

이는 어미자군의 밀집 정도를 낮춰서 주형 재료의 접착 부분을 넓히고, 어미자군을 감싸는 주형의 가장자리 여유 폭을 충분히 확보하여 강도를 높이는 방법으로 균열을 방지할 수 있을 것으로 보인다.

<사진 3> 금속 용액 주입 균열 현상

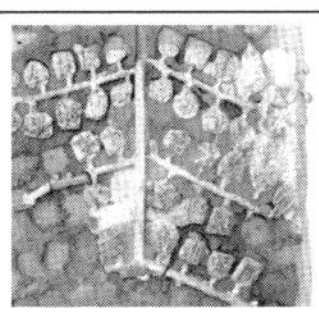

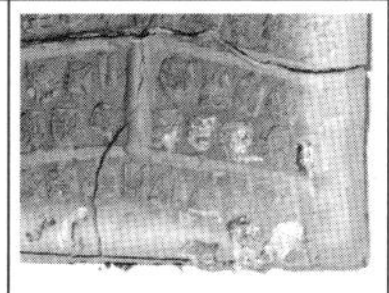

2.2.2 機能性 材料의 親水性과 混合 比率

탄분(활성탄)과 수성 탄소(그을음)는 친수성이 강하여 물로 반죽하는 점토계 충전 재료와 잘 혼합되었다. 그러나 흑연과 유성 탄소는 물에 용해되지 않는 성질로 인하여 점토계 충전 재료와 잘 융합되지 못하므로 주형이 쉽게 균열되어 실패하는 결과를 초래하였다. 따라서 부득이 사용할 경우는 가능한 한 혼합 비율을 낮춰야 했다.

2.2.3 종이 纖維의 混合 比率

종이 섬유를 혼합하지 않은 경우는 실패율이 높았다. 이는 종이 섬유가 주형 재료의 건조 균열을 방지하는 탁월한 효과를 발휘하고 있음을 의미한다. 종이 섬유의 혼합 비율은 기능성 재료의 친수성에 따라 0.5~2% 정도인데, 친수성이 강한 재료에는 1%가 최적이었다.

2.2.4 金屬의 合金 成分

점토계 주형 재료에는 청동 합금은 활자의 주조가 가능하였다. 황동 합금은 불가능하여, 주조 성공률을 떨어뜨리는 가장 큰 요인 중 하나였다. 이는 황동의 금속 용액이 점성이 높아서 주형 안으로 쉽게 흘러들어 가지 못하기 때문으로 보인다.

2.2.5 金屬 鎔液의 注入 壓力

주형의 주탕도 길이를 190㎜로 하여 세워서 주입하는 입식이 금속 용액의 주입 압력이 높아서 성공률이 높았다. 그러나 평식 주입은 금속 용액의 낮은 압력으로 인하여 어미자의 공간으로 충분히 흘러들어 가지 못한 결과 실패율이 높았다. 따라서 주입 압력을 높임으로써 점토계열 주형 재료의 금속 용액 수용 적성 부족도 극복할 수 있을 것으로 보인다.

2.2.6 주탕도의 굵기

"Ⅶ-1. 金屬活字 蜜蠟鑄造法의 改良 實驗 研究"에서 어미자군 50개

의 주탕도 굵기 4.5㎜ × 5㎜ = 22.5㎟는 300～350g의 금속 용액을 주입하기에는 충분하지 못하여 부분적으로 낮은 성공률을 초래하였다. 어미자군 80개의 주탕도 굵기 5㎜ × 9㎜ = 45.0㎟와 직경 9㎜ = 63.59㎟는 충분하였다.

3. 實驗 條件의 設計

주조 성공률의 안정성을 제고하기 위하여 지금까지의 실험에서 분석된 실패 요인을 극복할 수 있도록 조건을 새로이 설계하여 실험을 진행하였다.

3.1 어미자의 材料와 어미자群의 數量

어미자의 재료는 기존 실험에서 유용성이 확인된 왁스를 사용하여 60～61개의 어미자로 된 어미자군 10개를 부채꼴 모양의 평면형으로 성형하였다(<사진> 4 참조). 이는 금속 용액 주입 시의 균열 방지를 위하여 어미자군의 수량 = 금속 용액의 양을 줄여서 주입 시의 압력을 낮추고, 주형 가장자리의 여유 폭을 충분히 확보하여 주형의 강도를 높이기 위함이다. 이 어미자군의 크기는 대체로 125㎜ × 155㎜ 정도였다. 금속의 양은 약 400g 정도였다.

탕도가 될 밀랍계 주봉은 금속 용액 주입에 무리가 없도록 가로 5㎜ × 세로 9㎜(= 굵기 45㎟) × 길이 210㎜를, 중간봉은 3㎜ × 5㎜ × 45㎜를, 가지봉은 2㎜ × 3㎜ × 3㎜를 사용하였다.

<사진 4> 성형된 어미자군(60개)(왁,側,立,長)

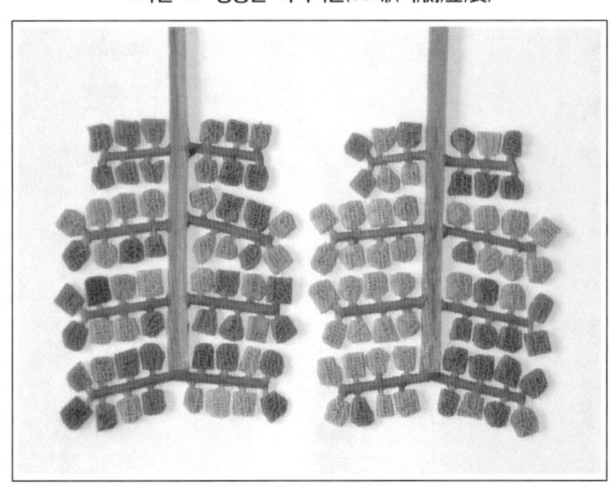

3.2 鑄型의 材料와 比率

건조 수축 시의 균열을 방지할 수 있도록 주형의 재료와 비율을 설정하였다.

3.2.1 充塡 材料

"Ⅴ. 3.1.1 (ㄱ) 黃土"를 사용하였다. 혼합 비율은 89%로 하였다.

3.2.2 機能性 材料

(1) 炭粉(활성탄)

"Ⅳ. 3.1.2 (가) 炭粉(활성탄)"과 같은 200MESH를 사용하였다. 혼합 비율은 10%로 하였다.

(2) 종이 纖維

"Ⅳ. 3.1.2 (라) 종이 纖維"와 같은 펄프 상태의 섬유를 사용하였다. 다만 펄프 상태의 섬유가 소진된 후에는 한지를 끓이고 찢어서 사용하였다.[2] 혼합 비율은 1%로 하였다.

3.3 鑄型의 規格

목재로 제작한 주형틀의 크기는 내측의 가로 170㎜ × 세로 250㎜ × 높이 50㎜의 장방형으로 하였다. 이는 60개 어미자군을 포용하면서 주형 윤곽의 가장자리 여유 폭이 20㎜ 이상 되도록 하고, 완전 건조 수축된 주형의 두께는 25~32㎜ 정도를 전제로 한 것이다.[3] 즉 주형의 두께를 기존의 실험보다 7~10㎜ 더 두껍게 하였다. 이는 금속 용액 주입 시의 균열과 건조 수축 시의 균열을 방지하기 위함이다.

3.4 기타 過程

주형의 충전 재료와 기능성 재료에 수분을 40% 혼합하여 주형 재료를 조제하였다. 이 주형 재료로 어미자군을 매몰하여 10개의 주형을 제작하고, 자연 건조 방법으로 건조하였다.

주형 재료가 완전히 건조되기 전에 주입구를 조성하였다. 주입구를 조성하면 주탕도의 길이가 20㎜ 정도 짧아졌다.

건조가 계속 진행되면서 일부 주형은 반구형처럼 볼록하게 변형되어 육안으로도 보이지 않을 만큼의 미세한 균열이 나타나는데, 이 경우 주

2) 시중에서 판매하는 서사용 닥나무 한지도 동일한 기능이 있음을 별도의 실험에서 확인하였다.
3) 소성 후에는 두께가 22~28㎜ 정도까지 수축되었다.

형을 평평하도록 조정하면서 농도가 묽은 주형 재료로 표면을 덧칠하였다. 이는 건조 수축 시 나타나는 미세한 균열을 방지하기 위함이다. 완전히 건조된 주형의 수축률은 “Ⅶ-1. 4.1.6 完全 乾燥”의 2.94~5.88%와 비슷하였다.

완전 건조된 주형 안의 어미자군 밀랍 성분을 용출하기 위하여 주형을 700℃까지 가열하였다. 가열 요령은 주형의 균열을 방지하기 위하여 초기 가열 속도를 서서히 올렸다. 처음 300℃까지 1시간에 걸쳐서 올린 후 3시간 동안 유지하였다. 500℃까지 30분에 걸쳐서 올린 후 2시간 동안 유지, 700℃까지 30분에 걸쳐서 올린 후 1시간 동안 유지하여 밀랍 성분을 완전히 제거하였다.[4] 이러한 속도로 가열하여 밀랍 성분을 완전히 제거하면서 주형을 소성하기까지 약 8시간이 소요되었다. 이처럼 서서히 가열 속도를 올린 것은 소성 시의 균열을 방지하기 위함이다. 소성 결과 파손된 주형은 없었다.

금속 용액을 주입할 때에는 주형의 온도를 650℃로 낮췄다.

이상의 실험 조건을 정리하면 <표 4>와 같다.

<표 4> 실험 설정의 조건

1	어미자의 재료		⑥ 왁스 1종
2	주형의 재료	충전 재료	㉠ 황토 89% 1종
		기능성 재료	㉱ 종이 섬유 1% + 탄분(활성탄) 10% 1종
3	금속의 재료		Ⓐ 청동1(구리 70% + 주석 30%) 1종
4	주조 활자의 수량 = 금속 용액의 주입 양		60개 = 약 400g 1종
5	문자면의 방향		③ 측향 1종
6	주형의 소성 온도		700℃ 1종

4) 소성된 주형 재료의 밀랍 성분 흡수 정도가 주조용 석고보다 많지 않아서 최고 온도를 1시간 유지하지 않아도 주조는 가능할 것으로 보인다.

7	금속 용액 주입 시, 주형의 온도	650℃ 1종
8	금속 용액의 주입 방향	② 입식 1종
9	주탕도의 굵기와 길이	5㎜ × 9㎜ × 210㎜ 1종
10	금속 용액의 주입 온도	800~1,000℃ 1종[5]
11	금속 용액의 주입 방법	재래식 직접 주입 1종

전반적인 주조 과정은 "Ⅶ-1. 4. 鑄型과 活字의 製作"과 대동소이하였다(<사진 5> · <사진 6> 참조).

<사진 5> 주조 과정 1(주형의 제작)

② 어미자군의 문자면에 주형 재료 도포 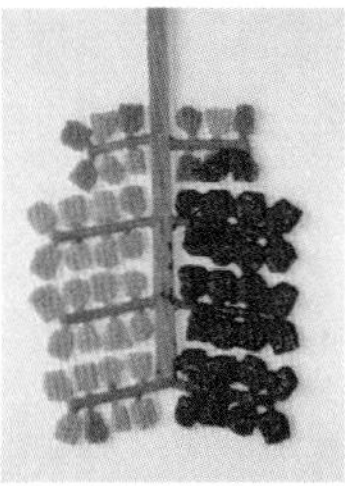	③④ 절반의 주형 재료를 깐 주형틀 중앙에 	⑤⑥ 어미자군 고정 후, ⑦ 나머지 절반의 주형 재료 채워 넣기 	⑧ 주형 재료 평평히 고르기 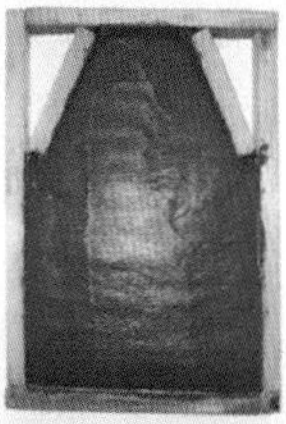

(1) 수분 제거와 (2) 주형틀 분리 	(2) 실험 조건 표시와 주입구 조성 	(3) 주형을 세워서 건조 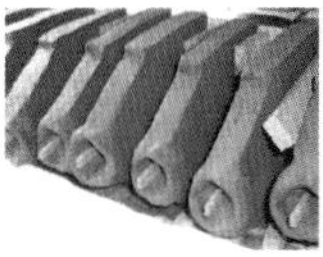	(4) 건조된 주형 	(5) 건조된 주입구 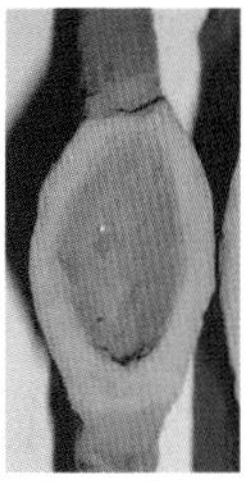

5) 합금 융점은 830℃ 정도, 주입 시의 온도는 850~880℃ 정도.

<사진 6> 주조 과정 2(주형의 소성과 금속 용액 주입)

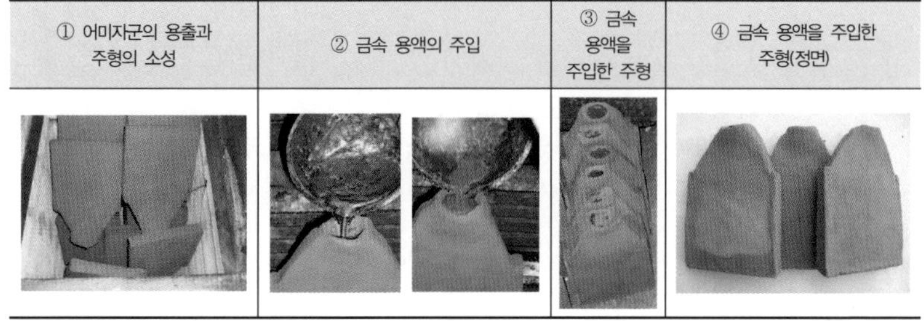

① 어미자군의 용출과 주형의 소성	② 금속 용액의 주입	③ 금속 용액을 주입한 주형	④ 금속 용액을 주입한 주형(정면)

주조 결과는 <사진 7>~<사진 9>과 같다.

<사진 7> 주조 결과 1(양분한 주형과 추출한 활자군 1)

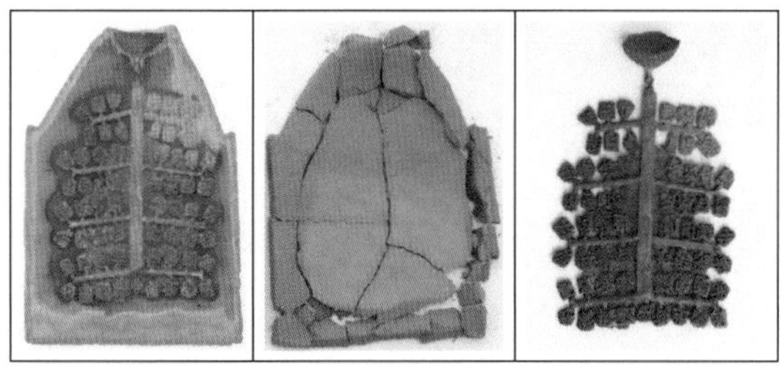

<사진 8> 주조 결과 2(양분한 주형과 추출한 활자군 2)

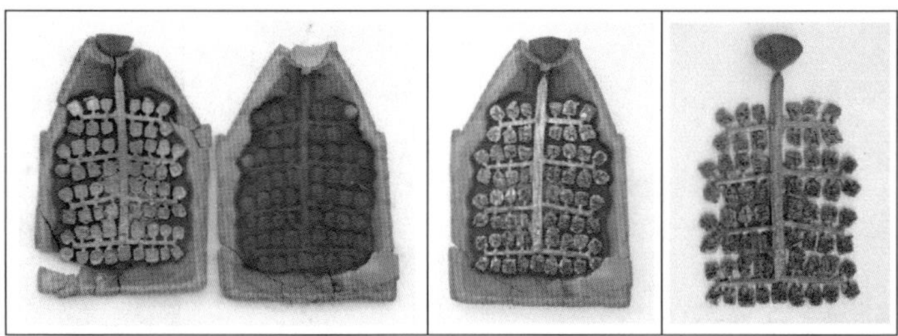

<사진 9> 주조 결과 3(추출한 활자군 3)

<사진 4> 어미자군 좌측			<사진 4> 어미자군 우측
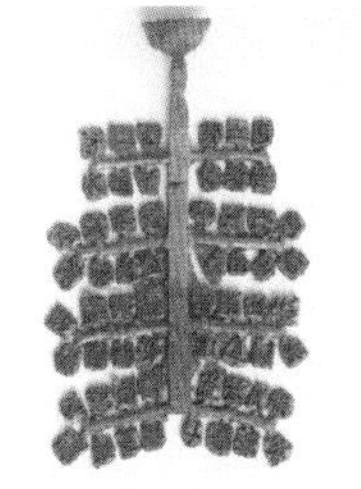	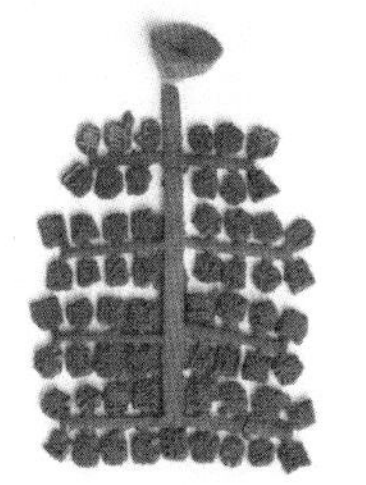		
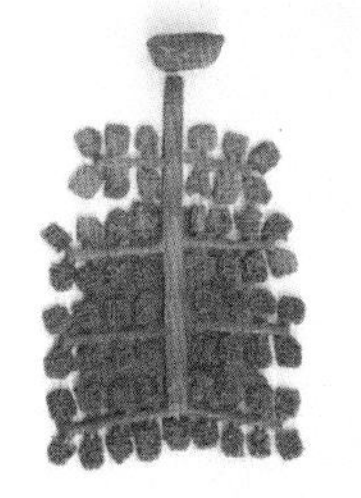	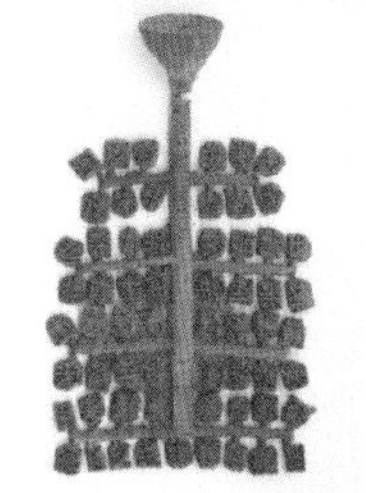	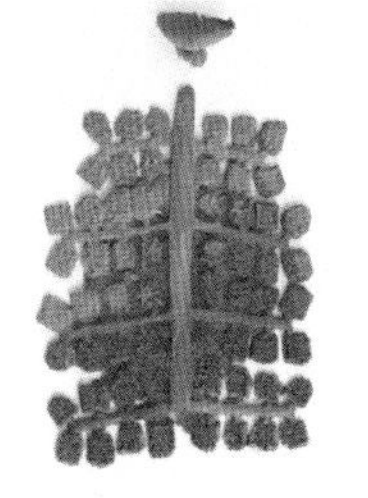	

4. 實驗 結果의 分析

4.1 鑄造의 成功率과 偏差

주조에 성공한 활자의 수량은 <표 5>, 자적은 <표 6>과 같다. 전체의 평균 성공률은 595 ÷ 606 = 98.18%였다. 편차는 100 - 95.0 = 5.0%에 불과하였다. 이는 지금까지의 실험 중, 성공률이 가장 높았던 개량 실험의 74.0%보다 24.18%나 더 높은 수치이며, 편차 역시 주형 재료 실험의 3.16%에 비등하는 낮은 수치이다.

실패한 활자를 관찰하면, 두 가지의 특징을 발견할 수 있었다. 하나는 주형의 주입구 쪽, 즉 위쪽에 위치한 활자인 점과 다른 하나는 활자의 문자면에 너덜이가 생성되어 수정이 불가능한 활자인 점이다. 이는 금속 용액의 부족한 주입 압력과 주형 재료 내에 숨어 있는 기포가 원인으로 보였다.

<표 5> 성공한 금속활자의 수량과 성공률(개, %)

기능성 재료 / 충전 재료	(라) 종이 섬유 1% + 탄분(활성탄) 10%										평균
	주형1	주형2	주형3	주형4	주형5	주형6	주형7	주형8	주형9	주형10	
(ㄱ) 황토 89%	61/61 100	61/61 100	61/61 100	61/61 100	59/60 98.33	59/60 98.33	59/60 98.33	59/61 96.72	58/61 95.08	57/60 95.0	595/606 98.18

<표 6> 성공한 금속활자의 자적

주형 1(61개)							
渠	渠	渠	頊	頊	覲	豈	膛
膛	德	德	頭	頭	麽	漫	漫
覓	默	默	物	物	反	跡	放
父	佛	飛	禪	禪	涉	性	性
性	性	誰	沉	沉	元	用	用
用	于	巍	巍	巍	巍	字	寐
寐	丁	除	酒	別	鐵	翠	七
泰	泰	許	令	擭	-	-	-

주형 2(61개)							
枯	故	期	期	你	動	動	童
得	得	爐	論	滅	名	明	杳
問	物	反	方	示	相	說	譽
勢	僧	識	心	十	眼	巖	於
偃	始	始	羸	兀	用	云	云
一	自	孜	忿	全	切	停	終
坐	坐	珠	即	指	此	還	清
探	香	賢	皇	獲	-	-	-

주형 3(61개)							
却	覺	故	禁	其	其	辯	當
動	得	爐	萬	蒙	物	方	別
丙	丙	相	說	說	隨	僧	是
悉	心	十	我	眼	巖	若	若
偃	羸	往	往	要	用	源	爲
爲	喻	疑	益	一	子	自	孜
作	輕	終	坐	坐	之	着	千
草	何	學	火	還	-	-	-

주형 4(61개)							
却	鑑	鑑	甲	契	教	舊	卷
記	難	到	頭	來	滅	滅	別
本	四	成	省	聲	隨	擻	僧
時	心	尋	岳	眼	於	悟	牛
源	圓	爲	爲	有	以	立	底
全	絕	尊	拄	珠	重	衆	衆
只	地	指	車	着	千	側	便
必	學	海	兄	哮	-	-	-

주형 5(59개)							
鄭	國	奇	期	到	動	得	漫
名	名	名	銘	杳	問	方	方
相	省	勢	承	僧	是	是	是
是	辛	眼	若	於	於	偃	如
云	云	云	以	孜	慈	作	作
將	寐	切	切	停	坐	做	衆
地	直	此	剔	還	鐵	清	清
探	台	令	-	-	-	-	-

주형 6(59개)							
决	决	共	共	怪	國	覲	肯
奇	豈	你	堂	堂	量	令	嶺
爐	覓	目	泊	跂	訪	法	丙
父	似	消	樹	徇	徇	承	尋
我	禮	腰	于	擬	酌	殘	除
題	曹	終	酒	中	中	即	盡
川	翠	陀	透	便	輻	拔	書
現	現	兄	-	-	-	-	-

주형 7(59개)							
鄭	甲	乃	多	德	董	頭	頭
令	明	默	門	撥	撥	訪	法
佛	飛	似	色	宣	宣	說	說
涉	俗	俗	收	僧	僧	施	辛
伸	惡	耶	如	禮	腰	容	月
益	翌	酌	殘	杖	諸	拄	盲
枝	川	聽	聽	測	七	台	包
拔	許	火	-	-	-	-	-

주형 8(59개)							
教	卷	多	得	萬	名	名	目
門	問	泊	方	方	本	四	相
色	省	聲	消	垂	樹	借	是
是	是	惡	若	於	於	偃	如
要	牛	云	云	云	以	以	立
子	孜	底	切	絶	坐	做	重
衆	只	紙	此	清	草	透	還
還	灰	哮	-	-	-	-	-

주형 9(58개)							
渠	怪	君	肯	德	量	嶺	麼
漫	漫	默	問	問	方	方	放
法	佛	佛	尚	禪	禪	説	説
收	僧	僧	施	伸	沉	沉	鵝
眼	眼	耶	若	若	如	用	容
月	巍	巍	登	字	來	來	丁
諸	曹	坐	坐	衆	紙	天	陀
怕	包	-	-	-	-	-	-

주형 10(57개)							
契	舊	禁	乃	動	頭	得	落
落	來	論	漫	滅	間	百	法
霜	霜	石	石	說	成	省	潛
錐	錐	僧	時	識	悉	心	沈
眼	眼	巖	巖	也	也	樣	圓
喻	長	長	將	乾	興	尊	坐
坐	盡	聽	聽	輻	海	賢	還
灰	-	-	-	-	-	-	-

4.2 活字 字跡의 特徵

「直指」는 한 엽에 자양이 일치하는 문자가 없다. 그러나 이번 실험에서 성공한 복수의 자양을 살피면 대부분이 완전히 일치하고 있다.[6] 이는 실험에 소요되는 시간과 비용을 절감하기 위하여 주형으로 다량의 어미자를 동일하게 제작하여 사용하였기 때문이다. 이처럼 자양이 완전히 일치하는 문자가 나타났다는 점은 역설적으로 이번 실험이 추적한 활자 주조 방법이 어미자의 자양을 충실하게 주조해낼 수 있을 만큼 완벽하다는 사실을 증명하고 있다.

---

6) 지금까지의 실험에서 渠德頭漫黙物法不佛禪性沈如巍寂賊下의 17개 문자는 어미자를 두 개 사용하였다.

성공한 활자에서 여러 가지 특징을 추출할 수 있다(<사진 10> 참조). 특기할 점은 이들 특징이 모두 「直指」에서도 발견되는 현상이다.[7] 따라서 저자가 추적한 밀랍주조법은 직지활자를 주조하기 위하여 사용했던 방법일 가능성이 높은 것으로 보인다.

4.2.1 斷筆 문자

주형1에는 渠渠覲豈膛膛德頭麽漫覓默默物物放飛禪禪涉性性誰用魏魏魏寂酒剔鐵翠泰獲 등 34개가 있었다. 주형2에는 枯動童爐論滅名明不說聲勢僧心眼巖偃如如嬴孜姿全停終坐此遷淸探香賢皇 등 33개가 있었다. 주형3에는 難當動爐蒙物丙丙相說說僧是悉心我眼巖嬴往往要爲凝益子孜作甎終之何學火還 등 35개가 있었다. 주형4에는 鑑甲契敎難到滅滅別本四成聲隨擻僧時岳眼悟圓爲爲全絶尊珠衆車千側便必學海哮 등 36개가 있었다. 주형5에는 艱國到動得漫名名名銘方相承僧是是眼若於偃如云孜作作將寂切停做衆地直剔遷鐵淸淸探台 등 40개가 있었다. 주형6에는 覲奇你堂堂量覓訪似徇承我禮酌殘除題卽翠陀輻香現 등 23개가 있었다. 주형7에는 艱甲乃多童明門撥訪飛似色說說涉收僧僧施伸如禮腰益殘諸拄聽聽被 등 30개가 있었다. 주형8에는 多得名名目門問方本相聲消樹僧是於如要以孜衆紙淸還還 등 25개가 있었다. 주형9에는 量麽漫漫默問佛尙禪禪說說收僧僧眼眼耶用魏魏翌寂寂紙 등 25개가 있었다. 주형10에는 契舊禁動論漫滅霜說聲雖雖僧識沈眼眼巖巖也樣圓喩長長將甎題尊聽賢還 등 32개가 있었다. 모두 합하면 313개로 51.65%

---

7) 曺炯鎭, "「直指」의 字跡에 나타난 直指活字의 特徵 硏究", 「書誌學硏究」 제38집(2007. 12), 173-191.

(「直指」는 10.42%)에 이른다.

4.2.2 氣泡 문자

주형1에는 渠頭漫性沈沈兮 등 7개가 있었다. 주형2에는 期你得得用云指獲 등 8개가 있었다. 주형3에는 却覺禁偃用喩子坐坐着何 등 11개가 있었다. 주형4에는 却鑑卷心岳源有立尊指着便 등 12개가 있었다. 주형5에는 動名杳省是辛眼於恣坐做遷淸兮 등 14개가 있었다. 주형6에는 怪國肯凝中透便現 등 8개가 있었다. 주형7에는 俗惡容酌台 등 5개가 있었다. 주형8에는 聲垂云云云子 등 6개가 있었다. 주형9에는 漫放若如月 등 5개가 있었다. 주형10에는 落來霜石時悉喩灰 등 8개가 있었다. 모두 합하면 84개로 13.86%(「直指」는 7.73%)다.

4.2.3 너덜이 문자

주형1에는 德用魏丁翠 등 5개가 있었다. 주형2에는 枯期動物相用 등 6개가 있었다. 주형3에는 難當蒙我益 등 5개가 있었다. 주형4에는 鑑甲難衆地 등 5개가 있었다. 주형5에는 勢恣切鐵 등 4개가 있었다. 주형6에는 決量消香 등 4개가 있었다. 주형7에는 撥의 1개가 있었다. 주형8에는 門消如哮 등 4개가 있었다. 주형9에는 怪漫僧曹 등 4개가 있었다. 주형10에는 乃雖雖 등 3개가 있었다. 모두 합하면 41개로 6.77%(「直指」는 7.94%)다.

4.2.4 筆劃이 어긋난 문자

주형4에 拄哮의 2개가 있었다. 주형9에는 量, 주형10에는 甎의 각각 1개씩 있었다. 주형1・2・3・5・6・7・8에는 없었다. 모두 합하면 4개로 0.66%(「直指」는 2.41%)다.

4.2.5 缺筆 문자

주형1에는 跋翠 등 2개가 있었다. 주형2에는 聲識 등 2개가 있었다. 주형4에는 聲의 1개가 있었다. 주형5에는 銘探 등 2개가 있었다. 주형6에는 決堂 등 2개가 있었다. 주형8에는 聲惡 등 2개가 있었다. 주형9에 鵝의 1개가 있었다. 주형10에는 舊漫聲題 등 4개가 있었다. 주형3과 7에는 없었다. 모두 합하면 16개로 2.64%(「直指」는 20.12%)다.

4.2.6 筆劃이 변형된 문자

주형2에는 期十 등 2개가 있었다. 주형3에는 十一 등 2개가 있었다. 주형6에 輻의 1개가 있었다. 주형7에는 包의 1개가 있었다. 주형1・4・5・8・9・10에는 없었다. 모두 합하면 6개, 0.99%(「直指」는 0.58%)다.

4.2.7 墨等 문자

유일하게 주형2에 用의 1개로 0.17%가 있었다. 기타의 주형에는 없었다.

<사진 10> 활자 자적의 특징

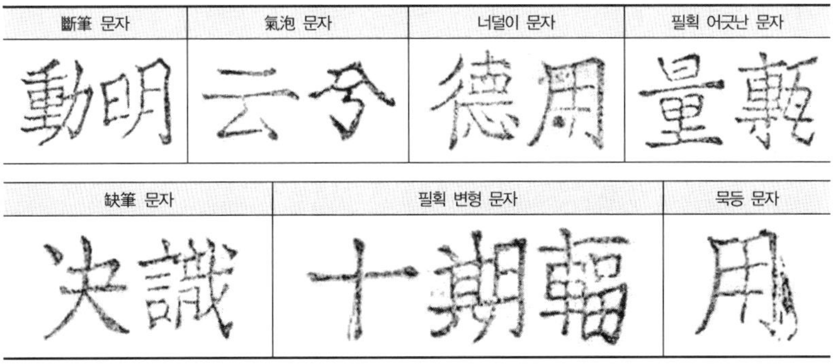

斷筆 문자	氣泡 문자	너덜이 문자	필획 어긋난 문자

缺筆 문자	필획 변형 문자	묵등 문자

4.3 筆劃의 完成度

4.3.1 字跡의 特徵에 의한 完成度

자적의 특징 출현 빈도에 의하면, 주형9가 59.02%로 가장 낮았고, 주형5가 100.0%로 가장 높았으며, 평균치는 76.73%였다(<표 7> 참조).

<표 7> 활자 자적의 특징 출현 빈도(개, %)

기능성 재료 / 충전 재료	(라) 종이 섬유 1% + 활성탄 10%										평균
	주형1	주형2	주형3	주형4	주형5	주형6	주형7	주형8	주형9	주형10	
(ㄱ) 황토 89%	48/61 78.69	52/61 85.25	53/61 86.89	56/61 91.80	60/60 100.0	38/60 63.33	37/60 61.67	37/61 60.66	36/61 59.02	48/60 80.0	465/606 76.73

4.3.2 視覺的 完成度

이번 실험에서 성공한 활자의 자적은 문자 필획의 윤곽이 살아 있는 상태가 한눈에 판단할 수 있을 만큼 전반적으로 어미자의 필서체 자양에 가까웠으며("4.1 <표 6> 성공한 금속활자의 자적" 참조), 기존 실험의 결과와는 비교되지 않을 만큼 완성도가 매우 높았다.

4.4 活字의 收縮率

완성된 활자 중에서 총 15개(2.52%)의 표본을 무작위로 추출하여 어미자와의 수축률을 측정하였다. 측정 방법은 “Ⅳ. 4.3.3 收縮率의 측정”과 같다. 실측의 대상과 수축률은 <표 8>과 같다. 금속활자는 어미자보다 평균 96.89%로 3.11% 수축되었다.

복원판 직지활자의 크기를 직지활자와 비교하면, 104 × 0.9689 = 100.7656%로 나타났다. 이는 「直指」와 같은 크기의 활자를 주조하기 위하여 “Ⅴ. 2.1 字本의 選定”에서 자본을 104%로 확대하여 준비한 점이 대단히 현명한 판단이었음을 재차 확인하고 있다.

<표 8> 실측 대상 문자의 길이(200%)와 수축률

표본			금속활자(㎜)	어미자(㎜)	수축률(%)	평균(%)
주형1		禪	23.7	24.1	98.34	
		獲	23.0	25.0	92.00	
주형2		如	18.0	18.0	100.0	
주형3		當	21.8	22.8	95.61	
		萬	23.6	25.0	94.40	
		着	24.3	24.4	99.59	
주형4		悟	19.8	21.1	93.84	
	왁,側,완, 청1,650, 立,長	指	22.2	23.0	96.52	96.89
		着	24.2	24.4	99.18	
주형5		此	16.7	17.1	97.66	
주형8		萬	24.7	25.0	98.80	
		要	22.3	22.7	98.24	
		此	16.2	17.1	94.74	
주형9		寂	23.6	25.0	94.40	
		天	15.8	15.8	100.0	

5. 小 結

금속활자를 안정적으로 주조할 수 있는 밀랍주조법의 조건을 실험으로 도출하였다. 그 구체적인 과정과 원리를 단계별로 요약하면 다음과 같다.

(1) **어미자의 재료: ⑥ 왁스(금속 세공용 파라핀)는 효과적이었다.**

(2) **어미자군의 수량: 60개 정도의 어미자군이 효과적이었다. 금속의 양은 약 400g이었다.**

(3) **주형의 재료와 비율: 충전 재료로 (ㄱ) 황토 89%, 기능성 재료로 (라) 종이 섬유 1% + 활성탄 10%를 혼합한 주형 재료는 유용하였다.**

(4) **주형의 규격: 가로 170㎜ × 세로 250㎜ × 높이(두께) 30~35㎜ 정도로, 가장자리 여유 폭은 20㎜ 정도가 효과적이었다.**

(5) **주탕도의 굵기와 길이: 5㎜ × 9㎜(= 45㎟) × 210㎜는 효과적이었다. 특히 주탕도의 금속 용액의 주입 시의 실제 길이 190㎜는 금속 용액의 주입 압력을 높여서 성공률에 절대적인 영향을 미쳤다.**

(6) 주형 건조 시의 보수: 주형이 건조 수축에 따라 반구형처럼 변형되면 묽은 주형 재료를 주형 표면에 덧칠하면서 평평하게 조정하여야 효과적이었다.

(7) 주형의 소성 온도와 가열 속도: 주형의 소성을 위하여 700℃까지 가열하되, 8시간에 걸쳐서 서서히 가열 온도를 올리는 것이 효과적이었다.

(8) 주조의 성공률과 편차: 전체의 평균 성공률은 98.18%였다. 최고의 성공률은 100%로 4개의 주형에서 나타났다. 편차는 5.0%였다.

(9) 활자 자적의 특징과 필획의 완성도: 활자의 자적을 분석하면 斷筆 문자·氣泡 문자·너덜이 문자·缺筆 문자·필획이 어긋나거나 변형된 문자·묵등 문자 등이 나타났다. 특기할 점은 이들 특징이 모두 「直指」에서도 발견된다는 사실이다.

필획의 완성도는 자적의 특징에 의한 완성도와 직관법에 의한 시각적 완성도에서 모두 어미자의 자형과 유사할 만큼 매우 높았다.

(10) 활자의 수축률

수축률은 3.11%였다. 이는 「直指」와 같은 크기의 활자를 주조하기 위하여 자본을 104%로 확대한 점이 대단히 현명한 판단이었음을 재차 확인하고 있다.

(11) 실패의 요인: 평균 실패율이 1.82%(11/606개)에 불과하지만, 그 요인으로 금속 용액의 부족한 주입 압력과 주형 재료 내에 숨어 있는 기포 등을 지적할 수 있다. 이를 극복하기 위하여 금속 용액의 양을 충분히 주입하고, 주탕도를 길게 하여 금속 주입 압력을 높여야 하며, 주형 재료 내의 기포를 제거하는 주의가 필요하였다.

이상의 실험 결과에 의하면, 이번 실험이 제시한 밀랍주조법은 직지 활자를 안정적으로 주조하기 위하여 이용했던 방법일 가능성이 대단히 높은 것으로 판단되었다.

直指活字의 組版 및 印出 實驗 硏究

直指活字의 組版 및 印出 實驗 研究*
: 復原版「直指」卷下 第1葉·第2葉

An Experimental Investigation on Typesetting and Brushing of the Jikji Type

◁ 목 차 ▷

<초 록>

「直指」 복원의 마지막 과정인 조판과 인출 실험의 결과는 다음과 같다.

(1) 인납의 가공 방법과 재료: 모든 인납은 반드시 으깨야 유연성과 점착성이 생성되었다. 이 과정이 인납 조제의 핵심이다. 불건성유나 반건성유 25%, 밀랍류 75%를 혼합한 경우가 가장 효과적이었다.

(2) 인납의 수명: 4년 정도의 짧은 실험 기간으로는 판단할 수 없었다.

(3) 조판 과정: 인납을 인판에 적정량 까는 것이 중요하였다. 이로써 활자를 고정하고, 불순물이 피할 공간을 확보하여야 했다.

(4) 교정: 인쇄물의 서품을 좌우하는 핵심 요소 중 하나였다.

(5) 묵즙의 구성 성분과 그 비율: 금속활자판 인쇄용으로 유성 연매 재료 5~10%·용매 재료인 농도 5%의 아교액 90~95%·기능성 첨가제를 1:1로 혼합한 묵즙이 효과적이었다.

(6) 묵즙의 기능성 첨가제: 곡류의 풀 10%와 아교액 10%가 효과적이었으며, 찹쌀풀이 가장 효과적이었다. 이는 연매 재료보다 절대적으로 중요하였다.

(7) 묵즙의 도포 기술: 인판에 묵즙을 도포하는 기술이 인쇄물의 서품을 좌우하

* 1. 曺炯鎭, "「白雲和尙抄錄佛祖直指心體要節」 復原을 위한 組版 및 印出 實驗 硏究", 「書誌學研究」 제68집(2016, 12), 451-496.
2. 曺炯鎭, "金屬活字本 印出用 墨汁의 實驗 研究", 「書誌學研究」 제74집(2018, 6), 107-132.

는 핵심 요소였다.

(8) 복원판 서엽의 특징: 전반적 분위기와 개별 문자의 특징이 「直指」와 매우 유사하였다.

(9) 「直指」 복원용 묵즙의 범용성: 「直指」 복원을 위하여 조제한 묵즙은 모든 금속활자판에 사용할 수 있을 것이다.
이로써 고려시대에 사용하였던 「直指」 인쇄용 금속활자의 조판 및 인출의 방법은 이 범주 내에 있을 것으로 판단한다.

要語 : 「直指」, 組版, 印出, 解版, 인납, 묵즙, 기능성 첨가제, 복원 서엽

<ABSTRACT>

This study shows the experimental result of typesetting and brushing, the last stage in the restoration of *Jikji*.

(1) Processing method and material for printing wax: All beeswax types had to be meshed in order to create flexibility and stickiness. This was the key factor in printing wax process. Mixture of 25% non-drying oil or semidrying oil and 75% beeswax type was most effective.

(2) Span of printing wax: It was hard to determine by a short experimental period of around 4 years.

(3) Typesetting procedure: It was important to spread a suitable amount of printing wax on the printing plate. In this way the types were fixed and a separate space for impurities was secured.

(4) Correction: It was one of the key factors in determining the quality of printed material.

(5) Components and proportion of chinese ink: The chinese ink for metal type printing was effective with 5～10% oil soot carbon, 90～95% of glue with 5% density as the solvent material, and the functional additives mixed in a ratio of 1 to 1.

(6) Functional additives of chinese ink: As the functional additive, 10% grain paste or 10% glue was effective. A glutinous rice paste was most effective.

Functional additives were far more important than soot carbon in chinese ink.

(7) Application technique of chinese ink: The chinese ink application technique on printing plate was the key factor in determining the quality of printed material.

(8) Characteristics of restored page: The overall style and features of individual characters were very similar to those of *Jikji*.

(9) Common characterisitics of chinese ink for restoring *Jikji*: This chinese ink developed for restoring *Jikji* may be applied to all the metal type printing.

In conclusion, it is estimated that the typesetting and brushing technique of metal types used for printing *Jikji* in Koryo dynasty were within this range.

Key words : *Jikji*, Typesetting, Brushing, Distribution of Types, Printing Wax, Chinese Ink, Functional Additives, Restored Page

1. 小 緖

"Ⅱ.「直指」의 字跡에 나타난 直指活字 硏究"에서 직지활자의 주조 및 조판 방법을 추론하였다. 그 추론된 방법대로 활자 주조에 성공하였다. 그렇다 할지라도「直指」의 복원을 위하여는 이 활자를 사용하여 최소한 1엽이라도 인출하여야 하고, 그에 나타난 자적의 분위기가 최소한「直指」와 유사한 느낌이어야 성공적으로 복원하였다고 평가할 수 있다.

따라서「直指」 복원의 마지막 과정으로 주조 실험 연구에서 주조한 활자를 사용하여,「直指」 자적 분석에서 추론된 조판 방법대로 조판하여, 복원판「直指」 卷下의 제1엽과 제2엽을 인출함으로써「直指」와 비교할 수 있도록 하였다. 복원판「直指」 卷下 제1엽은 실물에도 탈락되어 이를 복원하는 의미가 있고, 제2엽은 실물과 비교하기 위함이다. 제2엽에서 부족한 금속활자는 목활자로 보충하였다.

이번 실험의 주요 내용은 조판과 인출 및 해판으로 구성된다. 조판은 "Ⅱ.「直指」의 字跡에 나타난 直指活字 硏究"에서 추론된 조판 방법인 부착식 방법으로 조립하였다. 이를 위하여 인쇄용 밀랍, 즉 인납을 조제하는 실험을 수행하였다. 밀랍류와 기능성 첨가제를 혼합하는 다양한 실험을 통하여 유용한 인납의 재료별 혼합율을 추출하였다. 조제한 인납 중 효용성이 우수한 2종을 사용하여 금속활자 인판을 조판하였다. 중국에서는 역사상 활자의 부착 재료로 송진·밀랍·종이재로 만든 인납[1]이나 瀝靑(pitch·bitumen·asphalt) 또는 도토 등을 사용한 적이 있다.[2]

---

1) 1. 沈括 저, 校證者 미상,「夢溪筆談校證」 卷18, 技藝, 板印書籍條.
   2. 曹炯鎭,「中韓兩國古活字印刷技術之比較硏究」(臺北: 學海出版社, 1986), 180.
   3. 曹炯鎭, "韓中兩國 活字印刷의 技術的 過程",「書誌學硏究」 17(1999. 6), 254.

2) 1. 王禎,「農書」 卷22, 造活字印書法.
   2. 曹炯鎭(1986), 180.

인출을 위하여 묵즙 조제 실험을 수행하였다. 묵즙의 재료인 연매 재료(그을음)·용매 재료(아교)·수분의 비율과 금속활자판 인쇄에 사용할 수 있도록 하는 기능성 첨가제의 종류와 비율을 추출하였다. 책지는 수공업으로 제작한 5종을 사용하였다.

이상의 실험을 통하여 조판과 인출 및 해판의 전 과정에서 「直指」에 가장 가까운 분위기의 인쇄물을 얻기 위한 단계별 조건과 주의사항을 추출하였다. 아울러 인출 결과도 함께 제시하였다(Ⅸ-2. <복원 서엽 11>~<복원 서엽 67> 참조).

2. 組版 過程

2.1 印版 製作

2.1.1 印版 設計圖 작성

「直指」와 같은 판식이 되도록 그대로 모방하여 판 크기를 정하고, 정해진 규격대로 半葉 11행 19자의 인판 설계도를 작성하였다(<그림 1>·<그림 2> 참조).

인판의 크기는 가로 366㎜ × 세로 248㎜ × 깊이 6㎜이다. 가로는 광곽 1㎜ + 판면 11행 170㎜ + 광곽 1㎜ + 판심 22㎜ + 광곽 1㎜ + 판면 11행 170㎜ + 광곽 1㎜ = 366㎜이다. 판면 11행의 중간에는 1㎜ × 10개의 계선이 있는데, 계선의 상단인 인출면 부분은 평면이 되지 않도록 좌우 대칭으로 뾰족하게 깎았다. 각 행의 폭은 (170㎜ - 계선 10개 10㎜) ÷ 11 = 14.5㎜이다. 세로는 광곽 1㎜ + 판면 19자 246㎜ + 광곽

3. 曺炯鎭(1999), 254.

1㎜ = 248㎜이다. 따라서 활자가 심어질 각 행의 계선 폭은 가로 14.5㎜ × 세로 246㎜ × 깊이 6㎜이다.3)

<그림 1> 인판 설계도: 판면(정면도)

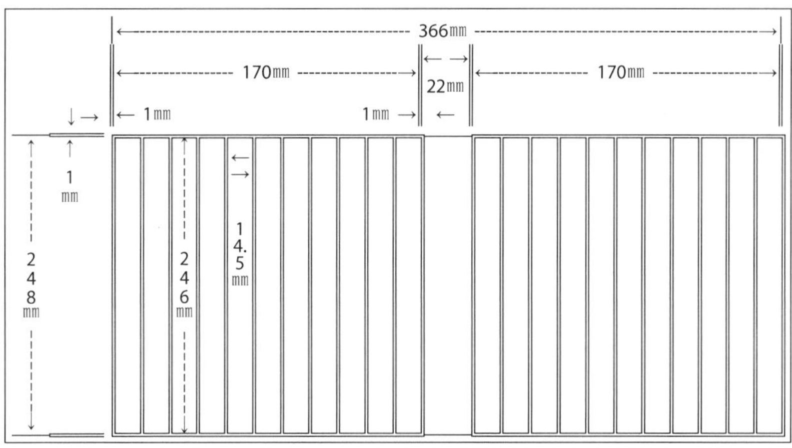

<그림 2> 인판 설계도: 광곽 및 계선 깊이(횡 단면도)

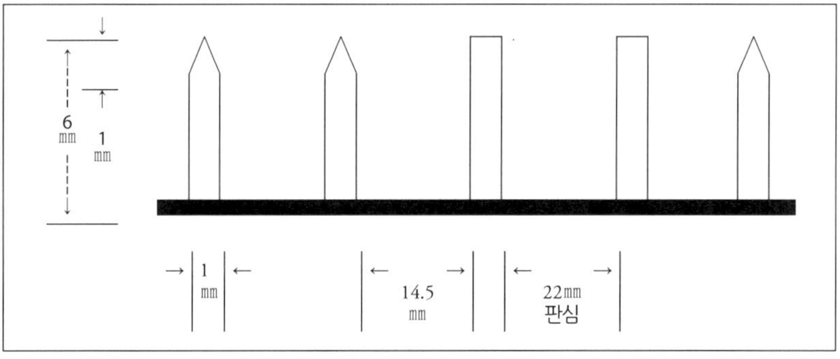

3) 「直指」의 판식은 다음과 같다. 반엽: 사주단변(변란 폭은 1㎜), 광곽(내곽) 크기 204 × 146㎜, 11행 18~20자, 행폭 12.5~14㎜, 판심: 폭 9~10㎜, 제34~38엽의 상변 외에 상하 변란과 어미는 없음(하변의 변란은 가필), 백구, 판심제: 直指下, 장차: 二(~三十九), 제39엽의 판심제 중 "指" 탈락(남권희 외, "프랑스국립도서관 소장 「直指」 원본 조사 연구", 「書誌學硏究」 35(2006. 12), 64-65). 이번 실험에서의 인판은 작을 경우 활자를 조판할 때 발생하는 불편을 덜기 위하여 다소 크게 제작하였다. 曺炯鎭, "金屬活字印刷의 組版技術", 「季刊書誌學報」 제13號(1994. 9), 62.

2.1.2 印版 실물

인판 설계도대로 금속세공 전문가에 의뢰하여 인판을 제작하였다(<사진 1> 참조). 금속의 합금 성분은 동 50%·아연 25%·주석 15%·망간 10%이다. 완성된 인판은 인판 받침·변란·계선이 모두 고착되어 있고, 본문과 판심의 활자를 조립할 수 있는 완전 일체식 인판이다. 어미는 「直指」에 없다.

<사진 1> 인판 실물

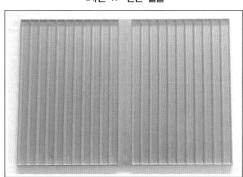

2.2 印蠟 調製

인쇄에 사용하기 위하여 인위적으로 조제한 밀랍을 인납이라고 칭한다. 인납은 밀랍류 재료에 기능성을 위한 유류 재료를 혼합하여 조제한다.

2.2.1 蜜蠟類 재료

밀랍류의 재료로는 황랍(토종 밀랍)·파라핀·왁스·백랍 등을 준비하였다(<사진 2> 참조). 파라핀과 왁스는 고려시대에 사용하지 않았을 것이지만, 오늘날 전통 재료의 확보가 날로 어려워지므로 대체 물질을 찾기 위하여 실험 재료에 포함하였다.

(1) 黃蠟(Bees Wax)

"Ⅳ. 2.3.1 黃蠟(Bees Wax)"과 같다. 이번 실험에서는 이천시 소재 참맛꿀드림 양봉원에서 채취한 황랍을 사용하였다.

(2) 파라핀(Paraffin)

"Ⅳ. 2.3.5 파라핀(Paraffin)"을 사용하였다. 실험 결과가 황랍·백랍과 유사하게 나타난다면 향후의 인납 조제에 파라핀을 손쉽게 구하여 사용할 수 있을 것이다.

(3) 왁스(Injection Wax)

"Ⅳ. 2.3.6 왁스(Injection Wax)"를 사용하였다. 실험 결과가 황랍·백랍과 유사하게 나타난다면 향후의 인납 조제에 왁스를 손쉽게 구하여 사용할 수 있을 것이다.

(4) 白蠟(Pure White Bees Wax)

"Ⅳ. 2.3.8 白蠟(Pure White Bees Wax)"과 같다. 이번 실험에서는 (주)대명케미칼이 일본에서 수입한 백랍을 사용하였다.[4] 이에는 유백색과 미황색이 있는데, 그의 제원은 <표 1>과 같다.

4) ㈜ 대명케미칼, <http://www.daemyungchem.co.kr/shop/goodalign/good_detail.php?goodcd=1139159992553> (2015. 1. 12).

<사진 2> 밀랍류 재료

황랍	파라핀	왁스	백랍

<표 1> 백랍의 제원

	TEST 방법	측정치
녹는 점(섭씨)	USP 741 Class II	62-65
투과성(10㎜)	ASTM D-1321	15-20
색상	ASTM D-1500	0.5(유백색), 2.5(미황색)
산가	USP 401	17-24
에스테르가	USP 401	72-79
취도	N. A.	N. A.
인화점	N. A.	N. A.
주요 용도	화장품(유백색), 화장품 및 각종 공업용(미황색)	

2.2.2 油類 재료

기능성 재료로 식물성 기름을 사용하였다. 식물유는 도막의 건조성과 산화되기 쉬운 정도인 요오드값[5)]으로 분류하는데, 불건성유・반건성유・건성유 등 3종으로 구분한다. 이 밖에 고체 유지가 있다(<표 2>・<사진 3> 참조).

5) 요오드값이란 沃素價(Iodine Value)라고도 하는데, 유지 100g에 흡수될 수 있는 할로겐의 양을 요오드의 gram수로 나타낸 수치이다. 즉 기름의 포화 정도를 가리킨다. 유지를 구성하고 있는 지방산에 함유된 이중 결합이 많을수록 요오드값이 커진다. 요오드값이 높을수록 산화되기 쉽고, 건성유일수록 자연 발화의 위험이 크다.

(1) 不乾性油(Non-drying Oil)

불포화 지방산의 함유량이 적기 때문에 공기 중에 두어도 거의 증발하지 않고, 산소와 결합하기 어려워 마르지 않고, 표면에 엷은 피막이 생기지 않아서 樹脂 상태로 고체화되지 않는 기름이다. 요오드값 100 이하.

피마자유・[6]동백유・[7]낙화생유・[8]때죽나무유・올리브유・[9]재봉틀

---

6) 아주까리기름. castor oil・ricinus oil・castor oil fatty acid・ricinus oil・oil of castor・vegetable oil・aromatic castor oil・castor oil aromatic・cosmetol・crystal oil・gold bond・neoloid・oil of palma christi・phorbyol・ricirus oil 등의 명칭이 있다. 大戟科(Euphorbiaceae)에 속하는 피마자(Ricinus Communis)의 씨에서 압착 또는 용매 추출한 비휘발성 지방유. 비중은 0.916, 비등점은 313℃. 종자 속에 약 45% 함유되어 있다. 종자에는 독성이 있는데, 압착하여 얻은 기름에는 없으며, 독성은 기름을 짜고 남은 찌꺼기에 남는다. 약간 점성이 있고 투명하며 무색에서 황갈색 또는 녹색을 띤다. 간유(肝油)처럼 약하지만 독특한 냄새가 나고 부드러우나 다소 신맛이 나는데 대개 구역질나는 뒷맛이 느껴진다. 복용하기 어렵기 때문에 보통 오렌지유・박하유 등을 각 0.5% 가하여 가향(加香) 피마자유로 사용한다. 대부분 다른 지방유와 달리 알코올에 녹는다. 피마자와 피마자유 모두 인도・브라질이 주요 생산국이며 주로 미국에서 산업용으로 많이 소비된다. 용도는 의약품 외에도 합성수지・플라스틱・섬유・페인트・니스 및 건성유와 가소제 같은 다양한 화학품을 만드는 데 쓰이며 그 밖에 피마자유와 그 잔유물로 화장품・머릿기름・살균제・방부제・인쇄 잉크・비누・윤활유・그리스・유압용 오일・염색보조제・로드유 제조용・전기절연용・인조피혁・브레이크 오일의 제조・카본지(紙)・구두약・직물 마무리용 물질 등을 만들고 있다. 주요 성분은 리시놀레산으로 이루어져 있으며 하제(下劑)로 1회 10~20mℓ를 복용하며, 복통을 일으키는 일이 거의 없으나 몸에 해로울 수도 있다(다음 백과사전, <http://100.daum.net/encyclopedia/view/b24p1049a> (2014. 12. 26)).

7) 동백나무의 씨에서 얻는 기름. camellia oil. 올레인산이 주성분이며 응고점은 −25℃, 비중은 약 0.916이다. 우리나라에서는 예로부터 머릿기름이나 등잔기름으로 많이 써왔으며 지금은 공업용으로 소량이 이용되고 있다(다음 백과사전, <http://100.daum.net/encyclopedia/view/b05d1402a> (2014. 12. 26)).

8) 땅콩기름, peanut oil, arachis hypogaea oil. 담황색이며 독특한 풍미가 있다.

9) 올리브의 생과육을 압착하여 추출한 식물성 기름. olive oil, 橄欖油. 주성분은 오메가-9 지방산, 즉 올레산(Oleic Acid)이 55~83% 정도로 많이 포함되어 있다. 이 지방산은 포도씨유에도 약 16% 포함되어 있는데, 쉽게 산화되지 않아 트랜스 지방도 적다. 식용 외에도 화장품・의약품・비누 등의 원료로 쓰인다. 또한 발연점이 포도씨유와 해바라기씨유가 250℃인 데 반해, 올리브유는 160℃라는 낮은 온도에서 발화하므로 등불을 밝히는 용도로도 쓰였다. 올리브유 품질은 IOOC에서 3등급으로 규정하였다. (1) Extra Virgin: 가장 품질이 우수한 등급, 각종 요리용으로 사용된다. 전체 생산량 중 약 10~20%. (2) Virgin: Extra Virgin 등급을 받지 못하였으나 전통적인 방식을 고수하여 식용으로서의 가치가 있다. 올리브 생산 시장에서 50~60%를 차지하고 있다. (3) Lampante: 산가가 높은 것으로서 일반적으로 올리브를 수확한 후 수일간이 흐른 뒤에 압착하여 짜낸 기름인 경우가 많다. 기름 자체가 투명하다. 미네랄 성분의 산패로 인하여 역한 냄새가 난다. 주로 절삭유・윤활유・인화제・첨가제로 사용된다. (4) Pure: IOOC의 분류에도 불구하고 한국에서만 존재하는 등급이다. 흔히 튀김용 기

기름(Singer Oil)·광물성 석유류·투명한 미네랄 오일 등이 있다.

식용유·윤활유 등으로 쓰인다.

이번 실험에서는 전통 생활환경에서 많이 사용하였을 피마자유와 동백유를 사용하였다. 이는 ㈜대명케미칼이 수입한 인도산이다. 점도는 피마자유가 동백유보다 높다. 올리브유는 고려시대에 사용하지 않았을 것이지만, 오늘날 전통 재료의 확보가 날로 어려워지므로 대체 물질을 찾기 위하여 실험 재료에 포함하였다.

(2) 半乾性油(Semidrying Oil)

공기 중에서 서서히 산화하여 粘性이 증가하지만, 완전히 마르지는 않는 지방유이다. 요오드값 100~130 사이.

대두유·[10]해바라기유·[11]옥수수유·[12]면실유·[13]미강유·참기름·

름으로 알려져 있으나 진실은 Lampante 등급의 올리브유에서 핵산을 이용하여 지방산을 추출한 후에 첨가제를 넣어 산가를 조정한 등급이다. 이 때문에 Pure 올리브유는 거의 투명하다. 한국의 법률에 의하면 핵산을 이용한 추출 및 산가 조정을 통한 식용유 제조는 합법이다(엔하위키 미러, <https://mirror.enha.kr/wiki/%EC%98%AC%EB%A6%AC%EB%B8%8C%EC%9C%A0> (2014. 12. 26)). 산성도를 기준으로 종류를 구분하기도 한다. (1) 엑스트라 버진: 자연산성도 1% 미만. 최상급 올리브를 압착해서 얻은 올리브유로 맛과 향이 좋다. 색상도 밝은 금색에서 짙은 녹색까지 다양하다. 발화 온도가 낮아서 튀김용으로는 적합하지 않고, 샐러드 드레싱이나 빵을 찍어먹는 소스로 많이 쓰인다. (2) 파인 버진: 자연산성도 1.5% 미만. 엑스트라버진을 뽑아내고 난 후 나오는 올리브유로 엑스트라 버진과 비슷한 용도로 쓰인다. (3) 버진: 산도는 3.3%로 엑스트라나 파인보다는 품질이 떨어진다. (4) 퓨어: 정제 올리브유를 버진 올리브유와 섞어서 만든 것으로 주로 튀김 요리용으로 쓰인다. (5) 정제: 두 번째 짠 올리브유를 정제한 것이다. 정제과정에서 고온, 화학처리 되어 엑스트라 버진 등과는 달리 맛과 향, 색깔이 거의 없다. 주로 퓨어 올리브 오일에 첨가되어 사용되거나 공업용으로 많이 쓰인다(마이민트, <http://www.mimint.co.kr/beauty_n/board_view.asp?strBoardID=beauty&bbstype=dsuccess&bidx=10132> (2014. 12. 26)).

10) 콩기름. soybean oil.

11) sunflower oil.

12) 옥수수의 씨눈(배아)에서 짜낸 기름.

13) 면실유는 목화씨를 짜서 얻은 반건성유인데, 콜레스테롤이 없고 불포화지방산이 풍부하다. 가공된 참치의 표면이 마르지 않게 해주고 맛과 향을 유지시켜준다. 참치 통조림 안의 기름

채종유 · [14]샤프라웨유 · 선실유 · 분지유 · [15]청어유 등이 있다.

튀김용 기름 · 비누 제조용 등으로 쓰인다.

이번 실험에서는 생활환경에서 쉽게 접할 수 있는 대두유를 사용하였다. 이는 시중에서 판매하는 것이다. 점도는 동백유보다 낮다.

(3) 乾性油(Drying Oil)

식물성 기름에 포함된 불포화 지방산은 포화 지방산보다 산패하기 쉽다. 이 과정에서 기름의 구조가 트랜스지방과 비슷한 성분으로 바뀐다. 불포화도가 높은 지방산을 함유하여 공기 중에 두면 유지가 산소를 흡수하여 산화, 重合, 縮合을 일으킴으로써 점차 점성이 증가하여 마침내 굳는 식물성 기름이다. 리놀산과 리놀렌산 같은 올레산보다 불포화 결합이 더 많은 酸인 글리세린 에스테르를 함유하고 있다. 얇은 막으로 만들어 공기 중에 두면 비교적 단시간 내에 굳으므로 도료의 중요한 자재가 된다. 굳는 정도는 유지류의 構造式에 포함되는 이중결합의 수에 비례한다. 요오드값 130 이상.

들기름 · 해송자유 · 오동유 · 대마유 · 호두유 · 양귀비유 · [16]송진유 · 아마인유 · [17]종려유(팜유) · 정어리유 등이 있다. 기타 휘발유 · kerosene · 신나 · 납사 · 미네랄 스피리트 · 알코올 등의 석유 제품은 휘발성을 가

은 참치 기름이 아니라 면실유이다. 우리나라는 동원산업이 처음 면실유를 사용하였다.

14) 채유 · 유채유 · canola oil 등으로도 칭하는데, 겨자과에 속하는 1~2년생 초본인 유채의 씨로부터 압착 추출한 반건성유.

15) 산초과의 분지나무 열매에서 얻는다.

16) 양귀비 씨 기름. poppy oil. 유분 함량 40~50%. 산가 1.5 이하. 아마인유에 비하여 건조가 조금 늦다.

17) linseed oil, 유분 함량 30~40%, 산가 0.2 이하. 도막을 형성한다. 겨울에도 뿌옇거나 탁하게 되지 않는 정제도가 상당히 높은 화용액. 양귀비유에 비하여 건조가 조금 빠르다.

지고 있지만, 건성유로 구분하지 않는다.

페인트・인쇄 잉크・유화 물감 등의 용제로 쓰인다.

이번 실험에서는 제외하였다.

(4) 고체 유지

액체 상태의 기름이 시간이 지나면서 고체로 되는 것으로 야자유가 있다.

<표 2> 식물유의 종류[18]

구분	요오드값	종류
불건성유	100 이하	피마자유・동백유・낙화생유・때죽나무유・올리브유
반건성유	100~130	대두유・해바라기유・옥수수유・면실유・米糠유・참기름・채종유・샤프라웨유・선실유・분지유・(청어유)
건성유	130 이상	들기름(麻油, 法油)・海松子油(잣기름)・오동유・대마유・호두유・양귀비유・송진유・아마인유・종려유(팜유)・(정어리유)
고체 유지		야자유

<사진 3> 유류 재료
(피마자유・동백유・올리브유・대두유・해바라기유)

18) 1. 오찬외식경영연구소, <http://cafe.daum.net/ohchan> (2014. 12. 23).
2. <http://cafe.daum.net/yourhopebirds> (2014. 12. 23).

2.2.3 調製 過程 및 結果 分析

2.2.3.1 調製 過程

(1) 공구 준비

밀랍류 재료와 유류 재료를 혼합하기 위한 공구가 필요하다.

1. 전자저울: 밀랍류 재료의 양을 측정한다.
2. 주사기(실린더): 유류 재료의 양을 측정한다.
3. 버너: 재료의 혼합을 위하여 가열한다.
4. 금속 냄비: 재료를 끓이는 용기인데, 복수로 준비한다.
5. 수저: 재료를 고루 혼합한다.
6. 온습도계: 온도와 습도를 측정한다.
7. 고무 대접: 혼합된 인납을 으깨기 위하여 담는 용기이다.
8. 방망이: 혼합된 인납을 으깨기 위한 목제 도구이다.
9. 실험기록표・카메라: 실험 상황을 수시로 기록한다.
10. 보관 용기: 실험 결과물을 담아서 보관한다.

(2) 혼합 과정

재료의 양을 정확히 측정하여 혼합하였다. 실험실의 온도는 22℃, 습도는 43%였다. 실험 순서는 실패 가능성이 높을 것으로 예상되는 조건을 우선적으로 하여, 대두유 - 피마자유 - 동백유 순으로, 파라핀 - 백랍 - 왁스 - 황랍 순으로, 밀랍류의 비율은 50%부터 80%까지 5% 단위로 점차 높여가면서 진행하였다(<사진 4> 참조).

1. 유류 재료의 용량을 정확히 측정하여 금속 냄비에 담았다.
2. 밀랍류 재료의 중량을 정확히 측정하여 금속 냄비에 담았다.

3. 버너로 가열하였다.

4. 밀랍류 재료가 녹는 상태를 보면서 골고루 혼합되도록 저었다.

5. 두 재료가 완전 액체 상태로 변하여 구분하기 어려울 만큼 충분히 녹으면 식혔다.[19)]

6. 혼합된 재료는 완전히 식은 후에 유연성과 점착성이 거의 없는 고체로 변하였다.[20)]

<사진 4> 인납 조제 과정 1(혼합)

(3) 加工 = 으깨기

인납 조제를 위하여 가장 중요한 과정이다. 그러나 이를 발견하기는 쉽지 않았다.[21)] 밀랍류 재료와 유류 재료가 혼합된 고체 덩어리를 으

19) 실험 전에는 두 재료가 녹으면서 반고체 상태로 엉겨서 인납으로서의 유연성과 점착성이 생성될 것으로 예상하였다. 그 농도를 조절하기 위한 재료를 추가로 소량씩 세심히 구분하여 준비하였다. 그러나 예상은 완전히 빗나가 완전 액체 상태로 될 뿐만 아니라 점착성도 전혀 없었다.

20) 재료의 혼합 비율에 따라 경도의 차이는 있지만, 혼합 결과물은 모두 유연성과 점착성이 거의 없는 완전한 고체로 변하였다.

21) 혼합된 고체의 유연성과 점착성을 생성하기 위하여 식는 과정에서 저어보기도 하고, 인판에 직접 부어보기도 하는 등 여러 실험을 해보았으나 모두 실패하였다. 인납으로서 기능을 발휘할 수 있는 성질을 발견하기 위하여 파라핀을 소량 혼합하여 고체 상태이지만 연한 것을 대상으로 궁리하던 중에 우연히 으깨어보니 연성 고체로 변하면서 이 성질이 생성됨을 발견하였다. 실험 결과 파라핀을 혼합한 인납은 부적합한 것으로 판명되었으나, 다른 밀랍류도 으깨야 한다는 사실을 발견할 수 있도록 힌트를 제공하였다는 점에서 아이러니라 할 수 있다. 이 인납을 가열하여 식히면 고체로 되어 이 성질이 없어지며, 으깨면 다시 생성된다.

깨야 했다. 고체 상태로는 유연성과 점착성이 없지만, 으깨면 경성 고체가 고약 같은 연성 고체로 변하면서 유연성과 점착성이 생성되었다(<사진 5> 참조).

1. 고무 대접에 재료 덩어리를 으깨기 쉽도록 잘게 깨뜨려서 담았다.
2. 목제 방망이로 덩어리가 남지 않도록 힘껏 으깼다.

주의할 점은 2~3㎜ 정도의 조그마한 덩어리라도 남아 있으면 유연성이 떨어지며, 활자를 인납 위에 배열할 때 수평을 유지하기 어려운 불편이 생기므로 완전히 으깨야 했다. 밀랍류의 혼합 비율이 높아서 단단할수록 으깨기가 더 힘들었다. 밀랍류 혼합 비율 75%의 인납 200g을 으깨기 위하여 6시간이 소요되었다.

이러한 과정을 통하여 밀랍류 재료가 유류 재료와 혼합된 고체는 유연성과 점착성이 생성되어 비로소 인납으로서의 기능을 발휘할 수 있게 되었다.

<사진 5> 인납 조제 과정 2(으깨기)

2.2.3.2 結果 分析

조제한 인납의 사용 가능성을 파악하기 위하여 예비 실험을 실시하였다. 이에는 완성도가 낮은 예비용 활자로 조판하여 유성 탄소로 조제한 기성품 묵즙과 류운영 저지와 中華民國 臺灣 서화용 선지를 사용하여 인출하여 보았다. 그 결과는 다음과 같았다.

(1) 밀랍류 재료

황납, 백납, 왁스 순으로 사용 가능성의 폭이 점차 좁아졌다. 왁스의 점착성은 황랍과 비슷하나, 유연성은 5% 정도 약해 보였다. 파라핀은 혼합 비율과 무관하게 모두 푸석푸석 부스러지면서 점착성이 거의 생성되지 않아서 인납 재료로 부적합하였다(<사진 6>~<사진 9> 참조).

(2) 유류 재료

불건성유인 피마자유·동백유·올리브유와 반건성유인 대두유가 모두 가능하였다. 유종에 따라서는 오차 수준의 미세한 차이점은 있으나, 의미 있는 차이를 발견하지 못하였다. 따라서 짐작컨대 건성유도 수명은 짧겠지만, 조제 직후에는 충분히 사용할 수 있을 것으로 추측된다.

<사진 6> 황랍류 인납(55·60·65·70·75·80%)

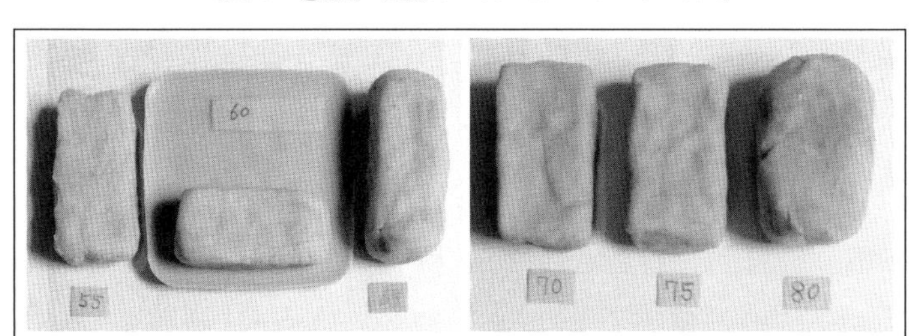

<사진 7> **백랍류 인납**(50 · 55 · 60 · 65 · 70 · 75 · 80%)

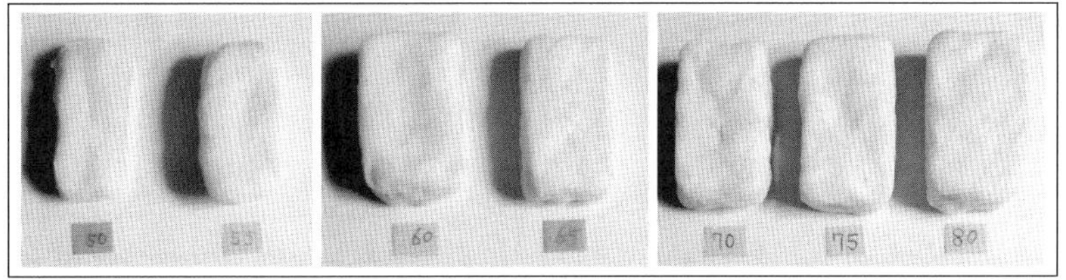

<사진 8> **파라핀류 인납**(50 · 70%)

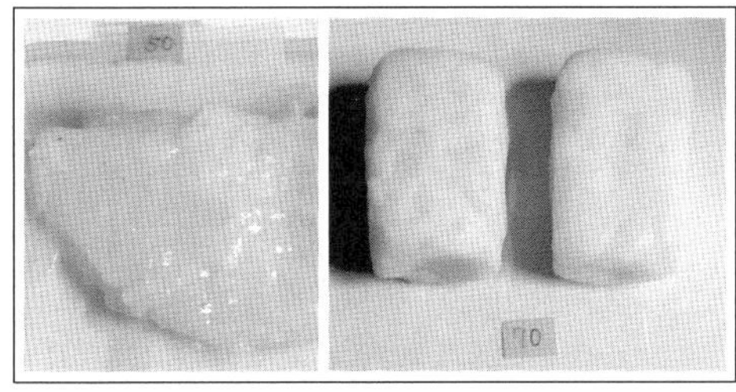

<사진 9> **왁스류 인납**(50 · 60 · 65 · 70 · 75%)

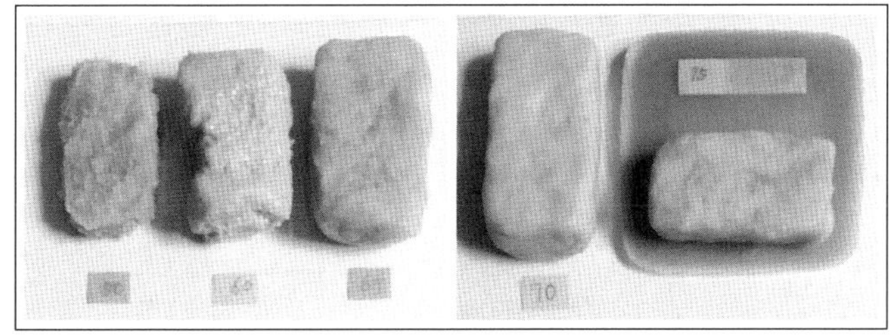

(3) 인납의 범위(〈표 3〉 참조)

인납의 기능인 ① 활자를 인판에 고정시키는 점착성과 ② 활자 문자면의 높낮이를 조절하기 위한 유연성을 기준으로 평가하였다. 또한 해판 시 인납이 활자에 많이 묻어 올라오면 재사용을 위하여 깨끗이 닦아내야 하는 불편이 따르므로 ③ 가능한 한 묻어나지 않아야 기능이 뛰어난 인납이라는 점도 고려하였다.

이에 비추어 보면 밀랍류 재료의 비율 65%에서 ±5%가 가장 적합하며, 사용 가능한 범위는 다시 ±5%였다. 대체로 55~60%는 약간 연한 듯하며, 75%는 약간 단단한 듯하였다. 50%는 너무 끈적거리고 손에 묻어나는 불편이 있어서 사용할 필요가 없었다.

(4) 인납의 속성

인납을 으깰 당시에는 유연성이 다소 강하지만 2~3일 정도 지나면 약간 굳으면서 유연성이 줄어들어 본래의 속성을 나타내며, 그 상태를 장기간 유지하는 특성을 보였다. 인납이 오랜 시간을 경과하면 표면이 약간 굳듯이 딱딱해졌다. 이를 사용할 때 주물러주면 다시 유연성을 회복하여 처음 조제하였을 때처럼 사용할 수 있었다.[22] 사용 가능한 범위의 인납은 영상 5℃ 정도까지의 낮은 기온에서도 점착성과 유연성에 아무런 차이가 없었다.

(5) 인납의 수명

모든 인납의 수명이 얼마나 되는가는 짧은 실험 기간으로 인하여 측정할 수 없었다. 2015년 1월 조제한 인납을 4년 2개월이 지난 2019년 3월에 관찰해 보아도 아무런 차이를 발견하지 못하였다. 시간이 지남에 따라 유류 성분이 산화되면서 건조되면 어떤 현상이 나타날지도 예측할 수 없었다. 인납의 수명은 이를 타임캡슐에 넣어 먼 훗날 측정하

---

22) 이로 미루어 현존 인판에 남아 있는 古인납도 밀랍 성분이 삭지 않아서 본래의 성질을 유지하고 있다면 불건성유를 혼합하여 조제하면 재사용이 가능할 것으로 짐작된다.

여야 가능할 듯하다. 다만 유류 성분의 혼합 비율이 높을수록 건조에 소요되는 시간이 길 것이므로 인납의 수명이 더 길 것으로 짐작할 뿐이다.

<표 3> 인납의 밀랍류 비율별 특성

<table>
<tr><th colspan="2">특성
밀랍류 비율(%)</th><th>가능 여부</th><th>점착성</th><th>유연성</th><th colspan="2">해판 시 활자에 묻어나는 정도, 기타</th></tr>
<tr><td rowspan="7">황랍</td><td>50</td><td>불가능</td><td rowspan="2">약함</td><td>연함</td><td colspan="2">많이 묻어남</td></tr>
<tr><td>55</td><td>겨우 가능</td><td>약간 연함</td><td colspan="2" rowspan="5">약간 묻어남</td></tr>
<tr><td>60</td><td rowspan="4">가능</td><td rowspan="4">강함</td><td rowspan="3">적합</td></tr>
<tr><td>65</td></tr>
<tr><td>70</td></tr>
<tr><td>75</td><td>약간 단단함</td></tr>
<tr><td>80</td><td>불가능</td><td>약함</td><td>단단함</td><td colspan="2">안 묻어남</td></tr>
<tr><td rowspan="7">파라핀</td><td>50</td><td rowspan="7">불가능</td><td rowspan="7">약함</td><td rowspan="4">연함</td><td colspan="2">많이 묻어남. 액상 죽 상태</td></tr>
<tr><td>55</td><td colspan="2">많이 묻어남. 거의 죽 상태</td></tr>
<tr><td>60</td><td colspan="2">많이 묻어남</td></tr>
<tr><td>65</td><td colspan="2">약간 묻어남</td></tr>
<tr><td>70</td><td>약간 연함</td><td>약간 묻어남</td><td rowspan="3">단단해질수록 유연성과 점착성 상실</td></tr>
<tr><td>75</td><td rowspan="2">약간 단단함</td><td rowspan="2">안 묻어남</td></tr>
<tr><td>80</td></tr>
<tr><td rowspan="7">왁스</td><td>50</td><td rowspan="3">불가능</td><td rowspan="2">약함</td><td rowspan="3">연함</td><td colspan="2" rowspan="3">많이 묻어남</td></tr>
<tr><td>55</td></tr>
<tr><td>60</td><td rowspan="4">강함</td></tr>
<tr><td>65</td><td rowspan="3">가능</td><td rowspan="2">적합</td><td colspan="2">약간 묻어남. 황랍 55%와 비슷</td></tr>
<tr><td>70</td><td colspan="2" rowspan="3">안 묻어남</td></tr>
<tr><td>75</td><td>약간 단단함</td></tr>
<tr><td>80</td><td>불가능</td><td>약함</td><td>단단함</td></tr>
<tr><td rowspan="7">백랍</td><td>50</td><td rowspan="2">불가능</td><td rowspan="2">약함</td><td>연함</td><td colspan="2" rowspan="2">많이 묻어남</td></tr>
<tr><td>55</td><td>약간 연함</td></tr>
<tr><td>60</td><td rowspan="4">가능</td><td rowspan="4">강함</td><td rowspan="4">적합</td><td colspan="2">약간 묻어남. 황랍 55%와 비슷</td></tr>
<tr><td>65</td><td colspan="2" rowspan="3">약간 묻어남</td></tr>
<tr><td>70</td></tr>
<tr><td>75</td></tr>
<tr><td>80</td><td>불가능</td><td>약함</td><td>단단함</td><td colspan="2">안 묻어남</td></tr>
</table>

2.3 活字 選別 = 文選(唱準)

2.3.1 活字 抽出

「直指」 卷下 제1엽과 제2엽을 복원하기 위한 전제로 실험하고 있으므로, 여기에 등장하는 문자를 활자 보관 용기로부터 순서대로 선별하였다. 제1엽에 등장하는 문자는 모두 155 + 4 + 156 = 315개이며, 제2엽은 176 + 4 + 190 = 370개이다(복원판 上葉 제2행 하단의 "曹" 제외).

2.3.2 補字 製作

미리 준비하지 못한 활자가 있을 경우, 이를 금속활자로 보충하려면 어미자 제작에서부터 주조 과정을 다시 밟아야 하므로 인쇄 작업이 지연될 수밖에 없다. 이 경우 목활자를 즉시 조각하여 보충하기도 한다. 이에 대비하기 위하여 금속활자와 동일한 규격으로 목활자를 조각하기 위한 목재를 준비하였다.

금속활자의 필획이 완전하게 주조되지 못하여 보각의 필요성을 느낀 활자는 제1엽 上葉 5-14의 傳, 7-3의 提, 7-9의 剖, 9-3의 捉, 下葉 4-5의 悟, 제2엽 上葉 3-6의 田 등이다. 그러나 "田"을 제외한 활자는 문자를 인식할 수 있을 정도는 되므로 목활자로 보충한 것은 "田"이 유일하다.

2.4 均字 過程 = 植字(均字匠)

2.4.1 印蠟 깔기

사용 가능한 인납 중, 가장 보편적인 재료인 황랍 65% + 피마자유의 인납을 제1엽의 인판 左葉(인출된 서엽은 上葉)과 판심에, 황랍

75% + 피마자유의 인납을 인판 右葉(인출된 서엽은 下葉)에 한 행씩 차례로 깔았다. 판심과 제1엽 우엽의 문자가 없는 공간에는 인납을 깔지 않았다(<사진 10> 참조). 좌우엽에 황랍의 혼합 비율이 다른 인납을 사용한 이유는 앞으로 있을 인출 과정에서 어떠한 차이가 나타나는가를 비교하기 위함이다. 제2엽은 모두 황랍 75% + 피마자유의 인납을 사용하였다. 그 이유는 제1엽의 해판 과정에서 활자에 묻어나는 인납의 정도가 적어서 기능이 65%보다 우수함을 확인하였기 때문이다.

인납은 내부에 기포가 없도록 단단히 압박하면서 밀도 있게 평평히 깔았다. 왜냐하면 인출 과정에서 인출면을 수없이 문지르고 압박하면 활자 밑에 깔린 인납이 다져지면서 밀도가 낮은 부분은 활자가 낮아져서 인출 결과에 부정적 영향을 미친다. 즉 인출 초기에는 묵색이 진하지만 인출을 거듭할수록 묵색이 연해지는 문자가 나타나기 때문이다.

인납 속에 아직 완전히 으깨지지 않은 덩어리가 발견되면 활자의 수평을 잡을 때 불편할 수 있으므로 즉시 으깨어 깔았다.

까는 양은 인출할 때 활자가 움직이지 않는 범위 내에서 조금만 박히는 정도가 좋다. 대체로 활자의 문자면 높이가 계선보다 1㎜ 정도 높게 까는 것이 좋다. 이는 인납을 충분히 깔아서 인출면의 수평을 고를 때 활자가 인납 속에 많이 박힐수록 넘쳐서 걷어내야 하는 인납도 많을 뿐 아니라, 해판 시 인납이 활자에 많이 묻어 올라와 작업능률이 떨어지기 때문이다. 따라서 인납을 적당량 까는 것이 해판 효율을 높이는 방법이다. 또한 활자가 인납과 접촉하는 부분인 측면과 배면을 매끈하게 손질하

<사진 10> 인납 깔기

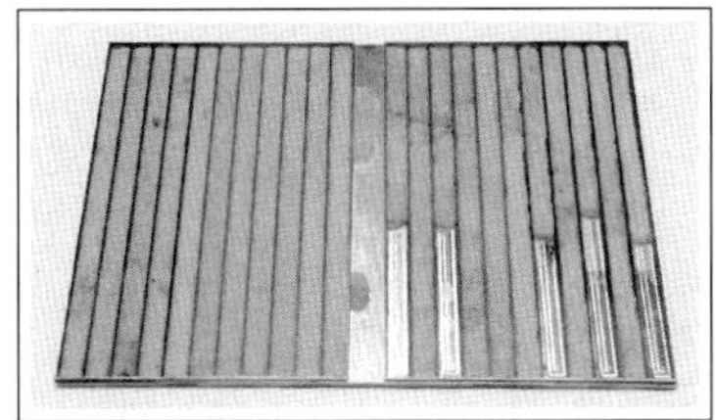

면 해판할 때 인납이 활자에 적게 묻어 올라오므로 효율을 높일 수 있다.

2.4.2 活字 排列

평평히 깔린 인납 위에 이미 선별해 둔 활자를 원고의 내용대로 한 행씩 배열하였다. 배열은 내용의 순서에 따라 인판의 좌측 행부터 우측으로 진행하였다. 인판을 「直指」보다 약간 크게 제작하였으므로 자간에 여유가 있어서 판면 전체를 살피면서 균형 있게 배열하였다(<사진 11> 참조).

조판에 사용된 활자는 대부분 "Ⅶ. 蜜蠟鑄造法의 改良 및 安定性 實驗 研究"를 통하여 주조한 것이다. 제1엽의 경우 上葉 제1행의 尙抄, 제2행의 尙, 제3행의 只, 제5행의 下正, 제6행의 守, 제7행의 提, 下葉 제1행의 微家, 제2행의 死, 제3행의 能, 제4행의 須兒君, 제5행의 有行兮在, 제6행의 前一, 제7행의 浪, 제8행의 悟心, 제9행의 管, 제10행의 若 등은 "Ⅶ-2. 2.1.5 追加 實驗의 成功率과 偏差"를 통하여 주조한 것이다. 이들 활자는 주조를 거듭할수록 숙련되어 이전의 실험에서 주조한 활자보다 자적의 완성도가 높은 편이다.

복원판 上葉 제2행 하단의 "曹"는 저자의 실험작임을 표시한 것이다. 「直指」 복원이 완성되면 위작을 방지하는 효과도 있을 것이다.

<사진 11> 활자 배열

2.4.3 印出面 고르기

인판에 배열된 활자는 활자 자체의 높이[23] 차이로 인하여 문자면의 집합인 인출면이 평평하지 못하므로 인판의 광곽과 계선을 포함한 인출면의 높이를 고르게 조정하여야 한다. 인판의 광곽과 계선은 이미 고착된 상태이므로 이 높이에 활자의 문자면을 맞추었다. 대체로 활자의 문자면이 계선보다 약간 높으므로 활자를 압박하여 인납 속에 심는 방식으로 인출면을 조정하였다. 간혹 활자의 높이가 평균치보다 더 높은 경우는 인납을 알맞게 덜어내고, 낮은 경우는 인납을 추가로 더 깔고 심었다. 활자의 높이 조정은 한 개씩 차례로 하였다. 인납이 유연성을 갖추고 있지만 상당한 정도의 강도도 유지하고 있으므로 여러 개를 한꺼번에 할 경우 매우 힘이 들거나 힘에 부쳐서 높이 조정이 되지 않았다.

높이 조정은 계선 간격보다 넓고 평평한 판목을 활자의 문자면 위에 얹고 그 판목 위를 다른 작업 막대로 강하게 압박하여 문자면이 계선의 높이와 수평이 되도록 맞추었다. 문자면이 수평을 유지하도록 각도를 잡으면서 압박하여도 인납의 밀도 차이 등에 의하여 기울어지게 심어지기도 하였다. 이 경우는 활자를 들어내고 인납을 다시 조정하여야 했다. 대부분의 활자는 이러한 방법으로 수평을 유지하면서 높이를 맞추었지만, 제1엽 上葉 7-13의 一처럼 특수한 경우는 각별히 상태를 관찰하면서 심어야 했다.

모든 활자의 높이 조정이 끝나면 넓고 평평한 판목으로 한 행씩 재차 인출면의 높이를 고르게 조정하였다(<사진 12> 참조). 그러나 실험

---

23) 어미자 조각 시에는 높이를 4㎜로 균일하게 하였지만, 활자 주조 과정에서 여러 변수로 인하여 활자의 높이는 다소의 오차가 나타났다.

결과 한 행 또는 한 면을 한꺼번에 조정하는 것은 힘이 너무 부쳐서 지렛대 등의 도구가 필요하였다. 실행 결과도 과연 얼마나 인출면 고르기에 도움이 되었는가 의심스러울 만큼 확인이 불가능하였다. 활자 한 개씩 육안으로 세심히 관찰하면서 높이를 조정하는 것이 더 효과적으로 판단되었다. 이렇게 하여 인출면을 고르면, 활자는 인납에 약간 박히듯 점착하여 움직이지 않았다.

<사진 12> 인출면 고르기

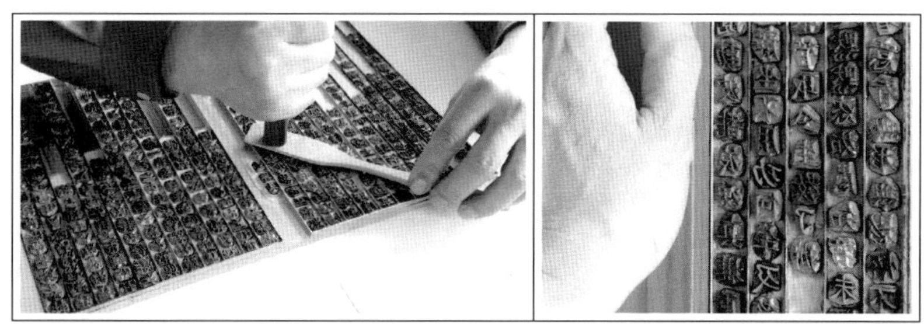

2.4.4 過多 印蠟 除去

인출면의 수평을 유지하기 위하여 모든 활자를 인납에 압박하여 심었으므로 여분의 인납이 활자와 계선 사이의 좁은 여백으로 밀려 나왔다. 인납을 많이 깐 경우는 활자의 문자면보다 더 높게 넘치기도 하였다. 이처럼 밀려 나온 인납이 지나치게 많아서 문자면에 가깝게 가득 차 올라오면 인출에 방해가 되므로 이를 세심히 제거하여야 했다.

모든 활자의 주위를 세심히 관찰하면서 예리한 도구로 지나치게 많이 밀린 인납을 제거하였다(<사진 13> 참조). 제거하는 양은 인출 시 활자가 밀리지 않는 범위 내에서 많이 제거하는 것이 효과적이었다. 왜냐하면 인출되지 않는 부분은 인출면과 멀리 떨어질수록 인출을 방해하지 않기 때문이다. 또한 인출 시 책지로부터 부스러져 나오는 종이 섬유가 발생하는데, 이 부스러기가 인출면을 피할 공간이 될 수 있기 때문이다("4.2 印蠟과 不純物 제거" 참조). 대체로 활자의 배면이 인납에 약간 묻힐 정도면 충분하였다.

넘치는 인납을 모두 제거하면 초벌 조판이 완료되었다. 이 인판은 뒤집어 흔들어도 활자가 떨어지지 않는다.

<사진 13> 과다 인납 제거

2.4.5 校正紙 印出(印出匠)

초벌 인출이다. 완벽을 기하여 초벌 조판을 끝냈다 할지라도 서엽을 인출해보면 누락된 문자, 전도된 문자, 내용이 뒤바뀐 문자, 연하게 인출된 문자, 일부 필획만 인출된 문자, 진하게 인출된 문자, 삐뚤어진 문자, 문자면이 상처 난 문자 등 다양한 현상이 나타날 수밖에 없다. 따라서 완전한 서품의 인쇄물을 얻기 위하여는 이러한 부정적인 현상을 교정하여야 한다. 이를 위하여 미리 준비한 묵즙과 책지로 교정지를 인출하였다(<사진 14> 참조).

<사진 14> 인출한 교정지("中華墨寶", 녹말풀 10%)

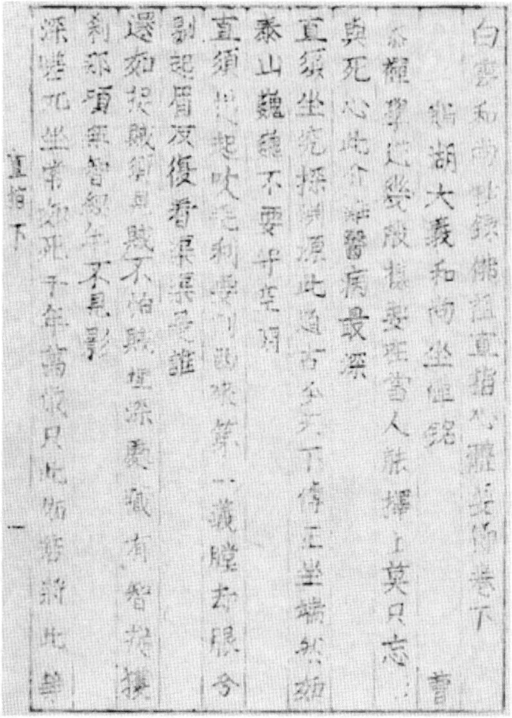
白雲和尚抄錄佛祖直指心體要節卷下
湖大義和尚坐禪銘　曹
參禪學道幾般樣要在當人能擇上莫只忘
與死心此个病難醫最深
直須坐究探淵源此道古今天下傳正坐端然如
泰山巍巍不要守空閑
直須提起吹毛利要剖西來第一義瞠却眼兮
剔起眉反覆看渠渠是誰
還如捉賊須見贓不怕賊埋深處藏有智捉獲
剎那頃無智經年不見影
深嗟兀坐常如死千年萬歲只如此將此
直指下　一

2.4.6 校正(監印官) 및 印版 수정 = 組版 완료(均字匠)

교정지에 나타난 인출 상태를 세심히 관찰하면서 부정적인 현상을 표시하여 교정에 반영하도록 하였다(Ⅸ-2. <복원 서엽 1>·<복원 서엽 2> 참조). 오식·누락·전도 등의 문자는 없었지만, 연하거나 진하게 또는 기울어져 일부 필획만 인출된 문자나 삐뚤어진 문자 등이 있었다. 이들 활자를 일일이 추출하여 인납을 보충하는 등의 방법으로 교정하였다. 문자면이 상처 난 활자는 문자면을 곱게 손질하였다(<사진 15>

참조).

교정 작업은 4~5회 거듭되었다. 교정이 부실했거나 인납의 밀도가 약하여 인출 과정에서 활자가 점차 깊이 박혀서 문자가 잘 인출되지 않는 등의 문제가 발생하면 인출 작업을 중단하고 교정하였다. 1차 교정한 문자는 제1엽의 上葉에만도 제1행의 尙抄要, 제2행의 鵝義禪, 제3행의 叅能上形, 제4행의 心此介難深, 제5행의 究淵道古今天下正坐端然, 제6행의 山魏不關, 제7행의 須提毛利剖西來一膛却, 제8행의 渠渠是, 제9행의 捉賊須見賊埋深處職有捉, 제10행의 刹無智經年見影, 제11행의 如千年只此如, 판심의 一 등이었다.

이렇게 하여 교정이 완료되면 조판이 완성되었다.

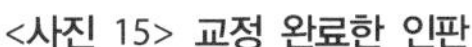

<사진 15> 교정 완료한 인판

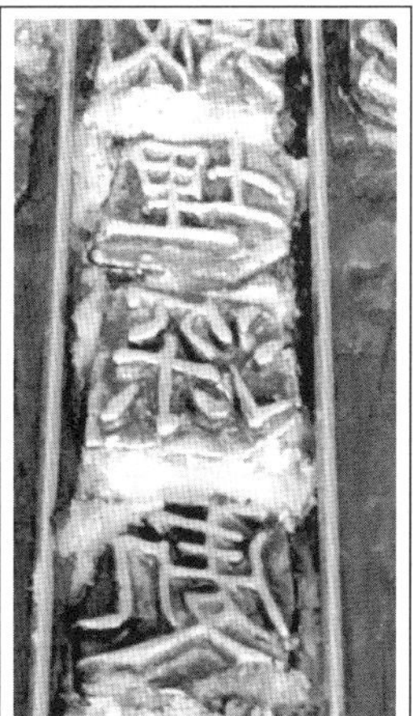

3. 印出 過程

인출을 위하여 묵즙과 책지 및 인출 공구를 준비하여야 한다.

3.1 墨汁 調製(墨匠)

묵즙의 주성분은 煙媒 재료인 그을음과 溶媒 재료인 아교이다. 이를 중량으로 1:1로 혼합하면 묵즙이 된다.[24] 묵즙은 그을음 재료에 따라 송연으로 조제한 수성 묵즙(송연묵 = 물먹 = 숫먹 = 숯먹)과 유연으로 조제한 유성 묵즙(유연묵 = 기름먹 = 참먹)으로, 용도에 따라 서화용과 인쇄용으로 구분한다. 전통적으로 서화용은 입자가 고운 고급 그을음을 사용하며, 여기에 각종 향신료를 첨가하여 고체 형태로 제작한다. 인쇄용은 입자가 굵은 저급 그을음을 사용하며, 액체 상태로 조제한다.

인쇄용 묵즙은 다시 목판·목활자판 인쇄용과 금속활자판·석판 인쇄용으로 나뉜다. 목판이나 목활자판 인쇄는 수성 묵즙과 유성 묵즙이 모두 가능하다.[25] 즉 목질의 인판에서는 묵즙이 문제가 되지 않는다. 금속활자판이나 석판 인쇄에 수성 묵즙을 사용할 경우 인출면에서 표면장력 현상을 일으켜 고르게 도포되지 못한 결과 문자 필획의 일부가 인출되지 않는, 즉 문자가 깨지는 현상으로 나타난다(<사진 27> "금속활자의 묵색이 진한 경우" 참조). 이를 피하기 위하여 전통적으로 유성

---

24) 徐命膺, 「攷事新書」 卷14, 日用門, 造墨法條에는 "純煙十斤·阿膠四斤·水十斤"이라 기록하고 있다.

25) 송연묵은 소나무를 태워서 생긴 그을음으로 만든 먹이다. 소나무는 주로 뿌리 부분을 송연 채취용 가마에서 태워 그을음을 채취하고, 이것을 아교와 각종 향신료를 배합하여 문양틀에 넣고 찍어서 건조시켜서 만든다. 유연묵은 기름을 태워서 생긴 그을음으로 만든 먹이다. 기름은 桐油와 採油를 많이 쓰고 참기름이나 비자나무 열매 기름도 사용한다. 오늘날에는 광물성 카본으로 인공 향료를 넣어서 만들기도 한다.

묵즙을 사용하는 것으로 알려져 있다.

금속활자판에 유성 묵즙을 사용하는 이유는 금속판 표면에 묵즙을 고르게 도포할 수 있다는 이유에서이다. 그러나 유성 묵즙이라 할지라도 액체처럼 흐르는 상태로는 과연 금속 표면에 표면장력 현상을 일으키지 않고 고르게 도포될 수 있을까? 하는 의구심이 든다(Ⅸ-2. <복원 서엽 3> 참조). 더구나 오늘날 신식 활자에 사용하는 인쇄 잉크는 진한 죽처럼 거의 흐르지 않는 상태이다. 이로 미루어 전통적으로 금속활자판에 사용했던 유성 묵즙에도 인쇄효율을 높이기 위하여 표면장력이 발생하지 않도록 하는 기능성 첨가제를 혼합하였을 것으로 짐작할 수 있다.[26] 즉 금속활자판에는 필요조건을 갖춘 묵즙만 사용할 수 있다.

현재 국내에 판매되고 있는 묵즙은 대부분이 서화용이며 액체로 조제한 것이지만, 그 성분과 비율 등을 알 수 없다. 심지어 수성인지 유성인지조차도 알려져 있지 않다. 이번 실험을 통하여 향신료 등은 차치하고라도 최소한 묵즙의 주성분과 비율을 제시하여 향후 같은 묵즙을 조제할 수 있도록 하고자 하였다.

---

26) 이 같은 생각은 틀리지 않은 듯하다. 일본은 묵즙에 "米糊"를 첨가하여 실험한 적이 있다(天理圖書館文責編輯部, "古活字本の印刷技術", 「ビブリア」 제21호(1962. 3), 14-17). 최근에도 東京 소재 アダチ版畫研究所의 인출장(摺師)인 京增与志夫와 京都 소재 竹笹堂의 竹中健司 역시 찹쌀 풀을 섞는다고 하였다. 2015년 11월 27-30일, 중국 北京대학 주최 "2015年東方印跡: 中韓日雕版印刷國際學術研討會" 기간 중 문헌학 관련 기관 참관활동으로 煮雨山房의 工坊을 방문하여 天津 楊柳靑畫社의 資深畫師이면서 中國 天津市 第一批非物質文化遺產項目代表性傳承人인 楊淑華의 목판 인출 장면을 참관하였다. 楊淑華는 묵즙에 전통 첨가제의 대용으로 글리세린을 사용하였다. 2016년 5월 27-28일, 원주 고판화박물관(한선학 관장) 주최 "제7회 원주 세계고판화문화제 국제학술대회" 기간 중에 한・중・일・베트남 4국 전문 장인의 인출 시연이 동시에 진행되었다. 베트남 장인 NGUYEN HUU QUA(중국명 阮有菓)는 묵즙에 찹쌀풀을 혼합하여 사용하였다. 이로 미루어 한국도 전통적으로 묵즙의 표면장력을 없애고 점성을 높이기 위하여 기능성 첨가제를 사용하였을 것으로 짐작하는 것은 무리가 아닐 것이다. 서양에서는 활자인쇄 초기에 테레핀유나 아마인유를 사용하였을 것으로 짐작된다. 韋力, "2017年12月師友贈書錄(下)", https://www.toutiao.com/i6504883990783066638(2018. 1. 8).

이 점에 착안하여 이번 실험에서는 연매 재료와 용매 재료 및 기능성 첨가제의 구성 성분과 비율을 알 수 있도록 조제한 묵즙을 사용하였다. 즉 수성 묵즙 2종과 유성 묵즙 1종은 손수 조제하고, 고체 기성품 5종과 액체 기성품 5종을 사용하여 실험하였다. 기성품은 적어도 수성인지 유성인지를 확인할 수 있는 것을 사용하였다. 수성 묵즙은 기존의 인식처럼 금속활자판에 사용할 수 없는가를 확인하기 위하여 실험 대상에 포함하였다. 기능성 첨가제는 전통적으로 사용하였을 가능성이 있는 재료로 곡류의 풀·아교액·식물유 등을 사용하였다.[27)]

묵즙의 인쇄 적성 실험은 교정지 인출 과정에서 수행하였다. 그 이유는 최초의 실험이고, 교정지도 완전한 묵즙으로 인출하며, 완전한 인판보다 불완전한 인판이 묵즙의 특성을 쉽게 파악할 수 있기 때문이다.

3.1.1 煙媒 재료(<사진 16>·<사진 17> 참조)

(1) 활성탄

기성품 묵즙의 구성 성분과 비율을 알 수 없으므로, 이를 파악하기 위하여는 묵즙을 직접 조제하여야 했다. "Ⅳ. 3.1.2 (가) 炭粉(활성탄)"의 200MESH를 사용하였다. 그을음도 아닌 숯가루의 일종인 활성탄을 굳이 실험한 이유는 오늘날 구하기 어려운 그을음 대신 사용 가능성을 타진하기 위함이었다.

(2) 수성 탄소

기성품 묵즙의 구성 성분과 비율을 알 수 없으므로 묵즙을 직접 조

27) 이 밖에 기능성 첨가제로서 가능성이 있는 재료는 계란 흰자·꿀·조청·물엿 등을 들 수 있다.

제하기 위한 그을음이다. “Ⅴ. 3.1.2 (마) 水性 炭素(Water Carbon)”를 사용하였다.

(3) 中華民國 臺灣 勝大莊의 “中華墨寶”

臺灣에서 가장 권위 있는 勝大莊의 “中華墨寶”는 서화용 고체 송연묵으로 그을음과 아교가 1:1로 혼합되어 있다.

(4) 中國 上海墨廠의 “黃山松煙”

서화용 고체 송연묵이다. 중량에 비하여 부피가 크다.

(5) 中國 上海墨廠의 “黟川點漆”

서화용 고체 송연묵이다. 단단하고 부피가 작다.

(6) 中國 廣陵古籍刻印社의 古法印刷用 墨汁

中國 江蘇省 楊州市에 있는 廣陵古籍刻印社[28)]가 오늘날 古法으로 인쇄물을 간행할 때 사용하는 송연 묵즙이다. 이 묵즙의 고형물은 수용액 안에서 침전으로 가라앉는데, 약 5% 정도를 점유한다. 따라서 송연의 비율은 약 2～3% 정도일 것이다. 수용성 용액은 점액질이 거의 없는 물로 보인다.

---

28) 廣陵古籍刻印社는 南京 金陵刻經處, 四川 德格印經院과 연합하여, 2009년 9월 30일 아랍에미리트의 수도 아부다비에서 개최된 UNESCO의 非物質文化遺產 정부간위원회 제4차 회의에서 ‘人類非物質文化遺產代表作名單’으로 심사 통과된 이후, 非物質文化遺產 ‘中國木板印刷技藝’ 보호 기관으로 지정되었다.

<사진 16> 수성 연매 재료

中華墨寶	黃山松煙	黟川點漆	古法印刷用 墨汁
		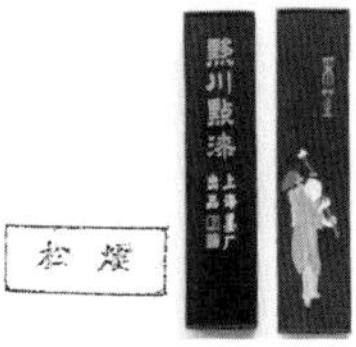	

(7) 유성 탄소

기성품 묵즙의 구성 성분과 비율을 알 수 없고, 수성 탄소와 비교하기 위한 묵즙을 직접 조제하여야 했다. "Ⅳ. 3.1.2 (다) 油性 炭素(Oil Carbon)"의 HIBLACK을 사용하였다. 석유화학 제품으로 광물성으로 보이는 유성 탄소를 굳이 실험한 이유는 오늘날 구하기 어려운 수성 그을음을 대신하여 사용 가능성을 타진하기 위함이다.

(8) 中國 上海墨廠의 "油煙101"

五石漆煙으로 조제한 서화용 고체 유연묵이다.

(9) 中國 上海墨廠의 "油煙104"

서화용 고체 유연묵이다.

(10) 한국 금성사의 "四君子"

액체 상태로 조제된 서화용 고급 묵즙이다. 연매 재료의 성분과 비율을 알 수 없으나, 유성 탄소가 10~20% 정도 포함된 것으로 보인다.

(11) 中國 鴻星墨業有限公司의 "鴻星墨液"

中國 安徽省 涇縣 소재 鴻星墨業有限公司의 "鴻星墨液"은 액체 상태로 조제된 서화용 유연 묵즙이다. 유연의 비율은 알 수 없지만, 10~20% 정도 포함된 것으로 보인다.

(12) 中國 一得閣의 "精制墨汁"

중국에서 가장 권위 있는 北京 一得閣의 "精制墨汁"은 서화용 묵즙인데, 그 구성 성분과 비율을 비방이라 하여 공개하지 않고 있다. 다만 이를 사용하여 乾隆「大藏經」을 인출하고 있는 首都博物館「大藏經」保護工作領導小組의 주임 何唯良은 유연이라 하였다. 그 비율은 알 수 없지만, 대체로 10~20% 정도로 보인다.

(13) 日本 墨運堂의 "玄明"

日本 奈良市 소재 墨運堂의 서도용 묵즙인 "玄明"은 연매 재료로 鑛物性 直火焚煙을, 용매 재료로 合成糊劑를 사용한다고 밝히고 있다. 연매 재료의 구성 비율은 10%・12.5%・18.5%・20.5%의 4종이다. 천연 아교를 원료로 한 제품과 혼합하여 사용하지 말 것을 권유하고 있다. 이번 실험에는 20.5%의 초농묵액을 사용하였다.

광물성 직화분연이란 광물류의 그을음으로, 석유화학 제품인 카본블랙을 지칭한다. 이를 사용하여 조제한 묵을 洋煙墨이라고도 한다. 합성호제는 설명이 없어 그 정체를 알 수 없지만, 오늘날 공업적으로 조제한 점착성 물질로 보인다.

<사진 17> 유성 연매 재료

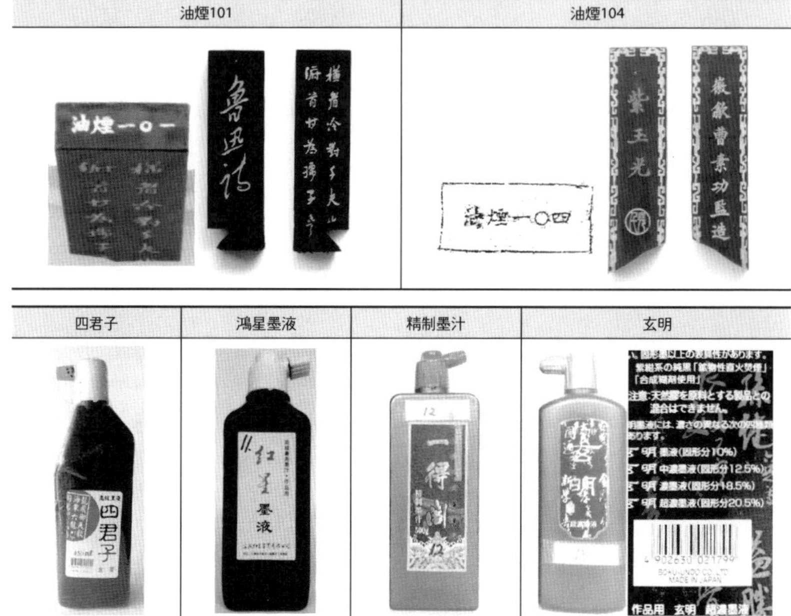

3.1.2 溶媒 재료

묵즙을 조제하는 용매 재료는 아교이다. 아교는 동물의 가죽·힘줄·창자·뼈·녹각·어류의 부레 등을 끈끈하도록 진하게 고아서 그 액체를 말려 고형화한 물질이다. 목재 가구의 접착제 또는 약용 지혈제 등으로 쓰인다. 아교의 주성분은 젤라틴(gelatin)으로 유기용매에는 녹지 않고 온수에는 녹아서 끈기가 높은 콜로이드(colloid)로 된다.[29]

---

29) 1. 曺炯鎭, "韓國 初期金屬活字의 鑄造·組版·印出 技術에 대한 實驗的 硏究", (박사학위논문, 중앙대학교 대학원, 1994), 59.
2. 한국민족문화대백과사전, <http://100.daum.net/encyclopedia/view/14XXE0034215> (2014. 12. 29).
3. 한국 브리태니커 온라인, <http://timeline.britannica.co.kr/bol/topic.asp?article_id=b10b0691

묵즙 조제에도 아교가 사용된다. 묵즙을 조제하기 위한 용매를 만들기 위하여 아교와 물의 비율을 정확히 측정하여 5%・10%・15%・20%・25% 등 5종류의 액체로 중탕하였다(<사진 18> 참조). 농도가 다른 5종류의 아교액을 만든 이유는 인쇄용 묵즙에 포함된 아교의 비율을 밝히기 위함이다. 연한 불로 중탕하면서 고체 아교가 물러지면 가끔 저어서 풀어주었다. 아교 100g을 완전히 녹이기 위하여 5시간이 소요되었다. 아교를 직접 가열하면 녹기 전에 탈 뿐만 아니라 아교액이 끓어도 접착력이 떨어지므로 반드시 중탕하여야 한다.

농도 10% 이상의 아교액은 25℃의 평온에서 탄성이 있는 固溶體로 굳는다. 묵즙의 농도보다 훨씬 진함을 알 수 있다. 농도 5%의 아교액은 25℃의 평온에서 점질을 유지하면서 유동성도 좋다. 그러나 20℃ 이하에서는 역시 탄성이 있는 연한 고용체로 굳는다. 따라서 인쇄용 묵즙에는 농도 5% 이하의 아교가 포함된 것으로 판단된다. 시중에 판매하는 아교액도 5% 이하로 보인다.

<사진 18> 용매 재료 조제(아교 중탕)

---

a&ref=2#ID2> (2014. 12. 29).

3.1.3 機能性 添加劑

5%의 묵즙이 금속 표면에서 형성하는 표면장력을 줄여서 인쇄 적성을 높이기 위한 기능으로 혼합하는 것이다. 전통적 생활환경에서 쉽게 접할 수 있는 녹말풀·밀가루풀·찹쌀풀·아교액·동백유·피마자유 등을 선택하였다(<사진 19> 참조). 족보 인쇄 장인의 증언에 의하면 막걸리를 사용하기도 하였는데,[30] 기능이 이번 실험과 달라서 생략하였다.

곡류의 풀은 평온에서 3~4일이 지나면 부패하였다. 부패 방지를 위하여 냉장 보관하면 녹말 성분은 수분과 유리되면서 덩어리로 되고, 밀가루풀은 응고되어 사용할 수 없게 되었다. 평온으로 식으면 녹말풀과 밀가루풀은 덩어리로 응고되어 묵즙과 고루 혼합하기가 쉽지 않았다. 덩어리는 미세할지라도 묵즙과 혼합하면 인판에 도포해도 육안으로는 구별할 수 없는데, 인출 후 검은 반점으로 반영되어 부적합하였다. 찹쌀풀은 응고되지 않고 고르게 퍼져서 묵즙과 고루 혼합하기가 용이하였다. 따라서 곡류의 풀은 묵즙과 혼합할 때 끓여서 바로 사용하여야 편리하였고, 찹쌀풀이 효과적이었다. 이렇게 기능성 첨가제를 조제하여 혼합한 묵즙은 연매 재료가 침전으로 가라앉지 않았다.

(1) 녹말풀 5%와 10%

감자에서 손수 추출하였다. 녹말풀은 끓었을 때에는 반투명에 가까운 하얀 점액질의 액체로 되었다가, 식으면 하얀 색이 강해지면서 한천처럼 반고체 덩어리로 응고되었다. 점성은 밀가루풀이나 찹쌀풀보다 강하고 농도는 진하였다.

---

30) 柳鐸一, "韓國木活字 印刷術에 對하여", 「民族文化論叢」 제4집(1983. 12), 120-122.

처음 시도하는 실험이므로 적합한 농도를 찾기 위하여 2.5%·5%·10%·20%의 4종류의 녹말풀을 조제하였다. 조제 결과 농도 2.5%는 점도가 약한 듯하였다. 5%는 예비실험 결과 묵즙과 섞여서 농도가 희석되므로 기능을 충분히 발휘하지 못하였다. 그러나 기능성 첨가제의 최소 비율을 확인하기 위하여 실험 범위에 포함하였다. 20%는 식은 상태에서 반고체 덩어리로 응고되어 묵즙과 고루 혼합하기도 어렵고 농도도 지나치게 진하였다. 10%는 표면장력을 없애는 기능을 충분히 발휘하였다.

(2) 밀가루풀 10%

국내산 100% 유기농 밀가루를 사용하였다. 끓이면 연노랑색을 띠고 점성은 중간 정도이며 농도는 약간 진하였다. 20%는 너무 진하여 10%를 준비하였다.

(3) 찹쌀풀 10%

국내산 100% 생찹쌀가루를 사용하였다. 끓이면 하얀색을 띠고 점성은 가장 약하였고 농도는 가장 묽었다. 식어도 응고되지 않고 죽 상태를 유지하였다. 5%와 20%는 부적합하여 10%를 준비하였다.

<사진 19> 기능성 첨가제

녹말풀 5%	녹말풀 10%	밀가루풀 10%	찹쌀풀 10%
	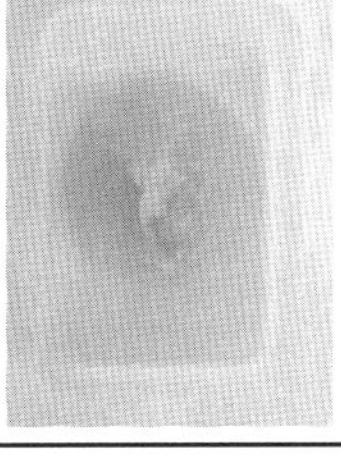	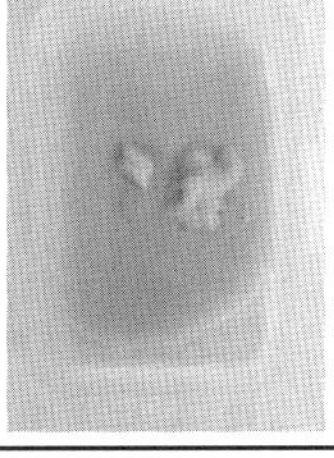	

(4) 아교액 10%

묵즙 조제용 용매로 실험한 10%의 아교액은 평온에서 응고되었지만, 묵즙과 1:1의 비율로 혼합하여 사용할 예정이며, 곡류 풀의 예비실험 결과에 비추어 10%의 아교액을 조제하였다.[31)]

(5) 동백유

"2.2.2 (1) 不乾性油(Non-drying Oil)"의 동백유를 사용하였다. 점성이 그다지 강하지 않다.

(6) 피마자유

"2.2.2 (1) 不乾性油(Non-drying Oil)"의 피마자유를 사용하였다. 점성이 상당히 강하다.

3.1.4 水分

묵즙의 농도는 인출 과정에서 인판으로부터 책지를 걷어낼 때 약간의 접착력을 느낄 수 있는 정도가 좋다. 그런데 묵즙으로 금속활자본을 인출할 때, 조제한 묵즙의 농도가 첨가제 등으로 인하여 지나치게 진한 경우가 나타난다. 이를 해소하고 묵즙이 인판에 고루 도포될 수 있도록 수분을 첨가해야 하는 경우가 발생한다.

다만 수분의 첨가는 묵즙을 사용하는 인출장의 경험적 감각에 의하여 현장에서 판단하므로 미리 예측할 수 없었다. 또한 첨가하는 수분의

---

31) 15%의 아교액은 점성이 글리세린과 비슷하였다.

양도 역시 감각에 의하므로 미리 그 비율을 정하기 어려웠다. 이번 실험에서 사용한 고농도 기성품 묵즙의 경우 50～150% 정도였다.

3.1.5 墨汁 調製

(1) 활성탄 5%의 묵즙

아교액 5%에 활성탄을 5% 혼합하여 조제하였다. 묵즙의 고형물이 수용액 안에서 결정체를 형성하고 있어서 침전으로 가라앉았다(<사진 20> 참조).

(2) 수성 탄소 5%의 묵즙

아교액 5%에 수성 탄소를 5% 혼합하여 조제하였다. 묵즙의 고형물이 수용액 안에서 침전으로 가라앉았다(<사진 20> 참조). 묵색은 그을음 입자가 굵어서인지 활성탄 묵즙보다 고르게 도포하기 어려웠다.

(3) 中華民國 臺灣 勝大莊의 "中華墨寶"

5%의 묵즙을 조제하기 위하여 중량을 측정하여 잘게 빻아서 일주일간 물에 담그고 4～5시간 중탕하여 녹인 후, 완전히 용해되지 않은 덩어리는 갈아서 조제하였다. 싱그러운 향기가 났다. 묵즙의 고형물이 수용액 안에서 침전으로 가라앉았다.

(4) 中國 上海墨廠의 "黃山松煙"

5%의 묵즙을 조제하기 위하여 중량을 측정하여 잘게 빻아서 일주일

간 물에 담그고 4~5시간 중탕하여 녹인 후, 완전히 용해되지 않은 덩어리는 갈아서 조제하였다. 묵즙의 고형물이 수용액 안에서 침전으로 가라앉았다. 송연의 비율이 아교보다 높은 듯 진한 흑색을 띠었다.

(5) 中國 上海墨廠의 "黟川點漆"

5%의 묵즙을 조제하기 위하여 중량을 측정하여 잘게 빻아서 일주일간 물에 담그고 4~5시간 중탕하여 녹인 후, 완전히 용해되지 않은 덩어리는 갈아서 조제하였다. 묵즙의 고형물이 수용액 안에서 침전으로 가라앉았다. 송연의 비율이 아교보다 높은 듯 진한 흑색을 띠었다.

(6) 中國 廣陵古籍刻印社의 古法印刷用 墨汁

廣陵古籍刻印社가 오늘날 古法으로 인쇄물을 간행할 때 직접 사용하므로, 이번 실험에서도 직접 사용하였다.

(7) 유성 탄소 5%의 묵즙

아교액 5%에 유성 탄소를 5% 혼합하여 조제하였다. 묵즙의 고형물이 수용액 안에서 침전으로 가라앉았다(<사진 20> 참조). 묵즙을 적게 도포하면 묵색이 연하여, 많이 도포해 보았으나 역시 연하면서 번져서 유성 탄소의 비율을 높일 필요가 있었다.

(8) 中國 上海墨廠의 "油煙101"

5%의 묵즙을 조제하기 위하여 중량을 측정하여 잘게 빻아서 일주일간 물에 담그고 4~5시간 중탕하여 녹인 후, 완전히 용해되지 않은 덩

어리는 갈아서 조제하였다. 약간 구린 냄새가 났다. 묵즙의 고형물이 수용액 안에서 침전으로 가라앉았다. 유연의 비율이 아교보다 높은 듯 진한 흑색을 띠었다.

(9) 中國 上海墨廠의 "油煙104"

5%의 묵즙을 조제하기 위하여 중량을 측정하여 잘게 빻아서 일주일간 물에 담그고 4~5시간 중탕하여 녹인 후, 완전히 용해되지 않은 덩어리는 갈아서 조제하였다. 약간 구린 냄새가 났다. 묵즙의 고형물이 수용액 안에서 침전으로 가라앉았다. 유연의 비율이 아교보다 높은 듯 진한 흑색을 띠었다.

(10) 한국 금성사의 "四君子"

서화용으로 직접 사용하므로, 이번 실험에서도 직접 사용하였다. 그을음의 비율이 인쇄용으로 사용하기에 너무 높은 듯하였다. 묵즙이 균일하게 도포되지 않아서 기능성 첨가제가 필요하였다.

(11) 中國 鴻星墨業有限公司의 "鴻星墨液"

서화용으로 직접 사용하므로, 이번 실험에서도 직접 사용하였다. 그을음의 비율이 인쇄용으로 사용하기에 너무 높은 듯하였다. 금속 표면에서 표면장력 현상이 뚜렷하여 기능성 첨가제가 필요하였다.

(12) 中國 一得閣의 "精制墨汁"

서화용과 인쇄용으로 직접 사용하므로, 이번 실험에서도 직접 사용하였다. 그을음의 비율이 인쇄용으로 사용하기에 너무 높은 듯하였다. 금속 표면에서 표면장력 현상이 미세하게 나타났다.

(13) 日本 墨運堂의 “玄明”

서화용으로 직접 사용하므로, 이번 실험에서도 직접 사용하였다. 그을음의 비율이 인쇄용으로 사용하기에 너무 높았다.

<사진 20> 직접 조제한 묵즙

활성탄 5%	수성 탄소 5%	유성 탄소 5%

(14)~(26) 녹말풀 5%를 혼합한 묵즙

(1)~(13)의 묵즙에 녹말풀 5%를 1:1의 비율로 혼합하였다. 녹말풀 5%는 예비 실험에서 그 기능을 충분히 발휘하지 못하는 것으로 밝혀졌지만, 기능성 첨가제의 최소 비율을 확인하기 위하여 실험 범위에 포함하였다. 묵즙의 고형물이 제법 걸쭉한 수용액 안에서 침전으로 가라앉지 않았다.

(1)~(3)과 (6)・(7)에 혼합한 묵즙은 적거나 많이 도포하면 연하거나 번져서 연매 재료의 비율을 높일 필요를 느꼈다. (4)・(5)와 (8)~(13)

에 혼합한 묵즙은 농도가 너무 진하여 약간의 수분을 첨가하였다. 이처럼 기능성 첨가제를 혼합하거나 수분을 첨가하여도 묵색에는 별다른 변화가 없었다.

(27)~(39) 녹말풀 10%를 혼합한 묵즙

(1)~(13)의 묵즙에 녹말풀 10%를 1:1의 비율로 혼합하였다. 묵즙의 고형물이 걸쭉한 수용액 안에서 침전으로 가라앉지 않았다.

(4)・(5)・(8)~(13)에 혼합한 묵즙은 충분히 진하여 묵색에는 별다른 변화가 없었다. 그러나 (1)~(3)과 (6)・(7)에 혼합한 묵즙은 농도가 희석되어 연매 재료의 비율을 높일 필요를 느꼈다.

(40)~(52) 밀가루풀 10%를 혼합한 묵즙

(1)~(13)의 묵즙에 밀가루풀 10%를 1:1의 비율로 혼합하였다. 묵즙의 고형물이 걸쭉한 수용액 안에서 침전으로 가라앉지 않았다.

(4)・(5)・(8)~(13)에 혼합한 묵즙은 충분히 진하여 묵색에는 별다른 변화가 없었다. 그러나 (1)~(3)과 (6)・(7)에 혼합한 묵즙은 농도가 희석되어 연매 재료의 비율을 높일 필요를 느꼈다.

(53)~(65) 찹쌀풀 10%를 혼합한 묵즙

(1)~(13)의 묵즙에 찹쌀풀 10%를 1:1의 비율로 혼합하였다. 묵즙의 고형물이 걸쭉한 수용액 안에서 침전으로 가라앉지 않았다.

(4)・(5)・(8)~(13)에 혼합한 묵즙은 충분히 진하여 묵색에는 별다른 변화가 없었다. 그러나 (1)~(3)과 (6)・(7)에 혼합한 묵즙은 농도가

희석되어 연매 재료의 비율을 높일 필요를 느꼈다. 특히 (7) 유성 탄소 5%에 혼합한 묵즙은 농도가 연하여 책지에 반영된 묵즙이 흡수되지 못하고 흥건하게 고여 있듯 표면에 뭉쳐 있어서 더욱 그러하였다.

(66)~(78) 아교액 10%를 혼합한 묵즙

(1)~(13)의 묵즙에 아교액 10%를 1:1의 비율로 혼합하였다. (1)~(3)과 (7)에 혼합한 묵즙은 아교가 7.5% 포함되어 있는 셈이다. 이 묵즙의 적합성이 확인되면, 아교액 7.5%로 단번에 조제할 수 있을 것이다. 묵즙의 고형물이 걸쭉한 수용액 안에서 침전으로 가라앉지 않았다.

(4)·(5)·(8)~(13)에 혼합한 묵즙은 충분히 진하여 묵색에는 별다른 변화가 없었다. 그러나 (1)~(3)과 (6)·(7)에 혼합한 묵즙은 농도가 희석되어 연매 재료의 비율을 높일 필요를 느꼈다.

(1)~(7)에 혼합한 묵즙은 금속 표면에서 표면장력을 형성하였지만, (8)~(13)에 혼합한 묵즙은 표면장력을 형성하지 않았다. (3)·(6)에 혼합한 묵즙은 인판에 고르게 도포되지 못하고 먹솔이 지나갈 때마다 도포 상태가 변하여 부적합하였다.

(79)~(91) 동백유를 혼합한 묵즙

(1)~(13)의 묵즙에 동백유를 1:1의 비율로 혼합하였다. 동백유는 점도가 약한 편이고 묵즙과 잘 혼합되지 않아서 유리되었다. 따라서 도포하기 직전에 먹솔로 잘 혼합하여야 했다.

묵즙을 도포하면 인판 상에는 동백유가 먼저 안착하고 그 위에 묵즙이 도포되어 표면장력 현상이 오히려 심하게 나타났다. 묵즙이 거의 도포되지 않아서 묵즙의 농도와 무관하게 문자가 잘 보이지 않을 정도로 지나치게 연하게 인출되었다. 묵즙이 인출면에 고르게 도포되지 못하고 묵즙과 기름이 같은 성분끼리 엉겨서 묵색이 뭉치는 현상이 판면 전체에 나타났다. 다소 진하게 인출된 문자를 보면 문자가 깨지는 정도는 아니지만, 필획이 여러 부분으로 끊어지는 듯한 현상이 많이 나타났다. 그을음이 20.5%나 함유된 (13) "玄明"에 혼합한 묵즙도 묵색이 연하게 나타나는 현상은 동일하였다. 이로써 동백유는 기능성 첨가제로는 부적합한 것으로 판단되었다.

(92)~(104) 피마자유를 혼합한 묵즙

(1)~(13)의 묵즙에 피마자유를 1:1의 비율로 혼합하였다. 피마자유는 묵즙과 약간 유리되기는 하였으나, 점도가 강하고 다른 기능성 첨가제처럼 걸쭉하게 혼합되었다. 농도가 진한 묵즙일수록 잘 혼합되었다. 묵즙의 고형물이 걸쭉한 수용액 안에서 침전으로 가라앉지 않았다. 그러나 다량의 서엽을 인출하기 위하여 묵즙을 대량으로 조제하였을 경우는 약간 유리되는 현상으로 미루어 균일하게 혼합하기는 어려워 보였다.

인출된 묵색을 관찰하면, 금속 표면에서 표면장력을 형성하지 않아서 묵즙의 도포를 방해하지는 않으므로 인출이 가능하기는 하였다. 그러나 묵즙과 기름이 고루 혼합되지 못하고 같은 성분끼리 엉겨서 묵색 농담이 균일하게 혼합되지 않았다. 그 결과 묵즙이 인출면에 고르게 도포되지 못하고 묵색이 뭉치는 현상이 판면 전체에 나타났다. 이 점은 「直指」의 분위기와 다른 점이다. 이로 미루어 피마자유가 고려시대에 「直指」 인출용 묵즙 조제에 사용되었을 가능성은 적어 보였다.

3.2 册紙 裁斷(紙匠)

수공업으로 제작한 한지를 서적 인쇄용으로 재단한 것을 책지라고 칭한다. 5종의 책지를 준비하였다. 이를 인판보다 사방 각각 50㎜ 정도 여유 있게 재단하였다(<사진 21> 참조).

3.2.1 柳運永의 楮紙와 國展紙

류운영 님이 전통 방식의 완전 수공업으로 제작하였다. 완전히 고해되지 않은 종이 섬유 덩어리가 보였다. 질감은 얇고 부드러우며 약간 표백하였다. 흡수력이 매우 좋다.

류운영 님의 楮紙가 소진된 후에는 한국의 국전지로 대체하였다. 국전지는 얇고 부드러운데, 섬유를 기계로 고해한 듯 균일하며 약간 표백하였다.

3.2.2 中華民國 臺灣 書畫用 宣紙

臺灣에서 제작한 서화용 선지이다. 종이 섬유의 고해된 상태가 매우 균일하여 섬유를 기계로 갈았음을 알 수 있다. 질감은 가장 얇고 부드러우며 약간 표백하였다. 흡수력이 매우 좋다.

3.2.3 中國 雙旗宣紙廠의 "特淨宣紙"

中國 安徽省 涇縣 소재 雙旗宣紙廠이 靑壇皮[32]로 제작한 서화용 선

32) 靑壇은 느릅나무과의 낙엽활엽교목.

지이다. 종이 섬유의 풀어진 상태가 매우 균일한데, 물레방아를 응용한 반기계화 방식으로 섬유를 고해하였다. 질감은 이합지처럼 매우 두껍고 거칠며 완전 표백하였다. 흡수력이 약한 편이다.

3.2.4 中國 雙旗宣紙廠의 "本色宣紙"

中國 安徽省 涇縣 소재 雙旗宣紙廠이 靑壇皮로 제작한 선지이다. 종이 섬유의 풀어진 상태가 매우 균일한데, 물레방아를 응용한 반기계화 방식으로 섬유를 고해하였다. 질감은 얇고 약간 거칠며 전혀 표백하지 않은 자연색이다. 흡수력이 좋다.

<사진 21> **책지**

류운영 楮紙	국전지	臺灣 書畫用 宣紙	特淨宣紙	本色宣紙
			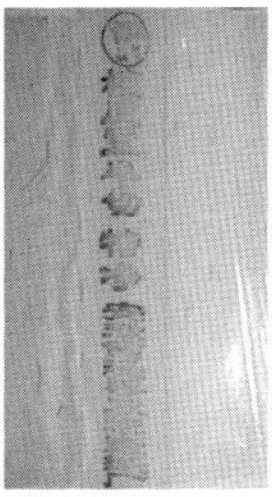	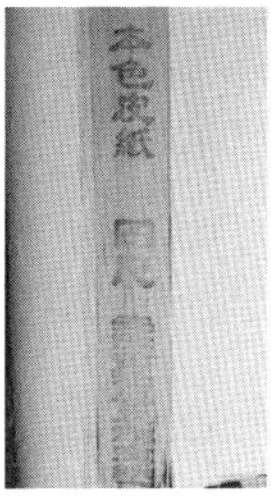

3.3 工具 準備

3.3.1 作業臺

인출을 진행하는 기본 공간이다. 이는 상당히 넓은 공간을 필요로 하므로, 인출 전의 책지와 인출 후의 서엽을 올려놓는 공간과 인판·

묵즙 접시·먹솔 등 공구를 올려놓고 실제 작업하는 공간으로 분리하기도 한다. 책지는 사용하기 좋게 나란히 정리하여 올려놓았다. 묵즙은 인출 작업의 진행을 따라서 1종씩 차례로 올려놓았다.

3.3.2 墨汁 접시와 먹솔

인판에 도포할 소량의 묵즙을 담는 접시와 이 묵즙을 찍어서 인판에 도포하는 먹솔[33]이다(<사진 22> 참조). 먹솔은 묵즙을 소량만 머금는 힘 있는 털로 만든 것이 좋았다. 왜냐하면 먹솔이 부드러워 묵즙을 많이 머금으면 인판에 다량 도포되어 실패하기 때문이다.

<사진 22> 墨汁 접시와 각종 먹솔

3.3.3 밀대

인판 위에 얹어진 책지의 윗면(뒷면)을 수평으로 밀거나 수직으로 압박하여 인출면에 도포된 묵즙의 자적이 책지에 반영되도록 하는 공구이

33) 전통적으로는 알곡을 털어낸 볏짚의 끝 부분을 묶어서 만든다. 중국은 箒(帚)子라고 하는데, 종려나무 껍질의 섬유 조직을 죽엽으로 감싸서 만든다.

다. 밀대는 책지 위에서 부드럽게 미끄러질 수 있는 성질의 것이 좋다. 특히 인출면이 고른 목판보다 인출면에 요철이 있는 활자판의 경우는 탄력성이 좋은 밀대가 필요하였다. 印髢·[34]말총·종려나무 껍질·[35] 죽엽·[36] 등으로 만든다. 이번 실험에서는 톱밥을 광목과 명주로 단단히 싸서 사용하였다(<사진 23> 참조).

<사진 23> 각종 밀대

인체	종려나무 껍질	죽엽	톱밥을 싼 명주
	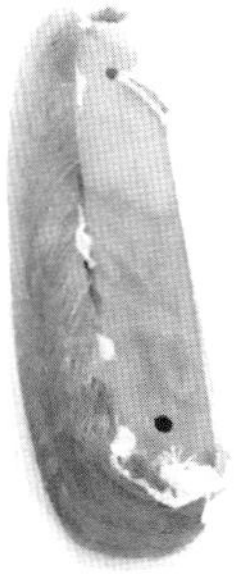	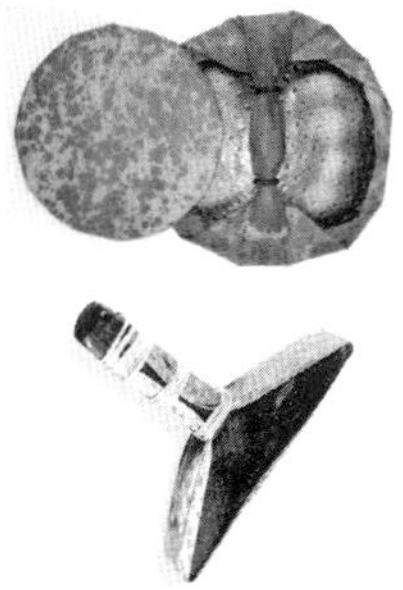	

3.3.4 기타

묵즙을 교체할 때마다 인판과 먹솔을 씻기 위한 물붓과 물그릇, 인판 위의 물을 닦아내기 위한 물수건, 도포한 묵즙이 많을 경우 묵즙을 닦아내기 위한 휴지 등도 준비하였다.

34) 한국에서 사람의 머리칼을 뭉치고, 그 표면에 밀랍을 발라서 매끄럽게 제작한 공구. 초창기에는 말총을 사용하였으나, 말총을 구하기 어려워지자 대체 사용하였다.

35) 중국에서 종려나무 껍질의 섬유로 만들되, 표면이 매끄럽도록 말총으로 마감하기도 하였다. 擦子.

36) 일본의 馬楝(馬連, ばれん)은 종이를 겹쳐서 옻칠하여 만든 원형 쟁반 모양의 当皮(あてがわ)를, 臺灣의 把子는 손잡이 달린 삼각 모양의 목재를 죽엽으로 감싸서 제작하였다.

3.4 印出 過程(印出匠)

인출 결과를 비교하기 위하여는 실험 조건이 같아야 하므로 하나의 인판으로 수행하였다. 묵즙 104종을 조제하여 인쇄 적성을 차례로 실험하므로 인판에 묵즙이 남아서 다음 묵즙에 영향을 미칠 가능성이 적은 묵즙부터 인출하였다. 즉 수성 묵즙 6종(묵즙 1~6)과 이에 기능성 첨가제를 혼합한 묵즙을 먼저 인출하고, 유성 묵즙 7종(묵즙 7~13)과 이에 기능성 첨가제를 혼합한 묵즙을 다음에 인출하였다. 묵즙 1종의 인출이 끝나면 인출면과 먹솔에 남은 묵즙을 깨끗이 씻고 물기를 제거하여 다음 묵즙의 실험에 영향을 미치지 않도록 하였다.

인출 중이라도 인쇄 적성이 부적합하다고 판단되면 즉시 인출을 중지하였다. 교정지 인출을 통하여 수성 묵즙 6종과 이에 기능성 첨가제를 혼합한 묵즙은 확실히 인출 결과가 나쁨을 확인할 수 있었다. 또한 유성 묵즙 7종 역시 착묵 상태가 균일하지 못한 현상이 뚜렷하여 금속활자판 인쇄용 묵즙으로 부적합하였다. 따라서 정식 인출에는 유성 묵즙 7종에 기능성 첨가제를 혼합한 묵즙을 사용하였다.

3.4.1 초벌 墨汁 塗布

인판의 인출면에 묵즙을 처음 도포할 때에는 소량을 여러 번에 걸쳐서 여유 있게 도포하여 인출면 전체에 충분히 묻도록 하였다(<사진 24> 참조). 도포 후 건조를 기다렸다가 다시 도포하기를 3~4회 반복하기도 하였다. 묵즙을 여유 있게 도포하기 위하여 단번에 많은 양을 도포하면 지나치기 쉬워서 닦아내야 하는 불편이 발생하였다. 묵즙의 종류를 바꾸면 인판을 씻은 후 도포하므로, 이 작업은 반복되었다.

<사진 24> 초벌 묵즙 도포(복원판「直指」卷下 제1엽)

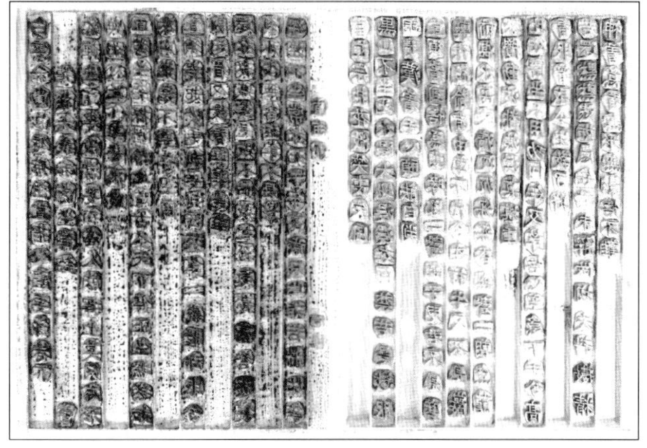

3.4.2 印出面 適性 造成

묵즙이 많이 도포된 곳을 휴지나 폐지로 닦아냈다. 이 작업을 3~4회 반복하였다. 폐지로 인출하여 묵즙을 충분히 빨아들이도록 하여 인출면의 상태가 인출하기에 적합하도록 하였다. 처음 인출하는 2~3장은 실패작이 되었다. 실패를 경험하면서 묵즙의 농도와 점도, 도포의 양 등을 파악하여 요령을 터득하면 정식으로 인출할 수 있었다.

3.4.3 墨汁 塗布

묵즙은 조제하는 기술보다 고르게 적당량 도포하는 기술이 서품을 좌우하였다. 먹솔의 끝부분에 묵즙을 소량씩 찍어서 3~4회 반복하여 인출면 전체에 고루 도포하였다(<사진 25> 참조). 묵즙을 고르게 도포하지 못하면 균일한 묵색의 서엽을 얻을 수 없었다. 도포한 묵즙의 양이 적으면 연하게 인출되었다. 반대로 한 번에 도포하기 위하여 먹솔에 묵즙을 많이 찍으면 인출면에 아무리 가볍게 도포해도 묵즙 양이 과하였다. 묵즙이 많이 도포되면 번지거나 묵등으로 인출되는 후유증이 여러 장에 나타나므로 닦아내야 했다.[37)]

도포의 속도는 인판이 작거나 묵즙의 농도가 묽으면 문제되지 않는다. 그러나 인판이 크거나 묵즙의 농도가 진하면 먼저 도포한 부분이 나머지 부분을 도포할 때 마르기도 하여 인판 전체를 신속하게 도포할 필요가 있었다.

먹솔의 방향은 계선과 평행하게 하되, 광곽과 계선을 도포하기 위하여 약간의 사선 방향이 효과적이었다. 계선의 수직 방향은 불가능하지는 않으나 묵즙이 튀어서 비능률적이었다.

묵즙이 흐를 정도로 농도가 묽으면 인출 결과 많이 도포된 부분은 번지고, 적게 도포된 부분은 일부 필획이 인출되지 않아 문자가 깨지는 현상이 나타났다. 반면에 농도가 진한 기성품 묵즙의 경우, 기능성 첨가제를 혼합하면 농도가 너무 빡빡하게 진하여 잘 도포되지 않으므로 묽게 조정하여야 했다. 유성 탄소 묵즙을 제외한 기타 6종의 유성 묵즙에 기능성 첨가제를 혼합한 묵즙은 농도가 진하였고, 특히 "玄明"의 농도는 지나칠 정도였다. 따라서 정식 인출에는 연구 분석을 위한 수치에 구애받지 않고 경험적으로 판단하여 50~150% 정도의 수분을 첨가하기도 하였다. 이같이 경험에 의한 감각적 현장 대처가 필요하였다. 이는 묵즙의 점도를 조정하여 용이하게 도포하기 위한 것으로 묵색의 진한 농도는 여전히 변함이 없었다.

---

37) 묵즙이 많이 도포되어 번지거나 묵등으로 인출되는 후유증이 여러 장에 나타나는 현상은 목판인쇄도 동일하였다.

도포 중에도 인출면 전체를 세심히 살펴서 빠진 먹솔 털이나 불순물 등 인출 결과에 영향을 주는 요소가 발생할 경우 이를 제거하였다. 특히 반복 인출하다 보면 묵즙의 점착성으로 인하여 종이 섬유 부스러기가 인판의 활자 틈새에 묻어 남아서 축적되기도 하였다(<사진 26> 참조). 그 결과 묵즙 도포가 불완전해지거나 책지에 반영된 자적의 필획이 무뎌질 수 있었다. 따라서 정도가 심해지면 이를 제거하거나 인판을 씻어야 하였다.

<사진 25> **묵즙을 도포한 인판(복원판 「直指」 卷下 제2엽)**

3.4.4 冊紙 얹기

책지를 사방의 여유 공간을 고려하여 인판 중앙에 얹었다. 인판 한쪽의 모서리 또는 꼭지점에 기준을 설정하여 책지의 해당 부분을 먼저 고정한 후, 비스듬히 순차적으로 인출면에 얹었다. 대체로 왼손으로는 책지를 고정하고, 오른손으로 밀대를 잡고 문지르게 되므로 인판 좌변에 기준을 설정하여 먼저 얹고 차례로 우측으로 진행하면서 얹었다.

책지가 인출면의 전체에 동시에 닿도록 얹지 않는 이유는 자칫 실수로 인하여 이중 인출 등의 부정적인 현상이 나타나는 것을 방지하기 위함이다.

3.4.5 밀대로 印出

책지의 한쪽을 고정한 후 밀대로 밀되, 고정한 곳에서 멀어지는 방향으로 밀어나갔다. 인출 방법은 수평으로 밀기도 하고 수직으로 압박하거나 두드리기도 하였다. 수평으로 미는 경우 방향이 꼭 계선과 평행일 필요는 없었다.[38] 책지가 두껍고 힘이 있으면 밀고, 얇아서 힘이 없으면 압박하여야 했다. 책지가 묵즙의 점착력에 의하여 인판에 붙으면 밀고 붙지 않으면 압박하여야 했다. 거의 대부분 밀기와 압박하기를 병용하였는데, 책지가 두꺼울수록 강하게 하여야 했다.[39]

인출면의 자적이 책지에 반영되는 정도는 압박하기가 밀기보다 더 많았다. 인출 강도도 압박하기가 더 강하여 책지가 인판에 접착하면서 요철 현상이 나타났다.[40] 이때 얇고 부드러운 책지는 그 뒷면에 자적이 반영된 인출 상태가 환히 투영되었다(IX-2. <복원 서엽 4> 참조). 투영된 자적을 살펴서 불완전한 곳은 추가로 압박하여 자적이 완전히 반영되도록 하였다. 투영된 정도는 책지의 두께와 반비례하였다. "特淨宣紙"는 거의 투영되지 않았고, "本色宣紙", 류운영 저지, 국전지와 臺灣 서화용 宣紙 순으로 점차 많이 투영되었다. 臺灣 서화용 宣紙는 인출

---

38) 수평으로 미는 방향이 계선과 평행이든 직각이든, 목판이 활자판보다 더 잘 밀리고 부드러웠다. 이는 목판의 인출면 높낮이가 고른 때문으로 보인다.

39) 이 점에서 15세기 당시 유럽의 두꺼운 종이를 사용한 구텐베르크의 활판술이 인출을 강하게 하기 위하여 반기계식으로 출발한 것은 부득이한 필연이었음을 알 수 있다.

40) 밀대로 압박하면 책지에 요철 현상이 나타나는 점은 목판인쇄도 동일하였다. 또한 묵즙을 도포한 부분이 도포하지 않은 부분보다 요철 현상이 분명하게 나타났다.

효과를 즉시 판단할 수 있을 정도였다.

3.4.6 冊紙 걷어내기

인판으로부터 자적이 반영된 책지를 한쪽 변에서부터 걷어내었다. 책지를 걷어낼 때, 묵즙에 따라 점착력을 느끼기도 느끼지 못하기도 하였다. (1)·(3)·(5)~(8)·(10)~(13)·(79)~(104)의 묵즙은 점착력을 거의 느낄 수 없었다. 인판 상에서 책지 위를 밀 때에도 책지가 움직이지 않도록 세심한 주의가 필요하였다. 그러나 (2)·(4)·(9)·(14)~(78)의 묵즙은 점착력을 느낄 수 있었다. 대체로 책지가 두꺼우면 점착력을 다소 덜 느끼고, 얇으면 더 느꼈다.

3.4.7 字跡 完成度 살피기

책지에 반영된 자적의 인출 상태를 살폈다. 인출 상태가 양호하지 못한 부분이 보이면, 다음 인출에는 더욱 주의하여 도포함으로써 양호한 서엽을 얻을 수 있도록 하였다.

4. 解版 過程(守藏)

4.1 印版 解體

인출이 끝나면 활자를 재사용하기 위하여 인판을 해체하여야 한다.[41] 예리한 도구로 활자의 밑바닥을 들어 올려 인판으로부터 분리하였다. 판심의 반복 사용할 부분을 제외한 모든 활자를 차례로 분리하였다. 인납의 점착력이 강하여 상당한 힘을 필요로 하였다.

4.2 印蠟과 不純物 제거

활자를 인판으로부터 분리하면 활자의 배면과 측면에 인납이나 불순물이 조금씩 묻은 채 분리되었다. 활자에 묻어나는 인납의 정도는 밀랍류의 혼합 비율이 낮을수록 더 많았다. 이 역시 인납의 적합성 여부를 판단하는 중요한 요소로 보였다.

활자에 묻어 있는 인납을 문자면에 접촉하지 않도록 조심스럽게 닦아냈다. 이처럼 인납은 소모품적인 성격을 가지고 있어서 여유분을 보유하고 있어야 하였다.

활자와 계선의 틈새에 보이지 않게 묻어 있던 불순물의 내용은 책지에서 부스러진 종이 섬유가 묵즙과 엉킨 것이 대부분이고, 간혹 먹솔에서 빠진 털 오라기가 섞여 있었다(<사진 26> 참조). 이는 조판할 때 인판 계선과 활자 주위에 불필요한 여분의 인납을 반드시 제거하여 불순물이 피할 수 있는 공간을 확보함으로써 인출에 방해되지 않도록 하여야 하는 주의를 상기시켰다.

<사진 26> 활자와 계선 틈새의 불순물

문헌상 활자 인쇄에 밀랍을 사용하였다는 기록들은 아마도 가공된

41) 어떠한 이유로든 활자를 재사용할 수 없거나 재사용하지 않았다면 형태적으로 활자 같은 모양새만 갖추었을 뿐, 진정한 활자라고 할 수 없다.

밀랍, 즉 인납으로 짐작된다. 황랍 100%는 활자를 점착하거나 활자면의 높낮이를 조절할 수 있는 기능이 너무 약하여 인납으로 직접 사용하기는 불가능하기 때문이다. 만약 황랍 100%를 직접 사용한다면, 인판에 배열된 모든 활자의 높낮이가 조정된 후, 활자의 움직임을 방지하기 위하여 고정하는 의미로 계선과 활자 사이의 여백을 채우는 충전제 정도였을 것이다. 그러나 이 작업도 세심한 주의가 필요하며, 해판의 불편함으로 인하여 효율이 매우 낮아 실용 가능성은 없어 보인다.

4.3 活字의 還元

활자로부터 인납과 불순물을 깨끗하게 제거하였으면 원래의 위치로 환원하여 재사용할 수 있도록 하였다.

5. 印出 結果 分析

5.1 印蠟

5.1.1 加工 방법

모든 인납은 유연성과 점착성 생성을 위하여 반드시 으깨야 했다. 이 과정이 인납 조제의 핵심이다.

5.1.2 蜜蠟類 재료와 비율

황랍은 55~75%, 백랍은 60~75%, 왁스는 65~75%가 가능하였다.

그중 75%가 가공 과정은 힘들지만, 유연성과 점착성을 보유하면서 단단하고 해판할 때 활자의 배면과 측면에 묻어나는 인납의 양도 적어서 가장 유용하였다.

5.1.3 비율별 차이점

황랍의 비율 65%와 75%의 인납은 사용상 유연성과 점착성에서 의미 있는 차이를 발견하지 못하였다. 다만 인판을 해체할 때, 활자에 묻어나는 인납의 정도는 황랍의 비율 75%의 인납이 더 적어서 작업에는 더 효율적이었다.

5.1.4 油類 재료

불건성유와 반건성유가 모두 유용하였다.

5.1.5 壽命

짧은 실험 기간으로 인하여 측정할 수 없었다.

5.2 校正

교정 작업 전과 후의 인출 상태를 비교하면, 교정 작업은 인쇄물의 서품을 좌우하는 핵심 요소 중 하나였다.

5.3 墨汁

5.3.1 塗布 기술

묵즙을 인판에 적당량 도포하는 기술이 인쇄물의 서품을 좌우하는 핵심 요소 중 하나였다.

5.3.2 印刷 적성

(1) 수성 묵즙 6종의 인출 결과

1차 교정지 인출 결과, 수성 묵즙 6종은 확실히 착묵 상태가 문자를 인식할 수 없거나 겨우 인식할 수 있을 정도로 균일하지 못하고 불완전하여 금속활자판 인쇄용 묵즙으로 부적합하였다(Ⅸ-2. <복원 서엽 5> 참조).[42]

특히 활성탄 5%・수성 탄소 5%・"中華墨寶"・廣陵古籍刻印社의 묵즙은 묵색이 확연히 연하여 연매 재료의 비율을 높일 필요가 있었다.

(2) 기능성 첨가제를 혼합한 수성 묵즙 30종의 인출 결과

1차 교정지 인출 결과, 곡류의 풀과 아교액 등 기능성 첨가제 5종을 혼합한 수성 묵즙 30종은 착묵 상태가 문자를 인식할 수는 있으나, 균일하지 못하여 인출에 성공하였다고 할 수는 없어서 금속활자판 인쇄용 묵즙으로 부적합하였다(Ⅸ-2. <복원 서엽 6> 참조).

동백유와 피마자유를 혼합한 묵즙 12종은 인출을 생략하였다. 그 이

42) 복원 서엽은 동일 조건으로 인출한 다수 중에서 인출 상태가 양호한 것을 선별하였다. 왜냐하면 저자는 인출 전문가가 아니므로 동일 조건이라도 인출 상태가 우열을 가리기 어려운 경우도 있었고, 고르지 않은 경우도 있었기 때문이다. 수성 묵즙 6종의 인출 상태가 대동소이하므로 표본으로 "黃山松煙" 5% 묵즙의 경우만 제시하였다. 비교를 위하여 동일한 묵즙으로 목판을 인출한 상태는 6종 모두 양호하였다(Ⅸ-2. <목판 서엽 1> 참조).

유는 조제한 묵즙의 상태가 고르게 혼합되지 못하였고, 예비 인출 결과 부적합함을 확인하였기 때문이었다. 이는 유사한 성질의 유성 묵즙에 혼합하여 인출한 결과가 이상적이지 못했던 점에서(Ⅸ-2. <복원 서엽 9>・<복원 서엽 10> 참조), 유사하지 않은 성질의 수성 묵즙은 인출 결과가 더 나쁠 것으로 예상하여 인출을 생략한 것은 현명한 판단이었다.

(3) 유성 묵즙 7종의 인출 결과

1차 교정지 인출 결과, 유연과 분연을 사용한 유성 묵즙 7종은 착묵 상태가 문자를 인식할 수는 있으나, 균일하지 못한 현상이 뚜렷하여 금속활자판 인쇄용 묵즙으로 부적합하였다(Ⅸ-2. <복원 서엽 7> 참조).[43] 특히 유성 탄소 5%의 묵즙은 묵색이 확연히 연하여 연매 재료의 비율을 높일 필요가 있었다.

특기할 점은 유성 묵즙의 인출 결과를 수성 묵즙・동백유와 피마자유를 제외한 기능성 첨가제를 혼합한 수성 묵즙의 인출 결과와 비교하면, 착묵 상태가 수성 묵즙보다는 양호하나 기능성 첨가제를 혼합한 수성 묵즙보다는 상대적으로 불량하였다. 이로써 기능성 첨가제의 효과가 확실함을 입증할 수 있었다.

(4) 기능성 첨가제를 혼합한 유성 묵즙 49종의 인출 결과

1차 교정지 인출 결과(Ⅸ-2. <복원 서엽 8> 참조), 인출 상태가 앞의 "(1) 수성 묵즙 6종의 인출 결과", "(2) 기능성 첨가제를 혼합한 수성

43) 비교를 위하여 동일한 묵즙으로 목판을 인출한 상태는 수성 묵즙도 구분하지 못할 만큼 7종이 거의 동일하게 양호하였다. 7종의 목판 인출 상태가 대동소이하므로 표본으로 "鴻星墨液"의 경우만 제시하였다(Ⅸ-2. <목판 서엽 2> 참조). 이로써 목질의 인판에는 수성 묵즙과 유성 묵즙이 모두 가능하여 묵즙이 문제되지 않음을 확인할 수 있었다.

묵즙 30종의 인출 결과", "(3) 유성 묵즙 7종의 인출 결과"들보다 확실히 우수하여 가능성을 확인할 수 있었다.

5차 교정까지 수행한 교정지 인출 결과, 기능성 첨가제 7종을 혼합한 유성 묵즙 49종은 착묵 상태가 기능성 첨가제에 따라 양호 또는 불량으로 다양하게 나타났다. 녹말풀 5%는 유성 탄소 · "油煙101" · "油煙104" · "四君子"의 묵즙 4종에 혼합하여 2차 교정지 인출 결과, 이상적이지 못하여 이하 인출을 생략하였다. 동백유는 유성 탄소와 "玄明"에 혼합하여 2차 교정지를 인출하였으나, 금속판에 착묵을 오히려 방해하는 작용으로 나타나 이하 인출을 생략하였다(Ⅸ-2. <복원 서엽 9> 참조). 피마자유를 혼합한 묵즙 7종은 인출 상태가 문자를 인식할 수는 있으나, 농담이 균일하지 못하거나 묵즙과 고루 혼합되지 못한 현상이 뚜렷하여 정식 인출을 생략하였다(Ⅸ-2. <복원 서엽 10> 참조).

녹말풀 10% · 밀가루풀 10% · 찹쌀풀 10% · 아교액 10%의 4종을 혼합한 묵즙 28종은 착묵 상태가 제법 균일하여 인출에 성공하였다고 판단되어 제1엽과 제2엽을 정식으로 인출하였다(Ⅸ-2. <복원 서엽 11>~<복원 서엽 67> 참조).

인출 결과는 연매 재료보다 기능성 첨가제에 의하여 착묵 상태가 좌우되었으며, 찰쌀풀이 가장 효과적으로 나타났다. 이로써 금속활자판 인쇄에 사용할 수 있는 묵즙의 범주를 추출할 수 있었고, 유성 묵즙이라 할지라도 기능성 첨가제가 중요하다는 사실을 재차 확인할 수 있었다.

(5) 木質 印版의 묵즙

새로운 발견으로 목질의 인판은 묵즙이 문제되지 않는다는 사실을 확인할 수 있었다. 기실 이미 수성 묵즙 6종과 유성 묵즙 7종을 이용하여 1차 교정지를 인출할 때, 비교를 위하여 동일한 묵즙으로 목판도 인출하였다. 인출 결과는 기능성 첨가제를 혼합하지 않더라도 금속활자판의 인출 상태와 달리 목판의 인출 상태는 양호하였다. 뿐만 아니라 인출 상태가 수성 묵즙 6종과 유성 묵즙7종을 구분하지 못할 만큼 13종이 거의 동일하였다. 이로써 목질의 인판은 묵즙의 인쇄 적성이 전혀 문제되지 않음을 알 수 있었다. 이는 금속활자판과 목판을 각각 따로 인출한 결과였다.

금속활자와 목활자를 동시에 인출한 결과에서도 확인할 수 있었다. 제2엽에는 上葉 3-6의 "田"을 목활자로 보식하였는데, 착묵 상태가 금속활자와 달리 묵즙의 종류나 농담에 관계없이 균일하고 안정적으로 인출되었다(<사진 27> 참조). 이는 묵즙이 목질의 표면에 고르게 도포되는 것은 물론 목질의 섬유 공극에 묵즙을 머금고 있다가 인출할 때 책지에 반영된 결과로 보인다. 이로써 묵즙의 인쇄 적성이 금속활자판에서는 매우 중요하지만, 목판이나 목활자판의 경우는 전혀 문제되지 않음을 재차 확인할 수 있었다.

<사진 27> 금속활자와 대비되는 목활자 "田"의 묵색

금속활자의 묵색이 연할 경우 ("四君子", 녹말풀 10%) 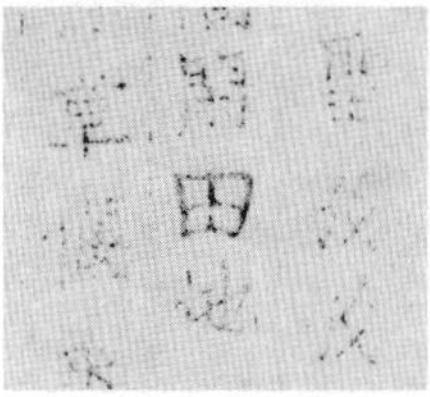	금속활자의 묵색이 진할 경우 ("油煙101" 5%, 아교액 10%와 "玄明", 아교액 10%)  

5.3.3 構成 成分별 비율

연매 재료는 5~10%의 농도, 용매 재료는 아교액 5%가 90~95%, 기능성 첨가제는 곡류 풀이나 아교액 10%를 1:1로 혼합한 묵즙이 유용하였다.

묵즙 (8)~(13)에 곡류의 풀을 혼합하거나, 묵즙 (12)·(13)에 아교액을 혼합한 경우는 농도가 대체로 진하여 인판에 고르게 도포하기가 어려우므로 경험적 판단에 의하여 50~150% 정도의 수분을 첨가할 필요가 있었다. 수분을 첨가한 묵즙의 농도는 인출 과정에서 인판으로부터 책지를 걷어낼 때 약간의 점착력을 느낄 수 있는 정도가 좋았다. 점착력을 느끼지 못하면 기능성 첨가제가 부족한 상태라고 할 수 있다. 반면에 점착력을 강하게 느낄 수 있는 농도의 묵즙은 책지를 걷어낼 때 종이 섬유가 뜯겨서 책지에 반영된 자적이 연해질 수 있으며, 인판에 묻어 남는 종이 섬유도 많아서 다음 인출에 부정적인 영향을 미칠 수 있으므로 농도 조절이 필요하였다.

5.4 册紙

인출 효과에 큰 영향은 없었다. 다만 이합지처럼 두꺼운 책지보다 얇고 부드러운 책지가 인출 작업도 수월하고, 인출 효과도 비교적 좋았다.

5.5 復原版 書葉의 전반적 분위기

5.5.1 印版 광곽

복원판 「直指」의 광곽은 결손되지 않고 완전한 상태의 인판을 사용하였다. 결손 상태는 아무 때라도 갈아내면 되기 때문이기도 하지만, 복원이란 가장 이상적인 경우를 표본으로 하는 것이 원칙이라는 생각에서였다.

5.5.2 界線

굵기와 부분적으로 인출되지 않은 현상이 「直指」와 유사하였다.

5.5.3 墨色

유연 묵즙의 농담 상태가 「直指」와 유사하여 「直指」 인출에 사용한 묵즙의 농도는 역시 5~10% 정도로 추정할 수 있었다. 농담의 차이는 「直指」보다 균일하였다. 이는 인출면의 수평 확보에 유의한 결과로 보인다. 착묵 상태는 실험작인 까닭에 「直指」보다 안정되지 못한 것으로 판단되었다. 추가 실험 또는 인출 전문 장인과의 협력이 필요한 부분이다.

5.5.4 文字의 行列[44)]

복원판 서엽의 행(항)은 정연하고, 열은 정연하지 못함이 「直指」와 유사하였다.

5.5.5 文字 筆劃의 굵기

복원판 금속활자의 필획이 전반적으로 「直指」보다 가늘었다. 이는

---

44) 直行橫列이라 하여 세로 줄은 행(항), 가로 줄은 열이다.

복원용 어미자를 가늘게 조각한 결과로 보인다.

5.5.6 「直指」와의 유사 조건

복원판 서엽에 나타난 특징을 종합적으로 분석하면, 연매 재료 13종 중 (8)·(9)·(11)~(13)의 묵즙 + 기능성 첨가제 7종 중 곡류 풀 10% 3종과 아교액 10%, 책지 5종 중 류운영 楮紙·국전지·中華民國 臺灣 書畫用 宣紙·중국 "本色宣紙"를 사용하여 인출하였을 경우가 「直指」와 가장 유사하였다. (7)·(10)의 묵즙 + 녹말풀 5%, 중국 "特淨宣紙"도 유사하다고 인정할 만하였다.

5.6 復原版 書葉의 개별 문자

5.6.1 字樣의 일치

「直指」는 동일한 엽에 등장하는 동일한 문자의 자양이 모두 다르다. 그러나 본 복원 연구는 어미자의 생산에 소요되는 시간과 비용을 절약하기 위하여, 조각한 하나의 어미자로 주형을 만들고, 이 주형을 이용하여 동일한 자형의 어미자를 다량 생산하여 실험하였다. 따라서 동일한 자형의 금속활자가 주조되어 한 인판에 복수로 사용되기도 하였다. 그 결과 「直指」와 달리 동일한 자형의 문자가 등장하는 점은 감안하여야 한다. 예를 들면 제1엽 上葉의 不須心深如要有賊坐只智此 등이다.

5.6.2 文字의 特徵

"油煙104" 5% + 밀가루풀 10%, 特淨宣紙의 조건으로 인출한 완성된 복원판 서엽의 제1엽 上葉(Ⅸ-2. <복원 서엽 11> 참조)을 표본으로 분석하면 다음과 같다(<사진 28> 참조).

(1) 단필 문자

각 행에 雲尙錄直體要節, 鵝大義禪, 道般樣能莫形, 與醫, 須源道古今傳正端如, 要空閑, 直須提要剖西義膛, 眉看渠, 還如捉賊須見埋處藏捉, 那年, 嗟年等 등의 57개이다.

(2) 기포 문자

行字수 1-1의 白, 1-10의 指, 11-14의 如 등 3개가 보인다.

(3) 너덜이와 유사한 잡묵 흔적

1-6의 錄, 5-14의 傳, 7-11의 來, 10-3의 頃, 11-16의 將 등 5개가 보인다.

(4) 필획이 어긋난 문자

3-13의 擇, 5-4의 究 등 2개가 보인다.

(5) 변형 문자

7-8의 要, 7-15의 膛 등 2개가 보인다.

(6) 결필 문자

3-12의 能, 5-14의 傳, 5-18의 然, 6-7의 守, 7-3의 提, 9-3의 捉,

10-7의 年 등 7개가 보인다.

(7) 중앙이 연한 문자

3-4의 道, 5-2의 須, 7-14의 義, 11-11의 歲 등 4개가 보인다.

(8) 활자의 높이 차 현상

제1행의 和尙抄錄佛, 제2행의 坐禪銘, 제4행의 介難醫病最, 제5행의 坐究探淵源과 道古今天下 등에서 보인다.

이러한 특징은 복원판 제1엽 下葉과 제2엽(Ⅸ-2. <복원 서엽 12>~<복원 서엽 67> 참조)은 물론 「直指」에서도 나타나는 현상이다.

<사진 28> 복원판 「直指」 제1엽 상엽에 나타난 문자의 특징

단필 문자	기포 문자	필획이 어긋난 문자	결필 문자	중앙이 연한 문자	활자의 높이 차 현상	
莫	白	擇	然	道	坐	古
直	指	究	守	須	禪	今
眉	如		年	歲	銘	天

6. 小 結

「直指」 복원의 마지막 과정인 조판과 인출 실험의 결과를 요약하면 다음과 같다.

(1) 인납의 가공 방법: 모든 인납은 반드시 으깨야 유연성과 점착성 생성되었다. 이 과정이 인납 조제의 핵심이다.

(2) 인납의 유류 재료 및 밀랍류 재료의 비율: 불건성유나 반건성유에 황랍 55～75%, 백랍 60～75%, 왁스 65～75%가 가능하였고, 그중 75%가 가장 유용하였다.

(3) 인납의 수명: 4년 정도의 짧은 실험 기간으로는 판단할 수 없었다.

(4) 조판 과정: 인납을 인판에 적정량 까는 것이 중요하였다. 그럼으로써 활자를 고정하고, 불순물이 피할 공간을 확보하여야 했다.

(5) 교정: 교정 작업은 4～5회 거듭하였다. 이는 인쇄물의 서품을 좌우하는 핵심 요소 중 하나였다.

(6) 묵즙의 구성 성분별 비율: 금속활자판 인쇄용으로 유성 연매 재료 5～10%, 용매 재료인 농도 5%의 아교액 90～95%, 여기에 기능성 첨가제를 1:1로 혼합한 묵즙이 유용하였다. 경우에 따라서는 50～150% 정도의 수분을 첨가할 필요가 있었다.[45]

(7) 기능성 첨가제의 중요성과 종류: 금속활자판 인쇄용 묵즙은 연매 재료보다 기능성 첨가제가 절대적으로 중요하였다. 곡류의 풀 10%와 아교액 10%는 유용하였으며, 찹쌀풀이 가장 효과적이었다. 동백유와 피마자유는 부적합하였다.

(8) 묵즙의 도포 기술: 인판에 묵즙을 적당량 도포하는 숙련된 기술

45) 기타 소득으로 목판이나 목활자판 등 목질의 인판은 모든 묵즙이 사용 가능하여 묵즙의 인쇄 적성이 전혀 문제되지 않음을 확인할 수 있었다.

이 인쇄물의 서품을 좌우하는 핵심 요소 중 하나였다.

(9) 책지: 얇고 부드러운 책지의 인출 효과가 비교적 좋았다.

(10) 해판 및 환원: 해판할 때 발견되는 불순물은 조판할 때의 주의 사항을 상기시켰다.

(11) 복원판 서엽의 전반적 분위기: 계선 · 묵즙 5～10%의 묵색 · 문자의 행렬 등은 「直指」와 매우 유사하였다.

(12) 복원판 서엽의 개별 문자: 단필 문자 · 기포 문자 · 너덜이와 유사한 잡묵 흔적 · 필획이 어긋난 문자 · 변형 문자 · 결필 문자 · 중앙이 연한 문자 및 활자의 높이 차 현상 등은 "Ⅱ. 「直指」의 字跡에 나타난 直指活字 硏究"에서 추출한 특징과 매우 유사하였다.

(13) 「直指」와의 유사 조건: "油煙101" · "油煙104" · "四君子" · "鴻星墨液" · "精制墨汁" · "玄明"의 묵즙 + 곡류(녹말 · 밀가루 · 찹쌀)의 풀 10%와 아교액 10%, 류운영 전통한지 · 中華民國臺灣 書畫用 宣紙 · 중국 本色宣紙를 사용하여 인출하였을 경우가 「直指」와 가장 유사하였다.

(14) 「直指」 복원용 묵즙의 범용성: 「直指」 복원을 위하여 조제한 묵즙은 부수적 효과로 모든 금속활자판에 사용할 수 있을 것이다. 지금까지 유연묵이라고 피상적으로만 알려져 왔던 금속활자본의 묵즙 문제를 명확하게 풀어낸 것도 큰 성과다.

이상의 실험을 통하여 「直指」와 유사한 서엽을 복원할 수 있었고, 그 과정상의 조건을 자세히 제시하였다. 이로써 고려시대 조상이 이용하였던 「直指」 인쇄용 금속활자의 조판과 인출의 방법은 이 범주 내에 있을 것으로 판단된다.

結論 및 復原 書葉

結 論 及 復原 書葉

IX-1. 結 論

「直指」를 복원하기 위한 전체 과정에서의 원리와 필요 충분 조건을 제시하였다. 목적은 「直指」 복원이지만, 이와 아울러 관련되는 기술 요소를 파악할 수 있었던 점도 큰 소득이다. 사족으로 본 연구의 공헌을 자평하였다.

1. 「直指」 金屬活字의 復原

1.1 「直指」 復原을 위한 「直指」 分析

1.1.1 직지활자의 製作

(1) 직지활자의 특징

단필・기포・너덜이・필획 어긋남・서체 불균형・크기 불균일・결필・약필・약자・번필 등의 문자를 들 수 있다.

(2) 직지활자의 제작 방법

자본을 이용하여, 연한 재질에 어미자를 조각하여, **밀랍주조법**으로 주조한, 금속활자였다.

(3) 직지활자의 형태

동체의 문자면에 문자를 가득 차도록 조각하였으며, 측면은 방정하지 않은 **불규칙한 형태**였다. 높이는 **5㎜** 정도로 낮았다.

1.1.2 직지활자의 組版

(1) 직지활자의 인판

광곽·계선이 고착되어 있고, 판심제·권차·장차를 조립한 두 장의 금속제 인판을 번갈아 사용하였다.

(2) 직지활자의 조판 방법

인납을 사용한 **부착식**이었다.

1.1.3 직지활자의 製作 目的과 補充

(1) 직지활자의 제작 목적

인출하고자 했던 최초의 서적에 나타난 문자를 주조한 **목적성 활자**였다. 그러나 「直指」가 그 첫 인쇄 대상은 아니었다.

(2) 직지활자의 보충 과정

계획 초기에는 숙련공에 의하여 대부분의 활자가 주조된 후, 부족분은 비숙련공에 의하여 보충되었다.

1.1.4 직지활자의 印刷技術 水準

주조기술·조판기술·인출기술 등의 인쇄기술 수준이 그다지 능률적이지 못하였다.

1.2 蜜蠟鑄造法의 鑄造 過程

(1) 어미 모형의 재료와 비율

주재료는 **황랍**이며, 보조 재료는 송진·동물성 유지·식물유 등을 병용하였다.

혼합 비율은 주물의 크기·형태·기온 등에 따라 차이가 있었다. 대체로 황랍과 우지의 비율은 5 : 5 내지 7 : 3 정도였다.

(2) 주형의 충전 재료와 기능성 재료

충전 재료는 **황토**와 점토를 사용하였다.

기능성 재료는 **종이 섬유**·쌀겨·羽毛·馬糞·蔴類·牛毛·볏짚·식물 분말·소금·석회·모래류·볏짚재·**탄소 분말(숯가루)**·흑연·석탄재 분말·그을음 등을 다양하게 사용하였다.

(3) 금속의 합금 성분

황동 합금이 주류를 이루고, 기타는 주석·납·철 등이 포함되어 있다.

(4) 밀랍주조법의 금속활자 주조 과정

① 字本과 어미자의 準備, ② 鑄型의 充塡 材料 準備, ③ 鑄型의 機

能性 材料 準備, ④ 鑄型 材料**의** 調製, ⑤ 鑄型**의** 製作, ⑥ 蜜蠟**의** 熔出**과** 鑄型**의** 燒成, ⑦ 金屬 鎔液**의** 注入, ⑧ 活字**의** 抽出**과 마감 손질**

1.3 蜜蠟鑄造法의 직지활자 鑄造

(1) 어미자의 재료

황랍・왁스(금속 세공용 파라핀)는 유용하였다. 송지를 30% 혼합한 황랍・파라핀은 가능하였다.

(2) 어미자군의 수량과 주형의 규격

60개 정도의 어미자군이 효과적이었다. 주형의 규격은 가로 **170㎜** × 세로 **250㎜** × 높이(두께) **30～35㎜** 정도, 가장자리 여유 폭은 **20㎜** 정도가 효과적이었다.

100개의 대량 주조도 가능하였다. 주형의 규격은 가로 **250㎜** × 세로 **250㎜** × 높이(두께) **50㎜** 정도, 가장자리 여유 폭은 **15～20㎜** 정도가 효과적이었다.

(3) 주형의 재료와 비율

충전 재료는 **황토 89%**가 유용하였다. 백토・청토・내화토・산청토・옹기토 등은 가능하였다. 즉 700℃의 고열에 견딜 수 있는 점성을 가진 점토는 모두 가능하였다.

기능성 재료는 **종이 섬유 1% + 활성탄 10%**가 효과적이었다. 이 밖에 종이 섬유 0.5～2%, 최적 1%・볏짚 1%・활성탄 5～50%, 최적 10%・흑연 5～20%・유성 탄소 5～20%・수성 탄소 5～50% 등은 유용하였다.

특히 종이 섬유는 주형의 균열을 방지하는 기능이 절대적일만큼 탁월하였으며, 주조의 성공률과 활자의 완성도에까지 영향을 미쳤다.

(4) 합금의 성분 및 주입 양과 방법

구리 55~70%의 **청동** 합금이 황동보다 효과적이었다.

주입 양은 활자 60개 **400g~100개 600g** 정도, **800~1,000℃**로 가열하여, **재래식 방법**으로 주입할 수 있었다.

(5) 문자 필획의 다과

문자 필획의 다과나 밀도는 주조의 성공률과 **무관**하였다.

(6) 문자면의 방향과 금속 용액의 주입 방향

주형을 입식으로, 문자면을 **측향**으로 하여 금속 용액의 주입 방향을 수직으로 하는 것이 주조의 성공률에 절대적인 영향을 미쳤다.

(7) 주탕도의 굵기와 길이

5㎜ × 9㎜(= 45㎟) × 210㎜는 효과적이었다. 대량 주조의 경우에는 직경 8.5㎜(= 56.72㎟)가 유용하였다.

특히 주탕도의 길이는 금속 용액의 주입 압력을 높여서 성공률에 절대적인 영향을 미쳤다.

(8) 주형의 소성 온도와 금속 용액 주입 시 주형의 온도

주형의 소성을 위하여 **600~700℃**까지 가열하되, **8시간**에 걸쳐서

서서히 가열 온도를 올리는 것이 효과적이었다.

금속 용액 주입 시 주형의 온도는 성공률과 **무관**하였다.

(9) 주조의 성공률과 수축률

평균 성공률은 **98.18%**, 최고의 성공률은 100%, 최저의 성공률은 95.0%, 편차는 **5.0%**였다.

평균 수축률은 **3.11%**였다. 이는 「直指」와 같은 크기의 활자를 주조하기 위하여 자본을 104%로 확대한 점이 대단히 현명한 판단이었음을 재차 증명하고 있다.

(10) 활자 자적의 특징과 필획의 완성도

단필・기포・너덜이・결필・필획이 어긋나거나 변형・묵등 등의 문자가 나타났다. 특기할 점은 이들 특징이 모두 **「直指」에서도 확인**된다는 사실이다.

문자 필획의 완성도는 자적의 특징에 의한 완성도와 직관법에 의한 시각적 완성도에서 모두 어미자의 자양과 **매우 유사**할 만큼 높았다.

2. 「直指」 組版 方法의 復原

(1) 인납의 가공 방법

반드시 으깨야 유연성과 점착성 생성되었다. 이 과정이 인납 조제의 핵심이다.

(2) 인납 재료의 비율

불건성유나 반건성유에 황랍 55~75%, 백랍 60~75%, 왁스 65~75%가 가능하였고, 75%가 가장 유용하였다.

(3) 인납의 수명

4년 정도의 짧은 실험 기간으로는 판단할 수 없었다.

(4) 조판 과정

인납을 인판에 적정량 까는 것이 중요하였다. 그럼으로써 활자를 고정하고, 불순물이 피할 공간을 확보하여야 했다.

(5) 교정

인쇄물의 서품을 좌우하는 핵심 요소 중 하나였다.

3. 「直指」 印出 方法의 復原

(1) 묵즙의 구성 성분별 비율

금속활자판 인쇄용으로 유성 연매 5~10%, 용매인 농도 5% 아교액 90~95%, 여기에 기능성 첨가제를 1:1로 혼합한 묵즙이 유용하였다.

(2) 기능성 첨가제의 중요성과 종류

금속활자판 인쇄용 묵즙에는 기능성 첨가제가 절대적으로 중요하였다.

곡류의 풀 10% · 아교액 10%가 유용하였으며, 찹쌀풀이 가장 효과적이었다.

(3) 묵즙의 도포 기술

인판에 묵즙을 적당량 도포하는 숙련된 기술이 인쇄물의 서품을 좌우하는 핵심 요소 중 하나였다.

(4) 책지

수공업으로 제작한 얇고 부드러운 책지가 인출에 효과적이었다.

4. 「直指」 解版 方法의 復原

(1) 인판 해체

활자의 배면을 들어 올려 인판으로부터 분리하였다.

(2) 인납과 불순물 제거

분리한 활자의 측면과 배면에 묻어 있는 인납을 제거하였다.
활자와 계선 틈새의 불순물도 제거하였다.

(3) 활자의 환원

활자를 원래의 보관 상자로 환원하여 재사용할 수 있도록 하였다.

5. 復原版 書葉의 分析

(1) 복원판 서엽의 전반적 분위기

인판은 광곽이 손상되지 않은 완전한 것을 사용하였다.

계선·묵즙 5~10%의 묵색·문자의 행렬 등은 「直指」와 매우 유사하였다.

(2) 복원판 서엽의 개별 문자

복원판에는 어미자의 대량 생산을 위하여 주형을 사용한 결과, 「直指」와 달리 동일한 자양의 문자가 존재한다.

단필·기포·너덜이와 유사한 잡묵 흔적·필획 어긋남·변형·결필·중앙이 연함 등의 문자 및 활자의 높이 차 현상 등은 「直指」와 매우 유사하였다.

(3) 「直指」와의 유사 조건

"油煙101"·"油煙104"·"四君子"·"鴻星墨液"·"精制墨汁"·"玄明" 등의 유연 묵즙, 곡류의 풀 10%·아교액 10% 등의 기능성 첨가제, 류운영 전통한지·中華民國 臺灣 書畫用 宣紙·중국 本色宣紙를 사용하여 인출하였을 경우가 「直指」와 가장 유사하였다.

이상의 실험을 통하여 「直指」와 유사한 서엽을 복원할 수 있었고, 각 과정상의 원리와 조건을 자세히 제시하였다. 이로써 고려시대 조상이 이용하였던 「直指」 인쇄용 금속활자의 주조·조판·인출의 방법은 이 범주 내에 있을 것으로 판단되었다.

6. 본 연구의 貢獻 및 期待 效果

(1) 蜜蠟鑄造法의 주조 과정과 원리를 추적하여 직지활자를 성공적으로 주조하였다. 특히 밀랍주조법 주형 재료의 구성 성분과 비율을 처음으로 제시하였다.

(2) 인납의 가공 방법, 조판의 원리, 교정 등의 조판 방법을 처음으로 제시하였다.

(3) 금속활자용 묵즙의 연매, 용매, 기능성 재료 등의 구성 성분과 비율, 묵즙 도포 기술, 책지의 조건 등의 인출 방법을 처음으로 제시하였다.

(4) 복원판 「直指」의 서엽을 처음으로 인출하였다.

(5) 부착식 조판 방법에 관한 기술 요소를 처음으로 파악하여 유사 연구에 응용할 수 있도록 하였다.

(6) 「直指」 복원용 묵즙은 모든 금속활자본 인출에 사용할 수 있다는 범용성에서, 지금까지 유연묵이라고 피상적으로만 알려져 왔던 금속활자본의 묵즙 문제를 명확하게 처음으로 해결하였다.

(7) 모든 복원 작업은 각 과정상의 원리를 소상히 밝혀서 제3자도 검증할 수 있도록 하였다. 이로써 「直指」의 진정한 복원은 물론, 고려시대 사찰판 금속활자본까지도 복원이 가능하도록 하였다.

저자는 금속활자 인쇄의 전문 장인이 아니고, 고려시대 사찰 주조

금속활자본의 복원을 위하여 원리를 추적하는 연구자다. 기술 수준은 겨우 원리를 찾아낼 수 있는 정도에 불과하다. 그러나 전체 과정을 반복 실험하면서 실패를 줄이고 성공률을 높일 수 있는 요령이 터득되어 성공률을 상당히 높일 수 있었다. 따라서 본 연구 결과가 만족스럽지 못할지라도, 원리가 공인되어 전문 장인이 숙련된 기술로 복원할 경우 그 만족도는 훨씬 더 높아질 것이다.

Ⅸ-2. 復原 書葉
: 復原版「直指」 卷下 第1葉·第2葉

본 연구의 결과물이면서「直指」복원의 증거물로, 卷下 제1엽과 제2엽의 인출된 서엽을 조건별로 구분하여 수록하였다.

<복원 서엽 1> 1차(제1엽 上葉)와 2차(제1엽 下葉) 교정지

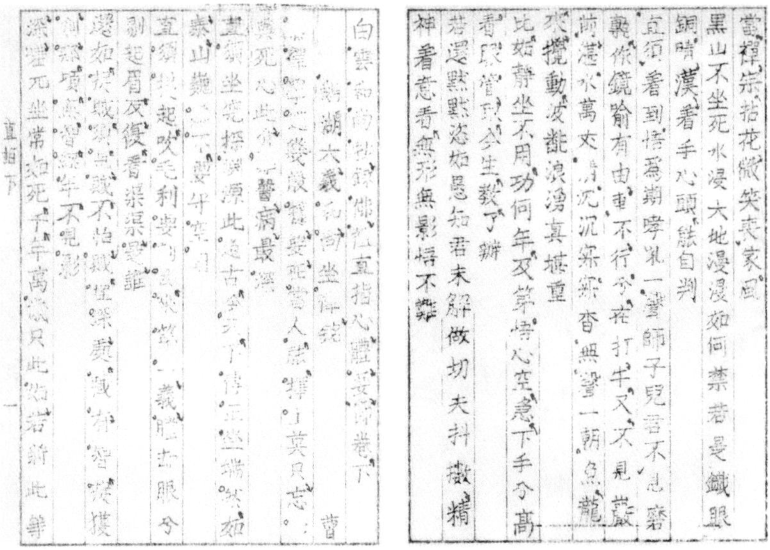

<복원 서엽 2> 1차(제2엽 上葉)와 2차(제2엽 下葉) 교정지

此是十分真用意勇猛丈夫直須說切莫聽[illegible]
不須參古聖孜孜爲指南　　曹
雖然舊閣閑田地一度贏來得也未要識坐禪又
動尊風行草偃參皆論
而今四海清如鏡頭頭物物皆吾[illegible]方圓只
自知從來絲髮不曾移若[illegible]
東方夜落西
大珠禪師[illegible]一切衆生皆有[illegible]
備用是佛性[illegible]用是[illegible]衆生用是衆生[illegible]
[illegible]相[illegible]用立名故經云一切賢聖皆以無爲法
而有差別[illegible]名說法禪師如何
直指 上 二

證會師曰爲般若體畢竟清淨無有一物可得
是名無法可說是名說法
佛鑑和尚示衆舉僧問趙州如何是不遷義州以
手作流水勢其僧有省又僧問法眼不取於相
如如不動如何不取於相見不動去法眼云日出東
方夜落西其僧亦有省若也於此二和尚言句
見得去始知旋嵐偃岳本來常靜江河競注元
自不流此是如如不之義
巖山和尚曾問石霜起滅不停時如何霜云直須
寒灰枯木去一念萬年去[illegible]至清絕點去山不契却
往巖頭處如前問頭喝云是誰起滅山於言下大

<복원 서엽 3> 금속활자판의 표면장력 현상("玄明"+아교액 10%,국전지)

<복원 서엽 4> 자적이 투영된 1차 교정지의 배면
("鴻星墨液"+밀가루풀 10%,中華民國 臺灣 書畫用 宣紙)

<복원 서엽 5>와 <목판 서엽 1> "黃山松煙" 5%의 1차 교정지 및 목판 인출 결과

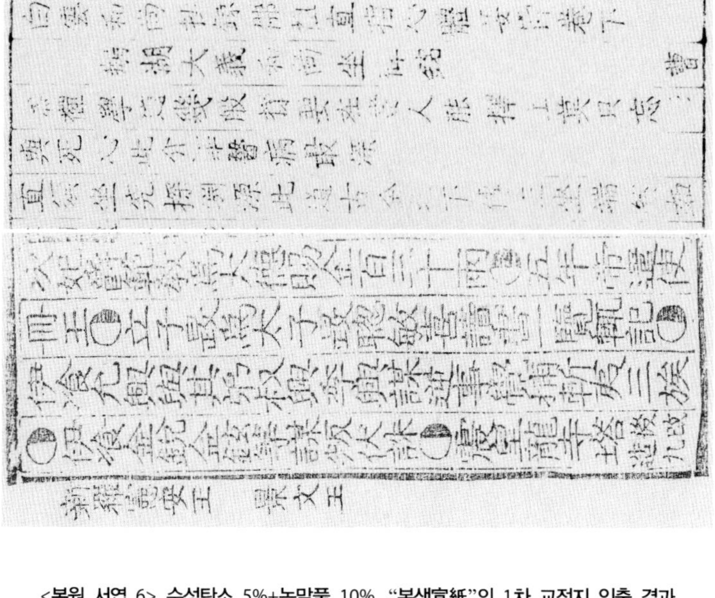

<복원 서엽 6> 수성탄소 5%+녹말풀 10%, "본색宣紙"의 1차 교정지 인출 결과

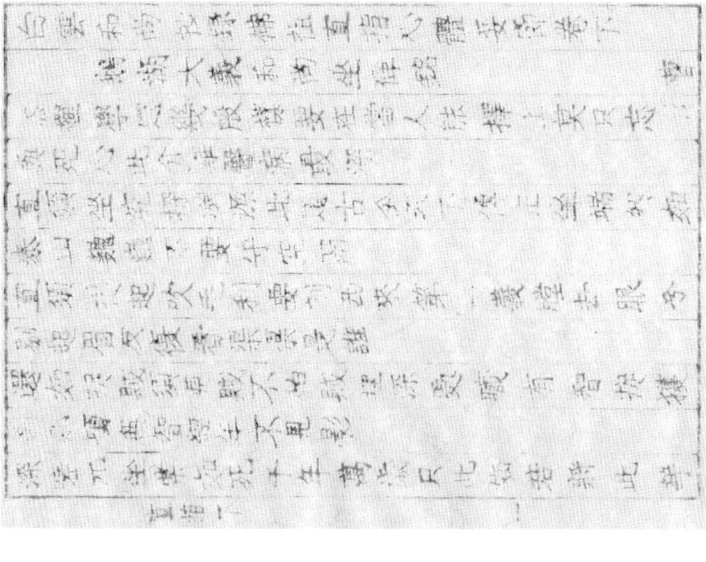

<복원 서엽 7>과 <목판 서엽 2> “鴻星墨液” 5%의 1차 교정지 및 목판 인출 결과

<복원 서엽 8> “鴻星墨液” 5%+밀가루풀 10%, “본색宣紙”의 1차 교정지 인출 결과

<복원 서엽 9> "玄明" 5%+동백유의 2차 교정지

<복원 서엽 10> "玄明" 5%+피마자유의 5차 교정지

<복원 서엽 11> "油煙104" 5%+밀가루풀 10%, "特淨宣紙"

白雲和尚抄録佛祖直指心體要節卷下

鵝湖大義和尚坐禅銘　曹

叅禪學道幾般樣要在當人能擇上莫只忘形

與死心此个難醫病最深

直須坐究探淵源此道古今天下傳正坐端然如

泰山巍巍不要守空閑

直須提起吹毛利要剖西來第一義瞠却眼兮

剔起眉反復看渠渠是誰

還如捉賊須見賊不怕賊埋深處藏有智捉獲

刹那頃無智經年不見影

深嗟兀坐常如死千年萬歲只此如若將此等

直指下　一

<복원 서엽 12> 유성 탄소 5%+녹말풀 10%

白雲和尚抄錄佛祖直指心體要節卷下
鵝湖大義和尚坐禪銘　曺
參禪學道幾般樣要在當人能擇上莫只忘形
與死心此介難醫病最深
直須坐究探淵源此道古今天下傳正坐端然如
泰山巍巍不要守空閑
直須提起吹毛利要剖西來第一義瞠却眼兮
剔起眉反覆看渠渠是誰
還如捉賊須見贓不怕賊埋深處藏有智捉獲
刹那頃無智經年不見影
深嗟兀坐常如死千年萬歲只如此若將此等

直指 下　一

當禪宗拈花微笑喪家風
黑山下坐死水浸大地漫漫如何禁若是鐵眼
銅睛漢著手心頭能自判
直須著到悟爲期啐乳一聲師子兒君不見磨
甎作鏡喩有由車不行兮我打牛又不見叢
前溪水萬丈清沉沉寂寂杳無聲一朝魚龍
來攪動波翻浪湧眞堪重
比如靜坐不用功何年及第悟心空急下手兮高
著眼管取今生敎了辦
若還默默恣如愚知君未解做工夫抖擻精
神著意看無形無影悟不難

<복원 서엽 13> 유성 탄소 5%+밀가루풀 10%

白雲和尚抄錄佛祖直指心體要節卷下
鵝湖大義和尚坐禪銘　曺
參禪學道幾般樣要在當人能擇上莫只忘形
與死心此介難醫病最深
直須坐究探淵源此道古今天下傳正坐端然如
泰山巍巍不要守空閑
直須提起吹毛利要剖西來第一義瞠却眼兮
剔起眉反覆看渠渠是誰
還如捉賊須見贓不怕賊埋深處藏有智捉獲
刹那頃無智經年不見影
深嗟兀坐常如死千年萬歲只如此若將此等

直指 下　一

當禪宗拈花微笑喪家風
黑山下坐死水浸大地漫漫如何禁若是鐵眼
銅睛漢著手心頭能自判
直須著到悟爲期啐乳一聲師子兒君不見磨
甎作鏡喩有由車不行兮我打牛又不見叢
前溪水萬丈清沉沉寂寂杳無聲一朝魚龍
來攪動波翻浪湧眞堪重
比如靜坐不用功何年及第悟心空急下手兮高
著眼管取今生敎了辦
若還默默恣如愚知君未解做工夫抖擻精
神著意看無形無影悟不難

<복원 서엽 14> 유성 탄소 5%+찹쌀풀 10%

白雲和尙抄錄佛祖直指心體要節卷下

鵝湖大義和尙坐禪銘

參禪學道幾般樣要在當人能擇上莫只忘形

與死心此个難醫病最深

直須坐究探淵源此道古今天下傳正坐端然

如泰山巍巍不要守空閑

直須提起吹毛利要剖西來第一義瞠却眼兮

剔起眉反覆看渠渠是誰

還如捉賊須見贓不怕賊埋深處藏有智捉獲

剎那擒無智經年不見影

深嗟兀坐常如死千年萬歲只此如若將此[illegible]

直指下　　一

當禪宗枯[illegible]錯失家風

黑山下坐死水浸大地漫漫如何辨若是鐵眼

銅睛漢著手心頭莫自謾

直須看到[illegible][illegible][illegible][illegible][illegible]一聲[illegible]子兒若不見[illegible]

[illegible]作[illegible][illegible][illegible]有[illegible][illegible]不行[illegible][illegible]打牛又不見[illegible]

[illegible][illegible][illegible][illegible]丈[illegible][illegible][illegible][illegible][illegible]香[illegible][illegible]一[illegible][illegible][illegible]

[illegible][illegible][illegible][illegible][illegible][illegible][illegible][illegible][illegible]

[illegible]如[illegible]坐不用功同生及[illegible][illegible][illegible]空[illegible]下手[illegible][illegible]

[illegible][illegible][illegible][illegible]今生[illegible][illegible][illegible]

[illegible][illegible][illegible][illegible][illegible][illegible][illegible][illegible][illegible][illegible]夫[illegible][illegible][illegible]

[illegible][illegible][illegible][illegible][illegible][illegible][illegible][illegible][illegible]

<복원 서엽 15> 유성 탄소 5%+아교액 10%

白雲和尚抄錄佛祖直指心體要節卷下

鵝湖大義和尚坐禪銘　曹

參禪學道幾般樣要在當人能擇上莫只忘形

與死心此介難醫病最深

直須坐究探淵源此道古今天下傳正坐端然如

泰山巍巍不要守空閑

直須提起吹毛利要剖西來第一義瞠却眼兮

剔起眉反復看渠渠是誰

還如捉賊須見賊不怕賊埋深處藏有智捉獲

剎那頃無智經年不見影

深嗟兀坐常如死千年萬歲只此如若將此等

直指下　一

當禪宗拈花微笑喪家風

黑山下坐死水浸大地漫漫如何禁君是鐵眼

銅睛漢著手心頭能自判

直須看到悟爲期啐啄一聲師子兒君不見磨

甎作鏡喻有由車不行兮在打牛又不見巖

前湛水萬丈澄沉沉寂寂杳無聲一朝魚龍

來攪動波翻浪湧眞堪重

比如靜坐不用功何年及第悟心空急下手兮高

著眼管取今生數了辦

若還默默恣如愚知君未解做功夫抖擻精

神著意看無形無影悟不難

<복원 서엽 16> "四君子" 5%+녹말풀 10%

白雲和尚抄錄佛祖直指心體要節卷下

鵝湖大義和尚坐禪銘　曹

參禪學道幾般樣要在當人能擇上莫只忘形

與死心此介難醫病最深

直須坐究探淵源此道古今天下傳正坐端然如

泰山巍巍不要守空閑

直須提起吹毛利要剖西來第一義瞠却眼兮

剔起眉反復看渠渠是誰

還如捉賊須見賊不怕賊埋深處藏有智捉獲

剎那頃無智經年不見影

深嗟兀坐常如死千年萬歲只此如若將此等

直指下　一

當禪宗拈花微笑喪家風

黑山下坐死水浸大地漫漫如何禁君是鐵眼

銅睛漢著手心頭能自判

直須看到悟爲期啐啄一聲師子兒君不見磨

甎作鏡喻有由車不行兮在打牛又不見巖

前湛水萬丈澄沉沉寂寂杳無聲一朝魚龍

來攪動波翻浪湧眞堪重

比如靜坐不用功何年及第悟心空急下手兮高

著眼管取今生數了辦

若還默默恣如愚知君未解做功夫抖擻精

神著意看無形無影悟不難

<복원 서엽 17> "四君子" 5%+밀가루풀 10%

白雲和尚抄錄佛祖直指心體要節卷下

鵝湖大義和尚坐禪銘　　曹

參禪學道幾般樣要在當人能擇上莫只忘形
與死心此介難醫病最深
直須坐究探淵源此道古今天下傳正坐端然如
泰山巍巍不要守空閑
直須提起吹毛利要剖西來第一義瞠却眼兮
剔起眉反覆看渠渠是誰
還如捉賊須見贓不怕賊埋深處藏有智捉獲
剎那頃無智經年不見影
深嗟兀坐常如死千年萬歲只如此若將此等

直指下　一

當禪宗拈花微笑喪家風
黑山下坐死水浸大地漫漫如何禁若是鐵眼
銅睛漢着手心頭能自判
直須看到悟爲期啐地一聲師子兒君不見磨
甎作鏡喩有由車不行兮須打牛又不見嶽
前湛水萬丈深沉沉無音無聲魚龍
不攪動夜深波浪眞堪重
只如靜坐不用功何年及第悟心空急下手兮高
着眼管取今生敎了辦
若還默默恣如愚知君未解做功夫抖擻精
神着意看無形無影悟不難

白雲和尚抄錄佛祖直指心體要節卷下
鵝湖大義和尚坐禪銘　曹
参禪學道幾般樣要在當人能擇上莫只忘形
與死心此分難醫病最深
直須坐究探淵源此道古今天下傳正坐端然如
泰山巍巍不要守空閑
直須提起吹毛利要用西來第一義瞪却眼兮
剔起眉反復看渠渠是誰
還如捉賊須見贓不怕賊埋深處藏有智捉獲
剎那頃無智經年不見影
深嗟兀坐常如死千年萬歲只此如若將此等

直指下　一

當禪宗拈花微笑喪家風
黑山下坐死水浸大地漫漫如何禁若是鐵眼
銅睛漢把手心頭能自判
直須看看悟爲期瞥然一聲師子兒君不見磨
甎作鏡摘有由車不行兮在打牛又不見巖
前湛水萬丈清沉沉無容杳無聲一朝魚龍
來攪動波瀾浪湧眞堪重
此如靜坐不用功何年及第悟心空急下手兮高
着眼管取今生教了辦
若還默默恣如愚知君未解做功夫抖擻精
神看意看無形無影悟不難

<복원 서엽 19> “四君子” 5%+아교액 10%

白雲和尚抄錄佛祖直指心體要節卷下

鵝湖大義和尚坐禪銘

參禪學道幾般樣要在當人能擇上莫只忘形
與死心此介難醫病最深
直須坐究探淵源此道古今天下傳正坐端然如
泰山巍巍不要守空閑
直須提起吹毛利要剖西來第一義瞠卻眼兮
剔起眉反覆看渠渠是誰
還如[illegible]不怕賊無深更深處有[illegible]
剎那[illegible]無[illegible]年不見影
深[illegible]不必[illegible]如[illegible]千年[illegible]只此如君[illegible]此學

直指下 一

當禪宗拈花微笑家風
黑山下坐死水浸大地漫漫如何禁若是鐵眼
銅睛漢把手心頭能自判
直須著到悟為期啐地一聲師子兒君不見瞿
曇[illegible]喻有[illegible]不行不行打牛又不見[illegible]
前[illegible]萬丈清[illegible]香[illegible]一朝[illegible]龍
[illegible]浪[illegible]真堪羨
此如禪坐不用功何年及第悟心空急下手今高
著眼看[illegible]分明[illegible]辨
若還默默忘如愚知君未解做功夫抖擻精
神著意看無形無影悟不難

<복원 서엽 20> "油煙101" 5%+녹말풀 10%

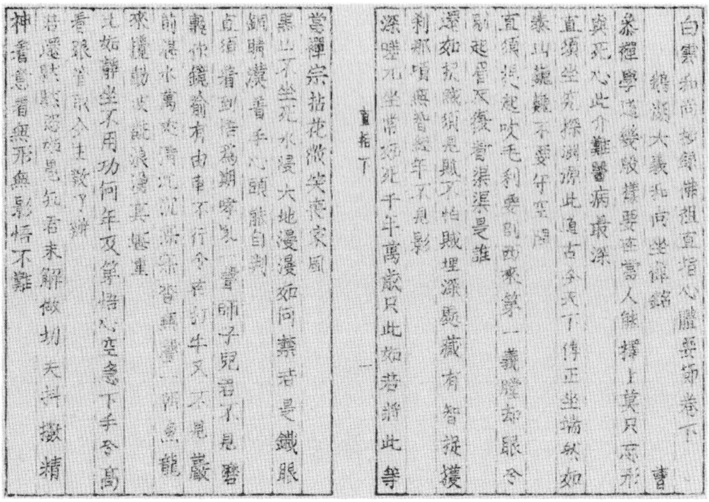

白雲和尚抄錄佛祖直指心體要節卷下

鵝湖大義和尚坐禪銘　曹

衆禪學道幾般樣要在當人能擇上莫只忘形與死心此个難醫病最深直須坐究探淵源此道古今天下傳正坐端然如泰山巍巍不要守空閑直須提起吹毛利要剖西來第一義瞠却眼兮剔起眉反覆看渠渠是誰還如捉賊須見賊不怕賊埋深處藏有智捉獲剎那頃無智經年不見影深嗟兀坐常如死千年萬歲只此如若將此等

直指下　一

當禪宗拈花微笑丧家風黑山下坐死水浸大地漫漫如何禁若是鐵眼銅睛漢着手心頭能自判直須着到悟爲期啐乳一聲師子兒若不見磨轆作鏡喻有由車不行兮在打牛又不見巖前湛水萬丈清沉沉寂寂沓無聲一朝忽龍來攪動波瀾浪浸真堪重比如靜坐不用功何年及第悟心空急下手兮高着眼管取今生教了辦若還默默恣如愚知君未解做功夫抖擻精神着意看無形無影悟不難

<복원 서엽 21> "油煙101" 5%+밀가루풀 10%

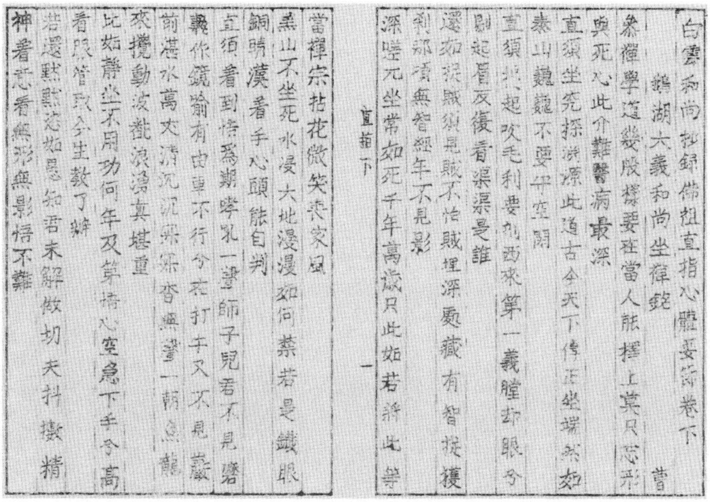

白雲和尚抄錄佛祖直指心體要節卷下

鵝湖大義和尚坐禪銘　曹

衆禪學道幾般樣要在當人能擇上莫只忘形與死心此个難醫病最深直須坐究探淵源此道古今天下傳正坐端然如泰山巍巍不要守空閑直須提起吹毛利要剖西來第一義瞠却眼兮剔起眉反覆看渠渠是誰還如捉賊須見賊不怕賊埋深處藏有智捉獲剎那頃無智經年不見影深嗟兀坐常如死千年萬歲只此如若將此等

直指下　一

當禪宗拈花微笑丧家風黑山下坐死水浸大地漫漫如何禁若是鐵眼銅睛漢着手心頭能自判直須着到悟爲期啐乳一聲師子兒若不見磨轆作鏡喻有由車不行兮在打牛又不見巖前湛水萬丈清沉沉寂寂沓無聲一朝忽龍來攪動波瀾浪浸真堪重比如靜坐不用功何年及第悟心空急下手兮高着眼管取今生教了辦若還默默恣如愚知君未解做功夫抖擻精神着意看無形無影悟不難

<복원 서엽 22> "油煙101" 5%+찹쌀풀 10%

白雲和尚抄錄佛祖直指心體要節卷下
鵝湖大義和尚坐禪銘　曹
叅禪學道幾般樣要在當人能擇上莫只忘形
與死心此介難醫病最深
直須坐究探淵源此道古今天下傳正坐端然如
泰山巍巍不要守空閑
直須提起吹毛利要剖西來第一義瞠却眼兮
劒起眉反復看渠渠是誰
還如捉賊須見贓不怕賊埋深處藏有智捉獲
刹那頃無智經年不見影
深嗟兀坐常如死千年萬歲只此如君將此等

直指下　一

當禪宗拈花微笑喪家風
黑山不坐死水浸大地漫漫如何禁君是鐵眼
銅睛漢看手心頭能自判
直須看到悟爲期哮吼一聲師子兒君不見磨
甎作鏡瑜有由車不行兮在打牛又不見嚴
前湛水萬丈清沉沉寂寂杳無聲一朝魚龍
來攪動波浪渙真堪重
此如靜坐不用功何年及第悟心空急下手兮高
着眼管取今生數了辦
若還默默恣如愚知君未解做功夫抖擻精
神看恣看無形無影悟不難

<복원 서엽 23> "油煙101" 5%+아교액 10%

白雲和尚抄錄佛祖直指心體要節卷下
鵝湖大義和尚坐禪銘　曹
叅禪學道幾般樣要在當人能擇上莫只忘形
與死心此介難醫病最深
直須坐究探淵源此道古今天下傳正坐端然如
泰山巍巍不要守空閑
直須提起吹毛利要剖西來第一義瞠却眼兮
劒起眉反復看渠渠是誰
還如捉賊須見贓不怕賊埋深處藏有智捉獲
刹那頃無智經年不見影
深嗟兀坐常如死千年萬歲只此如君將此等

直指下　一

當禪宗拈花微笑喪家風
黑山不坐死水浸大地漫漫如何禁君是鐵眼
銅睛漢看手心頭能自判
直須看到悟爲期哮吼一聲師子兒君不見磨
甎作鏡瑜有由車不行兮在打牛又不見嚴
前湛水萬丈清沉沉寂寂杳無聲一朝魚龍
來攪動波浪渙真堪重
此如靜坐不用功何年及第悟心空急下手兮高
着眼管取今生數了辦
若還默默恣如愚知君未解做功夫抖擻精
神看恣看無形無影悟不難

<복원 서엽 24> "油煙104" 5%+녹말풀 10%

白雲和尚抄錄佛祖直指心體要節卷下
鵝湖大義和尚坐禪銘 曹
參禪學道幾般樣要在當人能擇上莫只忘形
與死心此个難醫病最深
直須坐究探淵源此道古今天下傳正坐端然如
泰山巍巍不要守空閑
直須把起吹毛利要剖西來第一義瞠却眼兮
剔起眉反復看渠渠是誰
還如捉賊須見贓不怕賊埋深處藏有智捉獲
剎那頃無智經年不見影
深嗟兀坐常如死千年萬歲只此如若將此等

直指下 一

當禪宗拈花微笑衆家風
黑山不坐死水浸大地漫漫如何禁君是鐵眼
銅睛漢着手心頭能自判
直須着到悟爲期哮吼一聲師子兒君不見磨
甎作鏡喩有由車不行兮在打牛又不見嚴
前湛水萬丈清沉沉寂寂杳無聲一朝魚龍
來攪動波瀾浪湧真堪重
比如靜坐不用功何年及第悟心空急下手兮高
着眼管取今生數了辦
若還默默恣如愚知君未解做切夫抖擻精
神着意看無形無影悟不難

<복원 서엽 25> "油煙104" 5%+밀가루풀 10%

白雲和尚抄錄佛祖直指心體要節卷下
鵝湖大義和尚坐禪銘 曹
參禪學道幾般樣要在當人能擇上莫只忘形
與死心此个難醫病最深
直須坐究探淵源此道古今天下傳正坐端然如
泰山巍巍不要守空閑
直須把起吹毛利要剖西來第一義瞠却眼兮
剔起眉反復看渠渠是誰
還如捉賊須見贓不怕賊埋深處藏有智捉獲
剎那頃無智經年不見影
深嗟兀坐常如死千年萬歲只此如若將此等

直指下 一

當禪宗拈花微笑衆家風
黑山不坐死水浸大地漫漫如何禁君是鐵眼
銅睛漢着手心頭能自判
直須着到悟爲期哮吼一聲師子兒君不見磨
甎作鏡喩有由車不行兮在打牛又不見嚴
前湛水萬丈清沉沉寂寂杳無聲一朝魚龍
來攪動波瀾浪湧真堪重
比如靜坐不用功何年及第悟心空急下手兮高
着眼管取今生數了辦
若還默默恣如愚知君未解做切夫抖擻精
神着意看無形無影悟不難

<복원 서엽 26> "油煙104" 5%+찹쌀풀 10%

白雲和尚抄錄佛祖直指心體要節卷下
韶州大鑑和尚坐禪銘 書
參禪學道幾般樣要在當人能擇上莫只忘形
與死心此介難醫病最深
直須坐究探淵源此道古今天下傳正坐端然如
泰山巍巍不要守空閑
直須出定起吹毛利用西來第一義瞠却眼兮
剔起眉反復看渠渠是誰
還如捉賊須見贓不怕賊埋深處藏有智捉獲
剎那須無智幾年不見影
深嗟凡坐常如死千年萬歲只此如若將此等

直指下 一

當禪宗拈花微笑家風
黑山下坐死水浸大地漫漫如何禁若是識眼
銅睛漢著手心頭能自判
直須當到悟爲期擊孔一聲師子兒吾不見磨
塼作鏡論有由車不行兮在打牛又不見嚴
頭道吟萬丈清沉沉寂寂杳無蹤一朝忽若龍
來攪動波瀾浪湧真堪畫
尤如禁坐不用功何年及第悟心空急下手兮高
着眼管取今生教了辦
若還默默恣如愚知吾未解機關夫封撥精
神著意看無形無影悟不難

<복원 서엽 27> "油煙104" 5%+아교액 10%

白雲和尚抄錄佛祖直指心體要節卷下
靜湖大義和尚坐禪銘　嘗
參禪學道幾般樣要在當人能擇上莫只忘形
與死心此个難醫病最深
直須坐究探淵源此道古今天下傳正坐端然如
泰山巍巍不要守空閑
直須提起吹毛利要問西來第一義體取眼令
剔起眉反復看渠渠是誰
還如捉賊須見贓不怕賊埋深處藏有智捉獲
剎那間無智經年不見影
深嗟兀坐常如死千年萬歲只如此若將此等

直指下　一

當禪宗拈花微笑爲家風
黑山下坐死水浸大地邪魔如何禁若是鐵眼
銅睛漢著手心頭能自判
直須看到悟爲則嗟乳一聲師子兒若不是麽
義作鍮鈴有由車不行兮打牛又不肯廢
前湛水萬丈清沉沉寂寂杳無聲一旦点龍
來攪動波瀾浪滔真堪望
比如靜坐不用功何年及第悟心空急下手兮高
着眼管取今生教了辦
若還默默恣如愚知君未解做功夫抖擻精
神着意看無形無影悟不難

<복원 서엽 28> "鴻星墨液" 5%+녹말풀 10%

白雲和尚抄錄佛祖直指心體要節卷下
靜湖大義和尚坐禪銘　嘗
參禪學道幾般樣要在當人能擇上莫只忘形
與死心此个難醫病最深
直須坐究探淵源此道古今天下傳正坐端然如
泰山巍巍不要守空閑
直須提起吹毛利要問西來第一義體取眼令
剔起眉反復看渠渠是誰
還如捉賊須見贓不怕賊埋深處藏有智捉獲
剎那間無智經年不見影
深嗟兀坐常如死千年萬歲只如此若將此等

直指下　一

當禪宗拈花微笑爲家風
黑山下坐死水浸大地邪魔如何禁若是鐵眼
銅睛漢著手心頭能自判
直須看到悟爲則嗟乳一聲師子兒若不是麽
義作鍮鈴有由車不行兮打牛又不肯廢
前湛水萬丈清沉沉寂寂杳無聲一旦点龍
來攪動波瀾浪滔真堪望
比如靜坐不用功何年及第悟心空急下手兮高
着眼管取今生教了辦
若還默默恣如愚知君未解做功夫抖擻精
神着意看無形無影悟不難

<복원 서엽 29> "鴻星墨液" 5%+밀가루풀 10%

白雲和尚抄錄佛祖直指心體要節卷下
嵩嶽大義和尚坐禪銘　曹
參禪學道幾般樣要在當人能擇上莫只忘形
與死心此箇難醫病最深
直須坐究探淵源此道古今天下傳正坐端然如
泰山巍巍不要守空閑
直須提起吹毛利要剖西來第一義瞠却眼兮
剔起眉反覆看渠渠是誰
還如捉賊須見贓不怕賊埋深處藏有智捉獲
剎那頃無智經年不見影
深嗟兀坐常如死千年萬歲只此故若將此等

直指下　一

當禪宗拈花微笑底家風
黑山下坐死水浸大地漫漫如何禁若是識眼
銅睛瞞漢看手心頭能自判
直須看到悟為期驀然一聲師子兒若不見麼
轉依舊鈴釘有由車不行兮在打牛又不見巖
前潭水萬丈清沉沉寂寂杳無聲一朝忽爾龍
來攪動波瀾浪湧真堪畫
比如靜坐不用功何年及第悟心空急下手兮萬
老限常時今生熟了辨
若還默默恣如愚知苦未解徹劫夫討撥精
神看意看無形無影悟不難

<복원 서엽 30> "鴻星墨液" 5%+찹쌀풀 10%

白雲和尚抄錄佛祖直指心體要節卷下
鵝湖大義和尚坐禪銘　曹
參禪學道幾般樣要在當人能擇上莫只忘形
與死心此介難醫病最深
直須坐究探淵源此道古今天下傳正坐端然如
泰山巍巍不要守空閑
直須提起吹毛利要剖西來第一義瞠却眼兮
剔起眉反覆看渠渠是誰
還如捉賊須見賊不怕賊埋深處藏有智捉獲
剎那頃無智經年不見影
深嗟兀坐常如死千年萬歲只此如若將此等

直指 下　一

當禪宗拈花微笑喪家風
黑山不坐死水浸大地漫漫如何禁若是鐵眼
銅睛漢着手心頭能自判
直須看到悟爲期啐乳一聲師子兒君不見磨
甎作鏡喩有由車不行兮在打牛又不見巖
前湛水萬丈清沉沉無深杳無聲一朝魚龍
來攪動波浪湧真堪重
比如靜坐不用功何年及第悟心空急下手兮高
看眼睛取今生教了辦
若還默默恣如愚知君未解做切夫抖擻精
神著意看無形無影悟不難

<복원 서엽 31> "鴻星墨液" 5%+아교액 10%

白雲和尚抄錄佛祖直指心體要節卷下
鵝湖大義和尚坐禪銘　曹
參禪學道幾般樣要在當人能擇上莫只忘形
與死心此介難醫病最深
直須坐究探淵源此道古今天下傳正坐端然如
泰山巍巍不要守空閑
直須提起吹毛利要剖西來第一義瞠却眼兮
剔起眉反覆看渠渠是誰
還如捉賊須見賊不怕賊埋深處藏有智捉獲
剎那頃無智經年不見影
深嗟兀坐常如死千年萬歲只此如若將此等

直指 下　一

當禪宗拈花微笑喪家風
黑山不坐死水浸大地漫漫如何禁若是鐵眼
銅睛漢着手心頭能自判
直須看到悟爲期啐乳一聲師子兒君不見磨
甎作鏡喩有由車不行兮在打牛又不見巖
前湛水萬丈清沉沉無深杳無聲一朝魚龍
來攪動波浪湧真堪重
比如靜坐不用功何年及第悟心空急下手兮高
看眼睛取今生教了辦
若還默默恣如愚知君未解做切夫抖擻精
神著意看無形無影悟不難

<복원 서엽 32> "精制墨汁" 5%+녹말풀 10%

白雲和尚抄錄佛祖直指心體要節卷下
鵠湖大義和尚坐禪銘　曹
叅禪學道幾般樣要在當人能擇上莫只忘形
與死心此介難醫病最深
直須坐究探渊源此道古今天下傳正坐端然如
泰山巍巍不要守空閑
直須提起吹毛利要剖西來第一義瞠卻眼兮
剔起眉反復看渠渠是誰
還如捉賊須見贓不怕賊埋深處藏有智捉獲
刹那頃無智經年不見影
深嗟兀坐常如死千年萬歲只此如若將此等

直指 下　一

當禪宗拈花微笑喪家風
黑山不坐死水浸大地漫漫如何禁若是鐵眼
銅睛漢着手心頭能自判
直須著到悟為期哮吼一聲師子兒君不見磨
甎作鏡喻有由車不行兮在打牛又不見巖
前湛水萬丈清沉沉無聲杳無響一朝魚龍
來攪動波瀾浪漫真堪重
比如靜坐不用功何年及第悟心空急下手兮高
著眼管取今生教了辦
若還默默恣怡怡恁知君未解做功夫抖擻精
神着意看無形無影悟不難

<복원 서엽 33> "精制墨汁" 5%+밀가루풀 10%

白雲和尚抄錄佛祖直指心體要節卷下
鵠湖大義和尚坐禪銘　曹
叅禪學道幾般樣要在當人能擇上莫只忘形
與死心此介難醫病最深
直須坐究探渊源此道古今天下傳正坐端然如
泰山巍巍不要守空閑
直須提起吹毛利要剖西來第一義瞠卻眼兮
剔起眉反復看渠渠是誰
還如捉賊須見贓不怕賊埋深處藏有智捉獲
刹那頃無智經年不見影
深嗟兀坐常如死千年萬歲只此如若將此等

直指 下　一

當禪宗拈花微笑喪家風
黑山不坐死水浸大地漫漫如何禁若是鐵眼
銅睛漢着手心頭能自判
直須著到悟為期哮吼一聲師子兒君不見磨
甎作鏡喻有由車不行兮在打牛又不見巖
前湛水萬丈清沉沉無聲杳無響一朝魚龍
來攪動波瀾浪漫真堪重
比如靜坐不用功何年及第悟心空急下手兮高
著眼管取今生教了辦
若還默默恣怡怡恁知君未解做功夫抖擻精
神着意看無形無影悟不難

<복원 서엽 34> "精制墨汁" 5%+찹쌀풀 10%

白雲和尚抄錄佛祖直指心體要節卷下
鵝湖大義和尚坐禪銘　曹
參禪學道幾般樣要在當人能擇上莫只忘形
與死心此介難醫病最深
直須坐究探淵源此道古今天下傳正坐端然如
泰山巍巍不要守空閑
直須提起吹毛利要剖西來第一義瞠却眼兮
剔起眉反復看渠渠是誰
還如捉賊須見贓不怕賊埋深處藏有智捉獲
刹那頃無智經年不見影
深嗟兀坐常如死千年萬歲只此如若將此等

直指下　一

當禪宗拈花微笑衣家風
黑山不坐死水浸大地漫漫如何禁若是鐵眼
銅睛漢着手心頭能自判
直須着到悟為期哮吼一聲師子兒君不見塼
輾作鏡喻有由車不行兮在打牛又不見藏
前湛水萬丈清沉沉寂寂杳無蹤一朝魚龍
來攪動波瀾浪湧真堪重
此如靜坐不用功何年叉第悟心空急下手兮高
看眼看取今生教了辦
若還點點恣如愚知君未解做功夫抖擻精
神着意看無形無影悟不難

<복원 서엽 35> "精制墨汁" 5%+아교액 10%

白雲和尚抄錄佛祖直指心體要節卷下
鵝湖大義和尚坐禪銘　曹
參禪學道幾般樣要在當人能擇上莫只忘形
與死心此介難醫病最深
直須坐究探淵源此道古今天下傳正坐端然如
泰山巍巍不要守空閑
直須提起吹毛利要剖西來第一義瞠却眼兮
剔起眉反復看渠渠是誰
還如捉賊須見贓不怕賊埋深處藏有智捉獲
刹那頃無智經年不見影
深嗟兀坐常如死千年萬歲只此如若將此等

直指下　一

當禪宗拈花微笑衣家風
黑山不坐死水浸大地漫漫如何禁若是鐵眼
銅睛漢着手心頭能自判
直須着到悟為期哮吼一聲師子兒君不見塼
輾作鏡喻有由車不行兮在打牛又不見藏
前湛水萬丈清沉沉寂寂杳無蹤一朝魚龍
來攪動波瀾浪湧真堪重
此如靜坐不用功何年叉第悟心空急下手兮高
看眼看取今生教了辦
若還點點恣如愚知君未解做功夫抖擻精
神着意看無形無影悟不難

<복원 서엽 36> "玄明" 5%+녹말풀 10%

白雲和尚抄錄佛祖直指心體要節卷下
鵝湖大義和尚坐禪銘　　曹
叅禪學道幾般樣要在當人能擇上莫只忘形
與死心此介難醫病最深
直須坐究探淵源此道古今天下傳正坐端然如
泰山巍巍不要守空閑
直須提起吹毛利要剖西來第一義瞠却眼兮
剔起眉反復看渠渠是誰
還如捉賊須見贓不怕賊埋深處藏有智捉獲
刹那頃無智經年不見影
深嗟兀坐常如死千年萬歲只此如若將此學

直指下　一

當禪宗拈花微笑家風
黒山不坐死水浸大地漫漫如何禁若是鐵眼
銅睛漢著手心頭能自判
直須著到悟爲期哮吼一聲師子兒君不見磨
甎作鏡喻有由車不行兮在打牛又不見嵓
前湛水萬丈清沉沉寂寂杳無蹤一朝點龍
來攪動波瀾浪滔真堪重
比如靜坐不用功何年及第悟心空急下手兮高
著眼看取今生數了辦
若還默默恣如是知君未解做功夫抖擻精
神著意看無形無影悟不難

<복원 서엽 37> "玄明" 5%+밀가루풀 10%

白雲和尚抄錄佛祖直指心體要節卷下
鵝湖大義和尚坐禪銘　　曹
叅禪學道幾般樣要在當人能擇上莫只忘形
與死心此介難醫病最深
直須坐究探淵源此道古今天下傳正坐端然如
泰山巍巍不要守空閑
直須提起吹毛利要剖西來第一義瞠却眼兮
剔起眉反復看渠渠是誰
還如捉賊須見贓不怕賊埋深處藏有智捉獲
刹那頃無智經年不見影
深嗟兀坐常如死千年萬歲只此如若將此學

直指下　一

當禪宗拈花微笑家風
黒山不坐死水浸大地漫漫如何禁若是鐵眼
銅睛漢著手心頭能自判
直須著到悟爲期哮吼一聲師子兒君不見磨
甎作鏡喻有由車不行兮在打牛又不見嵓
前湛水萬丈清沉沉寂寂杳無蹤一朝點龍
來攪動波瀾浪滔真堪重
比如靜坐不用功何年及第悟心空急下手兮高
著眼看取今生數了辦
若還默默恣如是知君未解做功夫抖擻精
神著意看無形無影悟不難

<복원 서엽 38> "玄明" 5%+찹쌀풀 10%

白雲和尚抄錄佛祖直指心體要節卷下
鵝湖大義和尚坐禪銘　曾
參禪學道幾般樣要在當人能擇上莫只忘形
與死心此个難醫病最深
直須坐究探淵源此道古今天下傳正坐端然如
泰山巍巍不要守空閑
直須提起吹毛利要剖西來第一義瞠却眼兮
剔起眉反復看渠渠是誰
還如捉賊須見贓不怕賊埋深處藏有智捉獲
剎那頃無智經年不見影
深嗟兀坐常如死千年萬歲只此如若將此等

直指下　一

當禪宗拈花微笑衆家風
黒山不坐死水浸大地漫漫如何禁若是鐵眼
銅睛漢着手心頭能自判
直須着到悟爲期哮吼一聲師子兒君不見磨
甎作鏡前有由車不行兮在打牛又不見巖
前湛水萬丈清沉沉深深杳無聲一朝魚龍
來攪動波瀾浪湧眞堪重
此如靜坐不用功何年及第悟心空急下手兮高
着眼管取今生教了辦
若還默默恣如愚知君未解做切夫抖擻精
神看意看無形無影悟不難

<복원 서엽 39> "玄明" 5%+아교액 10%

白雲和尚抄錄佛祖直指心體要節卷下
鵝湖大義和尚坐禪銘　曾
參禪學道幾般樣要在當人能擇上莫只忘形
與死心此个難醫病最深
直須坐究探淵源此道古今天下傳正坐端然如
泰山巍巍不要守空閑
直須提起吹毛利要剖西來第一義瞠却眼兮
剔起眉反復看渠渠是誰
還如捉賊須見贓不怕賊埋深處藏有智捉獲
剎那頃無智經年不見影
深嗟兀坐常如死千年萬歲只此如若將此等

直指下　一

當禪宗拈花微笑衆家風
黒山不坐死水浸大地漫漫如何禁若是鐵眼
銅睛漢着手心頭能自判
直須着到悟爲期哮吼一聲師子兒君不見磨
甎作鏡前有由車不行兮在打牛又不見巖
前湛水萬丈清沉沉深深杳無聲一朝魚龍
來攪動波瀾浪湧眞堪重
此如靜坐不用功何年及第悟心空急下手兮高
着眼管取今生教了辦
若還默默恣如愚知君未解做切夫抖擻精
神看意看無形無影悟不難

<복원 서엽 40> 유성 탄소 5%+녹말풀 10%

<복원 서엽 41> 유성 탄소 5%+밀가루풀 10%

<복원 서엽 42> 유성 탄소 5%+찹쌀풀 10%

此是十分眞宗志勇猛丈夫却須記切莫聽這
不須參西聖教孜孜爲指南 曹
雖然舊閑閑田地一度贏來得也未要識坐禪不
動寂屈行草偃悉皆論
而今四海淸如鏡頭頭物物皆菩提長短方圓只
自知從來絲髮不曾移若問坐禪成底事日出
東方夜落西
大珠禪師因僧問一切衆生皆有佛性如何師云作
佛用是佛性作賊用是賊性作衆生用是衆生性
性無形相隨用立名故經云一切賢聖皆以無爲法
而有差別又僧問無法可說是名說法律師如何

直指下 二

體會師云爲般若體畢竟淸淨無有一物可得
是名無法可說是名說法
佛鑑和尚示衆擧僧問趙州如何是了[illegible]以
手作流水勢其僧有省又僧問法眼不取於相
如如不動如何不取於相見不動去法眼云日出東
方夜落西其僧亦有省若也於此見得和尚官[illegible]
見得方知道旋嵐偃岳本來常靜江河競注元
自不流此是如如不動之義
羅山和尚會問石霜起滅不停時如何霜云直須
寒灰枯木去一念萬年去全淸絕點去山不契却
往巖頭處如前問頭喝云是誰起滅山於言下大悟

<복원 서엽 43> 유성 탄소 5%+아교액 10%

此是十分眞宗志勇猛丈夫却須記切莫聽這
不須參西聖教孜孜爲指南 曹
雖然舊閑閑田地一度贏來得也未要識坐禪不
動寂屈行草偃悉皆論
而今四海淸如鏡頭頭物物皆菩提長短方圓只
自知從來絲髮不曾移若問坐禪成底事日出
東方夜落西
大珠禪師因僧問一切衆生皆有佛性如何師云作
佛用是佛性作賊用是賊性作衆生用是衆生性
性無形相隨用立名故經云一切賢聖皆以無爲法
而有差別又僧問無法可說是名說法律師如何

直指下 二

體會師云爲般若體畢竟淸淨無有一物可得
是名無法可說是名說法
佛鑑和尚示衆擧僧問趙州如何是了[illegible]以
手作流水勢其僧有省又僧問法眼不取於相
如如不動如何不取於相見不動去法眼云日出東
方夜落西其僧亦有省若也於此見得和尚官[illegible]
見得方知道旋嵐偃岳本來常靜江河競注元
自不流此是如如不動之義
羅山和尚會問石霜起滅不停時如何霜云直須
寒灰枯木去一念萬年去全淸絕點去山不契却
往巖頭處如前問頭喝云是誰起滅山於言下大悟

<복원 서엽 44> "四君子" 5%+녹말풀 10%

此是十分眞用意勇猛丈夫切須記切莫聽道
不須參古聖孜孜爲指南　曹
雖然舊閑田地一度親來得也未要識坐禪不
動尊風行草偃悉皆論
而今四海清如鏡頭頭物物皆吾聽長短方圓只
自知從來絲髮不曾移若問坐禪成底事日出
東方夜落西
大珠禪師因僧問一切衆生皆有佛性如何師云作
佛用是佛性作賊用是賊性作衆生用是衆生性
性無形相隨用立名故經云一切賢聖皆以無爲法
而有差別又僧問無法可說是名說法禪師如何

直指 下　二

體會師曰爲般若體畢竟清淨無有一物可得
是名無法可說是名說法
佛鑑和尚示衆衆僧問趙州如何是不遷義州以
手作流水勢其僧有省又僧問法眼不取於相
如如不動如何不取於相見不動去法眼云日出東
方夜落西其僧亦有省若也於此二和尚言句
見得方知道旋嵐偃岳本來常靜江河競注元
自不流此是如如不之義
羅山和尚會問石霜起滅不停時如何霜云直須
寒灰枯木去一念萬年去金清絶點去山不契却
往巖頭處如前問頭喝云是誰起滅山於言下歇

<복원 서엽 45> "四君子" 5%+밀가루풀 10%

此是十分眞用意勇猛丈夫切須記切莫聽道
不須參古聖孜孜爲指南　曹
雖然舊閑田地一度親來得也未要識坐禪不
動尊風行草偃悉皆論
而今四海清如鏡頭頭物物皆吾聽長短方圓只
自知從來絲髮不曾移若問坐禪成底事日出
東方夜落西
大珠禪師因僧問一切衆生皆有佛性如何師云作
佛用是佛性作賊用是賊性作衆生用是衆生性
性無形相隨用立名故經云一切賢聖皆以無爲法
而有差別又僧問無法可說是名說法禪師如何

直指 下　二

體會師曰爲般若體畢竟清淨無有一物可得
是名無法可說是名說法
佛鑑和尚示衆衆僧問趙州如何是不遷義州以
手作流水勢其僧有省又僧問法眼不取於相
如如不動如何不取於相見不動去法眼云日出東
方夜落西其僧亦有省若也於此二和尚言句
見得方知道旋嵐偃岳本來常靜江河競注元
自不流此是如如不之義
羅山和尚會問石霜起滅不停時如何霜云直須
寒灰枯木去一念萬年去金清絶點去山不契却
往巖頭處如前問頭喝云是誰起滅山於言下歇

<복원 서엽 46> "四君子" 5%+찹쌀풀 10%

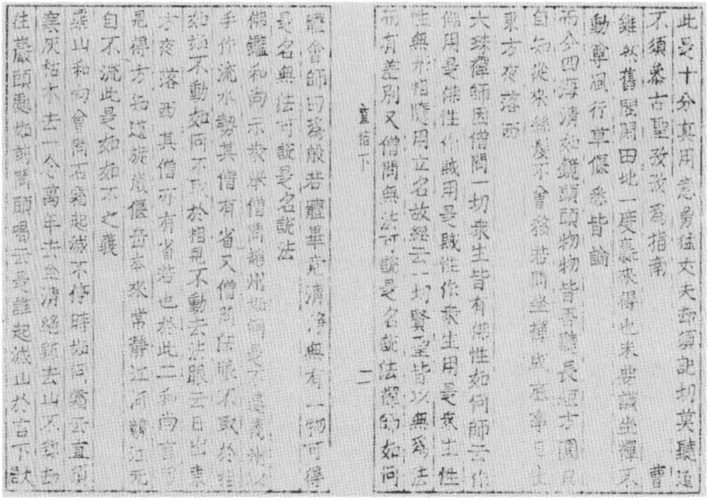

此是十分眞用意身猛丈夫却須記切莫聽道
不須希古聖孜孜爲指南 曹
雖然舊閣閑田地一度贏來得也未要識坐禪不
動尊風行草偃悉皆論
而今四海淸如鏡頭頭物物皆吾聽長短方圓只
自知從來絲毫不曾移若問坐禪成底事日出
東方夜落西
大珠禪師因僧問一切衆生皆有佛性如何師云作
佛用是佛性作賊用是賊性作衆生用是衆生性
性無形相隨用立名故經云一切賢聖皆以無爲法
而有差別又僧問無法可說是名說法禪師如何

直指下 二

體會師曰爲般若體畢竟淸淨無有一物可得
是名無法可說是名說法
佛鑑和尙示衆擧僧問趙州如何是不遷義趙州以
手作流水勢其僧有省又僧問法眼不取於相
如如不動如何不取於相見不動去法眼云日出東
方夜落西其僧亦有省若也於此二和尙言下
見得方知道旋嵐偃岳本來常靜江河競注元
自不流此是如如不之義
霜山和尙曾問石霜起滅不停時如何霜云直須
寒灰枯木去一念萬年去全淸絕點去山不契却
往巖頭處如前問頭喝云是誰起滅山於言下大

<복원 서엽 47> "四君子" 5%+아교액 10%

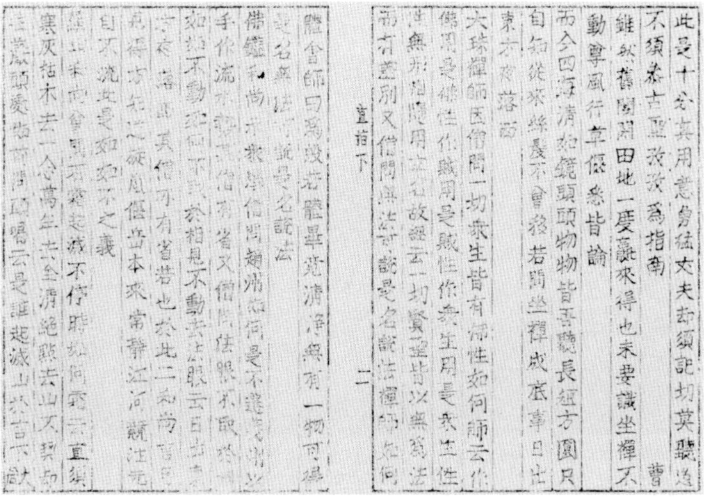

此是十分眞用意身猛丈夫却須記切莫聽道
不須希古聖孜孜爲指南 曹
雖然舊閣閑田地一度贏來得也未要識坐禪不
動尊風行草偃悉皆論
而今四海淸如鏡頭頭物物皆吾聽長短方圓只
自知從來絲毫不曾移若問坐禪成底事日出
東方夜落西
大珠禪師因僧問一切衆生皆有佛性如何師云作
佛用是佛性作賊用是賊性作衆生用是衆生性
性無形相隨用立名故經云一切賢聖皆以無爲法
而有差別又僧問無法可說是名說法禪師如何

直指下 二

體會師曰爲般若體畢竟淸淨無有一物可得
是名無法可說是名說法
佛鑑和尙示衆擧僧問趙州如何是不遷義趙州以
手作流水勢其僧有省又僧問法眼不取於相
如如不動如何不取於相見不動去法眼云日出東
方夜落西其僧亦有省若也於此二和尙言下
見得方知道旋嵐偃岳本來常靜江河競注元
自不流此是如如不之義
霜山和尙曾問石霜起滅不停時如何霜云直須
寒灰枯木去一念萬年去全淸絕點去山不契却
往巖頭處如前問頭喝云是誰起滅山於言下大

<복원 서엽 48> "油煙101" 5%+녹말풀 10%

此是十分真用意勇猛丈夫却須記切莫聽道
不須慕古聖孜孜爲指南　　曹
雖然舊閣閑田地一度蒿來得也未要識坐禪不
動尊風行草偃悉皆論
而今四海清如鏡頭頭物物皆吾聽長短方圓只
自知從來絲髮不曾移若問坐禪成底事日出
東方夜落西
大珠禪師因僧問一切衆生皆有佛性如何師云作
佛用是佛性作賊用是賊性作衆生用是衆生性
性無形相隨用立名故經云一切賢聖皆以無爲法
而有差別又僧問無法可說是名說法禪師如何

直指下　二

體會師曰爲般若體畢竟清淨無有一物可得
是名無法可說是名說法
佛鑑和尚示衆擧僧問趙州如何是不遷義州以
手作流水勢其僧有省又僧問法眼不取於相
如如不動如何不取於相見不動去法眼云日出東
方夜落西其僧亦有省若也於此二和尚言句
見得方知道旋嵐偃岳本來常靜江河競注元
自不流此是如如不之義
漸山和尚曾問石霜起滅不停時如何霜云直須
寒灰枯木去一念萬年去金清絶點去山不契却
往巖頭處如前問頭喝云是誰起滅山於言下獻

<복원 서엽 49> "油煙101" 5%+밀가루풀 10%

此是十分真用意勇猛丈夫却須記切莫聽道
不須慕古聖孜孜爲指南　　曹
雖然舊閣閑田地一度蒿來得也未要識坐禪不
動尊風行草偃悉皆論
而今四海清如鏡頭頭物物皆吾聽長短方圓只
自知從來絲髮不曾移若問坐禪成底事日出
東方夜落西
大珠禪師因僧問一切衆生皆有佛性如何師云作
佛用是佛性作賊用是賊性作衆生用是衆生性
性無形相隨用立名故經云一切賢聖皆以無爲法
而有差別又僧問無法可說是名說法禪師如何

直指下　二

體會師曰爲般若體畢竟清淨無有一物可得
是名無法可說是名說法
佛鑑和尚示衆擧僧問趙州如何是不遷義州以
手作流水勢其僧有省又僧問法眼不取於相
如如不動如何不取於相見不動去法眼云日出東
方夜落西其僧亦有省若也於此二和尚言句
見得方知道旋嵐偃岳本來常靜江河競注元
自不流此是如如不之義
漸山和尚曾問石霜起滅不停時如何霜云直須
寒灰枯木去一念萬年去金清絶點去山不契却
往巖頭處如前問頭喝云是誰起滅山於言下獻

此是十分真用言句修行丈夫若須記切莫聽道
不須參古聖說說爲指南　言
雖然舊閣閑因此一度言說求得也未曾識然禪不
動爭頭行草從參皆論
而今因坐淸池鏡頭頭物物皆吾鑒長遊玄國只
自如彼來無際藏不會終若問迷禪於底事日出
東方夜落西
大珠禪師因僧問一切衆生皆有佛性如何師云作
佛用是佛性作賊用是賊性作衆生用是衆生性
性無形相隨用立名故經云一切賢聖皆以無爲法
而有差別又僧問無法可說是名說法禪師如何

直指下　二

體會師曰爲般若體畢竟淸淨無有一物可得
是名無法可說是名說法
佛鑑和尚示衆擧僧問趙州如何是不遷趙州以
手作流水勢其僧有省又僧問法眼不取於相
如如不動如何不取於相見不動去法眼云日出東
方夜落西其僧亦有省若也於此二尊宿言句
見得去始知道旋嵐偃岳本來常靜江河競注元
自不流此是如如不動之義
藥山和尚會問石霜起滅不停時如何霜云直須
寒灰枯木去一念萬年去全淸絶點去山不勍去
往蘆廬頭處始前問頭鳴云是謂起滅止於言下豁

<복원 서엽 51> "油煙101" 5%+아교액 10%

此是十分真用意勇猛丈夫却須記切莫聽道
不須叅古聖孜孜爲指南　曹
雖然舊閑閑田地一度贏來得也未要識坐禪不
動尊風行草偃悉皆論
而今四海清如鏡頭頭物物皆吾聽長短方圓只
自知從來絲髮不會移若問坐禪成底事日出
東方夜落西
大珠禪師因僧問一切衆生皆有佛性如何師云作
佛用是佛性作賊用是賊性作衆生用是衆生性
性無形相隨用立名故經云一切賢聖皆以無爲法
而有差別又僧問無法可說是名說法禪師如何

直指下　二

體會師曰爲般若體畢竟清淨無有一物可得
是名無法可說是名說法
佛鑑和尚示衆舉僧問趙州如何是不遷義州以
手作流水勢其僧有省又僧問法眼不取於相
如如不動如何不取於相見不動去法眼云日出東
方夜落西其僧亦有省若也於此二和尚言句
見得方知道旋嵐偃岳本來常靜江河競注元
自不流此是如如不之義
羅山和尚會問石霜起滅不停時如何霜云直須
寒灰枯木去一念萬年去全清絕點去山不契却
往巖頭處如前問頭喝云是誰起滅山於言下歡

<복원 서엽 52> "油煙104" 5%+녹말풀 10%

此是十分真用意勇猛丈夫却須記切莫聽道
不須叅古聖孜孜爲指南　曹
雖然舊閑閑田地一度贏來得也未要識坐禪不
動尊風行草偃悉皆論
而今四海清如鏡頭頭物物皆吾聽長短方圓只
自知從來絲髮不會移若問坐禪成底事日出
東方夜落西
大珠禪師因僧問一切衆生皆有佛性如何師云作
佛用是佛性作賊用是賊性作衆生用是衆生性
性無形相隨用立名故經云一切賢聖皆以無爲法
而有差別又僧問無法可說是名說法禪師如何

直指下　二

體會師曰爲般若體畢竟清淨無有一物可得
是名無法可說是名說法
佛鑑和尚示衆舉僧問趙州如何是不遷義州以
手作流水勢其僧有省又僧問法眼不取於相
如如不動如何不取於相見不動去法眼云日出東
方夜落西其僧亦有省若也於此二和尚言句
見得方知道旋嵐偃岳本來常靜江河競注元
自不流此是如如不之義
羅山和尚會問石霜起滅不停時如何霜云直須
寒灰枯木去一念萬年去全清絕點去山不契却
往巖頭處如前問頭喝云是誰起滅山於言下歡

<복원 서엽 53> "油煙104" 5%+밀가루풀 10%

此是十分眞用意勇猛丈夫却須記功業騏驥
不須叅古聖孜孜爲指南　曾
雖然舊閑田地一度贏來得也未要識坐禪不
動拏風行草偃悉皆論
而今四海淸如鏡頭頭物物皆吾聽長空不閑於
自知從來絲毫不會移若師坐禪成孤峰日出
東方夜落西
大珠禪師因僧問一切衆生皆有佛性如何師云作
佛用是佛性作賊用是賊性作衆生用是衆生性
性無形相隨用立名故經云一切賢聖皆以無爲法
而有差別又僧問無法可說是名說法禪師如何

直指下　二

體會師曰爲般若體畢竟淸淨無有一物可得
是名無法可說是名說法
佛鑑和尚示衆擧僧問趙州如何是不遷義州以
手作流水勢其僧有省又僧問法眼不取於相
如如不動如何不取於相見不動去法眼云日出東
方夜落西其僧亦有省若也於此二和尚言句
見得方知道旋嵐偃岳本來常靜江河競注元
自不流此是如如不之義
羅山和尚曾問石霜起滅不停時如何霜云直須
寒灰枯木去一念萬年去全淸絕點去山不契却
往巖頭處如前問頭喝云是誰起滅山於言下大

<복원 서엽 54> "油煙104" 5%+찹쌀풀 10%

此是十分眞用意勇猛丈夫却須記功業騏驥
不須叅古聖孜孜爲指南　曾
雖然舊閑田地一度贏來得也未要識坐禪不
動拏風行草偃悉皆論
而今四海淸如鏡頭頭物物皆吾聽長空不閑於
自知從來絲毫不會移若師坐禪成孤峰日出
東方夜落西
大珠禪師因僧問一切衆生皆有佛性如何師云作
佛用是佛性作賊用是賊性作衆生用是衆生性
性無形相隨用立名故經云一切賢聖皆以無爲法
而有差別又僧問無法可說是名說法禪師如何

直指下　二

體會師曰爲般若體畢竟淸淨無有一物可得
是名無法可說是名說法
佛鑑和尚示衆擧僧問趙州如何是不遷義州以
手作流水勢其僧有省又僧問法眼不取於相
如如不動如何不取於相見不動去法眼云日出東
方夜落西其僧亦有省若也於此二和尚言句
見得方知道旋嵐偃岳本來常靜江河競注元
自不流此是如如不之義
羅山和尚曾問石霜起滅不停時如何霜云直須
寒灰枯木去一念萬年去全淸絕點去山不契却
往巖頭處如前問頭喝云是誰起滅山於言下大

<복원 서엽 55> "油煙104" 5%+아교액 10%

此是十分真用意勇猛丈夫方須記切莫聽道
不須參古聖孜孜爲指南 曹
雖然舊閑田地一度裒來得也未要識坐禪不
動尊風行草偃悉皆論
而今四海清如鏡頭頭物物皆吾聽長短方圓只
自知從來絲髮不曾移若問坐禪成底事日出
東方夜落西
大珠禪師因僧問一切衆生皆有佛性如何師云作
佛用是佛性作賊用是賊性作衆生用是衆生性
性無形相隨用立名故經云一切賢聖皆以無爲法
而有差別又僧問無法可說是名說法禪師如何

直指下 二

體會師曰爲般若體畢竟清淨無有一物可得
是名無法可說是名說法
佛鑑和尚示衆擧僧問趙州如何是不遷義州以
手作流水勢其僧有省又僧問法眼不取於相
如如不動如何不取於相見不動去法眼云日出東
方夜落西其僧亦有省若也於此二和尚言句
見得方知道旋嵐偃岳本來常靜江河競注元
自不流此是如如不之義
羅山和尚會問石霜起滅不停時如何霜云直須
寒灰枯木去一念萬年去全清絕點去山不契却
往巖頭處如前問頭喝云是誰起滅山於言下歇

<복원 서엽 56> "鴻星墨液" 5%+녹말풀 10%

此是十分真用意勇猛丈夫方須記切莫聽道
不須參古聖孜孜爲指南 曹
雖然舊閑田地一度裒來得也未要識坐禪不
動尊風行草偃悉皆論
而今四海清如鏡頭頭物物皆吾聽長短方圓只
自知從來絲髮不曾移若問坐禪成底事日出
東方夜落西
大珠禪師因僧問一切衆生皆有佛性如何師云作
佛用是佛性作賊用是賊性作衆生用是衆生性
性無形相隨用立名故經云一切賢聖皆以無爲法
而有差別又僧問無法可說是名說法禪師如何

直指下 二

體會師曰爲般若體畢竟清淨無有一物可得
是名無法可說是名說法
佛鑑和尚示衆擧僧問趙州如何是不遷義州以
手作流水勢其僧有省又僧問法眼不取於相
如如不動如何不取於相見不動去法眼云日出東
方夜落西其僧亦有省若也於此二和尚言句
見得方知道旋嵐偃岳本來常靜江河競注元
自不流此是如如不之義
羅山和尚會問石霜起滅不停時如何霜云直須
寒灰枯木去一念萬年去全清絕點去山不契却
往巖頭處如前問頭喝云是誰起滅山於言下歇

<복원 서엽 57> "鴻星墨液" 5%+밀가루풀 10%

此是十分眞用意勇猛丈夫亦須記切莫聽造
不須參古聖孜孜爲指南　　　　　　　　曹
鎖於舊閑田地一度贏來得也未要識坐禪不
動寧風行草偃悉皆論
而今四海清如鏡頭頭物物皆吾聽長短方圓只
自知從來絲髮不會移若問坐禪成底事日出
東方夜落西
大珠禪師因僧問一切衆生皆有佛性如何師云作
佛用是佛性作賊用是賊性作衆生用是衆生性
性無形相隨用立名故經云一切賢聖皆以無爲法
而有差別又僧問無法可說是名說法禪師如何

直指下　二

禪會師曰爲般若體畢竟清淨無有一物可得
是名無法可說是名說法
佛鑑和尚示衆擧僧問趙州如何是不遷義州以
手作流水勢其僧有省又僧問法眼不取於相
如如不動如何不取於相見不動去法眼云日出東
方夜落西其僧亦有省若也於此二和尚言下
見得方知道旋嵐偃岳本來常靜江河競注元
自不流此是如如不之義
瑯山和尚會爲石霜起滅不停時如何霜云直須
寒灰枯木去一念萬年去金清絶點去山不契却
往虔頭處如前問頭喝云是誰起滅山於言下大

<복원 서엽 58> "鴻星墨液" 5%+찹쌀풀 10%

此是十分眞用意勇猛丈夫亦須記切莫聽造
不須參古聖孜孜爲指南　　　　　　　　曹
鎖於舊閑田地一度贏來得也未要識坐禪不
動寧風行草偃悉皆論
而今四海清如鏡頭頭物物皆吾聽長短方圓只
自知從來絲髮不會移若問坐禪成底事日出
東方夜落西
大珠禪師因僧問一切衆生皆有佛性如何師云作
佛用是佛性作賊用是賊性作衆生用是衆生性
性無形相隨用立名故經云一切賢聖皆以無爲法
而有差別又僧問無法可說是名說法禪師如何

直指下　二

禪會師曰爲般若體畢竟清淨無有一物可得
是名無法可說是名說法
佛鑑和尚示衆擧僧問趙州如何是不遷義州以
手作流水勢其僧有省又僧問法眼不取於相
如如不動如何不取於相見不動去法眼云日出東
方夜落西其僧亦有省若也於此二和尚言下
見得方知道旋嵐偃岳本來常靜江河競注元
自不流此是如如不之義
瑯山和尚會爲石霜起滅不停時如何霜云直須
寒灰枯木去一念萬年去金清絶點去山不契却
往虔頭處如前問頭喝云是誰起滅山於言下大

<복원 서엽 59> "鴻星墨液" 5%+아교액 10%

此是十分真用意勇猛丈夫亦須記切莫聽道
不須參古聖放汝爲指南 曾
雖然舊閑閑田地一度贏來得也未晏識坐禪不
動學風行坐儀終非論
而今四海清如鏡頭頭物物皆吾鏡長短方圓只
自知從來無變不曾移若問坐禪什麼事日出
東方夜落西
大珠和尚因僧問一切衆生皆有佛性如何師云作
佛用是佛性作賊用是賊性作衆生用是衆生性
性無形相隨用立名故經云一切賢聖皆以無爲法
而有差別又僧問無法可說是名說法禪師如何

直指下 二

體會師云爲般若體畢竟清淨無有一物可得
是名無法可說是名說法
龍鑑和尚示衆舉僧問趙州如何是不遷義州以
手作流水勢其僧有省又僧問法眼不取於相
如如不動如何不取於相見不動去法眼云日出東
方夜落西其僧亦有省若也於此二和尚言句
見得方知道旋嵐偃岳本來常靜江河競注元
自不流此是如如不之義
羅山和尚因僧問石霜起滅不停時如何霜云直須
寒灰枯木去一念萬年去全清絶點去山不契却
往巖頭處如前問頭喝云是誰起滅山於言下大悟

<복원 서엽 60> “精制墨汁” 5%+녹말풀 10%

此是十分真用意處猛丈夫却須記切莫聽遺
不須參古聖說說爲指南　言
雖然借問因此一度言說來得也未要識坐禪不
動寧風行草偃參皆論
而今四海清如鏡頭頭物物皆吾讚長短方圓只
自知從來絲毫不曾移若問坐禪成底事日出
東方夜落西
大珠禪師因僧問一切衆生皆有佛性如何師云作
佛用是佛性作賊用是賊性作衆生用是衆生性
性無形相隨用立名故經云一切賢聖皆以無爲法
而有差別又僧問無法可說是名說法禪師如何

直指下　二

體會師曰爲般若體畢竟清淨無有一物可得
是名無法可說是名說法
佛鑑和尚示衆擧僧問趙州如何是不遷義州以
手作流水勢其僧有省又僧問法眼不取於相
如如不動如何不取於相見不動去法眼云日出東
方夜落西其僧亦有省若也於此二和尚言句
見得方知道旋嵐偃岳本來常靜江河競注元
自不流此是如如不之義
羅山和尚會問石霜起滅不停時如何霜云直須
寒灰枯木去一念萬年去金清絕點去山不契却
往巖頭處如前問頭喝云是誰起滅山於言下省

<복원 서엽 61> "精制墨汁" 5%+밀가루풀 10%

此是十分真用意勇猛丈夫切須記切莫聽道
不須泰古聖孜孜爲指南　曾
雖然舊閑閑田地一度贏來得也未要識坐禪不
動尊風行草偃悉皆論
而今四海淸如鏡頭頭物物皆吾聽長短方圓只
自知從來絲髮不曾移若問坐禪成底事日出
東方夜落西
大珠禪師因僧問一切衆生皆有佛性如何師云作
佛用是佛性作賊用是賊性作衆生用是衆生性
性無形相隨用立名故經云一切賢聖皆以無爲法
而有差別又僧問無法可說是名說法禪師如何

直指下　二

體會師曰爲般若體畢竟淸淨無有一物可得
是名無法可說是名說法
佛鑑和尚示衆擧僧問趙州如何是不遷義州以
手作流水勢其僧有省又僧問法眼不取於相
如如不動如何不取於相見不動去法眼云日出東
方夜落西其僧亦有省若也於此二和尚言句
見得方知道流急不會本來常靜江河競注而
自不流此是如如不之義
淸山和尚會因石霜起滅不停時如何霜云直須
寒灰枯木去一念萬年去全淸絕點去山不契却
往巖頭處如前問頭喝云是誰起滅山於言下大歇

<복원 서엽 62> "精制墨汁" 5%+찹쌀풀 10%

此是十分真用意勇猛丈夫切須記切莫聽道
不須泰古聖孜孜爲指南　曾
雖然舊閑閑田地一度贏來得也未要識坐禪不
動尊風行草偃悉皆論
而今四海淸如鏡頭頭物物皆吾聽長短方圓只
自知從來絲髮不曾移若問坐禪成底事日出
東方夜落西
大珠禪師因僧問一切衆生皆有佛性如何師云作
佛用是佛性作賊用是賊性作衆生用是衆生性
性無形相隨用立名故經云一切賢聖皆以無爲法
而有差別又僧問無法可說是名說法禪師如何

直指下　二

體會師曰爲般若體畢竟淸淨無有一物可得
是名無法可說是名說法
佛鑑和尚示衆擧僧問趙州如何是不遷義州以
手作流水勢其僧有省又僧問法眼不取於相
如如不動如何不取於相見不動去法眼云日出東
方夜落西其僧亦有省若也於此二和尚言句
見得方知道流急不會本來常靜江河競注而
自不流此是如如不之義
淸山和尚會因石霜起滅不停時如何霜云直須
寒灰枯木去一念萬年去全淸絕點去山不契却
往巖頭處如前問頭喝云是誰起滅山於言下大歇

<복원 서엽 63> "精制墨汁" 5%+아교액 10%

此是十分眞用意勇猛丈夫却須記切莫遠道
不須參古聖孜孜爲指南　曹
鍛然舊閑開田地一度驀來得也未要識坐禪不
動掌風行草偃悉皆論
而今四海淸如鏡頭頭物物皆吾鏡長短方圓只
自知從來絲髮不曾移若問些䂨成底事日出
東方夜落西
大珠禪師因僧問一切衆生皆有佛性如何師云作
佛用是佛性作賊用是賊性作衆生用是衆生性
性無形相隨用立名故經云一切賢聖皆以無爲法
而有差別又僧問無法可說是名說法禪師如何

直指下　二

體會師曰爲般若體畢竟淸淨無有一物可得
是名無法可說是名說法
佛鑑和尚示衆擧僧問趙州如何是不遷義州以
手作流水勢其僧有省又僧問法眼不取於相
如如不動如何不取於相見不動去法眼云日出東
方夜落西其僧亦有省若也於此二和尚言句
見得去知道旋嵐偃岳本來常靜江河競注元
自不流此是如如不之義
羅山和尙會問石霜起滅不停時如何霜云直須
寒灰枯木去一念萬年去[illegible]絶點去山不契却
往巖頭處如前問頭喝云是誰起滅山於言下大

此是十分真用意勇猛丈夫却須記切莫聽道
不須叅古聖孜孜爲指南　曹
雖然舊閑田地一度贏來得也未要識坐禪不
動尊風行草偃悉皆論
而今四海清如鏡頭頭物物皆吾聽長短方圓只
自知從來絲髮不會移若問坐禪成底事日出
東方夜落西
大珠禪師因僧問一切衆生皆有佛性如何師云作
佛用是佛性作賊用是賊性作衆生用是衆生性
性無形相隨用立名故經云一切賢聖皆以無爲法
而有差別又僧問無法可說是名說法禪師如何

直指下　二

體會師曰爲般若體畢竟清淨無有一物可得
是名無法可說是名說法
佛鑑和尚示衆舉僧問趙州如何是不遷義州以
手作流水勢其僧有省又僧問法眼不取於相
如如不動如何不取於相見不動去法眼云日出東
方夜落西其僧亦有省若也於此二和尚言句
見得方知道旋嵐偃岳本來常靜江河競注元
自不流此是如如不之義
羅山和尚會問石霜起滅不停時如何霜云直須
寒灰枯木去一念萬年去全清絕點去山不契却
往巖頭處如前問頭喝云是誰起滅山於言下大悟

<복원 서엽 65> “玄明” 5%+밀가루풀 10%

<복원 서엽 66> "玄明" 5%+찹쌀풀 10%

此是十分眞用意男兒丈夫却須記切莫懸遠
不須慕古聖救汝爲指南　曹
雖然舊閣閑田地一度贏來得也未要識坐禪不
動尊風行草偃悉皆論
而今四海淸如鏡頭頭物物皆吾體長短方圓只
自知從來絲髮不曾移君問坐禪成底事日出
東方夜落西
大珠禪師因僧問一切衆生皆有佛性如何師云作
佛用是佛性作賊用是賊性作衆生用是衆生性
性無形相隨用立名故經云一切賢聖皆以無爲法
而有差別又僧問無法可說是名說法禪師如何

直指下　二

體會師曰爲般若體畢竟淸淨無有一物可得
是名無法可說是名說法
佛鑑和尚示衆擧僧問趙州如何是不遷義州以
手作流水勢其僧有省又僧問法眼不取於相
如如不動如何不取於相見不動去法眼云日出東
方夜落西其僧亦有省若也於此二和尚言句
見得方知道旋嵐偃岳本來常靜江河競注元
自不流此是如如不動之義
羅山和尚會問石霜起滅不停時如何霜云直須
寒灰枯木去一念萬年去全淸絶點去山不契却
往巖頭處如前問頭喝云是誰起滅山於言下大悟

<복원 서엽 67> "玄明" 5%+아교액 10%

此是十分眞用意男兒丈夫却須記切莫懸遠
不須慕古聖救汝爲指南　曹
雖然舊閣閑田地一度贏來得也未要識坐禪不
動尊風行草偃悉皆論
而今四海淸如鏡頭頭物物皆吾體長短方圓只
自知從來絲髮不曾移君問坐禪成底事日出
東方夜落西
大珠禪師因僧問一切衆生皆有佛性如何師云作
佛用是佛性作賊用是賊性作衆生用是衆生性
性無形相隨用立名故經云一切賢聖皆以無爲法
而有差別又僧問無法可說是名說法禪師如何

直指下　二

體會師曰爲般若體畢竟淸淨無有一物可得
是名無法可說是名說法
佛鑑和尚示衆擧僧問趙州如何是不遷義州以
手作流水勢其僧有省又僧問法眼不取於相
如如不動如何不取於相見不動去法眼云日出東
方夜落西其僧亦有省若也於此二和尚言句
見得方知道旋嵐偃岳本來常靜江河競注元
自不流此是如如不動之義
羅山和尚會問石霜起滅不停時如何霜云直須
寒灰枯木去一念萬年去全淸絶點去山不契却
往巖頭處如前問頭喝云是誰起滅山於言下大悟

〈參考文獻〉

1. 史料 · 原典

景閑和尙. 「白雲和尙抄錄佛祖直指心體要節」. 프랑스 국립도서관 소장 宣光七(1377)年淸州牧外興德寺鑄字印施本. COREEN 109.

景閑和尙. 「白雲和尙抄錄佛祖直指心體要節」. 卷下. 1996년 吳國鎭復元銅活字複寫本(1996년 吳國鎭復製기공소원심법銅活字 및 銅版複寫本).

(明)文彭. 「印史」.

(唐)房玄齡 등. 「晋書」.

(宋)法泉. 「南明泉和尙頌證道歌」. 1239년 高麗鑄字本 중조본. 보물 758호. 삼성출판박물관 소장.

(宋)法泉. 「南明泉和尙頌證道歌」. 高麗鑄字本重雕版. 국립중앙도서관 일산문고 소장.

(宋)法泉. 「南明泉和尙頌證道歌」. 대구 개인(김병구) 소장본.

(宋)法泉. 「南明泉和尙頌證道歌」. 대구 파계사 종진 스님 소장본.

(宋)法泉. 「南明泉和尙頌證道歌」. 보물 758-2호. 공인박물관 소장본.

徐居正 등편. 「東文選」. 1615年 訓鍊都監字本.

徐命膺. 「攷事新書」. 卷14, 日用門, 造墨法條.

(宋)蘇東坡. 「東坡先生詩」. 1434-1450年 間印甲寅字本.

(元)蘇天爵. 「元文類」.

(明)宋濂. 「元史」.

(明)宋應星. 「天工開物」.

(宋)沈括 저. 校證者 미상. 「夢溪筆談校證」.

(明)呂震 등. 「宣德彛器圖譜」.

(明)呂震 등. 「宣德鼎彛譜」.

(淸)葉爾寬. 「摹印傳燈」.

(元)王黼. 「宣和博古圖」.

(宋)王溥. 「唐會要」.

(元)王禎. 「農書」. 卷22, 造活字印書法.

李奎報. 「東國李相國後集」. 卷11, 「新印詳定禮文」跋尾, 代晉陽公行.
(宋)趙希鵠. 「洞天清祿集」.
(宋)朱輔. 「溪蠻叢笑」.
(淸)朱象賢. 「印典」.
(宋)朱熹. 「論語集註大全」. 1820年 內閣藏本.
車佐一. 「四名子詩集」. 1850年 筆書體木活字本.
(唐)玄宗. 「大唐六典」.

2. 著述

郭寶鈞. 「尙周銅器群綜合研究」. 北京: 文物出版社, 1981.
南權熙. 「高麗時代 記錄文化 硏究」. 淸州: 淸州古印刷博物館, 2002.
남권희. 「세계 최초로 주조된 금속활자 증도가자와 고려시대 금속활자」. 서울: 다보성고미술, 2011.
남권희. 「직지보다 앞선 세계 최고의 금속활자 證道歌字」. 서울: 다보성고미술, 2010.
馬承源. 「中國靑銅器」. 臺北: 南天書局, 1991.
박문열. 「금속활자장」. 서울: 화산문화, 2001.
史金波・雅森吾守爾. 「中國活字印刷術的發明和早期傳播」. 北京: 社會科學文獻出版社, 2000.
손보기. 「한국의 고활자」. 서울: 보진재, 1981.
오국진. 「「直指」活字 復元 報告書」. 淸州: 淸州古印刷博物館, 1996.
「熔模精密鑄造」. 中國機械工業出版社, 1973.
張子高. 「中國化學史稿: 古代之部」. 北京: 科學出版社, 1964.
曺炯鎭. 「中韓兩國古活字印刷技術之比較硏究」. 臺北: 學海出版社, 1986.
千惠鳳. 「羅麗印刷術의 硏究」. 서울: 경인문화사, 1980.
千惠鳳. 「韓國 書誌學」. 서울: 民音社, 1997.
Bruce L. Simpson. *Development of the Metal Castings Industry*. Chicago: American Foundrymen's Association, 1948.
Herbert Maryon・H. J. Plenderleith. *Fine Metal-Work*. C. Singer・E. J. Holmyard・A. B. Hall. *A History of Technology*. Vol. I. Oxford: Oxford University

Press, 1954.
Leslie Aitchison. *A History of Metals*. Vol. I. 1960.
Robert Friedman. *The Life Millennium: The 100 Most Important Events and People of the Past 1,000 Years*. New York: LIFE BOOKS Time Inc, 1998.

3. 論文・報告書

경북대학교 사회과학원. 책임연구원: 남권희. 공동연구원: 김성수. "2013 고려시대 금속활자 복원 사업「直指」上卷 금속활자 복원을 위한 학술연구용역 결과보고서". 청주: 청주고인쇄박물관, 2013년.
경북대학교 영남문화연구원. 연구책임자: 남권희. 공동연구원: 김성수, 조형진. "「南明泉和尙頌證道歌」 복원을 위한 기초 조사 연구". 淸州: 淸州市, 2003.
金柏東. "早期活字印刷術的實物見證-溫州市白象塔出土北宋佛經殘頁介紹". 「文物」 1987年 第5期(1987. 5). 15-18 및 圖版 1.
吉田光邦. "熔模". 「科學史硏究」 1954年 第32號.
김성수. "금속활자 주조법에 관한 연구". 「고인쇄문화」 제13집(2006).
김성수. "「직지」의 인쇄상태 분석에 입각한 興德寺字의 주조형태에 관한 고찰". 「書誌學硏究」 제56집(2013. 12). 43-79.
金聖洙. "한국 금속활자 始原의 원천기술 및 興德寺字의 鑄造法에 관한 연구". 「書誌學硏究」 제54집(2013. 6). 75-102.
남권희・김성수・이승철・임인호. "프랑스국립도서관 소장 「직지」 원본 조사 연구". 「書誌學硏究」 제35집(2006. 12). 59-81.
南權熙. "興德寺字로 찍은 「慈悲道場懺法集解」의 覆刻本에 관한 考察". 「문헌정보학보」 제4집(1990. 1). 179-234.
라경준 등. "「직지」 금속활자 복원에 관한 실험적 연구". 「한국과학사학회지」 제28권 제1호(2006. 6). 139-160.
柳鐸一. "韓國木活字 印刷術에 對하여". 「民族文化論叢」 제4집(1983. 12). 111-125.
朴文烈. "蜜蠟鑄造法의 復元에 관한 實驗的 硏究". 「書誌學硏究」 제33집(2006. 6). 79-105.

潘吉星. "論金屬活字技術的起源". 「科學通報」 43:15(1998. 8). 1583-1594.

潘吉星. "論金屬活字技術的起源". 「中國出版」 1998:11(총제95기)(1998. 11). 42-45.; 1998:12(총제96기)(1998. 12). 40-43.

세키 마사즈미. "문화재 보존·수복에 있어서 고치현 종이산업기술센터의 역할". 한국공예·디자인문화진흥원. 한지 세계화 전략을 위한 국제세미나. 「천년 한지, 세계와 만나다」. 2014. 12. 19. 174-183.

신흥식 총괄. "2011-2015 고려 금속활자 복원 사업 결과보고서". 청주: 청주고인쇄박물관, 2016.

吳國鎭 시행. 朴文烈 집필. "「白雲和尙抄錄佛祖直指心體要節」 上卷, 復元研究結果報告書". 淸州: 淸州市, 2001.

옥영정. "고려 금속활자 연구의 흐름과 새로운 변화". 「書誌學報」 제39호(2012. 6). 149-184.

李京華. "淅川春秋楚墓銅禁失蠟鑄造法的工藝探討". 「文物保護與考古科學」 第6卷 第1期(1994. 6).

이승철. "「직지」에 사용된 활자와 조판에 대한 분석 연구". 「書誌學研究」 제38집(2007. 12). 377-411.

이승철. "금속활자 주조를 위한 蜜蠟鑄造法의 鑄物土 실험연구". 「書誌學研究」 제34집(2006. 9). 129-155.

이승철. "밀랍을 이용한 금속활자의 대량주조법과 주형토의 물리적 특성에 대한 실험 연구". 「書誌學研究」 제37집(2007. 9). 201-219.

傳統精密鑄造工藝鑑定會議. "關于隨縣曾侯乙墓靑銅尊·盤鑄造工藝的鑑定意見". 武漢. 1979. 6. 26.

曹獻民. "雲南靑銅器鑄造技術". 「雲南靑銅器論叢」. 北京: 文物出版社, 1981.

曺炯鎭. "金屬活字 蜜蠟鑄造法 復原을 위한 文獻的 研究". 「書誌學研究」 제33집(2006. 6). 41-77.

曺炯鎭. "금속활자 밀랍주조법의 개량 실험 연구". 「書誌學研究」 제50집(2011. 12). 47-88.

曺炯鎭. "금속활자 밀랍주조법의 대량 주조 실험 연구". 「書誌學研究」 제49집(2011. 9). 203-233.

曺炯鎭. "金屬活字 蜜蠟鑄造法의 安定性 提高를 위한 實驗 研究". 「書誌學研究」 제57집(2014. 3). 169-208.

曺炯鎭. "금속활자 밀랍주조법 주형재료: 유성탄소의 복원실험 연구". 「한국과학사학회지」 제29권 제2호(2007. 12). 351-373.

曺炯鎭. "金屬活字 蜜蠟鑄造法 鑄型材料: 炭粉의 復原實驗 研究". 「書誌學研究」 제30집(2005. 6). 183-221.

曺炯鎭. "金屬活字 蜜蠟鑄造法 鑄型材料: 炭粉 + 紙纖維의 復原實驗 研究". 「書誌學研究」 제32집(2005. 12). 107-130.

曺炯鎭. "金屬活字 蜜蠟鑄造法 鑄型材料: 黑鉛의 復原實驗 研究". 「書誌學研究」 제31집(2005. 9). 33-56.

曺炯鎭. "金屬活字本 印出用 墨汁의 實驗 研究". 「書誌學研究」 제74집(2018. 6). 107-132.

曺炯鎭. "금속활자의 내화토를 이용한 밀랍주조법 실험 연구". 「書誌學研究」 제48집(2011. 6). 153-190.

曺炯鎭. "금속활자의 백토를 이용한 밀랍주조법 실험 연구". 「書誌學研究」 제44집(2009. 12). 119-160.

曺炯鎭. "금속활자의 산청토를 이용한 밀랍주조법 실험 연구". 「書誌學研究」 제45집(2010. 6). 259-293.

曺炯鎭. "금속활자의 옹기토를 이용한 밀랍주조법 실험 연구". 「書誌學研究」 제47집(2010. 12). 129-167.

曺炯鎭. "金屬活字의 中國發明說에 관한 研究". 「書誌學研究」 제42집(2009. 6). 105-135.

曺炯鎭. "金屬活字의 靑土를 이용한 蜜蠟鑄造法 實驗 研究". 「書誌學研究」 제46집(2010. 9). 199-235.

曺炯鎭. "金屬活字의 黃土를 이용한 蜜蠟鑄造法 實驗 研究". 「書誌學研究」 제43집(2009. 9). 41-92.

曺炯鎭. "金屬活字印刷의 組版技術". 「季刊書誌學報」 제13號(1994. 9). 57-89.

曺炯鎭. "論中國發明金屬活字說". 中國 四川大學 公共管理學院 · 韓國 江南大學校. 「第3屆亞洲與發展: 宗教與文化國際學術研討會」. 成都: 四川大學 公共管理學院, 2007. 10. 15-21. 67-83.

曺炯鎭. "對中方學者說中國發明金屬活字的商榷". 宋雪芳. 「全球化與華語文化國際學術研討會: 全球化與數位化下華語文化的內容·創意與傳播論文集」. 臺北縣: (中華民國)淡江大學文學院, 2005. 11. 25-27. 159-179.

曺炯鎭. "東·西洋 書誌學의 研究領域 鳥瞰". 「書誌學研究」 제11집(1995. 12).

167-188.
曺炯鎭. “「白雲和尙抄錄佛祖直指心體要節」 復原을 위한 組版 및 印出 實驗 硏究”. 「書誌學硏究」 제68집(2016. 12). 451-496.
曺炯鎭. “中國 活字印刷技術의 發明背景과 萌芽期의 發展”. 「書誌學硏究」 제13집(1997. 6). 56-59, 71.
曺炯鎭. “紙幣印版與千佛銅牌能否做活字版?”. 北京大學 新聞與傳播學院. 「東方印跡-中韓日雕版印刷國際學術硏討會」. 北京: 北京大學 新聞與傳播學院, 2015. 11. 27-30. 7.
曺炯鎭. “「直指」의 字跡에 나타난 直指活字의 特徵 硏究”. 「書誌學硏究」 제38집(2007. 12). 163-192.
曺炯鎭. “直指活字의 鑄造・組版 方法 硏究”. 「書誌學硏究」 제39집(2008. 6). 69-86.
曺炯鎭. “韓國 初期金屬活字의 鑄造・組版・印出 技術에 대한 實驗的 硏究”. 박사학위논문. 중앙대학교 대학원. 1994. 12.
曺炯鎭. “韓中兩國 活字印刷의 技術的 過程”. 「書誌學硏究」 제17집(1999. 6). 237-262.
天理圖書館文責編輯部. “古活字本の印刷技術”. 「ビブリア」 제21호(1962. 3). 2-17.
청주고인쇄박물관. “2011-2015 고려 금속활자 복원 사업 결과 보고서”. 청주: 청주고인쇄박물관, 2016.
청주고인쇄박물관. 임인호 수행. 남권희 집필. “2011 고려시대 금속활자 복원 사업 「直指」金屬活字 복원 결과보고서”. 청주: 청주고인쇄박물관, 2012.
청주대 학술연구소. 책임연구원: 정종진. 공동연구원: 박문열・남권희・김성수・김기호・임인호・이승철. “금속활자 주조 및 인쇄기술사 복원 연구 결과보고서”. 清州: 清州古印刷博物館, 2006.
鄒樹文. “虫白蠟利用的起源”. 「農史硏究集刊」 第1冊.
河南省丹江庫區文物發掘隊. “河南省淅川縣下寺春秋楚墓”. 「文物」 1980年 第10期(1980. 10).
華覺明. “失蠟法在中國的起源和發展”. 華覺明 等著. 「中國冶鑄史論集」. 北京: 文物出版社, 1986.
華覺明・王安才. “撥蠟法的調査和復原試製”. 華覺明 등저. 「中國冶鑄史論集」. 北京: 文物出版社, 1986.

黃正夏. “高麗時代 金屬活字의 發明과 「直指」活字 鑄造方法”. 「書誌學硏究」 제32집(2005. 12). 481-511.
황정하. “고려시대 직지활자 주조법의 실험적 연구”. 박사학위논문. 중앙대학교 대학원. 2007.

4. 웹 사이트 · 기타

http://blog.daum.net/vanje1/1964(2015. 1. 6).
http://blog.naver.com/beenhoney/220197646551(2015. 1. 6).
http://blog.naver.com/esu1227s/23237399(2015. 1. 6).
http://blog.naver.com/esu1227s/23237399(2015. 1. 6).
http://cafe.daum.net/yourhopebirds(2014. 12. 23).
http://tip.daum.net/question/65316202/65316203?q=%EB%AF%B8%EC%88%A0%EC%9A%A9+%EB%B0%80%EB%9E%8D(2015. 1. 6).
다음 백과사전: http://100.daum.net/encyclopedia/view/b05d1402a(2014. 12. 26).
다음 백과사전: http://100.daum.net/encyclopedia/view/b24p1049a(2014. 12. 26).
마이민트: http://www.mimint.co.kr/beauty_n/board_view.asp?strBoardID=beauty&bbstype=dsuccess&bidx=10132(2014. 12. 26).
벌이랑꿀이랑: http://blog.naver.com/PostView.nhn?blogId=beenhoney&logNo=220197646551(2015. 1. 6).
엔하위키 미러: https://mirror.enha.kr/wiki/%EC%98%AC%EB%A6%AC%EB%B8%8C%EC%9C%A0(2014. 12. 26).
오찬외식경영연구소: http://cafe.daum.net/ohchan(2014. 12. 23).
㈜대명케미칼: http://www.daemyungchem.co.kr/shop/goodalign/good_detail.php?goodcd=1139159992553(2015. 1. 12).
청주MBC. 「直指」. 1995. 10. 23. 20:05-20:55.
충북방송(CCS). “「直指」 복제 관련 기획 점검 뉴스.” 2004. 7. 9-12.
한국 브리태니커 온라인: http://timeline.britannica.co.kr/bol/topic.asp?article_id=b10b0691a&ref=2#ID2(2014. 12. 29).
한국민족문화대백과사전: http://100.daum.net/encyclopedia/view/14XXE0034215(2014. 12. 29).

〈附錄〉

附錄 1. 金屬活字 蜜蠟鑄造法의 淘汰 理由 = 蜜蠟鑄造法의 限界

밀랍주조법으로 금속활자의 주조가 가능하다는 사실은 확인하였다. 그러나 이러한 가능성도 여러 한계로 인하여 오래 이용되지 못하고 도태되었다. 그 이유로 세 가지를 도출할 수 있었다.

1. 어미자 生産性의 限界

金屬活字 주조용 蜜蠟鑄造法은 어미자 재료의 강도가 약하여 숙련된 각수가 어미자를 1시간에 겨우 1개밖에 조각하지 못하는 비능률적인 근본 문제를 안고 있다.[1] 따라서 다량[2]을 주조해야 하는 금속활자에 적용하기에는 어미자의 생산성에 한계가 있을 수밖에 없다. 밀랍주조법은 소량의 청동기물 주조에 적합한 방법이다. 활자와 같이 극소형이면서 다량 주조해야 하는 경우는 다른 주조 방법을 모르거나, 여건이 갖추어지지 못한 부득이한 경우의 임시방편이나, 호기심 등에 의하여 예외적으로 응용해볼 수 있는 정도로 짐작된다. 금속활자를 주조하는 다른 방법이 있다다면 굳이 밀랍주조법을 쓸 필요가 없을 것이다.

---

1) 이는 어미자의 재료를 왁스로 할 경우의 수치이다. 밀랍으로 할 경우에는 조각 능률이 더 떨어져서 8시간에 6개 정도이다.

2) 보편적인 서적을 인출하기 위한 활자 일습은 적게는 1~2만 개, 많게는 30여만 개가 필요하다. 예로 甲寅字 20여만 개, 甲辰字 30여만 개, 戊申字 112,700여 개, 洛東契字 85,830개, 顯宗實錄字 40,825개, 元宗字 10,634개 등이다. 曺炯鎭, 「中韓兩國古活字印刷技術之比較硏究」(臺北: 學海出版社, 1986), 225-236.

이처럼 蜜蠟鑄造法의 金屬活字 주조는 노동집약적인 작업인데, 「直指」는 어떻게 탄생할 수 있었는가? 사찰에서 기초기술을 훈련받은 승려가 다수 동원되었을 가능성을 추측할 수 있다. 특히 많은 시간을 소요하는 어미자 조각을 위한 고육지책이었을 수 있다.

2. 점토 계열 鑄型 材料의 限界

밀랍주조법 점토 계열 주형 재료의 금속 용액 수용 적성이 용액을 수용할 수는 있으되 주물사보다 우수하지 못하여 금속 재료의 성분・3) 금속 용액의 주입 방향・주탕도의 굵기와 길이 등에서 제약이 있을 수밖에 없다. 더 나아가 주형의 건조 과정에서 부득불 나타나는 균열 현상과 육안으로 판단할 수 없는 미세한 틈새로 인한 변수는 활자 주조에 실패 요인으로 작용하면서도 미리 예측하거나 인위적으로 조정할 수 없다. 따라서 같은 조건의 주형이라도 결과가 같다는 보장이 없다. 또한 주형의 건조는 자연건조일 수밖에 없으므로 작업 속도를 인위적으로 조절할 수 없다. 따라서 시간적 여유는 필수적이다. 이러한 요인으로 인하여 대량 주조를 필요로 하는 금속활자에 적용하기에는 성공률이 낮음에도 불구하고 그 편차가 큰 안정성 결여라는 한계와 함께 시간적 제약이 따른다.

또한 주형의 균열을 방지하기 위하여 주형을 가능한 한 얇게 제작하여야 하므로 활자의 높이가 낮아야 한다. 따라서 높이가 높거나 굵은 활자의 주조에는 부적합할 수밖에 없다. 이 같은 밀랍주조법의 기술적 문

3) 밀랍주조법은 청동은 가능하지만 황동을 사용할 수 없음에 비하여, 주물사주조법은 청동은 물론 황동도 주조에 아무런 제약이 없다.

제는 「直指」 자적의 특징에서 추론된 문헌적 연구 결과[4]와도 일치한다.

3. 使用 範疇의 限界

본 연구를 통하여 얻은 또 하나의 이유는 밀랍주조법의 정의 내지는 이용 범주다. 밀랍주조법의 핵심은 주형을 분리하지 않고 어미 모형을 제거하여 주조하는 방법이다. 밀랍으로 어미 모형을 제작하는 데에 있지 않다. 주형을 분리하지 않으므로 어미 모형의 재료는 완전연소가 가능하여야 한다. 여러 어미 모형의 재료 중에 밀랍이 편리하므로 이를 많이 사용하는 것뿐이다. 주형 재료도 주물사가 아닌 점토를 충전 재료로 사용한다.

그러나 금속활자는 음양 분리가 가능한 주물이다. 굳이 이 방법을 이용하여야 하는 필요를 느끼지 못한다. 따라서 밀랍주조법은 금속활자에는 최적이 아니다.

이러한 이유로 밀랍주조법으로 금속활자를 주조하는 것은 크게 유행하지 못하고, 한두 번 응용된 후 보편화되지 못한 채, 주물사 등 다른 방법으로 대체될 수밖에 없었을 것이다.

4) 曺炯鎭, "직지활자의 鑄造·組版 方法 研究", 「書誌學研究」 제39집(2008. 6), 80-82.

附錄 2. 기타 直指活字 鑄造 實驗 研究의 評價

한국의 서지학 영역에서 기술사 연구의 필요성을 처음으로 주창하고 직접 실험으로 실천해온 저자로서 다수의 연구자에 의하여 다양한 실험 연구가 나오고 있는 사실에 대하여 감사한다. 저자가 실험 연구를 주창한 이유는 순수하게 학문 연구를 위한 것이었다. 서지학 영역의 정신 문명적 주제는 실험을 필요로 하지 않는다. 교수학과 목록학 영역의 연구가 대부분 이에 속한다. 그러나 물질 문명적 주제는 문헌을 통하여 아무리 잘 연구하였다 할지라도, 그 결론을 연구자 스스로 장담하지 못한다. 문헌 연구의 결론은 실험으로 증명되어야 비로소 그 결론이 옳았는지를 판단할 수 있기 때문이다. 판본학 영역의 연구가 대부분 이에 속한다. 더구나 미지의 역사 사실을 추적하는 복원 연구는 유사한 실험 결과가 많이 나와서 경험도 교환하고 경쟁도 해야 학문이 발전할 수 있고 역사적 정답에 더욱 다가갈 수 있는 법이다.

본 연구를 수행하는 동안 다른 연구자들의 유사한 연구에 대한 저자의 의견을 묻는 질문이 많았다. 지명된 토론 질문이나 사적인 자리에서 답변한 적은 있지만, 나의 연구를 존중받고 싶었던 만큼 남의 연구도 존중하는 의미로, 그동안 이에 대한 평가를 자제하여 왔다. 이제 본 연구를 마무리하면서 같은 노력이라도 더 가치 있는 연구 결과를 내기를 바라는 충정으로, 여타의 직지활자 실험 연구에 대한 의견을 압축하여 피력하고자 한다. 문헌 연구는 제외하였다.

존중의 의미로 거짓 연구를 제외한 여타 연구는 구체적인 서지사항에 평가를 직접 붙이지 않고, 유사한 내용을 묶어서 서술하였다. 평가의 기준은 서론("Ⅰ. 1.3 復原의 苦衷・1.5 研究 觀念과 內容" 참조)에서 제시한 완전 복원의 시각에 입각하되, 긍정적인 요소도 없지 않지만 문제점만 지적하였다. 평가 내용은 (1) 주형의 재료(매몰재), (2) 주형(거푸집)의 형태, (3) 금속 용액 주입 방법, (4) 금속 주조의 열효율, (5) 주조 성공률과 활자의 수축률, (6) 조판 방법, (7) 유연 묵즙 순으로 하였다. 진정을 읽어주기 바란다.

1. 吳國鎭. 『「直指」活字 復元 報告書』. 淸州: 淸州古印刷博物館, 1996.

2. 吳國鎭 시행. 朴文烈 집필. "「白雲和尙抄錄佛祖直指心體要節」 上卷, 復元研究 結果報告書". 淸州: 淸州市, 2001.

직지활자의 복원 실험 과정을 설명한 보고서이며, 현전하지 않는 「直指」의 上卷을 복원한 결과보고서이다. 이 복원 사업의 자문에 저자도 오국진의 요청을 받아 참여하였으나, 저자의 자문 내용은 받아들여지지 않았다. 이 사업의 실제 금속활자 제작은 오성훈 님이 수행하였다고 들었다.

(1) 주형의 재료(매몰재): 신지산업의 인산염계 석고인 'DENTI VEST', 그리고 석고와 석영 등이 함유된 최고급 주조용 주물토를 사용하였다(63쪽). 오국진은 이 성분을 밝히지도 않았지만, 순수한 석고가 아니라, 오늘날 과학적으로 처방된 치과 주조용 석고계 매몰재이다. 고려시대에 사용했을 법한 재료가 아니다.

(2) 주형(거푸집)의 형태: 어미자군의 형태에 따른 원통 형태의 입체형이다. 이는 오늘날 금속 세공법을 활용한 것으로, 주형의 재료가 건조 균열과 소성 균열의 염려가 없는 석고이기에 가능한 형태이다.

(3) 금속 용액 주입 방법: 압박법을 이용하였다고 설명하였다. 그러

나 압박법은 아무런 의미가 없다. 왜냐하면 금속 용액을 주형에 주입할 때 힘으로 압박한다고 주입되는 것이 아니기 때문이다. 저자의 추적에 의하면 치과 기공소의 재래식 주조 방법인 원심법으로 주조하였으면서, 이를 속인 것이다. 저자가 이 사실을 공개하자 관련 분야의 관계자들은 그 진실을 비로소 알게 되었다.

그러자 「直指」 上卷 復元硏究에서는 치과 기공소의 진공법을 이용하였다고 하였다(54쪽). 원심법・진공법 등은 현대의 금속 세공법, 기공소의 재래식 주조법 등 기계식 방법의 응용으로, 고려시대에 이용했을 법한 방법이 아니다. 이 밖에 "쇳물이 빠지는 가지쇠를 하나 더 만들어 붙이는 방법으로 간단히 자연 주입이 가능하다는 것을 밝혀낸 것은 큰 성과라고 생각한다"고 했는데(66쪽), 이는 금속 세공 전문가인 박해도 님으로부터 배운 임시방편의 편법이면서, 오히려 주형 재료인 석고가 부적합하다는 반증이면서, 오국진 자신의 기술 수준이 이 정도도 안 됨을 밝히는 반증일 뿐이다.

(4) 금속 주조의 열효율: 언급이 없다.

(5) 주조 성공률과 활자의 수축률: 언급이 없다.

(6) 조판 방법: 인판에 활자를 고정하기 위한 점착제로 밀랍을 사용하였다. 그러나 활자의 높이와 인판의 높이가 모두 3.5㎜ 또는 6㎜로 동일하다. 조판 시, 활자 점착을 위한 밀랍을 깔 공간이 없다. 어떻게 조판하였는가?

(7) 유연 묵즙: 개발하지 못하여서 다음 과제로 미루었으나, 이 당시에 어느 묵즙을 사용하였는지 그 성분과 비율에 관한 언급이 없다.

3. 1996년吳國鎭復製기공소원심법銅活字및銅版複寫本. 『白雲和尙抄錄佛祖直指心體要節』. 卷下.

현재 청주고인쇄박물관에 전시되어 있는 복제본이다. 오국진은 동활자를 『「直指」活字 復元 報告書』의 방법으로 복원하여 인출하였다고 하였다. 그러나 報告書도 거짓이지만, 그나마 치과 기공소의 원심분리식 방법으로 주조한 동활자도 극소수에 지나지 않으며, 대부분은 의심컨대 銅版 複寫의 방법으로 복제한 것임을 저자의 추적으로 밝혔다.[5] 따라서 이 판본은 **1996년吳國鎭復元銅活字複寫本이 절대 아니며, 1996년오국진復製기공소원심법銅活字및銅版複寫本**이 정확한 표현일 것이다.

오국진이 거짓으로 서지학계를 분탕질한 행위는 진실로 한평생 활자를 연구해 온 학자의 양심상 고발하지 않을 수 없다. 오국진과 개인적 감정은 없다. 오로지 학문적 시각에서 진실을 말할 뿐이다. 『「直指」活字 復元 報告書』 43쪽에는 주조 과정을 12장의 사진으로 설명하고 있다. 63-101쪽에는 復元 印出한 것을 70% 축소하여 수록하였다. 청주시 등이 당시 금속활자장 오국진에게 의뢰하여 「直指」 관련 활자와 인본을 다수 복원하였다.[6]

저자의 추적에 의하면, 이는 모두 고려시대에 이용했었을 법한 활자 주조 방법으로 복원한 것이 아니었다. 오국진이 이용한 고려 활자를 복원 제작한 방법은 현대적인 방법을 이용한 지극히 편법 중의 편법이었다. 구체적인 예로 주형의 재료는 전통 재료가 아닌 현대과학적 방법으로 처방된 "치과 주조용 석고계 매몰재"를 사용하였다. 금속용액의 주

5) 충북방송(CCS), "「直指」 복제 관련 기획 점검 뉴스", 2004. 7. 9-12.

6) 박문열, 「금속활자장」 (서울: 화산문화, 2001), 200-205.

입 방법은 치과 기공소에서 치과 재료를 주조할 때 이용하는 원심법이나 귀금속을 주조할 때 이용하는 진공법 등 기계 장치를 동원한 방법을 이용하였다. 압박법도 이용하였다고는 하나, 이는 실제 아무런 작용을 하지 못한다. 복원이 아닌 복제에 불과한 것이었다. 더욱이 이 방법마저도 2000년 12월 15일 금속공예 전문가인 박해도 님[7]을 소개받기 전까지는 주조가 불가능했던 것으로, 학계와 관련자들을 속여 왔던 것이다. 이러한 사실은 저자의 1988년 이후 13년에 걸친 추적으로 밝혀졌다. 이처럼 학계를 속인 결과는 직접 실험해보지 않은 다른 연구자에 의하여 최근까지지도 고려시대의 주조방법인 것처럼 그대로 인용되고 있다.[8]

이 같은 거짓을 확인하기 위하여 청주고인쇄박물관 학예실장 황정하 님을 증인 삼아 대동하고 오국진의 작업실로 찾아가 사실을 물었을 때, 오국진은 "쇳물이 튀지요!"라고 실토하였다. 청주MBC의 다큐먼트 제작 PD인 남윤성 님은 당시 제작한 프로그램 해당 화면의 색깔이 다름을 저자가 묻자, 「直指」 특집[9]을 제작하기 위하여 오국진이 금속 용액을 주입하는 장면을 촬영하였는데, 주입되지 않고 역류하여 부득이 이 부분을 편법으로 대체한 적이 있다고 고백하였다. 오국진의 동활자 주조 기능 보유 여부를 확인하기 위하여 공방을 방문하였다. 쌍방이 약속한 방문이었음에도 오국진은 건강을 핑계로 주조 작업을 직접 하지 않았다. 실제로

---

7) 대흥사 대표.

8) 1. 千惠鳳, 「韓國 書誌學」 (서울: 民音社, 1997), 247-248.
   2. 청주대학교 학술연구소, "금속활자 주조 및 인쇄기술사 복원 연구 결과보고서", (淸州: 淸州古印刷博物館, 2006), 18-20.
   3. 朴文烈, "蜜蠟鑄造法의 復元에 관한 實驗的 硏究", 「書誌學硏究」 33집(2006. 6), 82-84.
   4. 청주고인쇄박물관, 임인호 수행, 남권희 집필, "2011 고려시대 금속활자 복원 사업 「直指」 金屬活字 복원 결과보고서", (청주: 청주고인쇄박물관, 2012), 11-12.
   5. 옥영정, "고려 금속활자 연구의 흐름과 새로운 변화", 「書誌學硏究」 39(2012. 6), 149-184.

9) 청주MBC, 「直指」 1995. 10. 23. 20:05-20:55.

주조 작업을 수행한 사람은 당시 조력을 받던 박해도 님이었다. 사용한 주형 재료도 치과 주조용 석고였지만, 그나마도 문자가 인출될 수 있을 만큼 필획이 형성되지 않았다. 급히 냉각시켜서 나타난 현상이라고 했지만, 급히 냉각시킨다고 이미 유동성을 상실한 금속이 변형될 리는 만무하므로, 기능 보유 여부를 충분히 짐작할 수 있었다. 실제로 오국진이 밀랍주조법으로 동활자를 주조하는 장면을 목격한 사람은 아무도 없다.

1996년 吳國鎭復元銅活字複寫本이라고 주장하는 「白雲和尙抄錄佛祖直指心體要節」 卷下의 문제도 심각하다. 인쇄 상태를 자세히 관찰하면 복원 인출한 것이 아니고, 「直指」 원본을 복사하여 제작한 것임을 쉽게 알 수 있다. 문자와 문자 간의 간격·벌어진 거리와 각도·삐뚤어진 상황 등이 「直指」 원본과 완전히 일치한다. 신이 내린 천하의 명장이라도 이렇게 완벽하게 일치하도록 복원하는 것은 불가능하다. 이를 공개하자, 충북방송(CCS)은 「직지 복제 관련 기획 점검 뉴스」(2004. 7. 9-12)를 보도하였다. 저자는 「直指」 복원본은 복사하여 만든 거짓임을 고발하였다. 그러나 오국진의 거짓 해명이 이어졌고, 문화재청도 미온적이어서 유야무야 바로잡지 못하였다.

오국진의 거짓을 확인한 후, 바로잡기 위하여 관계자들을 찾아서 협조를 요청하기도 하고, 이러한 사실을 내용증명으로 문화재청과 청주시의 담당자 등 각처에 발송하기도 하였지만, 기득권층의 거센 저항을 확인하는 수밖에 없었다. 잘못된 진실을 바로잡으려 하기는커녕 자기의 책임을 모면하기 위하여 잘못을 감추고 인정하지 않으려고 하였다. 담당자에게는 유선으로까지 진실을 알렸지만 무관심하였다. 문화재위원회 어느 분과 위원장이던가, 내용증명과 충북방송 기획 점검 뉴스 테이프까지 보내드리면서 진실을 바로잡을 수 있도록 협조를 요청하였지만, 오히려 개인감정 아니냐고 반문하였다. 오국진과는 개인감정이 생길 만한 사적인 교류는 전혀 없었다. 감정이라면 학문적 감정이요, 설령 감정이라 할지라도 거짓 증거가 확실하면 검증하여 바로잡아야 하지 않은가? 사실 개인적으로는 건강 문제를 염려해주는 입장이었다. 오국진이 속임수라는 비정상적인 방법으로 금속활자장으로 지정되었음이 밝혀졌는데도, '그래도 내 고장 사람이 한 명이라도 더 되어야지'라는 지역정서를 극복하지 못한 인식도 있었다. 사기꾼이라도 내 고장 사람이라면 괜찮다는 말인가? 천혜봉 교수께는 금속활자장 지정의 책임이 있고, 평소 존경하는 분이어서 황정하 님과 댁을 방문하여 바로잡아 줄 것을 요청하였다. 훗날 유선 통화에서는 잡음 일으키지 말고 기다려 보라고도 하였다. 이것이 잡음인가? 본말을 제대로 인식하지 못하는 처사들이다. 오국진에게는 양심선언 후 금속활자장 사퇴를 요구하였으나 거절하였다. 오히려 법무사, 박물관 학예사 이철희 님, 박해도 님 등을 불러 저자를 명예훼손으로 고소하려고 준비하던 중, 자기 덫에 걸려들게 생김을 알고 포기했던 사실이 들려왔다. 마지막으로 저자는 오국진에게 정직하게 진실로 돌아가 협력할 것을 제안하였으나, 거절당하였다. 오국진의 거짓은 저자로 하여금 「直指」 복원 연구에 본격적으로 매진하게 하는 촉매가 되었다.

4. 경북대학교 영남문화연구원 수행. 연구책임자: 남권희. 공동연구원: 김성수 · 조형진. "「南明泉和尙頌證道歌」 복원을 위한 기초조사 연구". 淸州: 淸州市, 2003.

활자 주조 부분은 저자가 담당하였다. 밀랍주조법의 주형 재료를 찾기 위한 최초의 실험으로서 주형의 형태를 오늘날 금속 세공 기법인 원통형을 응용하였다. 본문의 "Ⅳ. 直指活字의 蜜蠟鑄造法 鑄型 材料 實驗 研究"에 해당한다.

이 실험에서 주조 가능한 주형 재료의 성분을 확인한 후, 후속 실험에서는 오늘날의 기법을 완전 배제하고 순수한 전통 방법으로 실험하였다.

5. 朴文烈. "蜜蠟鑄造法의 復元에 관한 實驗的 研究".「書誌學研究」 제33집(2006. 6). 79-105.

6. 청주대 학술연구소. 책임연구원: 정종진. 공동연구원: 박문열 · 남권희 · 김성수 · 김기호 · 임인호 · 이승철. "금속활자 주조 및 인쇄 기술사 복원 연구 결과보고서". 청주: 청주고인쇄박물관, 2006.

7. 이승철. "금속활자 주조를 위한 蜜蠟鑄造法의 鑄物土 실험연구".「書誌學研究」 제34집(2006. 9). 129-155.

8. 이승철. "밀랍을 이용한 금속활자의 대량주조법과 주형토의 물리적 특성에 대한 실험 연구".「書誌學研究」 제37집(2007. 9). 201-219.

9. 청주고인쇄박물관. 수행: 임인호. 집필: 남권희. "2011 고려시대 금속활자 복원 사업「直指」金屬活字 복원 결과보고서". 청주: 청주고인쇄박물관, 2012년.

10. 경북대학교 사회과학원. 책임연구원: 남권희. 공동연구원: 김성수. "2013 고려시대 금속활자 복원 사업「直指」上卷 금속활자 복원을 위한 학술연구용역 결과보고서". 청주: 청주고인쇄박물관, 2013년.

11. 신흥식 총괄. "2011-2015 고려 금속활자 복원 사업 결과보고서". 청주: 청주고인쇄박물관, 2016년.

12. 黃正夏. "高麗時代 金屬活字의 發明과「直指」活字 鑄造方法".「書誌學研究」 제32집(2005. 12). 481-512.

13. 황정하. "고려시대 직지활자 주조법의 실험적 연구". 박사학위논문. 중앙대학교 대학원. 2007.

14. 김성수. "금속활자 주조법에 관한 연구". 「고인쇄문화」 제13집 (2006).

5와 6의 蜜蠟鑄造 부분은 동일한 실험이다. 11은 9와 10을 통합한 것이다.

(1) 주형의 재료(매몰재): 황토·석회·규사·도토·찰흙·이암(泥岩)·석비레(마사) 등을 사용하되, 이암 6 : 황토 3 : 모래 1 또는 황토 7 : 모래 3의 비율로 혼합한 재료를 주로 사용하였다. 이암은 역사적으로 사용하였다는 기록을 제시하지 않고 있다. 석비레는 고려 사찰터인 奉業寺에서 발굴된 동종의 주범에 사용된 흔적이 있다고 하였다. 그러나 이는 중대형 청동기 주조에 사용되는 규사와 함께 주물사 주조법의 주형 재료로 사용되었을 것이다.[10] 이들 재료는 역사상 청동기 주조 등 유사한 영역까지 살펴도 밀랍주조법에서 사용한 적이 없다. 활자 주조는 아닐지라도, 금속 주조에 사용한 흔적이라도 있어야 설득력이 있다. 주조할 수는 있는 기능이 있기는 하나, 역사적으로 사용하였다는 기록이 없는 점으로 보아 오늘날 과학기술사 분야에서 개발한 재료로 보인다. 즉 고려시대에 사용되었을 가능성을 제시하지 못했을 뿐 아니라, 烏土라는 장인의 경험적 증언에도 맞지 않는다.

(2) 주형(거푸집)의 형태: 어미자군을 원통형 또는 원뿔형 깔때기(10개 이하)나 원기둥형(10~30개)으로 성형하였다. 50~60자까지 실험하

10) 曺炯鎭, "韓國 初期金屬活字의 鑄造·組版·印出 技術에 대한 實驗的 研究", 박사학위논문, 중앙대학교 대학원, 1994. 12. 9-10.

였으나 주성 상태가 만족할 만한 것은 아니었다고 하였다. "밀랍자를 많이 붙이면 붙일수록 주형을 크게 하는 것이 주형이 갈라지는 것을 막아 주성율을 높일 수 있다"고 하였다. 이는 주형을 원통 모양의 입체형으로 만들 수밖에 없는 형태이다. 이 형태의 주형은 균열의 염려가 없는 석고가 아닌 점토를 주성분으로 사용할 경우, 건조 과정에서 반드시 인공적으로 조절이 불가능한 균열 현상이 나타날 수밖에 없다. 주형이 클수록 건조 균열도 크게 나타난다. 그러나 이에 대한 처리 방법 등의 설명이 부족하다. 이는 박해도 님으로부터 전수받은 오늘날 금속 세공 기법의 관념을 벗어나지 못한 방법이며, 본 연구의 제Ⅳ장에서 이용한 방법의 연장이다. 이는 기본적으로 석고 등 현대적 재료와 진공법 등 기계적 방법으로 주조할 때 이용할 수 있는 방법이다. 고려시대에는 점토계 주형재료를 사용하였을 터이고, 그 결과 반드시 건조 균열 현상이 나타날 수밖에 없었을 것이다. 점토를 주재료로 사용하는 주형의 균열을 줄이는 방법은 주형의 표면과 내면의 건조 속도의 차이를 줄여야 하고, 그 속도를 줄이기 위하여 주형의 크기나 두께를 작게 하는 방법과 균열 방지 기능의 첨가제를 혼합하는 방법이 있다. 결론은 평면형 주형이 가장 효과적이다.

(3) 금속 용액 주입 방법: 자연 주입으로 정상적인 방법이다. 문제는 어미자에 연결되어 금속 용액이 흘러 들어갈 탕도가 될 주입구를 원통 사다리꼴로 하였다. 이 역시 박해도 님의 발상으로 오늘날 금속 세공기술이다. 이는 금속용액 주입을 용이하게 하기 위하여 설계한 것인데, 저자의 실험에 의하면 이 형태는 아무런 효과가 없었다. 금속 용액 주입은 탕도의 형태와 무관하게 주입 압력에 의하여 좌우되었다.

(4) 금속 주조의 열효율: 활자 10~20개를 주조하기 위한 탕구와 탕

도의 비율이 너무 커서 녹여야 하는 금속의 양이 주먹 크기 만큼에 비하여 완성된 활자는 너무 적다. 금속 주조 효율이 10~20% 정도로 보이고, 또 29%라고 설명하고 있지만, 매우 낮아 열량의 손실이 너무 크다. 금속공학자에 의하면, 고려시대 우리 조상의 금속 공예 기술 수준이 상당히 우수하여 이렇게 낮지는 않다고 하였다. 박해도 님의 증언 역시 이는 정상적인 방법이 아니라고 한다. 이 경우 같은 비례로 밀랍 소모량도 늘어난다.

(5) 주조 성공률과 활자의 수축률: 주조 성공률이 본문에서는 100%, 결론에서는 80% 이상이라고 하였다. 상당히 높은 성공률이다. 동일한 연구인데 100%라고도 하고, 본문에는 100%, 결론에는 50%라고도 하였다. 이 50%는 학회 발표에 의하면 0%와 100%의 평균치이다. 동일한 실험에서 성공률이 전부 아니면 전무는 너무 위험하지 않은가? 연구가 아직 완성되었다고 할 수 없다. 성공률에 대한 언급이 없는 경우도 있다. 지금까지 알려진 금속활자의 주조 방법 중에, 가장 효율이 높은 주물사주조법도 성공률 100%는 거의 불가능하다. 따라서 이보다 주조 효율이 낮은 밀랍주조법의 성공률이 100%라면, 많은 실험 중에서 100%의 것만 선별하여 제시하였거나, 오늘날의 사고와 과학적 지식으로 개발한 방법일 것으로, 고려시대에 사용했던 밀랍주조법은 아니다. 복원 연구가 아닌 개발 연구이다.

수축률은 언급이 없거나 작아진다고만 하기도 하고, 오히려 커진 경우도 있다. 어미자에 대한 주조 활자의 비율이 11개 문자의 33개 활자 표본을 측정한 결과 평균 110.56%로 커졌으며, 최대치 106.83%와 최소치 88.20%의 편차는 18.63%로 나타났다. 이에 대하여 연구자 스스로도 의혹을 품으면서, "주형틀이 수축되면서 자형공간이 약간씩 커졌기 때문"이라고 하였다. 주형 재료에 점토가 포함되어 있으므로 건조와 소성 과정에서 수축되는 것은 당연하다. 주형이 수축되는데 그 내부에 있는 공간이 어떻게 커질 수 있는가? 실측상에 오류가 있거나, 기타의 밝히지 못한 문제가 있음이 분명하다.

수축률이 왜 중요한가? 밀랍주조법은 점토를 주성분으로 이용하기 때문에 활자의 주조 과정에서 필연적으로 건조 수축과 특히 소성 수축 현상이 나타날 수밖에 없다. 그 비율을 알아야 역으로 직지활자와 같은 크기의 활자를 주조할 수 있기 때문이다. 따라서 수축률을 의식하지 못한다는 것은 복원의 개념과 필요조건, 점토가 주성분인 밀랍주조법의 수축 특성 등을 정확히 인식하지 못했음을 의미한다.

(6) 조판 방법: 인판에 활자를 고정하기 위한 점착제로 밀랍을 사용하였다. 그러나 활자의 높이와 인판의 높이가 동일하여, 활자 점착을 위한 밀랍을 깔 공간이 없다. 밀랍을 주전자에 녹여서 여과망을 통하여 인판에 부어 넣는다고 하였는데, 그 좁은 활자 틈새로 어떻게 부어 넣을 수 있는가? 실수로 활자에 묻으면 어떻게 처리하는가? 또한 자연 밀랍은 응고 후 점착력을 상실하는데, 역시 설명이 없다. 활자 배열 후 밀랍으로 고정하는 방법은 인출면을 구성하는 개개 활자의 높낮이를 교정하기가 불가능하다. 식자 후 활자의 높낮이를 맞추기 어렵기 때문에 높이가 일정한 활자를 미리 배열한 후 밀랍을 부어서 고정하였다고 하였다. 이는 교정 문제가 발생하지 않도록 사전에 처치한 것이지만, 활자의 높이는 어미자가 비록 균일하다고 하여도 주조 과정에서의 예상하지 못한 여러 변수로 인하여 활자의 높이가 고르지 못한 현상이 발생할 수밖에 없다. 따라서 조판할 때 높이를 맞추어야 한다. 조판 후 교정쇄에 나타난 부정적 현상도 다시 교정하여야 한다. 식자 후에는 교

정할 수 없는 방법으로 조판하였는데, 그 후에 나타나는 교정 문제는 언급이 없다. 오늘날의 기계식 방법으로 높이가 일정한 활자를 제작하였다면 교정이 필요 없을 수 있다.

조판 과정에서 활자의 배열은 원고의 순서를 따라서 인판의 좌측 행부터 시작하여 우측 행으로 진행한다. 그런데 반대로 작업하기도 하였다.

(7) 유연 묵즙: 연구가 없다. 따라서 인출 문제는 거론할 여지가 없다. 그러나 복원 결과를 인정받기 위해서는 인출도, 그 복원 결과도 「直指」와 유사한 특징을 나타내야 할 것이다.

이상 7개 관점을 중심으로 살펴보았다. 전반적인 과정이 전통 기술을 응용한 것이 아니다. 원통형 주형 · 깔때기형 탕도 등은 박해도 님으로부터 전수받은 오늘날 금속 세공 기법이다. 여기에 주형 재료로 석고 대신 새로 개발된 자연 재료를 적용한 것일 뿐이다. 또한 각 과정상의 구체적인 원리를 충실히 설명하지 못하고 있다. 이는 연구자가 직접 실험한 것이 아니기 때문이다. 실제 실험은 현 금속활자장 임인호 님에 의하여 이루어졌고, 연구자는 옆에서 보면서 보고서를 쓴 결과이다. 임인호 님의 금속 기술 수준은 그의 실질적 스승인 박해도 님에 의하면 경험을 축적해가는 과정으로 아직 숙련된 수준이 아니라고 하였다.

「直指」를 조선 초기 癸未字本과 비교하여 균일하지 않은 활자의 크기, 광곽 계선의 일체식 인판, 상하 문자의 교접 등 유사한 현상을 근거로 활자 주조법도 동일할 것이라고 유추하였다. 이는 활자의 주조법이 같아서 동일하게 나타나는 현상이 아니다. 주조법과 무관하게 주조 결과 나타난 활자의 형태가 유사하여, 그의 인출 결과가 유사하게 나타나는 것이다. 즉 조판상의 유사성을 주조법의 유사성으로 오판하는 실수를 범한 것이다.

직지활자를 주물사 주조법으로 복원 실험하여 모두 성공하였으므로 직지활자는 주물사 주조법으로 주조되었다고 유추하였다. 즉 동일한 문자의 자체가 다른 것은 밀랍주조법으로 주조해서가 아니라 어미자를 만드는 방법의 차이에서 생긴 현상이라고 하였다. 그렇다면 어미자를 어떤 방법으로 만들었는가? 주물사주조법의 특징이자 장점이 어미자의 재사용인데, 재사용하지 않고 같은 문자의 다른 어미자를 사용한 이유는 무엇인가? 합리적이고 설득력 있는 해명이 필요하다. 모든 활자, 심지어 구텐베르크 활자도 주물사주조법으로 주조가 가능하다. 그렇다면 구텐베르크 활자도 주물사주조법으로 주조한 것인가? 인출 결과로 나타난 현상을 주조 근거로 삼는 것은 판단의 본말이 완전히 전도된 것이다. 이뿐 아니라 주물사 주조법으로 해석하기 위하여 제시한 근거가 곳곳에 비약과 견강부회가 보인다.

조선 초기 癸未字本과 甲寅字本의 동일한 엽에 인쇄되어 있는 동일한 문자의 자양을 비교하였다. 그 결과 어미자의 자양이 다르다면 주물사주조법으로도 직지활자를 주조할 수 있다고 하였다. 같은 원리로 도토주조법 역시 주조가 가능하다고 하였다. 또한 밀랍주조법에 의한 직지활자의 주조는 이미 입증되었으니, 직지활자는 3가지의 어느 주조법에 의해서도 가능하다고 하였다.

어미자의 자양이 다르면 주물사주조법으로도 가능하다는 것은 억지에 불과하기도 하지만, 전반적으로 연구의 관점을 완전히 착각하여 본말이 전도되었다. 어느 방법으로 주조하였는가와 무관하게 모든 활자는 주물사주조법으로 주조가 가능하다. 오늘날의 개발된 방법으로는 아무 활자의 주조도 가능하다는 수준의 의미 없는 연구에 불과하다.

한국 서지학에서 선학들의 문헌 연구를 뛰어넘어, 기술사 연구를 이만큼 축적했다는 점은 실로 큰 발전이 아닐 수 없다. 진정 기쁘게 생각한다. 아쉬운 점이라면 복원의 개념에 철저히 입각하여 연구하지 못하고, 어떻게든 머리를 짜내어 만들어보려는 의욕이 앞선 결과라는 점이다. 오늘날 알고 있는 관련 지식을 총동원하여 어떻게 하면 만들어낼 수 있을까 하는 시각의 연구는 복원이 아니다. 오늘날의 지식을 완전히 배제하고 고려시대 당시의 환경과 기술발달사적 시각으로 연구할 때 비로소 복원이 가능하다. 결과만 비슷하면 복제가 될 것이요, 복원이 되려면 과정까지 비슷해야 한다.

사실 고려시대의 조상이 직지활자를 어떻게 주조하여, 「直指」를 어떻게 인출하였는가는 아무도 모른다. 따라서 앞에 열거한 연구들도 가능성이 전혀 없다고 단언할 수는 없다. 다만 과학기술 발달사적 관점에서 판단하면 그 가능성은 매우 낮다고 짐작될 뿐이다.

附錄 3. 「直指」, 그 고단한 旅程과 歸鄕[11)]

무심코 저질러온 오류부터 정정해야겠다. '直指心經'은 잘못된 용어이다. 佛書는 내용상 여러 종류로 구분하는데, 「直指」는 '經'이 아니라 '要節'이다. 따라서 「白雲和尙抄錄佛祖直指心體要節」이라는 본명이 너무 길다면 「直指心體要節」 또는 「直指」라고 불러야 한다. 모름지기 제 이름을 찾아주는 게 관심의 시작이다.

1. 「直指」의 位相

이 「直指」는 현존 세계 最古의 금속활자본이다.[12)] 이 「直指」가 알려지기 전에는 금속활자의 발명자가 여러 명이었다. 서양은 독일의 구텐베르크가 1455년에 발명했다고 알려져 있다. 중국은 활자에 그다지 관심을 보이지 않다가 「直指」 공개 이후 적극적으로 연구, 元代의 지폐 동판(1154년)을 제시하면서[13)] 중국의 발명을 주장하고 나섰다. 한국은 구텐베르크보다 200년이나 앞서 발명하였다고 가르치고 있다. 손톱만큼 작은 극소형 공예품에는 발명자가 왜 이렇게 많은가?

---

11) 이 글은 요약 정리되어 "직지의 고단한 여정" 제목으로 국민일보, 제4734호, 2004. 5. 18. 화. 16면에 게재되었다.

12) 문헌 기록에 의하면 「直指」보다 이른 금속활자본으로 「南明泉和尙頌證道歌」와 「新印古今詳定禮文」이 있지만, 아직 현존본은 발견되지 않고 있다. 금속활자본 「南明泉和尙頌證道歌」의 복각본은 4종이 현존하고 있다. ① 삼성출판박물관 소장본. 1239년 복각, 후쇄본으로 인정되어 1984년에 보물 758호로 지정. ② 공인박물관 소장본. 과거 박동섭 소장본·안동본이였고, 지금은 부산 원진 스님 소장본·대성암 소장본이라고도 칭한다. ③ 대구 김병구 소장본. 말미에 1472년의 金守溫 인경발문이 있어서, 인출 시기를 판단할 수 있다. 2015년 3월, 이 발문을 떼어내고 문화재 지정 신청하였다. ④ 대구 파계사 종진 스님본.

13) 潘吉星, "論金屬活字技術的起源", 「科學通報」 43:15(1998. 8), 1583-1594. 이 논문을 약간 수정하여 다시 게재하였다. 「中國出版」 1998:11(총제95기)(1998. 11), 42-45.; 1998:12(총제96기)(1998. 12), 40-43.

중국의 주장은 저자가 중국 문헌에서 추출한 활자의 정의로 명쾌하게 부인되었다.[14] 서양은 「直指」가 1377년에 간행되었다는 사실이 점차 알려지면서 지금은 구텐베르크가 금속활자를 발명하였다고 말하지 않는다.

고려시대의 「直指」보다 앞선 금속활자본은 실물이 현존하지 않아서 서양의 구텐베르크 발명설을 잠재우지 못하였다. 이에 비하여 「直指」는 금속활자의 발명자를 확정하는 자신의 세계적 위상을 스스로 증명하고 있다.

2. 「直指」의 誕生

「直指」는 白雲和尙(1298-1374)이 75세가 되던 1372년, 인도와 중국의 역대 佛祖師의 법어 중에서 禪의 요체를 간추려서 수록한 것이다. 주된 내용은 참선하여 도를 깨우치면 자기 마음이 곧 부처가 된다는 것이다.

금속활자본 「直指」는 白雲和尙의 제자인 釋璨·達湛·妙德스님에 의하여 청주 흥덕사에서 간행됨으로써 탄생하였다. 권말에는 "宣光七年丁巳七月 日 淸州牧外興德寺鑄字印施"의 간기가 있다.

---

14) 1. 曺炯鎭, "金屬活字의 中國發明說에 관한 硏究", 「書誌學硏究」 제42집(2009. 6), 105-135.
2. 曺炯鎭, "對中方學者說中國發明金屬活字的商榷", 宋雪芳, 「全球化與華語文化國際學術硏討會: 全球化與數位化下華語文化的內容·創意與傳播論文集」(臺北縣: (中華民國)淡江大學文學院, 2005. 11. 25-27), 159-179.
3. 曺炯鎭, "論中國發明金屬活字說", 中國 四川大學 公共管理學院·韓國 江南大學校, 「第3屆亞洲與發展: 宗教與文化國際學術硏討會」(成都: 四川大學 公共管理學院, 2007. 10. 15-21), 67-83.
4. 曺炯鎭, "紙幣印版與千佛銅牌能否做活字版?", 北京大學 新聞與傳播學院, 「東方印跡-中韓日雕版印刷國際學術硏討會」(北京: 北京大學 新聞與傳播學院, 2015. 11. 27-30), 7. 학술회의 당일에는 모든 발표 논문의 요약문만을 요약집 형태로 배포하였고, 사후 발표논문집을 간행한다고 하였으나, 아직 간행 소식을 접하지 못하였다.

3. 「直指」 실물의 發見

「直指」의 존재는 문헌상으로 오래전에 알려졌다. 「直指」가 처음 알려진 것은 1900년 파리 세계만국박람회에 마련된 한국관의 전시목록이었다. 또 주한 프랑스 초대공사인 꼴랑 드 쁠랑씨(Collin De Plancy, 1853-1922)는 1889년 부하 외교관인 모리쓰 꾸랑(Maurice Courant, 1865-1935)에게 한국의 고서를 세계에 알릴 것을 권고하였다. 꾸랑은 이를 받아들여 목록정리 작업에 착수했고, 1894-1896, 1901년의 4개년에 걸쳐서 프랑스 국립인쇄소(Imprimerie Nationale)에서 「Bibliographie Coréenne(한국 서지)」(4책)를 출판하였다. 이것이 한국의 고서가 최초로 유럽에 알려지게 된 계기이다. 여기에는 3,821종이 수록되어 있는데, 제4책에 수록된 3738번 「直指」에 대하여 "1377년 청주 흥덕사에서 금속활자로 인쇄, 만약 이것이 사실이라면 한국의 鑄字는 계미자보다 26년이나 이른 것이다."라고 소개하였다.

이러한 「直指」의 실물은 어떻게 발견되었는가? 「直指」는 현재 프랑스 국립도서관 동양문헌실에 극귀중본으로 구분되어 있다. 하지만 「直指」는 불과 30여 년 전까지 일반 서가에서 먼지로 뒤덮여 있었다. 한 열성적인 재불 서지학자가 그 가치를 알아보기 전까지는 말이다. 프랑스 국립도서관에 근무하던 박병선 박사는 1972년 UNESCO가 제정한 "세계 도서의 해" 기념 도서전시회에 출품할 한국 작품을 찾다가 「直指」를 발견하였다. 구텐베르크보다 78년이나 앞선 현존하는 세계 最古 금속활자본이 모습을 드러낸 것이다. 그동안 문헌 기록으로만 알려져 왔던 「直指」의 실물이 확인되는 순간이었다.

4. 「直指」 실물의 價値

현존 고려 금속활자본 「直指」는 卷下의 2쪽부터 39쪽까지 모두 38장만 남아있다. 이는 드 쁠랑씨가 입수하던 당시의 상태로, 이미 완질이 없었을 만큼 희소했었음을 의미한다. 드 쁠랑씨와 꾸랑은 그 가치를 문자로 기록하였다.

한국의 금속활자 인쇄 역사는 고려시대 말기인 13세기 전기로 거슬러 올라간다. 중앙정부가 있던 개성에서 이미 「南明泉和尙頌證道歌」(1239년 복각), 「新印詳定禮文」(1234-1241년) 등을 간행하였다. 그 후 元의 지배로 인하여 중앙정부의 인쇄기능이 마비되는 공백기가 이어지다가, 14세기 후반 元이 쇠퇴하면서 다시 書籍鋪의 기능 강화를 건의하고 書籍院을 설치(1392년)하는 등의 인쇄 활동이 이어진다. 「直指」가 사찰에서 인출된 것은 바로 14세기 초·중반 중앙정부 인쇄 활동의 공백기로, 한국 금속활자 인쇄의 맥을 이을 수 있었다. 더 나아가 과거 반신반의했던 고려의 금속활자 인쇄 기록이 사실이었음을 입증한 점에서도 의의가 매우 크다.

「直指」는 2001년 6월 '세계기록유산'으로 등재되었다. 세계가 그 가치를 공인한 것이다.

이처럼 「直指」는 활자 인쇄 발달사 상에서 차지하는 불멸의 가치로 인하여, 이보다 앞선 새로운 인쇄물이 장차 발견된다고 하여도 그 생명력을 잃지 않을 것이다.

5. 「直指」의 旅程: 고려에서 파리까지

「直指」는 언제, 어떻게 만리타국 파리에 정착하게 된 것일까? 「直指」

의 여정 중, 초기 500여 년의 행적은 거의 알려진 바가 없다. 「直指」는 간행 후, 승려와 당대 권력자인 최씨 무신 정권의 실세에게 진상되었을 것으로 보인다. 崇儒抑佛의 조선조 500년의 세월을 지나면서 대부분은 없어지고 극히 일부가 사찰과 일부 가문에 전해 내려왔다.

조선 말, 즉 19세기 말의 조선은 서양 열강의 침략과 사회의 혼란으로 나라는 도탄에 빠지고 백성은 궁핍하여 돈이 될 만한 물건들을 팔았다. 고서도 예외는 아니었다.

이러한 상황에서 「直指」의 존재를 재인식시킨 것은 드 쁠랑씨였다. 그는 1877년 프랑스 국립동양어학교에서 중국어를 전공하고, 중국에서 8년간 통역관으로 근무한 중국통이었다. 주한 프랑스 초대공사로는 15년간(1888-1891, 1896-1906) 재임하였다. 한국 부임 후에는 동양 문화에 관심이 많아 공사관 앞에 고서를 산다는 방을 써 붙일 정도로 고서를 적극적으로 수집하였다. 그의 한국 고서 수집 노력에는 촉매가 있었다. 프랑스 정부는 1872년, 국립동양어학교의 건의를 받아들여 각국에 파견 나간 외교관에게 국가도서관, 특히 동양어학교에 서적 기증을 법제화하였다. 이에 따라 드 쁠랑씨는 고서를 대량으로 수집하고, 그중 기증한 고서는 모두 600종에 이른다. 기증 고서를 비롯한 드 쁠랑씨의 장서에는 중국 이름인 "葛林德"의 장서표가 붙어있다.

「直指」는 이런 와중에 드 쁠랑씨의 손에 들어간 것으로 보이지만 드 쁠랑씨가 언제, 어디서 「直指」를 만났는지는 확실하지 않다.[15] 드 쁠랑씨는 고종 황제를 비롯한 고관 대신들과 접촉할 기회가 많았을 것이니

15) 「直指」는 모리쓰 꾸랑의 「한국 서지」 3권에는 수록되지 않았다. 1899년까지 수집한 고서를 대상으로 하여, 1901년 간행된 제4권 "보유판"에 수록된 점으로 미루어 1896-1899년 사이에 드 쁠랑씨에 입수된 것으로 추측된다.

이들로부터 「直指」를 기증받았거나 혹은 노점에서 헐값에 구매했을 가능성도 있다. 드 쁠랑씨가 「直指」를 입수했을 때 이미 「直指」는 상권은 아예 없었고 하권의 첫 번째 쪽이 사라진 상태였다. 그는 「直指」의 가치를 직감한 것으로 보인다. 「直指」를 입수한 후, 표지에 "1377년에 鑄造된 금속활자로 인쇄된 세계에서 가장 오래된 한국 책(Le plus ancien livre coréen, imprimé connu en caractères fondus, avec date : 1377)"이라고 펜으로 기록하였다.

드 쁠랑씨의 귀임을 따라 프랑스로 건너간 「直指」는 1900년 파리 세계만국박람회의 한국관에 출품되어 전시된 적이 있으나 주목을 받지 못하였다.

1911년 드 쁠랑씨에 의하여 파리 시립 드루오 경매에 등장하여 앙리 베베르(Henri Vever, 1854-1943)에게 180프랑에 판매되었다. 이로써 「直指」는 베베르에 의해 1911년부터 1950년까지 소장되었다.

베베르의 사후, 1950년 유족들은 프랑스 국립도서관에 「直指」를 다른 소장품들과 함께 기증하였다. 1972년 UNESCO가 제정한 "세계 도서의 해"를 기념하는 도서전시회에서 일반에게 공개되면서 주목받기 시작하였다. 고향 청주를 떠난 「直指」는 그렇게 고단한 여정을 거쳐 파리에 도착하였다.

6. 「直指」의 歸鄕: 파리에서 고국으로

「直指」는 왜 고려의 도읍지인 개성이 아니라 청주에서 인쇄되었을까? 아직 그 실체를 알지 못하는 「直指」의 上卷을 찾을 수는 없을까? 또한 「直指」를 고향으로 돌아오게 할 수는 없을까?

「直指」의 저작권자인 우리에게는 원본 대신 흑백과 천연색 복제본 2종만 있다. 박정희, 전두환 두 전직 대통령이 프랑스 방문길에 선물로 받아온 것이다. '복원본'이라는 용어 대신 '복제본'을 사용한 것은 그것이 사진판으로 제작되었기 때문이다. 현재는 「直指」를 프랑스로부터 돌려받을 가능성은 희박하다. 드 쁠랑씨가 정식으로 수집한 것으로 보이기 때문이다.

대신 우리는 복원을 통하여 「直指」의 귀향을 시도할 수 있다. 그 첫째가 직지활자를 만들고, 다음엔 그 활자로 「直指」 원본을 복원하는 작업이다. 직지활자는 어떠한 방법으로 제작되었을까? 「直指」 판본 상자적의 특징을 분석하면 밀랍주조법으로 제작되었을 것으로 유추된다. 이는 사찰에서 범종이나 불상 등을 주조하던 전통적 방법을 활자에 응용한 것이다. 우선 밀랍에 양각 반체자로 어미자를 조각한 후, 이를 烏土로 감싼다. 烏土를 건조한 후 불에 구워 밀랍어미자를 녹여낸다. 밀랍이 녹아 빠져나간 공간에 금속 용액을 주입해 활자를 만든다. 1986년 한 전문가는 옛 방식 그대로 직지활자 주조에 성공했다고 발표하였다. 그 후 그는 중요무형문화재 제101호 금속활자장으로 지정됐고, 20여 건의 복원작업을 수행하였다.

하지만 여기에는 많은 문제점과 의혹이 있다. 우선 주형의 재료인 烏土 대신 치과주조용 석고계 매몰재를 사용하였다. 치과용 석고가 고려시대 있었을 리는 만무하다. 복원작업도 상당 부분이 하청에 의해 이루어졌다. 복원 방법도 원심법과 진공법 등의 편법으로 일관하였다. 이는 복원이 아니라 복제일 뿐이다.

「直指」 복원의 핵심은 烏土가 무엇인지를 밝혀내는 것이다. 저자는 최근 청주시의 의뢰로 '「南明泉和尚頌證道歌」 복원을 위한 기초 조사 연구'를 수행하면서 숯가루, 흑연 등을 혼합한 점토로 활자를 주조하는데 성공하였다. 이것이 고려의 인쇄 문화를 꽃피운 烏土가 아니었을까? 주조 과정은 주형의 균열을 방지하는 것이 성공의 요체였다. 그러나 비밀은 아직 완전히 밝혀지지 않았다. 진실한 연구와 실험을 통해 「直指」는 재생산이 가능한 복원본 형태로 귀향할 수 있을 것이다.

〈後記〉

20년!!! 인생의 승부를 「直指」에 건 세월이다. 이를 찬찬히 돌이켜보면 이렇다.

「直指」를 처음 알게 된 때는 中華民國 國立臺灣大學 유학 시절, 석사학위 논문을 쓰면서 남들의 문화사적 연구를 읽어서 아는 정도였다. 제대로 알기 시작한 것은 박사학위 논문으로 활자 인쇄의 기술사적 연구를 하면서부터이다. 이때가 「直指」에 문제가 있다는 것을 제대로 인식한 시점이다.

석사 논문은 「中韓兩國古活字印刷技術之比較硏究」.[16] 중국의 활자는 발명 배경에서부터 근세에 이르기까지를 관통하였다. 한국의 활자는 남들의 문화사적 연구에 나의 기술사적 요소를 첨가한 것이다. 이 주제는 은사님이신 昌彼得 선생님께서 내려주신 것인데, 내심 한국의 활자를 알고 싶으셔서 나에게 맡긴 것으로 짐작한다. 이 논문을 완성하면서부터는 중국의 활자에 대하여 중국인의 연구를 추월하기 시작하였다.

박사 논문은 석사의 영향으로 활자 문제를 계속 연구하게 되었다. 당시까지의 활자 문제 중에 문화사적 연구는 선학들이 거의 정리하여 박사 학위 수준의 연구 과제가 없지야 않았지만 드물었다. 당시 한국 서지학계는 선학의 문헌적 연구 관념을 답습하는 수준으로, 도약을 위한 새로운 전기가 필요해보였다. 선학의 연구 관념을 돌파하고 한국 서지학의 발전을 위한 전환점으로 삼을 수 있는 주제를 찾으려 고심한

16) 曺炯鎭, 「中韓兩國古活字印刷技術之比較硏究」 (臺北: 學海出版社, 1986).

결과 기술사적 주제로 연구 방향을 잡았다. 그것이 곧 「慵齋叢話」에 압축적으로 기록된 금속활자의 주물사 주조법에 조판 및 인출까지를 더하여 금속활자본이 완성될 수 있도록 실험으로 완성한 "韓國 初期金屬活字의 鑄造·組版·印出 技術에 대한 實驗的 硏究"이다.[1] 스스로 생각해도 대견하였다. 작고하신 부산대 유탁일 교수님께서도 "이런 논문이 나올 수 있는 중앙대학교는 영광이다."라고까지 말씀하셨다. 감사드린다.

「直指」 연구에 실제 착수한 시기가 이때쯤이었다. 사실 시작할 즈음에는 고민도 하였다. 왜냐하면 「直指」의 예상되는 주조 방법은 더 우수한 기술인 주물사주조법이 개발된 후 이미 도태된 기술인데, 이를 연구할 가치가 있을까? 자료를 수집하면서도 초보 연구 수준의 소극적 생각만 하고 있었다. 그러다가 점차 자료를 축적하면서 생각이 바뀌어 갔다. 드디어는 「直指」가 갖고 있는 한국 활자 인쇄 발달사상의 의미는 무한대인 만큼, 그의 연구 가치도 충분하다고 판단하게 되었다.

적극적 계기는 청주시의 『「南明泉和尙頌證道歌」 복원을 위한 기초조사 연구』에 공동 연구자로 참여하게 된 때였다. 「證道歌」와 「直指」의 주조법이 다르긴 하지만, 이참에 「直指」의 기초 연구를 착수하게 되었다. 내가 청주시에 요청한 연구비는 3,000만 원, 재료비에 불과한 금액이다. 그런데 여기저기 의결 과정을 거치면서 깎여서 2,400만 원 정도 수령한 것으로 기억된다. 이 연구에 실제 사용한 금액은 인건비를 포함하면 1억 원에 가깝다.

또 다른 촉매는 사명감이다. 「直指」를 연구하기 위한 자료가 프랑스

1) 曺炯鎭, "韓國 初期金屬活字의 鑄造·組版·印出 技術에 대한 實驗的 硏究", 박사학위논문, 중앙대학교 대학원, 1994. 12. 9-10.

국립도서관에 소장되어 있는 「直指」 卷下 1책 실물 외에는 전무하여 중국 자료를 이용할 수밖에 없었다. 국내에는 중국 자료를 검색부터 제대로 구사할 사람은 나뿐이었다. 즉 「直指」의 활자 주조, 조판과 인출 등을 복원하기 위한 이 연구는 내가 하지 않으면 할 사람이 없는 상황이었다. 이러한 사명감으로 연구에 착수하게 되었다.

하나 덧붙이면 부모로부터 물려받은 손재주와 실험적 감각이 뒷받침해주었다. 학위논문을 위한 주물사 주조 연구 때에도 느꼈었지만, 타고난 소질이 없으면 누가 연구비를 대주어도 못하겠다는 느낌이 들곤 하였다.

자극제도 있었다. 1987년 귀국할 즈음에 「直指」의 활자 주조법에 대하여 천혜봉 교수가 유추하고 오국진이 실험으로 주조에 성공하였다는 소식을 접하였다. 심우준 은사님을 따라 동료들과 함께 청주의 오국진을 직접 방문하여 설명을 듣기도 하였다. 그러나 이 설명 중에는 풀리지 않는 의구심이 여러 곳에서 일었다. 여러 해에 걸쳐서 오국진을 만날 때마다 물어서 해결하려 하였으나, 부작용만 일었다. 때문에 직접 실험해보기로 하였다. 그 결과는 너무도 뜻밖이었다. 보고서[2)]까지 나와 있는 그 방법은 완전한 거짓이었다. 오국진은 밀랍주조법이라 하였지만, 추적 결과 그 실체는 원심법을 속인 것이었다. 고려시대에 우리의 조상이 어디 석고를 사용하였겠으며 원심분리기로 직지활자를 주조하였겠는가? 문화재청과 청주시 등 관계 기관에 진실을 알리고 바로잡으려 하였으나 허사였다. 심지어 거짓인 줄 알면서도 고치려하지 않는 이도 적지 않았다.

---

2) 오국진, 「「直指」活字 復元 報告書」 (청주: 청주고인쇄박물관, 1996).

그리하여 「直指」 복원 연구는 오국진의 거짓을 고발한다는 양심으로, 단절된 전통 과학 기술을 복원한다는 자부심과, 「直指」의 진실을 찾는다는 사명감으로 본격 연구에 매진하였다.

1. 「直指」 분석

첫 과제는 「直指」 분석이었다. 근거 자료는 「直指」 1책뿐이었으므로 이를 세밀히 분석하여 주조 방법과 조판 방법의 근거를 추출하여야 했다. 당연히 원본 열람이 필요하였다. 국내에는 복사본뿐이니 원본이 있는 프랑스를 방문하여야 하였다. 당시 프랑스에 유학중인 아우를 통하여 열람 허가를 요청하였다. 그런데 요청 시기가 너무 일렀나 보다. 당시까지만 해도 열람 허가를 전혀 해주지 않았었다. 부득이 국내의 여러 판본 중에 해상도가 가장 좋은 채색 사진판을 이용하는 수밖에 없었다.

분석 결과는 밀랍주조법과 부착식 조판법으로 판단되었다. 고대 금속활자의 주조법은 3가지: 밀랍주조법·주물사주조법·단면점토판주조법 등이고, 조판법은 2가지: 부착식·조임식 등이다.

2. 금속활자 밀랍주조법의 과정

둘째 과제는 밀랍주조법의 구체적인 과정이었다. 활자 주조의 방법으로 밀랍주조법이 유추되긴 하였는데, 밀랍주조법으로 활자를 주조하는 구체적 과정을 알지 못하였다. 국내에서 이에 관련된 자료는 오국진의 거짓 보고서 외에는 전무하였다. 國立臺灣大學 유학 시절 은사님이 계시던 國立故宮博物院의 주조 공방을 참관하던 기억에서부터 자료를 수집하였다. 은사님이 재직하고 계셔서 고향 같았다. 중국에는 西安·

北京·上海 등의 청동기 주조 공방과 박물관의 전문가를 방문하였다. 청동기 복원 전문 연구자도 만났다. 활자 주조 밀랍주조법의 직접 자료는 없었지만, 다행히 청동 기물을 주조하는 밀랍주조법이 남아 있었다. 부득이 이를 참고하여 금속활자 주조에 응용하여 금속활자 주조의 밀랍주조법 전 과정을 추출할 수 있었다. 이처럼 중국 자료를 장악할 수 있는 연구자는 나뿐이라는 생각에 사명감은 더욱 투철해졌다.

3. 주형 재료 확인과 활자 주조

셋째 과제는 주형 재료를 찾고, 활자를 주조하는 작업이었다. 주형 재료 실험은 기초 연구이고, 주조 실험은 가장 방대하면서 시간도 가장 많이 걸렸다. 금속 경험과 지식이 부족하여 가장 어려웠다. 금속 용액을 수용할 재료를 찾기 위하여 다양한 실험을 하였다. 결론은 황토 89~90%, 숯가루 9~10%, 종이 섬유 1%, 활자 수량은 50~100개까지 가능하였다. 실험 마지막 과정인 안정성 실험에서는 100%에 가까운 주조 성공률을 보였다. 기분 좋았다.

금속용액 주입 과정에서 박해도 님의 조언이 큰 힘이 되었다. 그러나 박해도 님은 현재 활동하시는 금속 전문가이시다. 고대의 방법에는 연구자의 연구력이 중요하였다. 예를 들면, 주형의 형태를 원통 형태의 입체형에서 평면형으로의 전환, 금속 용액 주입 효과를 위한 원통깔대기형 탕도의 낮은 효율, 주형의 금속 용액 주입구 제작 방법, 금속 용액 주입 시 주형 방향을 평식에서 입식으로 전환 등의 문제에서이다.

실험 중에 사고도 있었다. 완성된 활자를 다듬다가 깨뜨린 실수, 운반상 부주의로 인한 주형의 파손, 주형 건조용 선반의 일부 무너짐 등으로 활자 주조 성공률에 영향을 미치기도 하였다. 하지만 과거에도 유사한 실수가 있을 수 있다고 생각하여 그대로 반영하였다.

「直指」 복원 연구 과정에서 도와주신 분은 많지만, 딱 한 분만 소개하고자 한다. 바로 금속에 대한 경험적 지식과 금속 용액을 붓는 과정을 도와주신 금속 세공 전문가 박해도 님이다. 감사드린다.

4. 조판

넷째 과제는 조판이다. 조판 방법으로 부착식이 유추되었는데, 부착을 위한 재료로 밀랍과 불건성유를 혼합한다는 사실까지는 쉽게 알 수 있었다. 그런데 이를 혼합해보니 활자를 부착할 수 있는 성질인 점착성과 유연성이 나타나지 않았다. 이를 찾기 위하여 밀랍의 종류·기름의 종류와 비율 등을 다양하게 실험하였지만, 인쇄용 밀랍, 즉 인납을 조제해낼 수가 없었다. 참고할 자료도 없고, 애가 탔다. 1년여를 끌면서 이리저리 궁리하던 끝에 우연히 이를 으깨어보니 원하던 성질을 갖춘 인납이 되는 것이었다. 나도 모르게 탄성을 질렀다. 활자 주조 다음으로 어려운 성과였다.

5. 인출

다섯째 과제는 인출이다. 인출을 위하여 묵즙 조제 실험이 필요하였다. 현재 국내에서 사용하고 있는 묵즙의 성분과 비율에 대하여, 이를 조제하는 회사는 기밀이라 하여 공개하지 않고 있고, 파는 사람과 사용하는 사람은 그냥 까맣기만 하면 되고 진하면 물 타 쓰는 수준이었다. 묵즙의 성분과 비율에 대하여는 전혀 관심도 없고, 알려고 하지도 않고, 알 필요도 없었다. 따라서 손수 성분과 비율을 실험하여야 했다. 적어도 송연과 유연만큼은 확실한 것을 준비하였다. 드디어 금속활자에 적합한 먹물을 찾아내어 서엽을 인출할 수 있었다.

유연이라 해도 묵즙의 상태를 보면 기름과는 쉽게 혼합되지 못할 듯하여, 처음에는 기능성 재료 중에서 기름을 포함하지 않았다. 문헌에도 기름을 섞는다는 내용을 보지 못하였다. 그런데 어느 서예 전공자가 기름을 섞는다 하여 실험하였다. 결과는 나의 첫 생각이 옳았다. 역시 나의 동물적 실험 감각은 인정할 만하였다.

6. 복원판 서엽 분석

여섯째 마지막 과제는 인출 결과인 서엽 분석이다. 이를 위하여 한지를 준비하여야 했다. 문제는 가격이 만만하지 않았다. 전지 1장을 책지 6장으로 재단하였다. 책지 1장에 얼마라는 값이 나올 정도였다. 인출할 때마다 500원! 소리가 절로 나왔다. 다행인 점은 오래전부터 국내 전문가의 한지를 보유하고 있었고, 이것으로 충분하지 못하여 臺灣과 中國에서 보충하였다. 인출 서엽 전체의 묵색 분위기는 아직도 아쉬움이 남는다.

이상의 연구는 착수하기 위한 준비 작업으로 꾸준히 관련 자료를 수집하고 있어서 연구 기간을 단축할 수 있었다. 본문에서 서술하고 있는 내용은 복원으로 가는 성공적인 경우만 간추린 것이다. 이 길을 찾기 위하여 수많은 예비 실험이 필요하였다. 수많은 시행착오를 거치면서 단계마다 쉽지 않은 고비를 풀어야 했다. 그중에서도 가장 힘들었던 난

관은 역시 자료가 없다는 점이었다. 국내 자료는 전무하고, 그나마 참고할 만한 자료는 중국 자료뿐이었다. 실험 연구 부분은 거의 모든 방법을 나의 경험과 머리에서 짜내야 했다. 「直指」 복원의 고충이기도 하였다.

「直指」 복원을 마치면서 안타까운 점은 금속활자의 단면점토판주조법[3]을 머릿속에 구상하고 있으면서도 실험에 착수하지 못하고 학문 인생을 마감하는 일이다. 그간 「直指」 연구 실험 양 자체가 많기도 했고, 핑계를 대자면 거짓말쟁이 잡느라고 적지 않은 시간을 소비했고, 작업에 조수가 있어서 시간을 단축할 수 있었다면, 아마도 결과를 낼 수 있었을지 모르겠다. 마음속으로는 항상 쫓기며 채찍을 쳐댔지만, 홀로 고군분투한 결과라 생각한다. 의욕이 불탈 때 준비해둔 기초 장비를 처분하기 전에 희망하는 후배가 나타나면 구상과 함께 물려주고 싶다. 이 연구가 완성되어 인정받으면, 고대 한국의 금속활자 주조 방법은 일단락된다.

이렇게 하여 나의 능력으로 할 수 있는 연구를 마무리하고자 한다. 드디어 단행본으로 출판할 수 있음을 다행으로 생각한다.

여기까지 오기에는 곡절이 적지 않았다. 나는 귀국 후 사회생활을 시작하면서 **한국 사회가 비정상적인 인간관계로 너무나도 얽혀 있어서 정직만으로는 잘살 수 없음**을 발견하고, 줄곧 이런 관계로부터 휩쓸리지 않으려고 노력하였다. 연구를 시작하면서는 생활을 단순히 하였다.

---

3) 조선시대 후기 민간에서 사용한 것으로 알려진 이 주조 방법은 문헌 기록의 소략으로 인하여 복원하기에 쉽지 않은 문제를 안고 있다. 관련 기록에 의하면 활자 주조 시, 문자면의 필획 형성이 가장 어렵다. 활자의 높이도 고르게 주조하기 어려운 문제가 있다. 이는 조임식 조판법보다 높낮이 조절이 상대적으로 용이한 부착식 조판법으로 해결하였을 것으로 예상한다.

모든 취미 활동을 접고 오로지 연구에만 매진하였다. 본격적인 작업을 위하여 개인 실험실을 마련하였다. 문헌 연구 또는 문서 작업 땐 하루 14시간은 보통이었다. 한 단락이 마무리되기 전에는 중단할 수 없어서 철야도 다반사였다. 더운 여름엔 냉방이 안 되는 실험실 환경 탓에 발가벗기도 예사였다. 종일토록 머릿속에는 연구 문제로 가득하였고, 의식이 살아 있는 한 1분 1초도 직지활자 생각을 놓은 적이 없었다. 이렇게 40~50대를 보냈다. 아직도 종일 머릿속에 연구 과제로 가득한 것은 여전하다.

연구 주제가 과거의 내용이다 보니, 첨단 기기 사용이 연구에 방해될 수 있다고 생각하여 이를 의식적으로 피하였다. 휴대전화도 2006년 세계도서관연맹 총회를 서울에서 개최할 때 외국의 여러 친구들이 서울을 방문하자, 밖에서는 이들과 연락할 방법이 없어서 부득이 사용하기 시작하였다. 경제관념도 희박하여 돈 챙길 줄도 몰랐다. 지정 토론자가 나의 발표 내용을 평가하면서 옷 입을 줄도 모른다고 지적한 적도 있었다. 그렇다. 옷 잘 입어 연구만 잘 된다면야 반지르르하게 입었을 것이다.

「直指」는 곡절이 많은 만큼 애정도 컸다. 「直指」 이전에 이미 끝난 다른 연구도 「直指」 복원 연구를 먼저 출판하고 싶어서 뒤로 미루었다. 이제 '활자인쇄술 연구 총서'라는 이름으로 1번에 이어서, 조선시대 주물사법 금속활자인쇄술·중국 활자인쇄기술사·일본 고활자판 인쇄기술 등의 연구가 차례로 출판될 것이다.4) 이렇게 평생 「直指」 그리고

4) 東洋書誌學만 연구하다 보니 균형 잃은 학문 같아서 西洋書誌學에도 도전했었다. 전반적인 조망은 오래전에 발표하였으나("東·西洋 書誌學의 研究領域 鳥瞰", 「書誌學研究」 제11집(1995. 12), 167-188.), 활자 문제를 전문적으로 연구하기에는 능력의 한계를 인정하여야 했다.

활자를 연구하였다. 이외의 연구는 자투리 시간을 이용하였다고 하면 미안한 표현일까?

「直指」 복원 연구 결과 부수 소득도 생겼다. 실험 내내 철저하게 복원의 관점을 지킨 결과, 복원 연구는 어떻게 하여야 하며, 그 결과물을 어떻게 평가하여야 하는가의 안목이 생긴 것이다. 아직 발표하지는 않았지만, '복원품 평가 요소'를 추출할 수 있었다. 이는 장차 복원 작업의 지침이 될 수 있다. 또한 복원에 제공된 연구 자금이 헛되이 낭비되지 않도록 하기 위하여도 의미 있을 것이다.

나의 모든 연구는 한국의 서지학자만을 상대로 한 것이 아니다. 전 세계의 서지학자를 상대로 하였다. 이는 시종 서지학의 세계적 연구 동향을 파악하고 있어야 가능할 테고, 그랬기에 가능하였다. 더욱이 활자라 하면 세계 각국에서 연락이 올 정도이니, 이 세상에서 나만큼 활자를 많이 연구한 학자는 없다고 자부하고 싶다.

연구 외에 유일하게 즐기는 취미라면 주말 등산이다. 이는 취미라기보다는 건강을 지키기 위한 운동이다. 그리고 연구 하나 마치면 한잔이 전부였다.

이렇게 종일토록 책상에 엎드린 생활이다 보니 친구가 손가락으로 꼽을 정도였다. 아는 친구도 적고, 교제할 줄도 모르고, 아부할 줄은 더더욱 몰랐다. 오로지 정도를 향해 직진할 줄만 알았다. 원칙만 생각하며 학문 연구에 빠져 있다 보니, 생활의 모든 문제도 원칙으로만 생각하여, 편법이나 우회 등을 할 줄 몰랐다. 학문하는 사람은 원칙밖에 모르고, 매사가 그렇게 돌아가야 옳고, 자기는 그렇게 가고 있다고 생각하기에 남들과 말하는 데에 거침이 없다. 원칙을 지키는 학문적 자세가 철저한 사람은 상대의 체면, 후안 등은 고려하지 않고 비판에도 거침이 없다. 나의 학문적 시각에서 표출한 거침없는 비판에 대하여, 학문 자세가 조금이라도 된 이는 나의 직선적 말을 싫어하면서도 내심 받아들이지만, 자세가 안 된 이는 적으로 변하였다. 이런 이도 있다. 기관 담당자와 결탁하여 연구비를 요구하고, 돈 주면 연구하는 이. 그러니 연구 시작도 전에 어떤 결과가 나올지는 빤히 알 수 있었다. 돈 준 사람 구미에 맞게 결론 날 수밖에. 나는 이런 길을 걸었기에, 그 결과로 주변에 밉보이거나 손해 보는 일이 많았다. 사회성이 너무나도 부족하다는 것을 자인하기에 묵묵히 받아들였다.

얼마 전까지만 해도 한국 서지학도 중에 중국권 유학파는 나 혼자였다. 더욱이 일본과 서양까지 연구하는 이는 전무하였다. 스스로 정통 서지학의 길을 가고 있다고 자부하였다. 이런 연유로 나는 아무런 잘못이 없음에도 이유 없이 적수가 많았다. 자리를 비운 사이에 나의 가방을 뒤지는 이도 있었다. 교수실에서 출강부 서명하는 사이에 강의록이 없어지기도 하였다. 인문과학 분야에서 연구의 경쟁은 자료 싸움이다. 그러나 나는 몇 명 되지도 않는 서지학도끼리 경쟁보다는 협력이 우선이라 생각하여, 동료들에게 성의껏 자료를 제공하였다. 앞에서는 나로부터 적지 않게 자료를 얻어가면서도 뒤로는 곳곳에서 알게 모르게 방해하기도 하였다. 명확한 이유 없이 게재 거부・연구 정보 유출 기도 등. 연구에만 몰두하다 보니 행정 업무 정보에 늦어서 본의 아니게 불이익도 많이 겪었다. 나의 실수도 있었지만, 이런 모든 불이익을 감내하면서 연구에만 매진하였고, 한 편씩 글이 완성될 때마다 그 결과에 희열하였다.

이처럼 한평생 타협하지 않고 자신의 길을 묵묵히 걸었다. 진리만을 생각하며 살았기에 타협할 필요도 없었고, 타협할 수도 없었다. 피해를 감수하고라도 소신을 지켰다. 매사에 원칙이 무엇인가를 생각하고 그에 따라 행동하였다. 상대가 원칙을 무시하면서 나에게 피해를 줄지라도 비록 그것이 고의든 우연이든 나는 감정적으로 대하지 않았다. 지나간 악연은 기억 저편으로 스스로 삭이고 사안마다 객관적으로 판단하였다. 이 같은 나의 철저한 학문 자세와 생활신조는 國立臺灣大學 지도교수님이셨던 昌彼得 은사님의 영향이 가장 컸고, 다음으로 중앙대학교 沈隅俊 은사님의 영향이었다. 지금까지 살아온 길을 뒤돌아보면 昌 선생님, 그리고 沈 선생님 밑에서 공부하던 시절이 가장 행복했었다. 두 은사님의 명복을 빈다.

이 자리를 빌려서 마지막으로 말씀드리고 싶은 진정이 하나 있다. 이처럼 갖은 불이익을 감내하면서 연구에 매진하고 있는 학자가 대한민국에 나 한 명뿐이겠는가? 대한민국이 다 그런 것은 아니겠지만, 지금도 갖은 불이익을 감내하면서 연구에 매진하고 있는 분들 중에는 앞에서 소개해드린 박해도 님도 해당된다. 말씀에 의하면, 기능적 수준은 기존의 인간문화재보다 훨씬 우수한데, 기득권층이 자기들의 실력이 탄로 날까 봐 인간문화재로 지정되는 것을 방해한다는 것이다. 관련 기관도 실력보다 계보를 따지고, 기득권층에 동조하기도 하여 내정자에게 미리 접수 받아놓고 공지하기도 하였다. 이미 마감한 후 뒤늦게 요식행위로 공지하는 것이다. 썩어도 너무 썩었다. 이에 관한 한, 정말 깨끗이 청소해야 할 부분이다.

대한민국의 학문 수준도 이렇게 불이익을 감내하면서 연구에 매진하는 숨은 연구자가 지탱하고 있다. 돈 주면 연구하는 척이나 하는 이가 자기 호주머니에 들어올 돈에나 관심 있겠지, 어디 대한민국의 학문 수준을 걱정이나 하겠는가? 이게 한국의 현실이다. 관련자들께 제발 당부하건대 학문만큼은 사감으로 대하지 말기를 바란다.

본 연구가 완성되기까지 도움을 아끼지 않으신 여러분께 감사드린다. 「直指」의 채색 사진판을 현상해준 청주고인쇄박물관 측에 감사드린다. 금속 작업을 시종 도맡아 도와주신 박해도 님께 깊은 사의를 표한다. 자기 연구로 바쁜 중에도 영문 초록을 도맡아 수고해준 아우에게도 감사드린다. 이 연구가 출간될 수 있도록 배려해주신 한국학술정보(주)의 대표이사님과 편집 등 수고를 아끼지 않으신 관계자 여러분께 깊은 감사를 올린다.

나의 부모님은 없는 가정에서 성장하여 경제적으로 커다란 발전을 이루셨다. 그 혜택을 받고 성장한 나는 어느 길을 가야 보답을 할 수 있을까? 경제적으로는 부모님을 따라갈 자신이 없었다. 정신적으로 성장해야 자식답다고 할 수 있겠다 싶었다. 靑出於藍이라 하지 않았던가! 지금도 건강하고 맑은 정신으로 이 20년 노력은 물론 國立臺灣大學 유학 시절부터도 그랬듯이 모든 연구에 지원을 아끼지 않으시면서, 결실을 끝까지 지켜봐주신 89세 노모께 지상 최고의 감사를 올린다!!!

어머니, 당신은 비록 이 연구의 내용을 모르시지만,

당신만큼 위대한 여인을 본 적이 없습니다!!!

하늘만큼 사랑합니다!!!

〈색인〉

조형진(曺炯鎭・Cho, Hyung-Jin)

중앙대학교, 문학학사
中華民國 國立臺灣大學, 문학석사
中華民國 中國文化大學, 문학박사수학
중앙대학교, 문학박사

미국 University of Washington, Visiting Scholar
日本 帝京大學, 客員研究員
강남대학교, 교수(현재)

저서

中韓兩國古活字印刷技術之比較研究

「白雲和尙抄錄佛祖直指心體要節」 復原 研究

A Study on Restoration of *Baegun Hwasang Chorok Buljo Jikji Shimche Yojeol*

: 高麗時代 蜜蠟鑄造法 金屬活字印刷術

: Metal Typography of Wax Casting Method in Korye Dynasty

초판 1쇄 발행 2019년 5월 31일
개정판 1쇄 발행 2020년 3월 31일
지은이 조형진
펴낸이 채종준
펴낸곳 한국학술정보㈜
주소 경기도 파주시 회동길 230(문발동)
전화 031) 908-3181(대표)
팩스 031) 908-3189
홈페이지 http://ebook.kstudy.com
전자우편 출판사업부 publish@kstudy.com
등록 제일산-115호(2000. 6. 19)

ISBN 978-89-268-8840-7 93010

책에 대한 더 나은 생각, 끊임없는 고민, 독자를 생각하는 마음으로 보다 좋은 책을 만들어갑니다.